AF536619

KLEMENS WEILANDT

VOLLEM

TROCKENLEGUNG DES PHRASENSUMPFES

FOKUS

Erste Auflage: März 2024
Leuenhagen & Paris
Lister Meile 39, 30161 Hannover
www.leuenhagen-paris.de

Gesetzt aus Helvetica und Libration Serif

Gestaltung
Sarah Kölbel, www.sarahkoelbel.de

Druck
AALEXX Druck Produktion, Großburgwedel

ISBN
978-3-945497-30-2

Inhalt

Vorwort

Es waren in erster Linie in der Frankfurter Allgemeinen Zeitung (fortan FAZ) erschienene Leserbriefe, die mein Unbehagen an der Blähsprache, von mir bevorzugt als Blasendeutsch bezeichnet, so sehr verstärkt haben, dass sie schließlich den entscheidenden Anstoß gaben, dieses Buch in Angriff zu nehmen. Also machte ich mich an die Zusammenstellung des Materials – zunächst nicht ahnend, dass ich mich auf unwegsames, sumpfiges Gelände begeben hatte, dessen Grenzen sich mehr und mehr verflüchtigten. Wo sollte man aufhören (dürfen)? Musste einen nicht der Mut verlassen, sich auf einem Terrain zu bewegen, das nicht mehr sinnvoll zu überschauen war? Geschweige denn zu beackern? Und in dem man wegen des Morasts aus Worthülsen, Leerformeln, Trugwörtern, Floskeln und Phrasen zu versinken drohte?
War es Absicherung genug, ein paar beherzte Leserbriefschreiber als Verbündete zu haben, wie zum Beispiel in der Person des Prof. Dr. Ing. Werner W. Köhl aus Reutlingen, der bereits den eher harmlos, wenngleich häufig nichtssagend-vielsagend verwendeten Begriff >Bürger< zu den *„in letzter Zeit überhandnehmenden aufgeblasenen Begriffen“* zählte, die durch *„einfachere Ausdrücke“* ersetzt werden könnten?[1] Immerhin hatte er sehr genau meinen Ansatz bestätigt. Dass es dann ein weiterer Württemberger war, noch dazu der Ministerpräsident des Bundeslandes Baden-Württemberg, Winfried Kretschmann, - ein Grüner! - der mich an meinem Vorhaben ohne weiteres Zaudern festhalten ließ, ist wohl doch mehr als nur Zufall. Und das angesichts eines in meinem Gedächtnis fest verankerten Werbespruchs, mit dem Baden-Württemberg schon vor Jahrzehnten Aufmerksamkeit erzielen wollte: *„Mir kennet elles, bloß koi Hochdeitsch net!“*. Ausgerechnet von dort also kam die Ermutigung. Worin bestand sie?
Kretschmann, von Beruf Lehrer und damit Berufskollege, hatte in der ihn auszeichnenden Art des direkten Zugangs klar und unmissverständlich Anstoß genommen am Gendern im allgemeinen, vor allem aber am Gendern im Unterricht: *„Die Schulen müssen sich an das halten, was der Rat für deutsche Rechtschreibung vorgibt. Sonst haben wir am Ende keine einheitliche Rechtschreibung mehr... Es wäre gut, wenn wir insgesamt wieder kreativer mit unserer Sprache umgehen würden statt mit Doppelpunkt und Unterstrich nicht sprechbare Dinge zu schreiben.“*[2]
Interessant ist, dass ein Aufschrei einschlägig vertrauter Kreise ausblieb. Das hätte mal ein woanders angesiedelter Politiker so sagen sollen! Interessant ist zudem, an wen sich Kretschmann gewandt hatte: Er wusste und weiß, wo eine – vielleicht sogar die entscheidende – Quelle des Übels

---

1 FAZ, 9.12.2022, S. 29. Die Sonntagsausgabe wird fortan als FAS ausgewiesen.
2 MP Winfried Kretschmann laut FAZ, dpa, 9.1.2023, S. 4.

sprudelt: bei unseren Berufskollegen, die Hochschullehrer unbescheiden inbegriffen, sind sie doch in größerer Zahl so etwas wie die Speerspitze der Attacke auf unsere Sprache.
Auf dieses dpa-Interview ging sodann die FAZ-Redakteurin Tatjana Heid erkennbar begeistert in einer Glosse näher ein.[3] Dass sie dabei auch an ihre Redaktionskollegen (und -kolleginnen!) gedacht hat, ist eher unwahrscheinlich Wer will sich schon den Vorwurf der Nestbeschmutzung und des subtilen Mobbings einhandeln. Immerhin führte sie aus, Politiker aller Parteien sollten sich *„zumindest einen Teil der Kretschmann'schen Sorge um die deutsche Sprache zu Herzen nehmen.*" Sodann: *„Er fordert seine Zunft auf, wieder so zu reden, dass die Menschen es auch verstehen.*" Tatjana Heid zitierte anschließend Kretschmann wörtlich: ***„Wir Politiker sind Meister darin, Plastikwörter zu generieren***." Sie fügte hinzu: *„Und das stimmt. Ein Teil des fehlenden Vertrauens in die Politik lässt sich mit einer Sprache erklären, die viel zu unkonkret ist oder aus* ***Worthülsen*** *besteht. Besonders in diesen verunsichernden Zeiten ist eine Sprache wichtig, die Zuhörer und Leser nicht ratlos zurücklässt.*" *„Plastikwörter*" und *„Worthülsen*"!
Damit ist nun wirklich alles gesagt, warum dieses Buch geschrieben worden ist.

Zu erklären bleiben noch Titel und Untertitel.
Dass *„Fokus*" Spitzenreiter unter den beklagten *„Worthülsen*" ist, dürfte keinem Zweifel unterliegen. Dass ausgerechnet die FAZ es war, die bei der zumeist sinnleeren, lediglich eine Worthülse bietenden Verwendung des modernistischen Begriffs *„Fokus*" den Vogel abschoss, dürfte Tatjana Heid nicht begeistern. Aber es war die FAZ, die am 13. Dezember 2022 auf Seite 22 über ein Foto des Evonik-Vorstandsvorsitzenden Christian Kullmann druckte: ***„Mit vollem Fokus** auf Evonik*". Wir lernen erstens: Es gibt offenbar logisch auch einen leeren Fokus oder einen halbvollen. Wir lernen zweitens: Was wirklich gemeint ist, bleibt ungesagt. Jeder denke sich, was er will. Und deshalb, genau deshalb, ist die Phrase *„mit vollem Fokus*" bestens geeignet, diesem Buch als Titel zu dienen.
Was den Untertitel betrifft, ist seine Herkunft etwas weniger vordergründig zu erklären. Er hat nämlich einen sehr literarischen Hintergrund. Es war ein Meister der Satire, der bereits in den zwanziger Jahren des vorigen Jahrhunderts die ***„Trockenlegung des Phrasensumpfes***" forderte: Karl Kraus.[4] Echte Moore und Sümpfe sollten besonders aus Umweltschutzgründen

3 FAZ, 9.1.2023, S. 8.

4 Karl Kraus, 1874 – 1936, war ein österreichischer Dichter und Kulturkritiker, Herausgeber der Zeitschrift *„Die Fackel*". Er gilt als scharfzüngiger Satiriker von *„sprachlichem Verantwortungsbewusstsein*" und ist berühmt für seine Aphorismen (*„Sprüche und Widersprüche*") und Epigramme. Auf ihn werde ich noch zurückkommen.

nicht mehr trockengelegt werden, vielmehr sollten Wiedervernässungen erfolgen. Phrasensümpfe aber wuchern so stark und so flächendeckend, dass fruchtbarstes Acker- und Weideland, als die der Wortschatz und die Normen unserer Sprache durchaus zu verstehen sein sollten, für immer verloren zu gehen drohen. „*Trockenlegung des Phrasensumpfes*“ sei deshalb als (Re)Kultivierungsmaßnahme verstanden.[5]

Zum sprachkritischen Hintergrund

Kritik an Sprachverderbnis, eigentlich eine vordringliche, nie als erledigt zu betrachtende und zudem fürwahr fachspezifische Aufgabe der Linguistik, ist dort eher verpönt, als dass sie gelobt oder sogar von den Linguisten selbst als ureigener Auftrag begriffen und wahrgenommen wird. Sprachkritiker werden auf Distanz gehalten, mindestens das. Die Allzweckwaffe lautet: Sprache ist dem Wandel unterworfen – und sonst nichts, schon gar nicht irgendwelchen Regelwerken irgendwelcher Sprachästheten oder auch nur Normfetischisten, die sie in ihrem Gebrauch und vor allem in ihrer Entfaltung einengen.
Das ist fast ein Totschlagargument. Denn das Argument, wenn es denn überhaupt diese Bezeichnung verdient, ist ja nicht so ganz einfach zu widerlegen. Tatsächlich ist es so, dass Sprache ständig dem Wandel unterworfen gewesen ist, sich entwickelt hat, mit den Zeitläuften, zum Beispiel mit der technisch-ökonomischen Revolution, mithalten musste – und mitgehalten hat. Die Sprache hatte allerorten und zu jeder Zeit auf Herausforderungen zu reagieren. Mindestens ihr Wortschatz war ständig zu ergänzen. Und auch Ballast in Gestalt von obsolet gewordenen Vokabeln und Redewendungen musste abgeworfen werden. Zunächst lokale und regionale, auch stammesspezifische mundartliche Besonderheiten fanden Aufnahme anderenorts, setzten sich später, nicht zuletzt im Zuge der Bildung größerer Territorialstaaten, durch und verdrängten bisher Gewohntes, wurden schließlich allgemeinsprachlich anerkannt und verwendet. Technische Fortschritte in dem einen Sprachgebiet führten zur Übernahme der dort kreierten Begriffe in einen anderen Sprachraum. Fremdwörter wurden (und werden) zu Lehnwörtern durch ständige Übung und vornehmlich durch ihre Einpassung in die Besonderheiten der aufnehmenden Sprache – zum

---

5 Spätestens jetzt ist es geboten, auf das Buch „*Die Republik der Phrasendrescher. Wortwörtliches einer verunglückten Sprache*“ von Karl Hugo Pruys, erschienen 2004 in der edition q der Quintessenz Verlags-GmbH, Berlin, hinzuweisen. Der Titel ist beneidenswert treffsicher gewählt worden. Ich verdanke den dort zitierten Texten und den Glossen vielfältige Anregungen. Bei aller Übereinstimmung im Grundsätzlichen habe ich jedoch einen anderen Ansatz gewählt, den Phrasendreschern den Kampf anzusagen. Deshalb, wohlgemerkt nur deshalb, bin ich auf das so überaus verdienstvolle Buch nicht näher eingegangen.

Beispiel in den Grammatikkapiteln Konjugation und Deklination -, bis sie als solche kaum noch registriert werden.

Das und dergleichen sind ganz natürliche Vorgänge gewesen – und sie sind es auch heute. Mit dem zunehmenden Verschwinden der Dialekte übernehmen deren Aufgabe heutzutage mehr und mehr die Soziolekte, also die Spracheigenheiten bestimmter sozialer Gruppierungen wie zum Beispiel der Jugend oder der Sportfans. Die Rasanz der Innovationen im ökonomisch-technischen Bereich mit der zwangsläufigen Neuschöpfung von Begriffen (Neologismen) und ihrem Transfer in andere Sprachen kommt als beschleunigender Faktor hinzu. Wir erleben das gegenwärtig im Zuge der unaufhaltsamen Digitalisierung in fast allen Lebensbereichen. Die Auswüchse, die ja nicht zu übersehen sind, mag man beklagen. Den Vorgang selbst grundsätzlich und völlig kompromisslos zu bekämpfen, verbietet sich, denn dann würde tatsächlich dem linguistischen Dogma, dass Sprache sich wandelt, auf eine gefährliche Weise jede Schleuse geöffnet. Ein wenig allerdings darf der an sich produktive Wandel schließlich kanalisiert oder eingedeicht werden, denn sonst drohen Sturzfluten. Es ist nun einmal so, wie es der Sozialphilosoph Ernst Topitsch erkannt hat: *„Die Sprache enthält ja implicite ein System überlieferter Wertungen und Normen, die besonders durch ihr Auftreten als Tatsachenaussagen oder >evidente< Wahrheiten einen nicht unbeträchtlichen Einfluss auf das Motivationsbewusstsein der Menschen ausüben.“*[6] Diese Erkenntnis als völlig unbeachtlich abzutun, ist mindestens leichtfertig. Topitsch zitiert denn auch zwei englische Sprachanalytiker mit dem bedenkenswerten Satz: *„The power of words is the most conservative force in our life.“*[7] Nicht jede >*conservative power*< muss attackiert werden, weil sie das ist, als was sie hier verstanden worden ist. Die *„Beharrungstendenz der Sprache“* ist zwar, worauf Topitsch mit Sympathie hinweist, von einem so bedeutenden Denker wie dem Engländer Francis Bacon im Blick auf die naturwissenschaftlichen Erkenntnisfortschritte seiner Zeit beklagt worden, z. B. durch eine *„ungeeignete Namengebung“*, die den Geist behindere[8] , aber die Sprache ist nun einmal eine nicht wegzudenkende Funktion des Geistes, der Herkunft als Bedingung für Zukunft im Sinne Odo Marquards begreift, und darf ihre >*Beharrungstendenz*< immer wieder geltend machen. Was eben nicht ausschließt, dass sie dem Wandel unterworfen ist, denn auf Bewährtem, auf aus besten Gründen Tradiertem *„beharren“* heißt ja nicht, etwas sich neu Ergebendes, sich Entwickelndes und vielleicht sogar als inhaltlich

---

6 Ernst Topitsch, Sozialphilosophie zwischen Ideologie und Wissenschaft, Luchterhand Verlag 1971, S. 34.

7 Auf Deutsch: „Die Macht der Wörter ist die konservativste Kraft unseres Lebens“.

8 Francis Bacon (1561 – 1626) war englischer Staatsmann und Philosoph; sein Hauptwerk war „Novum Organum“.

erforderlich Erweisendes „*verhindern*“ zu wollen. Vielmehr dürfte hier das Paradebeispiel einer überzeugenden dialektischen Beziehung gegeben sein.

Unsere hochdeutsche Standardsprache ist also naturnotwendig, sozusagen in systemimmanenter Logik, nicht mehr die Martin Luthers, auch wenn dessen kaum zu überschätzender Einfluss auf das Neuhochdeutsche immer wieder gewürdigt werden sollte. Martin Luthers Deutsch wiederum unterschied sich fundamental vom Mittelhochdeutschen des Walther von der Vogelweide oder Wolframs von Eschenbach.[9] Diese beiden großartigen Dichter des 12. bzw.13. Jahrhunderts waren ihrerseits bereits sprachlich weit entfernt vom Althochdeutschen, das uns in den Straßburger Eiden (843 n. Chr.) oder in dem Evangelienbuch des Mönchs und Magisters Otfried von Weißenburg begegnet, das in der zweiten Hälfte des 9. Jahrhunderts nicht mehr im Latein der Gelehrten, sondern in der rheinfränkischen Volkssprache verfasst wurde und als ein Hauptzeugnis des Althochdeutschen anerkannt ist.[10] Der schon im jeweiligen Schriftbild nicht zu verkennende erhebliche Sprachwandel vermag aber nicht die Einsicht zu verdrängen, dass es sich um Ausdrucksweisen **einer** Sprache handelt, nämlich des (Hoch)Deutschen in seinen wichtigsten Entwicklungsstufen – in klarer Abgrenzung etwa vom Niederdeutschen und den anderen westgermanischen Sprachen, von allen anderen sogenannten indoeuropäischen Sprachen ganz zu schweigen und all den übrigen in der Welt ohnehin.
Und nach genauem Hinschauen wird man zu begreifen haben, dass der Wandel organisch stattgefunden hat, nicht abrupt, nicht willkürlich, nicht einer Ideologie verpflichtet. Das gilt auch und besonders für die berühmten germanischen Lautverschiebungen, die das Hochdeutsche so markant vom Niederdeutschen entfernt haben. Darauf etwas näher einzugehen, ist hier leider nicht der Raum.

Gleichwohl: Schließt das unumgängliche Anerkenntnis, dass Sprache, gleich welche, naturnotwendig dem Wandel unterworfen ist, Kritik an Sprachverderbnis, an Sprachverluderung, an Sprachschlamperei, ja selbst an sprachlichen Modetorheiten, an sprachlichen Marotten aus? Ist der Ruf nach Regelgebundenheit der Sprache, nach Sprachnormen, nach Standardsprache als Verständigung sicherndes Kommunikationsmittel ein abzulehnender Konservatismus? Wird Sprache in ihrer Entwicklung dadurch fundamental gehindert? Oder ist nicht eher das Gegenteil richtig?

---

9 Walther von der Vogelweide, um 1170 – um 1230, war als Lyriker Hauptvertreter des Minnesangs. Wolfram von Eschenbach, um 1170 – um 1220, war höfischer Epiker, sein Hauptwerk ist „*Parzival*“.

10 Otfried von Weissenburg, um 800 – um 870, Mönch und Magister, verfasste u a. das Evangelienbuch („*Liber evangeliorum*“) und führte den Endreim in das Althochdeutsche ein, das er noch das Rheinfränkische nannte. Weissenburg im Elsass ist das heutige Wisssembourg.

Diese Fragen lassen sich einigermaßen überzeugend beantworten, sofern man gewillt ist, bereits bei genanntem Otfried von Weißenburg nachzuschauen.
Er begründete die Verwendung der Volkssprache zunächst wie folgt:
„Warum sollen die Franken darauf verzichten, Gottes Lob in fränkischer Sprache zu singen?“, sie besitze doch *„Geradlinigkeit in schöner Schlichtheit“*.
„Geradlinigkeit“! Darf man (oder muss man?) da nicht an sprachliche Systematik, an grammatische Korrektheit, an Ausdruckskraft durch angemessene, treffsichere, eben *geradlinige* Wortwahl denken? *„In schöner Schlichtheit“*, ganz ohne Blähsprache, ohne Modetorheiten, ohne Phrasendrescherei! Ohne *„pseudointellektuelles Geklingel“*![11]
Otfried plädiert nämlich nicht nur dafür, der Volkssprache die ihr gebührende Ehre zu erweisen und auf das Griechische und/oder das Lateinische zu verzichten. Er ermahnt seine Landsleute auch sehr eindringlich, etwas an sich sehr Einfaches, sehr Natürliches zu bedenken, wenn er – sprachkritisch! – hervorhebt:
„Sie hüten sich vor Fehlern in den fremden Sprachen, in der eigenen aber scheuen sie sich nicht... Es ist erstaunlich, dass Männer von außergewöhnlichem Urteilsvermögen und voller geistiger Beweglichkeit, groß durch Weisheit und hervorragend durch Frömmigkeit ... alle diese Fähigkeiten zum Ruhme einer fremden Sprache einsetzen und
im Schreiben der eigenen keine Übung haben... (Dabei habe) *der Schöpfer ihnen das Instrument Sprache gegeben, damit sie in ihr sein Lob erklingen lassen. Er erwartet von uns ja nicht die Schmeichelei glatter Worte ...* (und) *nicht leeren Lippendienst.“*
An anderer Stelle heißt es noch direkter bei Otfried:
„Bei fremden Sprachen schrecken sie davor zurück, sich auch nur mit einem einzigen Buchstäbchen gegen die Grammatik zu verfehlen, und die eigene Sprache bringt beinahe mit jedem Wort einen Fehler hervor.“
Diese Sätze wurden, man kann es nicht deutlich genug betonen, vor fast 1200 Jahren geschrieben. Wer vermag unsere heutige Situation, vielleicht mit anderer Wortwahl, sprachkritisch präziser zu kennzeichnen? Muss sich Sprachkritik da überhaupt noch rechtfertigen? Doch wer wagt es, seinen Landsleuten ins Stammbuch zu schreiben, was Otfried wie selbstverständlich vertrat: (Die Franken) *„besitzen die gleiche Geisteskraft* (wie Griechen und Römer) *... und sie leben mit allem ausgestattet in einem gesegneten Land. Sie brauchen sich wahrlich nicht zu schämen!“*
Vor dem Hintergrund Überhand nehmender, zumeist töricht-angeberisch eingesetzter Anglizismen und des Mischmaschs, den wir Denglisch zu

---

[11] So der in München lehrende Historiker Michael Wolffsohn in FAZ, 28.22.2022, S. 6.

nennen uns angewöhnt haben, spricht dieses Zitat für sich selbst und bleibe deshalb gänzlich unkommentiert.
Es wird doch wohl verstanden werden?[12]

Alles andere als sprachkritisch zurückhaltend war, wen wundert es, Martin Luther, bezeichnender Weise ebenfalls ein Mönch, jedenfalls zunächst. Er steht eindeutig in der Tradition, die Otfried von Weißenburg begründet hat. Dafür spricht vorzüglich die Übersetzung des Neuen Testaments in das mittlerweile sogenannte Neuhochdeutsche, davon zeugen aber auch Luthers Sentenzen, die er bei und nach Tisch an die Anwesenden und, ob bewusst oder unbewusst, ist nachrangig, an seine Nachfahren, also auch an uns, gerichtet hat.
Er, Luther, jedenfalls hat sich seiner deutschen Muttersprache nicht geschämt. Alle sogenannten Lutherworte sind frei von Blähsprache, von Blasendeutsch, von phrasenhaften Wendungen, denn Luther war ein Meister der präzisen Wortwahl, der ohne Umschweife auskommenden klaren, schnörkellosen Aussage, der ohne Imponiergehabe vermittelten Ideen.
Luther kam, Magister Otfried folgend, ohne *„die Schmeichelei glatter Worte“* aus, ohne *„leeren Lippendienst“*, ohne *„Wortgeklingel“*.
Ja, es sind Lutherworte und nicht, wie man in zahlreichen Fällen meinen könnte, Sprichwörter, also Stimmen aus der ebenfalls ohne Blähungen auskommenden Sprache des (einfachen) Volkes, die nun beispielhaft vorgestellt werden:

- *„Eine Lüge ist wie ein Schneeball: Je länger man ihn wälzt, desto größer wird er.“*
- *„Der ersparte Pfennig ist redlicher als der erworbene.“*
- *„Wer kein Geld hat, dem hilft nicht, dass er fromm ist.“*
- *„Man muss also strafen, dass der Apfel bei der Rute ist.“*
- *„Es soll keiner einen für seinen vertrauten Freund halten, er habe denn zuvor einen Scheffel Salz mit ihm gegessen.“*
- *„Von Arbeit stirbet kein Mensch. Aber von ledig und müßig gehen kommen die Leute um Leib und Leben; denn der Mensch ist zur Arbeit geboren wie der Vogel zum Fliegen.“*

Und offensichtlich in volkspädagogischer Absicht auch im Blick auf die Sprache führte Luther aus: *„Nicht viel lesen, sondern gut Ding viel und oft lesen, macht fromm und klug dazu.“* Wie konnte er ahnen, was der Kern

12 Alle Otfried-Zitate sind dem Buch *„Edelsteine“* (Seiten 41 und 43) entnommen. Es wurde herausgegeben von Max Behland, Walter Krämer und Reiner Pogarell und erschien 2014 in erster Auflage im IFB Verlag Deutsche Sprache in Paderborn.

des Übels der Sprache unserer Gegenwart ist? Wo wird noch gelesen? Von *„gut Ding“* ganz zu schweigen.
Die beiden folgenden Zitate, wären sie ihm damals bereits begegnet, hätte er bestimmt nicht als *„gut Ding“* zum wiederholten Lesen empfohlen:

- *„Die Dritte Mission der Hochschulen* ***befasst sich mit wechselseitigen Interaktionen zwischen der Hochschule und der außerhochschulischen Umwelt****.“*

So äußerte sich das CHE – das Centrum für Hochschulentwicklung – laut FAZ vom 8. Februar 2017, S. N4. Niemand Geringeres als das! Nur nebenbei: Ohne *„zwischen“* in überflüssiger und zumeist nichtssagender Verwendung geht heute fast nichts mehr.[13]

- ***„In den von Dieter Lenzen angemahnten Katalog konkreter Maßnahmen der Zeitenwende der Wissenschafts- und Forschungs- und Technologiepolitik gehört daher eine thematisch fokussierte sowie mittelfristige und materiell fundierte Strategie im Kontext nationaler und europäischer Interessen****.“*

Das ist ein Satz aus dem Leserbrief eines >Prof. a.D. Dr. Ing., Dr. h.c. mult.< aus Braunschweig in FAZ, 19. November 2022, S. 7. Gönnen wir ihm im übrigen die Anonymität.
Luther, dessen können wir sicher sein, hätte sich in beiden Fällen geschüttelt.
Doch: Nur gut, dass es solche Sätze gegeben hat. Sie haben ganz wesentlich dazu beigetragen, dass dieses Buch geschrieben worden ist.

Der damalige Feuilletonchef der Wochenzeitung >Die Zeit<, Jens Jessen, schrieb bereits am 26. Juli 2007: *Es ist nicht so, dass überpersönliche Mächte für den Unfug verantwortlich wären. Es sind* ***identifizierbare Sprecher, die der Sprache Gewalt antun****.“* Gewalt! Sein Beitrag trug die Überschrift: *„Die verkaufte Sprache“*. Ich hoffe, dass am Ende dieses Buches die Erkenntnis einkehrt, dass es sich mittlerweile um eine verramschte Sprache handelt, die häufig eingesetzt wird, um geistig Dürftiges oder sogar peinlichen Unsinn scheinbar gefällig, meistens gefallsüchtig zu verkaufen. Und das besonders Traurige dabei: Sie findet Abnehmer! Und, schlimmer noch, Nachahmer!

---

13 Hier sei auf die Glosse *„Zwischen und über – inzwischen über alles“* in meinem Buch *„Blütenlese“* (Verlag Leuenhagen&Paris, Hannover 2008, S. 353) verwiesen.

Ein beherzter (ja, es gehört Mut dazu!) Leserbriefschreiber, Max Walter aus Burgdorf, hatte es schon 2004 (FAZ, 11.08.2004, S. 6) auszusprechen gewagt: *„Nur noch in rabiatester Sprechweise lässt sich die, offenbar einem unsichtbaren Diktat folgenden,* ***Helotenzunft der Sprachverderber*** *begegnen:* ***Der Irrsinn hat Methode und ist argumentativ nicht mehr erreichbar****.“*
Vielleicht doch noch? Ein wenig Hoffnung bleibt, denn die stirbt bekanntlich zuletzt. Aber richtig ist wohl, dass es sich tatsächlich um so etwas wie eine *Helotenzunft* handelt, die da sprachverderbend am Werk ist, jeder Modetorheit gegenüber aufgeschlossen, oft ohne Sinn und Verstand mit Imponiergehabe hoch in Konjunktur stehende Vokabeln nachplappernd oder wichtigtuerisch-aufgeblasen in einen ziemlich belanglosen oder ganz einfach darzustellenden Sachverhalt einschleusend. Wie Heloten fürwahr! Unfrei, sklavisch. *Irrsinnig* eben – denn es drängt sich häufig der Verdacht auf, dass so manche Blendvokabel gar nicht in ihrem ursprünglichen, ihrem eigentlichen Sinn begriffen worden ist.
Der Publizist Fabian Payr hat in einem Aufsatz, der in der FAZ am 6. Dezember 2022 auf Seite 15 erschien, ***„das sperrige Gesinnungsdeutsch“*** beklagt, die ***„woke Phrasendrescherei“***, die durch ihre ***„intellektuelle Dürftigkeit“*** auffalle.
Darauf soll in diesem Buch reagiert werden, nicht *„in rabiatester Sprechweise“*, aber doch unverblümt und nicht selten mit Spott und Hohn sowie in den meisten Fällen die Quellen klar beim Namen nennend. Denn es ist ja so: *„Es sind identifizierbare Sprecher, die der Sprache Gewalt antun.“* Also werden sie in den meisten Fällen identifiziert und als (Gewalt)Täter vorgestellt, unumgänglich dann auch bloßgestellt.

Ausgerechnet - und deshalb umso bemerkenswerter – noch tief im Dreißigjährigen Krieg, nämlich 1643, erschien ein sprachkritisches Werk, das es verdient, in Erinnerung gerufen zu werden. Das in erster Linie deshalb, weil es mit einem Begriff aufwartet, der in unseren Tagen weithin auf Unverständnis stößt, bei zahlreichen Linguisten allemal, wenn dort nicht überhaupt auf Empörung. Gemeint ist das anklagende Wort ***„Sprachverderber“***. Ob es zum ersten Mal im deutschen Sprachraum auftauchte, also immerhin dann als Neologismus, oder nur in Wiederaufnahme einer älteren Verwendung, muss hier nicht weiter interessieren. Das Wort springt entweder in zeittypischer oder eher noch in blickfängerischer Schreibweise im Titel eines Buches ins Auge, das ein **Christoph Schorer** verfasste:

- ***„Der Unartig Teutscher Sprach=Verderber“***,

Wohlgemerkt im Jahre 1643. Als hätte es damals keine anderen Sorgen gegeben.

Das Werk – eine Ständesatire, denn Schorer macht Sprachverderbnis an den Sprechern sichtbar, die er jeweils einem sozialen Stand zuordnet[14], sie also identifiziert – stellt für jeden Sprachkritiker, der heutzutage Sprachverderbnis anklagt, eine Entlastung dar, denn es belegt die Zeitlosigkeit des Themas in Begleitung des Sprachwandels und erklärt die Aktualität, die es erneut erfahren hat.

Besondere Aufmerksamkeit verdient das Attribut *„unartig“*, denn Schorer dürfte es mehrdeutig eingesetzt haben. Zunächst und eher vordergründig verstanden bedeutet *„unartig“* so viel wie *„ungezogen“*, *„ungehörig“*. Eben auch auf sprachlichem Gebiet. Man verhält sich flapsig, aufmüpfig, regelverletzend, willkürlich, egoman, auch unsozial, selbstverliebt-monadisch: Wieso soll ich auf Regeln des Zusammenlebens achten, wo ich doch nur meine Freiheit(en) auskosten (oder austoben?) will?

So geht häufig auch die Frage im Blick auf die Verwendung der Sprache. Ob ich sie regelkonform einsetze, noch dazu so, wie sie in der Schule, man denke!, gelehrt worden ist, das überlasse man bitte mir. Die Fehler, die manche mir ankreiden wollen, sind dann schließlich meine Fehler – und damit keine! Standardsprache? Gegen Standards bin ich schon immer gewesen! Gegen Normen ohnehin! Schriftsprache? Wer schreibt denn heutzutage, wenn überhaupt, noch ganze Sätze! Es genügen doch Satzfetzen. Allgemein gebräuchlicher Wortschatz? Wieso das denn, wo es doch eigene Codes gibt, die es möglich machen, andere auf Distanz zu meinen Lebensformen und denen mir Gleichgesinnter zu halten. Wir verstehen uns, und das genügt!

„Unartig“ – das bedeutet aber auch, und Schorer wird es gezielt in diesem Sinne eingesetzt haben, *„nicht der Art entsprechend“* oder *„aus der Art schlagend“*. Und nun wird es gefährlich, brandgefährlich Es darf getrost davon ausgegangen werden, dass Schorer an das spezifisch Deutsche der Sprache, ihre deutsche Art, gedacht hat, das deutsche Wesen seiner Sprache. Womit er sich in die Nähe des Nationalistischen gerückt hat, als Nationalist gar >geoutet< hat?

Mitnichten. Von einem deutschen Nationalismus, von einem deutschen Wesen, an dem die Welt genesen sollte, war 1643 noch keine Spur zu finden. Schorer hat, davon ist auszugehen, die Eigen-Arten der deutschen Sprache im Sinn gehabt, ihre Besonderheiten im Vergleich mit anderen Sprachen. Er sah sie gefährdet durch unachtsamen Umgang mit ihnen, gewiss auch durch das Einschleusen von Wortschatz, der eben *„un-artig“* war und deutsche Wörter zu verdrängen drohte. Nicht mehr und nicht weniger.

---

[14] Das hat der Literaturwissenschaftler Helmut Arntzen in seinem Werk *„Satire in der deutschen Literatur. Geschichte und Theorie“*, Band 1, Darmstadt 1989, S. 237, betont.

So verstanden, ist dieser Sprachkritiker aus der Zeit des Dreißigjährigen Krieges als jemand zu begreifen, der geradezu vorbildlich als Mahner in unseren Tagen zu vernehmen und zu schätzen sein sollte.
So wie wir Schorer den das Übel klar benennenden Ausdruck „*Sprachverderber*" verdanken, so hat im 19. Jahrhundert der Philosoph **Arthur Schopenhauer** (1788 – 1860) mit einem gleichermaßen unnachsichtigen Begriff auf die Gefahren aufmerksam gemacht, denen die deutsche Sprache ausgesetzt war – und weiterhin ist. Einem Traktat aus dem Jahre 1852 gab er die Überschrift: „*Über die seit einigen Jahren methodisch betriebene* ***Verhunzung der deutschen Sprache***".[15] „*Verhunzung*" wird lexikalisch eindeutig definiert: „*Durch abträglich empfundenes Verhalten oder Tun hässlich, unbrauchbar, unansehnlich gemacht*" oder schlichter und treffender „*Verschandelung*".[16] Dieser Begriff bietet den unschätzbaren Vorteil, dass man assoziativ zum Urteil „*Schande*" geführt wird. Ja, es ist eine Schande, was einem seit einigen Jahren an Sprachmurks und an Blähsprache zugemutet wird.

Schopenhauer wird die geistreichen und im Grunde zeitlosen Aphorismen **Georg Christoph Lichtenbergs** (1742 – 1799) gut gekannt und beherzigt haben. Einer der zahlreichen prägnanten sprachkritischen Sätze Lichtenbergs bildet den Maßstab für die Beobachtungen und Beurteilungen, die zu diesem Buch geführt haben: „***An nichts muß man mehr zweifeln als an Sätzen, die zur Mode geworden sind***." Heute ist „*zweifeln*" wohl durch verzweifeln zu ersetzen, begegnet man doch überwiegend einfältigen Moden.
Am Ende des 19.Jahrhunderts hat sich jemand sprachkritisch geäußert, der nur noch eine lokale Bekanntheit hat und es gerade deshalb verdient, hier besonders herausgestellt zu werden. Gemeint ist der katholische **Pfarrer von St. Lamberti in Münster**, der im Jahre 1883 in sein stets originelles Neujahrsgebet die Fürbitte aufnahm: „***Gib den Regierenden ein besseres Deutsch und den Deutschen eine bessere Regierung***".[17]
Sollte diese Fürbitte nicht gerade heutzutage gesprochen werden, besonders inständig noch dazu? Wann hatte sie eine größere Aktualität, wann eine überzeugendere Begründung? Wann ist die Blähsprache, die ganz sicher auch der Pfarrer schon im Blick hatte, je zu größerer Blüte gediehen? Wann ist die deutsche Sprache von den „*Regierenden*" stärker geschunden worden? Wann haben sie die Sprache egoistischer und egomaner zur

---

15 Der Traktat wurde 1892 in den Nachlassbänden herausgegeben.

16 Diese Definitionen bietet „*Das große Wörterbuch der deutschen Sprache*", erschienen als sechsbändiges Werk im Dudenverlag (fortan DUDEN) von 1974 bis 1980, im Band 6.

17 Mir sind etliche der Fürbitten dieser originellen Neujahrsgebete seit meinem Studium an der Universität Münster bekannt. Wo genau sie gedruckt vorliegen, vermag ich nicht mehr zu belegen. Es kursierten an der Universität Münster seinerzeit vervielfältigte Fürbitttexte. Einen solchen habe ich zur Verfügung.

Selbstdarstellung missbraucht? Wann zur Verschleierung ihnen unliebsamer Sachverhalte? Wann zum Aufmotzen simpelster Vorhaben? Wer, wenn nicht die Regierenden, bedient sich häufiger und sinnleerer modernistischer Torheiten, um sich einer bestimmten Kundschaft (oder Gefolgschaft) – für sie natürlich *„Klientel“* – anzubiedern? Wann sind sie williger Bestandteil der *„postmodernen Palaver-Kultur“*, einer Unkultur also, geworden, diese sogar prägend?[18]
Der Wunsch des Pfarrers, die Deutschen möchten eine *„bessere Regierung“* erhalten, bleibe so stehen, wie er dasteht. Das Thema liegt außerhalb des sprachkritischen Ansatzes, der hier vorherrschen soll. Zum Nachdenken regt des Pfarrers Wunsch jedoch an, das allemal.

Ein paar Beispiele für erbärmliches Deutsch der *„Regierenden“* unserer Tage seien aber, überwiegend humoris causa, einige leider wohl auch tiefes Entsetzen auslösend, vorgestellt:

- ***„Lassen wir uns gemeinsam auf den Weg machen.“*** Bundeskanzlerin Dr. Angela Merkel auf einem CDU-Bundesparteitag.
- ***„Regieren mit der FDP heißt Zentrieren zur Mitte hin.“*** Rainer Brüderle (FDP), später Bundesminister, 2006.
- ***„Wenn das Klima um mehr als 2 Grad steigt...“*** Bundesminister Jürgen Trittin(Grüne) in Buenos Aires während der Klimakonferenz.
- *„Wir setzen auf ... eine* ***Verlagerung innerdeutscher Flüge auf die Schiene.“*** Tarek Al-Wasir (Grüne), hessischer Minister, laut FAZ vom 15.01.2009, S. 12.
- *„...* ***der Spagat, den wir gegangen sind.“*** Thorsten Schäfer-Gümbel (Stellv. Vors. der SPD) im ZDF am 18.01.2009.
- ***„Die Leute sehen schon, woher der Duft kommt.“*** Franz Müntefering (SPD), mehrfach Bundesminister, laut FAZ, 04.08.2009, S. 2.
- Die Ärzte gäben ***„falsche Krankheiten“*** an. Prof. Dr. Karl Lauterbach (SPD), gegenwärtig Bundesminister, in der ARD-Tagesschau, 20.01.2017.
- *„Wenn die Bürger ...* ***ihren falschen Verführern*** *ihre wertvolle Stimme geben.“* Horst Seehofer (CSU, mehrfach Bundesminister) in FAZ, 14.11.2016. Sein Beitrag trug die Überschrift: *„Noch ist es nicht zu spät.“* Hoffentlich ist das so im Blick auf den Zustand der deutschen Sprache. Reichlich spät ist es allerdings!
- *„Ich setze darauf, dass das auch weiter* ***in den Köpfen*** *derjenigen* ***Fuß fasst****, die...“* CDU-MdB Jürgen Hardt im Morgenmagazin am 20.07.2017.

---

[18] Die Wertung erfolgte bereits am 24. Februar 2007 in der FAZ auf Seite 8.

- „***Ohne genaue Kenntnis der Faktenlage***...“ Dr. Bernd Althusmann (CDU), damals niedersächsischer Wirtschaftsminister, laut FAZ vom 1.8.2022, S. 4.
- „*Unser Vizekanzler Olaf Scholz* ***leistet eine wahnsinnig gute Arbeit.***“ MP‘ Malu Dreyer (SPD) in einem Interview, FAZ, 21.04.2020, S. 2. Hoffentlich hat Scholz seine wahnsinnig gute Arbeit als Bundeskanzler nicht noch gesteigert. Zu viel Wahnsinn bekommt niemandem!

Alle Beispiele haben unsere „*Regierenden*“ als Mitglieder der sogenannten „*etablierten*“ Parteien beigesteuert. Die anderen Parteien bleiben aus sonstigen, jedenfalls nicht aus sprachkritischen Gründen unerwähnt.

Um diese „*Regierenden*“, die bekanntlich so überaus stark dem medialen Druck ausgesetzt sind, dem sie sich je nach Sachlage aber gern auch selbst unterwerfen, etwas zu entlasten, seien ein paar ähnlich geartete Beispiele für außergewöhnliche Sprachgewandtheit aus den der Politik insofern kongenialen Bereichen des Sports, der Medienschaffenden, der Wirtschaft und der Kirchen hinzugefügt. Nur aus diesem Grunde, das versteht sich.

- „...***diese virulente Situation***“ (in Tunesien). Diese Wortkombination brachte Bettina Schausten in ZDF HEUTE am 14.01.2011 zu Gehör. Von ihr haben wir übrigens in Erinnerung behalten: „*Man* ***vermeidete***...“ (ZDF, 15.6.2007). Immerhin: Für den Posten einer Chefredakteurin war das kein Hindernis. Beim ZDF aber auch keine Seltenheit.
- Der dort hoch im Kurs stehende Sportreporter Wolf-Rüdiger Poschmann (unter seinesgleichen auch als „*Poschi*“ vertraut) hatte ihr schließlich bereits am 27.08.2005 eine sportlich elegante Steilvorlage geliefert: „*Der Augenschein* ***trügte*** *nicht.*“ Dass jedes Schreibprogramm bei den Verben auf einen schweren Grammatikfehler hinweist, das kümmert natürlich ZDF-Größen in ihrer vom Grundgesetz garantierten Meinungsfreiheit überhaupt nicht. Wie auch!
- „*Die Polin scheint* ***abgehangen*** *zu sein.*“ Ein Sportreporter des ZDF – die Anonymität soll ihn schützen – glänzte damit am 27.August 2004. Die Polin sollte einem allerdings leidtun.
- „Rui Silva *bekommt die Bronzemedaille* ***umgehangen***.“ Ein Sportreporter von Eurosport am 25.08.2004. Die Sprache dort sucht ihresgleichen!
- „*Es wurde* ***abgelaufenes Fleisch*** *verkauft.*“ Ein NDR-Reporter 2006, das genaue Datum steht nicht mehr zur Verfügung.
- „... (XY), der ***unverhofft verstorben*** ist.“ So sollte ein Manager im Handelsblatt 2005 geehrt werden, der in sehr hohem Alter verstorben war.

Heißt das nicht, dass man gar nicht mehr zu hoffen gewagt hatte, dass der jemals sterben werde?

- *„**Einer der vielen Symposions**...“* Diesen schönen Plural konnte man im Deutschlandfunk am 7. November 2005 ausgerechnet in der Sendung *„Aus Naturwissenschaft und Technik“* vernehmen. Das hat was!
- Der neue Papst solle *„**von vitaler Gesundheit**“* sein, wurde Kardinal Meisner in der ARD am 12. Februar 2013 auf Texttafel 108 zitiert. Geht es aufgeblasener? Doch, es geht. Bei der FAZ immer. So etwa am 07.06.2006, S. 11:
- *„... um den angestrebten* **Schulterschluss** mit ... Scania ***auf die Beine zu stellen***.“ Unvorstellbare Akrobatik? Sprachlich ist auch bei der FAZ inzwischen jede Akrobatik mindestens vorstellbar.
- *„Wir wissen selber, dass* ***die Situation nicht so gelaufen ist, wie wir das wollten***.“ So äußerte sich der inzwischen ins Abseits geratene >DFB-Direktor< Oliver Bierhoff nach dem WM-Debakel der Fußballnationalmannschaft laut FAZ vom 5. Dezember 2022, S. 23. Eine Situation, die läuft, kann ja auch nur sehr schwer gewollt werden!

Das eigene Archiv ist prall gefüllt mit ähnlichen oder noch schlimmeren Gewalttaten gegen unsere Sprache. Mit derartigem Sprachmüll. Das Archiv ist im Grunde eine Deponie geworden. Das allein ist erschreckend. Aber viel erschreckender ist die Beobachtung, dass dem Unfug, der *„Sprachschande“*, offenbar nicht Einhalt geboten werden kann. Es wird immer schlimmer. Wenn die ausgewählten Beispiele den Eindruck geweckt haben, dass etliche schon einige Zeit zurückliegen, dann war das gewollt: Es sollte vermittelt werden, dass ein längerer und wie es scheint unaufhaltsamer Prozess vorliegt. Der *„Irrsinn hat Methode“*!

Das *„bessere Deutsch“*, das der brave Münsteraner Pfarrer sich von den *„Regierenden“* 1883 erflehte, es ist ein frommer Wunsch geblieben. Vielmehr scheint es gesicherte Erkenntnis zu sein, dass es gerade die *„Regierenden“* gewesen sind, die in echter Kooperation mit sonstigen Führungskräften unserer Gesellschaft und unseres Staates vorbild-lich(!) tätig gewesen sind. Unabgesprochen, wollen wir großzügig annehmen, aber gewiss kongenial.

In der ersten Hälfte des 20. Jahrhunderts hat es weitere sprachkritische Stimmen gegeben, an die (sich) zu erinnern sich nicht nur lohnt, sondern verdienstvoll sein dürfte. Denn es handelt sich um Stimmen erstklassiger Satiriker, die nicht durch Zeitgebundenheit ihrer Urteile an Wert(schätzung) verloren haben.

Eine davon, eine sehr prominente und stets mit der Bereitschaft zum (auch verletzenden) Biss eingesetzte noch dazu, war die des Österreichers **Karl**

Kraus (1874 – 1936), des wohl berühmtesten und gefürchtetsten Satirikers seiner Zeit. In gängigen Lexika wird zum Beispiel über ihn gesagt, er sei als *„Kulturkritiker von ätzender Schärfe, funkelndem Witz und sprachlichem Verantwortungsbewusstsein“* publizistisch als Herausgeber der Zeitschrift *„Die Fackel“* tätig gewesen und mit geistreichen Aphorismen (*„Sprüche und Widersprüche“*) und Epigrammen aufgefallen.[19] Eine seiner messerscharfen Sentenzen dürfte auf die Phrasendrescher direkt gemünzt gewesen sein: *„Es genügt nicht, keine Gedanken zu haben, man muss auch unfähig sein, sie auszudrücken.“* Sein (kon)genialer Landsmann **Helmut Qualtinger** (1928 – 1986) hat Karl Kraus meisterhaft zu ergänzen gewusst: *„Es gibt kaum etwas Schöneres, als dem Schweigen eines Dummkopfs“*. Nur: Welcher Dummkopf schweigt heute schon, wo doch Parlieren, Verzeihung, natürlich Talken, in bestimmten Kreisen zum Gebot der Stunde gediehen ist? Der irisch-englische Satiriker **Oscar Wilde** (1856 – 1900) kann mit seinem Wunsch *„Gesegnet seien jene, die nichts zu sagen haben und dennoch den Mund halten“* schon deshalb kaum noch auf Gehör hoffen, weil zum einen so gut wie niemand mehr gesegnet sein will und zum anderen gerade bei denen, die inhaltlich nichts zu bieten haben, das Mundhalten völlig aus der Mode gekommen ist.
In einer seiner Attacken auf das ihm zum Ärgernis gewordene gedankenleere Schwadronieren gerade auch der politischen und der medialen Elite – oder besser derjenigen, die sich dafür hielten – forderte Karl Kraus denn auch zur *„Trockenlegung des Phrasensumpfes“* auf. Was liegt näher, als sich in unseren Tagen angesichts der bereits zitierten Belege der Fäulnis und Modrigkeit gegenwärtigen Sprachgebrauchs in Politik, Medien, Sport, Management und selbst Wissenschaft, um nur diese Bereiche stellvertretend für so gut wie alle anderen Lebensbereiche zu nennen, sprachkritisch zu Wort zu melden.
Karl Kraus in satirischer Schärfe kaum nachstehend war **Kurt Tucholsky** (1890 – 1935), der als Herausgeber der *„Weltbühne“* nicht nur selbst sprachmächtig publizistisch aktiv war, sondern auch einen erkenntnisscharfen Blick auf *„Unsitte*(n)“ in seinem journalistischen Umfeld zu werfen verstand. Offenbar hoch gereizt schritt er 1926 zum Angriff auf die Übeltäter: *„Und ich würde ... schonungsvoll über dieses Malheur schweigen, wenn nicht fast alle so schrieben, in Zeitungen, Büchern und Zeitschriften; wenn es nicht* ***eine verdammte Unsitte*** *wäre, solche* ***überfütterten Sätze*** *auch noch zu sprechen; wenn nicht dieser Stil Allgemeingut wäre,* ***so aufgequollen, so übermästet, mit solchen Stopflebern im Hals****.“*[20]
Kennzeichen des neudeutschen Sils, so Tucholsky, seien *„innere Unwahrhaftigkeit, Überladung mit überflüssigen Fremdwörtern, vor denen der*

[19] So zum Beispiel in *Der Neue Herder*, Band II, Freiburg 1954, Spalte 2244.
[20] Kurt Tucholsky, Der neudeutsche Stil, Ernst Rowohlt Verlag, Berlin 1928, S. 206.

ärgste Purist recht behält; ausgiebige Verwendung von Modewörtern … Aufplusterung der einfachsten Gedanken zu einer wunderkindhaften und gequollenen Form". Man fragt sich: Was hätte Tucholsky über die Sprache unserer Tage wohl gesagt? Er nahm schon Anstoß an der übermäßigen und unscharfen Verwendung des Wortes >Problem<, für ihn ist es ein „*verblasene*(r) *Ausdruck*": „*Was mit diesem Wort in Deutschland zur Zeit für ein Unfug getrieben wird, spottet jeder Beschreibung.*" Aber was erst mit „*Fokus*", „*Eskalation*"; „*nachhaltig*", „*Poker*", „*toll*" und vielen anderen? Von ihnen werden immerhin einige im folgenden Glossar behandelt.
Die hier (wie anderenorts bei ihm) glanzvoll zum Ausdruck gekommene Sprachkraft Kurt Tucholskys könnte als Quelle der puren Freude ihr Bewenden haben. Aber das würde bedeuten, man verzichtete als Sprachkritiker angesichts des gesteigerten „*Malheurs*", des „*aufgequollenen*", des „*übermästeten*" Stils, der „*überfütterten Sätze*", denen wir heute verhängnisvoll ausgesetzt sind, auf einen Mutmacher der ersten Kategorie. Gegen die „*Stopflebern im Hals*" anzuschreiben, ist denn auch der Sinn und Zweck dieses Buches. Und gegen die „*Verkrüppelung des Kulturguts deutsche Sprache*", gegen die „*vorsätzliche Kulturgutdemontage*".[21]

Damit ist aber bereits gesagt, dass der „*Irrsinn*" der Gendersprache auf den folgenden Seiten so gut wie gar nicht vorkommen wird. Das wäre nämlich nicht nur zu viel der Ehre für diesen absoluten, durch nichts mehr, auch nicht aus Barmherzigkeit zu relativierenden linguistischen Unfug, es würde vielmehr den Rahmen des hier in den kritischen Blick genommenen Sprachsektors sprengen. Phrasendeutsch, Blasendeutsch, Blähsprache, sprachliche Marotten und Torheiten, „*Dampf- und Dumpfplauderei*"[22] sind Ärgernis genug und fordern dazu heraus, mit einer „*kleinen Handreichung*" zu versuchen, dem Spuk Einhalt zu gebieten.
Sich organisch entwickelnder Sprachwandel, gegen den überhaupt nichts oder nur wenig einzuwenden wäre, liegt jedenfalls bei der Gendersprache nicht vor. Was hingegen vorliegt, ist ein Sprachdiktat, eine „*vorsätzliche Kulturgutdemontage*" (s.o.), ein mit noch mehr Eifer und Ideologie angezettelter Kulturkampf, als er sich bei der Attacke auf die tradierte und bis dato gelehrte deutsche Rechtschreibung am Ende des vorigen Jahrhunderts abspielte. Der Ansatz muss als totalitär verstanden werden, denn ihm liegt ein absoluter Wahrheitsanspruch zugrunde. Es ist so, wie es in der FAZ am 16.11.2022 auf Seite 1 zu lesen war: Eine Minderheit drückt, neben Identität und Klima, auch auf dem Felde der Sprache der Gesellschaft ihre radikalen Ansichten auf. Jedenfalls versucht sie es. Und der Versuch ist weit

---

21 Diese Begriffe verdanke ich einem Leserbrief von Werner Rosenbecker aus Hiddenhausen (FAZ, 26.8.2022, S. 26).

22 So Andreas Platthaus in FAZ, 14.8.2004.

gediehen. Er wird vorangetrieben hinter dem Schutzschild eines „*Gesinnungstribunals*“, das sich gegen jeden rationalen Einwand völlig immunisiert hat und somit „*argumentativ nicht mehr erreichbar ist*“.[23]
Hiermit erklärtes – warum auch sollte das verschwiegen werden? – Ziel ist es, einen winzigen Beitrag zu leisten, die deutsche Sprache mit ihrem keineswegs leichten, aber doch schönen und vor allem sinnstiftenden Kern, im wesentlichen also Wortschatz und Phraseologie sowie Grammatik und Rechtschreibung, zu bewahren.
Zur Absicherung dieses heutzutage alles andere als gefahrlosen Bekenntnisses bemühe ich Zitate einiger Persönlichkeiten, die nicht im Verdacht stehen, irgendwelchen nationalistischen Ideen anzuhängen. Man kann ja nie wissen, was einem alles unterstellt und nachgesagt wird, sobald man den Furor der moralistischen Elite ausgelöst hat, den berüchtigten „*Shitstorm*“, der vor allem im Internet wütet, sobald man ihren sprachlichen Unfug als das kennzeichnet, was er ist: gefährlicher Unfug.

- „***Sprache ist nicht nur ein Mittel der Kommunikation, Sprache ist Kultur ... Wer also patriotische Gefühle wecken will, der wende seine besondere Aufmerksamkeit der deutschen Sprache zu***.“

Das sagte Dr. Jutta Limbach (SPD), u.a. nach einer langen politischen Karriere hochgeachtete Präsidentin des Bundesverfassungsgerichts und sodann Präsidentin des Goethe-Instituts, in einem Interview, das am 8.Februar 2005 auf Seite 36 der FAZ erschien.

- „***Wer die europäische Sprachenvielfalt erhalten will, muss zugleich seine eigene Sprache in Ordnung halten oder bringen***.“

Diesen Satz verdanken wir dem damals amtierenden Bundestagspräsidenten Dr. Wolfgang Thierse (SPD), einem Literaturwissenschaftler, der sich durch gepflegte Sprache wohltuend von vielen Politikern unterschied. Seine mahnenden Worte sind in „*Profil*“ (Ausgabe April 2001) nachzulesen, der Zeitschrift des Deutschen Philologenverbandes. Ausgerechnet dort, könnte man ausrufen. Denn auch diese Zeitschrift, die der Philologen, der Freunde des Wortes, hat sich längst durch sehr fehlerhafte Texte, vor allem in den berüchtigten „Editorials“ eines einstigen Vorsitzenden, unrühmlich in den Kreis der Sprachverderber eingefügt, wie noch belegt werden wird.

- „***Wir müssen unsere Sprache schützen wie unsere Gewässer***.“

---

23 Den Begriff „*Gesinnungstribunal*“ verdanken wir einem Leserbrief des inzwischen verstorbenen Philosophen Robert Spaemann, den die FAZ am 5.Juni 2014 auf Seite 8 veröffentlichte.

So lautete der beschwörende Appell des Schriftstellers Botho Strauß[24], eines Meisters der deutschen Sprachkunst. Vertiefen wir uns für einen Augenblick in diesen Satz, kommen wir zwangsläufig zu einer erschreckenden Erkenntnis: Für Strauß unterschied sich der Zustand unserer Sprache nicht mehr von dem der einst völlig verdreckten, stinkenden, fast dem Tode geweihten deutschen Gewässer. Aber seine Sicht war eine letzten Endes doch noch Mut machende: So wie die Gewässer, fast in letzter Sekunde und nur als Ergebnis eines beispiellosen Kraftaktes, vor dem >Umkippen< bewahrt werden konnten und sich heute als erfreulich gesund darstellen, so kann auch Abhilfe für unsere Sprache geschaffen werden – kurz vor ihrem Exitus als Hochsprache durch Schutzmaßnahmen ohne Rücksichtnahme auf den Zeitgeist und die von ihm ausgehenden Attacken auf alle, die sich in den Dienst dieser Sprache stellen.

Von einem der früheren Herausgeber der FAZ, von Johann Georg Reißmüller, ist folgender Satz überliefert:

- ***„Wenn die Deutschen ihre Sprache bewahren wollen, werden sie dafür etwas tun müssen.“***

Das ist eine mehr als berechtigte Ermahnung. In diesem Buch soll denn auch tatsächlich etwas getan werden. Nur: Dachte Herr Reißmüller seiner Zeit auch an die von ihm mitherausgegebene Zeitung, die FAZ? In deren Redaktionen, von der Politik über die Wirtschaft und das Feuilleton bis hin zum hier unvermeidlichen Sport, tummeln sich inzwischen mit zunehmender Tendenz Sprachverderber in einer Zahl und in einer Penetranz, die man bei einer Zeitung, die von sich behauptet, *„von klugen Köpfen für kluge Köpfe“* gemacht zu werden, nicht erwarten sollte. Dieses Buch wird mit seinen vielen Beispielen dieses für die FAZ verheerende Urteil mühelos belegen können. Und das, obwohl die FAZ keineswegs als Ausbund des Sprachpfusches und des Phrasensumpfes einzustufen ist. Es gibt leider noch viel schlimmere Übeltäter. Das sei zur Entlastung der FAZ von jemandem eingeräumt, der seit fast genau 60 Jahren ihr Abonnent ist – und ihr unerbittlicher Sprachkritiker. Allerdings versetzt ihn genau das auch in die Lage, den sprachlichen Niveauverlust, den man auch Niedergang nennen könnte, zu benennen und zu beklagen, als zeitgeistgesteuerte Aushöhlung nämlich.

Die viel schlimmeren Übeltäter lassen sich verhältnismäßig leicht lokalisieren, selbst dann, wenn man großzügig-gnädig-barmherzig auf eine Bewertung dessen, was im Internet als Sprache daherkommt, verzichtet. So viel Verzicht muss sein.

---

[24] Seinen Aufsatz brachte die FAZ am 13.Dezember 2006.

Hinführung zum folgenden Verzeichnis sprachlicher Marotten

In der FAZ erschien am 25. November 2022, just während der Zusammenstellung des Materials zu diesem Buch, ein sprachkritischer Aufsatz von Wolfgang Kemp, der als 2018 von der Deutschen Akademie für Sprache und Dichtung mit dem Sigmund-Freud-Preis für wissenschaftliche Prosa ausgezeichneter >Kunsthistoriker< vorgestellt wurde, unter dem Titel *„Auch ein bisschen gruselig"*. Das war bereits eine ironisch-satirisch kaum noch zu übertreffende Kurzfassung dessen, was im Aufsatz sodann in sprachlich eleganter Manier zerrissen wurde. *Deutsche Sprachkultur im Deutschlandfunk Kultur: Über den Triumph einer >So-ziolinguistik<*, so lautete der Untertitel des Beitrags.
„Gruselig" – welches Adjektiv kann treffsicherer gewählt werden, will man die eigene Reaktion auf sprachliche Unzulänglichkeiten, auf modernistische rhetorische Marotten, nebelhaften Jargon und auf großspuriges, aber inhaltsleeres Wortgeklingel in einem Begriff zusammenfassen.
Genau darum geht es in diesem Buch: Um Blähsprache, Blasendeutsch, Wortgeklingel, Phrasendrescherei, um Sprache, die als Kompensationsmittel in vielfältigster Verwendung über Kompetenzdefizite unterschiedlichster Art, zumeist jedoch inhaltlicher, hinwegtäuschen soll, also um Täuschung, Irreführung, Nebelkerzen, Denkschablonen, Gemeinplätze, intellektuell aufgesetzte Camouflage - sozusagen manipulativ eingesetzt. Manipulativ deswegen, weil so gut wie immer verschleiert wird, was tatsächlich gesagt werden soll. Im Grunde findet ein Versteckspiel statt. Es herrscht ein Jargon der Uneigentlichkeit vor, des Andeutens, auch des Spekulativen, des Vagen, des Ungefähren, jedenfalls keine Sprache, die Übereinstimmung von Aussageabsicht und Aussagegestalt sicherstellt.
Einige Sätze aus jüngster Vergangenheit dürften neben den zwei bereits im ersten Kapitel zitierten geeignet sein, als Belege zu dienen, was zu diesem Buch geführt hat. Sie enthalten Schlüsselbegriffe, die ihre Kennzeichnung als *„sprachliche Marotten"* geradezu aufdrängen. Eine Rechtfertigung erübrigt sich da wohl.
Nicht ohne einen etwas hinterhältigen Gedanken werden zunächst Passagen aus einem Interview vorgestellt, das der FAZ-Mitarbeiter Daniel Theweleit mit dem damaligen Cheftrainer von Borussia Mönchengladbach, Daniel Farke, führte.[25]
Es ist nämlich tatsächlich und zunehmend unumgänglich das Lebensfeld des Sports, auf dem sprachliche Großspurigkeit mit geistlosen Belanglosigkeiten gepaart in beinahe symbiotischer Beziehung wuchert. Alle

---

25 Veröffentlicht wurde das Interview in der FAZ am 27. August 2022 auf S. 31.

zitierten Sätze hat der Cheftrainer gesprochen. Auf die markierten Wörter wird zwangsläufig im Hauptteil dieses Buches, dem Glossar, wieder Bezug genommen, denn sie tauchen massenhaft auch in anderen Texten auf.

- *„Ich möchte, dass wir* ***brutal ehrlich*** *zueinander sind."*
- *„Aber ich befinde mich nicht* ***in einem Erlebnismodus****, ich bin eher* ***fokussiert und konzentriert****."*
- *„... wie ich einen bestimmten Spieler* ***pushe*** (sic!)*"*
- *„Wenn* **du** *gut bist im Ballbesitz, dann hast* **du** *einfach viel mehr* ***Power und Energie für die Umschaltmomente****."*
- *„Meine Mannschaften ... haben immer auch in den Bereichen Laufumfang und* ***Intensität*** *mit am meisten* ***abgeliefert****."*
- *„... um* ***die perfekte Balance*** *innerhalb des Kaders hinzubekommen."*

Auf solche Sätze sei hier *„brutal ehrlich"* reagiert: Sie waren in meiner Jugend völlig unvorstellbar. *Modus – fokussieren – pushen – Power – Intensität – perfekte Balance* und selbst *abliefern* und *brutal* in dem hier angedeuteten Verständnis kamen damals einem Cheftrainer nicht über die Lippen, dem Bundestrainer Sepp Herberger gleich gar nicht. Und im Alltag benutzte sie eh niemand. Herberger war stets *fokussiert*, aber er hatte es nicht nötig, sich so aufgemotzt auszudrücken – oder anzubiedern. Man sprach auch in Sportlerkreisen
noch jargonfrei unaufgeblasen. Man wusste, wer man war, und man wusste, zu wem man sprach. Zudem: Man duzte nicht einfach so daher, jeden und jede sozusagen verkumpelnd vereinnahmend. Und man kam ohne die ermüdenden Verdoppelungen (*„fokussiert und konzentriert"* sowie *„Power und Energie"*) aus, man haushaltete mit seinem Wortschatz, verzichtete auf verbales Gehabe und Getöse.
Im Sinne des bereits bemühten Satzes des Zeit-Feuilletonchefs Jens Jessen *„Es sind identifizierbare Sprecher, die der Sprache Gewalt antun"* hat es Daniel Farke getroffen, hier vorgeführt zu werden. Er könnte allerdings mühelos durch viele andere ersetzt werden. Zum Beispiel durch die (einstige) Bundestrainerin Martina Voss-Tecklenburg, wie noch gezeigt werden wird. Auf Englisch, das er als ehemaliger *„Coach"* - auch so ein Modewort, vor allem in der Verbform *coachen* heute allüberall anzutreffen - des englischen Proficlubs Norwich City gewiss hinreichend beherrscht, sei Herrn Farke versöhnlich zugerufen: Bad luck! Take it easy! And carry on!

Was dem Sport längst recht ist, darf natürlich der Politik mittlerweile mehr als billig sein. Was ist überhaupt in der Politik seit einiger Zeit nicht nur sprachlich, sondern beklagenswerterweise auch inhaltlich nicht alles außergewöhnlich billig, nicht weit von Ramsch(preisen) entfernt. Man weiß aber höchst pfiffig, wie man sich gefälligst, nämlich gefallsüchtig Moden anpasst[26] Mehr noch, man eignet sie sich nicht nur an, man verstärkt die erkannten *Trends* – denn jede Stimme zählt, egal, wie man sie sich erobert hat. Auch sprachliche *Vernetzung* zahlt sich aus, *in Netzwerken mitzusurfen* ist rentierlich, sobald man sich als ebenbürtiges Mitglied der *Community* hat *etablieren* können. Die markierten Wörter sind selbstverständlich ganz zufällig in diese Wertung hineingekommen. Wie das heute so üblich ist! Die Politik also als Entlastung des Sports. Das hat doch etwas! Erneut wird die Kommunikationsform des Interviews gewählt, um mit einem aussagekräftigen Beispiel aufzuwarten. Welcher Zufall: Es erschien am selben Tage!

- *„Mir ist es wichtig, dass die Soziologie, die sich auf die* ***Transformationsforschung*** *und die neuen Länder* ***fokussiert****, auch ordentlich* ***ausfinanziert*** *ist, dass die Forschung* ***sichtbar gemacht*** *wird und damit* ***schlussendlich*** *auch* ***in den politischen Prozess einfließt****. ... aus der* ***passiven Konsumentenhaltung*** *entwickelte sich* ***politische Aktivität*** *und* ***brachte mich*** *in meiner Heimatstadt Erfurt* ***ein****.“*

Der soeben zitierte Interviewte ist der SPD-Bundestagsabgeordnete Carsten Schneider, seines Zeichens als Staatsminister Beauftragter der Bundesregierung für die neuen Bundesländer.[27] Er *brachte sich* also *ein*. Das ist lupenreines Kirchentagsdeutsch, wie noch ausgeführt werden wird. Dass die Politik ihm dann etwas einbrachte, sei nur am Rande erwähnt. Das ist ja *schlussendlich* auch verdient, nachdem er sich auf den Jargon der Politik so uneigennützig und vor allem lernfähig eingelassen hat, stets darauf *fokussiert*, als ausgewiesener Haushaltspolitiker mit nachgewiesener *politischer Aktivität Transformationsforschung*, nicht mehr, aber auch nicht weniger, *ausfinanziert* zu haben. Sie nur finanziert zu haben, das wäre entschieden zu mickrig gewesen, sowohl inhaltlich als auch sprachlich. *Aktiv* im *politischen Prozess* – überzeugender kann man sich doch gar nicht von der schnöden *passiven Konsumentenhaltung* absetzen. Das musste ja mal gesagt werden! Was wirklich gesagt worden ist, bleibt dennoch einigermaßen schleierhaft. Was meinte Herr Schneider mit „*die Forschung*“, was mit „*sichtbar machen*“ und was mit „*einfließen*“?

Mit einem dritten Beispiel soll der Sektor der jugendlichen Hochkultur unserer Tage aufwarten dürfen. Es handelt sich um Auszüge aus einem Interview, das die FAZ mit der in einschlägigen Kreisen wohl sehr bedeutsamen

---

26 Mit dem wertenden Adjektiv „*gefallsüchtig*“ knüpfe ich an ein überaus lesenswertes Buch an, das auf besondere Weise auch sprachkritisch angelegt ist: Wolfgang Herles, *Die Gefallsüchtigen*. Albrecht Knaus Verlag, München 2015.

27 Das Interview brachte die FAZ am 27. August 2022 auf Seite 12.

Sängerin (auch *Rapperin*) Nina Chuba führte und am 14.Dezember.2022 präsentierte. In den genannten Kreisen dürfte ihre Sprache sehr willkommen gewesen sein, denn dort - aber wohl nur dort - hat man sie bestimmt uneingeschränkt verstanden:

- *„Das ist* ***das Coolste****, wenn* ***deine*** *Musik Generationen verbindet."*
- *„Aber ich habe manchmal einfach nicht die Zeit,* ***die coolsten neuen Brands*** *zu finden."*
- *„****Guckmal****, mein Gucci-Pulli – dabei sieht der dann gar nicht* ***geil*** *aus."*
- *„****Es war auch cool zu merken****: Die Leute interessieren sich eher dafür, wer ich bin, als was ich mache."*

In diesem besonderen Falle interessiert allerdings doch, was sie gemacht hat, nämlich mit der Sprache. Die *„neuen Brands"* seien ihr geschenkt. Auch das verkumpelnde *„deine"*. Was aber genau meinte sie mit *„cool"*? Gewiss sehr Unterschiedliches. Jedoch, was im einzelnen genau? Müssen die Leser erst alle auf ihre Sprachebene – darf man sie armselig nennen? - herabgestiegen sein, um sie zu verstehen? Und was ist das Geile an einem *„geil"* aussehenden *Pulli*? Liegt hier nicht doch der berüchtigte *„restringierte Code"* vor, den viele Linguisten aus sehr durchschaubaren Gründen willfährigst zu ihrem bevorzugten Forschungsgegenstand gemacht haben, nicht zuletzt im Dienste einer Ideologie, die sich die vermaledeite *„elaborierte Sprache"* als eine wesentliche Quelle aller sozialen Übel, nicht zuletzt aber des gegliederten, des differenzierten und differenzierenden Bildungswesens vorgeknöpft hat? Als das Selektionsinstrument schlechthin! Als Mittel der Sicherung und Verfestigung von Privilegien! Wo doch der Egalitarismus das Heilmittel schlechthin ist!
So sehr sich die Linguisten über die zitierten Sätze der Sängerin freuen dürften – wir sollten sie als das begreifen, was sie in Wirklichkeit sind: Jargon mitten im Phrasensumpf.

Mit dem im Hauptteil dieses Buches, dem Glossar, gelieferten Verzeichnis sprachlicher Marotten ist eines nicht angestrebt: Vollständigkeit. Es handelt sich sehr bewusst um eine Auswahl. Keine zahlenmäßig geringe, fürwahr, aber doch um eine Auswahl. Manches Stichwort wird, das ist zu hoffen, so schnell wieder verschwinden wie eine Sternschnuppe am Abendhimmel, und manches Modewort wird leider noch wie aus dem Nichts auftauchen und fröhliche Urständ feiern, ganz dem unbestreitbaren Grundsatz des Sprachwandels verpflichtet. Wenn wir schon nicht für Normen, welcher Art auch immer, sind, so halten wir doch Grundsätze hoch im Kurs, wenn sie uns in den Kram passen, nicht wahr?

Auf Begriffe, die eindeutig in einem fachsprachlichen Zusammenhang stehen und sowohl in den Geistes- als auch in den Sozialwissenschaften Ausweis besonderen Sachverstandes („*Expertise*"!) sind, wird so gut wie vollständig verzichtet. Das gilt zum Beispiel für *Aporie(n)* oder *Ambivalenz* und *ambivalent* oder *Mutation* und *mutieren* sowie *Osmose, ubiquitär, Topos* und dergleichen Vokabular. Natürlich ist seit längerem nicht zu übersehen, dass auch diese Begriffe über Gebühr oft Verwendung finden. Auch sie stehen im Dienste eines Imponiergehabes, auf das die wenigsten Wissenschaftler (und viele andere) in ihren Publikationen und in ihren Interviews oder Vorträgen verzichten wollen. Dennoch: Sie haben ihren wissenschaftlichen Stellen- und Aussagewert und sind relativ selten als pures Wortgeklingel missbraucht worden.

Die Anordnung (moderner „*Skalierung*"?) der Stichwörter, der „*Lemmata*", in alphabetischer Reihenfolge dürfte einige Vorteile gegenüber der Gliederung nach Wortarten haben. Meine – zum Teil bissigen, das sei eingeräumt, Kommentare sind in ihrem Umfang höchst unterschiedlich geraten. Auch darin liegt eine Absicht: Die vorgestellten sprachlichen Marotten treten nämlich mit mehr oder mit weniger nervtötender Wucht und Häufigkeit auf. Das soll entsprechend berücksichtigt werden. Die als Belege dienenden Zitate sind analog mal zahlreicher, mal nur sehr begrenzt bemüht und im Detail nachgewiesen worden. In so gut wie allen Fällen aber unterstützen sie die Absicht, den Beweis zu führen, dass es „*identifizierbare Sprecher*" sind, „*die der Sprache Gewalt antun*".
Identifizierbare? Wenn es denn nur so einfach wäre, wie es Jens Jessens weiter vorn zitiertes Diktum vermuten lässt. In den meisten Fällen steht zwischen dem Absender und den Adressaten, den lesenden oder (zu)hörenden, eine institutionelle Wand, die dem Absender Anonymität gewährt. Das ist insbesondere der Fall bei den Texttafelredaktionen der öffentlich-rechtlichen Rundfunkanstalten. Dort tummeln sich, daran kann es keinen Zweifel mehr geben, Redakteure, die entweder bar jeder Regelkenntnis drauflos schreiben oder die der Sprache, ihrem Haupthandwerkszeug, mit einer Schnoddrigkeit begegnen, die nur noch schockiert.
Wenn Handwerker mit ihrer Maurerkelle, ihrem Meißel, ihrem Hobel, ihrem Schraubendreher so schlampig umgingen, wäre der mediale Aufschrei gewaltig und der volkswirtschaftliche Schaden nicht bezifferbar. Pfusch wäre noch die dezenteste Kennzeichnung. Bezüglich der im etwas weiteren Sinne als Berufskollegen einzustufenden Nachrichtenproduzenten bei ARD, ZDF, NDR, MDR etc. ist Funkstille (oder Grabesstille?) dagegen selbst bei den seriöseren (Print)Medien offenbar ein Gebot der Solidarität. Man wird erinnert an die Volksweisheit, dass eine Krähe der anderen kein Auge aushackt. Beißhemmung liegt da wohl vor. Eine meiner Großmütter,

eine Bäuerin, pflegte in solchen Fällen zu sagen: *„Pack schlägt sich, Pack verträgt sich!“* Deftig, fürwahr, aber sie würde wohl auch in bezug auf die hier behandelte Materie der Wahrheit sehr nahe gekommen sein.
An einer wichtigen Frage kommt man nicht vorbei: Wie haben es die Texttafelredakteure geschafft, in ihre jeweiligen Positionen zu gelangen, in denen Sprachbeherrschung unabweisbar elementare Bedingung der Berufsausübung ist – oder zurückhaltender: sein sollte? Gab und gibt es Eingangsvoraussetzungen? Ist Sprachbeherrschung überhaupt noch ein Einstiegserfordernis? Blickt man auf den Umgang dieser (und vieler anderer) *„Medienschaffenden“* mit der Elementargrammatik, bloß mit dieser, kommt nur eine Antwort in Betracht: Nein, ist sie nicht, ganz und gar nicht. Deklinationsendungen, Konjugationsformen, Satzbau, Idiomatik, Rechtschreibung – das alles interessiert die allerwenigsten. Wenn Sinnentstellendes herauskommt, dann soll sich der Adressat den Sinn gefälligst erschließen. Das wird man doch noch erwarten dürfen! Meinungsfreiheit ist ein Grundrecht. Sprachliche Korrektheit, stammt die nicht aus vordemokratischen Zeiten? Hat sie nicht so penetrant Autoritäres an sich?
Und Korrektur von Fehlern im Rahmen von Redaktionskonferenzen oder auch nur sehr diskret auf einer zwischenmenschlichen Ebene, vielleicht im Gespräch unter vier Augen – ist das nicht übelstes Mobbing, auch wenn vordergründig subtil-dezent vorgetragen? In Fortbildungsseminare geschickt werden, das ist mindestens der Beginn von Diskriminierung, nicht wahr?
Diese soeben gestellten Fragen sind zumindest unterschwellig wahrscheinlich die Brandmauer, an der das Feuer einschlägiger Kritik erstickt wird. Dennoch seien zwei abschließende Fragen geäußert: Merkt eigentlich niemand mehr auf den Leitungsebenen der öffentlich-rechtlichen Rundfunkanstalten, in den Lektoraten und in den sogenannten Schlussredaktionen von Zeitungen und Zeitschriften, welcher sprachliche Murks, welcher Müll veröffentlicht wird? Und: Welche Funktion haben heute Volontariate überhaupt noch? Allerdings: Wenn es sie denn gibt.[28]

Die soeben getroffenen Urteile rufen natürlich nach Belegen. Das ist schließlich ein Gebot der wissenschaftlichen Redlichkeit. Um wenigstens einige der angedeuteten Sprachfelder anzusprechen und zudem einige der

---

[28] An dieser Stelle erlaube ich mir, auf meine Bücher zum besagten Sprachmurks hinzuweisen.
1. „Deutsch – oder so. Die Schule im Räderwerk der Sprachverderber“.
2. Verlag Leuenhagen & Paris, 241 Seiten, Hannover 2005.
3. „Blütenlese. Die deutsche Sprache – (k)ein Grund zur Heiterkeit“. Verlag Leuenhagen & Paris, 397 Seiten, Hannover 2008.
4. „Nachgelesen. Sprachpfusch(er) beim Wort genommen.“ Verlag Leuenhagen & Paris, 259 Seiten, Hannover 2011.
5. „Lesefrüchte. Von der geschliffenen zur geschleiften Sprache.“ IFB Verlag Deutsche Sprache, 379 Seiten, Paderborn 2018.

Sprachsünder unter den vielfältigen Medien vorzustellen, ist es leider nicht zu vermeiden gewesen, dass die Liste länger geraten ist als das, was heutzutage in vielen Leserkreisen gemeinhin gerade noch als Zumutung toleriert wird.
Beginnen wir mit den **Deklinationsendungen**:

- „*Die Polizei hatte Hinweise auf den Waffentransport* ***aus den Niederlande*** *erhalten*.“ (MDR, Texttafel 124, 15.10.2021).
- „*Arbeitnehmer von Betrieben* ***mit mehr als 100 Mitarbeiter*** *wären verpflichtet gewesen, sich ...*“. (ARD, Texttafel nicht mehr bekannt, 7.11.2021).
- „*In Frankreich ... ist erneut ein Fußballspiel ...* ***wegen Zuschauerkrawalle*** *abgebrochen worden*.“ (ARD, Texttafel 222, 18.12.2021).
- „*Fahrgäste ... müssen in den kommenden Tagen* ***mit Zugausfälle rechnen***.“ (NDR, Texttafel 128, 17.12.2021).
- „***Demos vor Privathäuser unsäglich***.“ (MDR, Texttafel 100, 21.12.2021).
- „*... einer Gegend, die es* ***ihren Bewohner*** *nicht leicht gemacht hat*.“ (FAZ, Hans-Christian Rößler, 3.1.2022, S. 6).
- „*Sanierung* ***von 130 Kilometer Straßen***.“ (NDR, Texttafel nicht mehr bekannt,16.3.2022.
- „*Die Polizei* ***bittet Augenzeuge*** *um Mithilfe*.“ (MDR, Texttafel 135, 24.3.2022. (Es waren eindeutig mehrere gemeint!)
- „*... seien nicht nur deutsche Inspektoren, sondern auch >Michelin<-Direktoren* ***aus anderen Länder*** *im >Vendome< gewesen*.“ *(*FAZ, Jakob Strobel y Serra, 10.3.2022, S. 9).
- „*Niedersachsen* ***hilft von der Pandemie betroffene Taxifahrer*** *und Taxifahrerinnen*.“ (NDR, Texttafel 123, 21.3.2022).
- „*Sechs Rettungswagen brachten anschließend die Schülerinnen und Schüler* ***im Alter zwischen neun und zwölf Jahre*** *in Krankenhäuser in Halle*.“ (MDR, Texttafel 135, 23.3.2022).
- „*Das dürfte für viele* ***ein Rückschlag*** *für die Altersvorsorge* ***bringen***.“

So wird der ZEW-Ökonom Friedrich Zimmermann zitiert (ARD, Texttafel 138, 2.4.2022).

- „*Pfeiffer setzte sich* ***nach 30 Kilometer*** *vom Felde ab*.“ (NDR, Texttafel 202, 3.4.2022.
- „***Ein Rückgang gab es*** *bei Taschendiebstählen und Einbrüchen*.“ (ARD, Texttafel 113, 5.4.2022).
- „*Die* ***Versorgung mit Lebensmittel*** *sei existentiell, argumentierten die Jungsozialisten*.“ (FAS, Philipp Plickert, 10.4.22, S.18).

- *„Prinz Harry* ***erzählt von Archies Zukunftspläne****."* (N-tv online, 18.4.2022).
- *„... überwiegend freundlich* ***mit*** *längerem Sonnenschein und* ***ein paar Wolkenfelder****."* (ARD, Texttafel 172, 20.4.2022).
- *„Die US-Regierung will ... das Verfahren* ***zur Aufnahme von bis zu 1000.000 ukrainische Flüchtlinge*** *starten."* (ARD, Texttafel 887, 21.4.2022).
- *„Am Sonntag und Montag oft* ***bewölkt mit Schauer****."* (MDR, Texttafel 502, 21.4.2022).
- *„... wurde* ***durch ein Raketenangriff*** *ein Waffendepot ... getroffen."* (ARD, Texttafel 886, 27.4.2022).
- *„Heidelberg* ***holt Finne*** *Iisalo."* (ARD, Texttafel 202, 3.5.2022).
- *„Nordhorns Rückstand ...* ***beträgt ein Punkt****."* (NDR, Texttafel 207, 19.12.2022).
- *„Am Donnerstag* ***neben*** *zeitweise* ***dichteren Wolkenfelder*** *immer wieder sonnig."* (MDR, Texttafel 501, 11.5.2022).
- *„... Hochdruckwetter* ***mit*** *zeitweise dichteren mittelhohen und* ***hohen Wolkenfelder****."* (MDR, Texttafel 501, 13.5.2022).
- *„Am Nachmittag wolkig* ***mit heiteren Abschnitte*** *und meist trocken."* (MDR, Texttafel 501, 23.5.2022).
- *„..., zudem Wechsel aus Sonnenschein* ***und einzelnen Schauer****."* (MDR, Texttafel 502, 25.5.2022).
- *„Am Nachmittag meist trocken* ***mit sonnigen Abschnitte****."* (MDR, Texttafel 501, 26.5.2022).

Es lohnt wohl den Hinweis, dass die fünf MDR-Texte im kurzen Zeitraum von zwei Wochen alle aus dem dortigen Wetterdienst stammen! Aber anderenorts im MDR sah es nicht besser aus:

- *„In ... wird* ***eines von 120 Geräte*** *genutzt."* (MDR, Texttafel 130, 24.5.2022).
- *„CDU und FDP halten das für zu spät, weil* ***den Häuser*** *dadurch die Planungssicherheit fehle."* (MDR, Texttafel 140, 16.10.2022).

Und es ging munter so fort:

- *„Bis zum Morgen ...* ***neben wenigen hohen Wolkenfelder*** *oft gering bewölkt oder sogar klar."* (MDR, 501, 17.6.2022, vormittags).
- *„Nachts* ***neben wenigen hohen Wolkenfelder*** *oftmals gering bewölkt."* (Ebenda nachmittags!).
- *„Am Samstag sonnig* ***mit*** *Quellwolken und* ***lokale Schauern*** *über den Bergen."* (MDR, Texttafel 502, 11.8.2022).

- „*... wechselhafter* ***mit neuen Regenschauer****.*“ (MDR, Texttafel 502, 19.10.2022).
- „*Schwacher Wind aus Süd,* ***auf den Mittelgebirge*** *zunehmend kräftig.*“ (MDR, Texttafel 501, 23.10.2022).
- „*...* ***nach*** *Nebel und* ***Hochnebelfelder*** *vor allem nach Norden hin sonniger, ...*“ (MDR, Texttafel 501, 25.11.2022).

Doch die anderen Wetterdienste verhalten sich kongenial:

- „*...* ***unbeständig mit Schauer und einzelnen Gewitter****.*“ (ARD, Texttafel 174, 25.6.2022).
- „*... wechselhaft* ***mit Regenschauer***“ (ARD, Texttafel 173, 30.10.2022).
- „*... wechselhaft* ***mit durchziehenden Schauer****.*“ (ARD, Texttafel 172, 1.1.2022).
- „*… vom Rein* (sic!) *her wird es hingegen* ***neben einzelnen Schauer*** *freundlicher.*“ (ARD, Texttafel 174, 19.11.2022.)
- „*Russland blockiert ... Getreide-Exporte* ***aus ukrainische Häfen****.*“ (ARD, Texttafel 105, 8.6.2022).
- „*Das System hat* ***eine Reichweite von 80 Kilometer*** *und soll helfen...*“ (ARD, Texttafel105, 6.6.2022).
- „*Der Rückgang ukrainischer Agrarexporte hat in vielen Ländern* ***zu steigenden Lebensmittelpreise*** *geführt.*“ (ARD, Texttafel107, 8.6.2022).
- „*In dem Dock seien ein ukrainisches Kriegsschiff und ein Waffendepot* ***mit von den USA gelieferte*** *>Harpoon<-****Raketen*** *zerstört worden.*“ (ARD, Texttafel 105, 24.7.2022).

Spätestens jetzt erkennt man, dass die politische Nachrichtenredaktion der ARD fröhlich mitmacht beim Abbau der Deklinationsendungen.

- „(XY) *... wird* ***auf der Zielgerade*** *noch ... überlaufen.*“ (ARD, Texttafel 843, 16.7.2022).
- *Der 23jährige kam* ***nach 500 Meter*** *mit einem Vorsprung von ... ins Ziel.*“ (ZDF, Texttafel 204, 19.8.2022).

Die Sportredakteure lassen sich da natürlich nicht lumpen, ob bei der ARD oder beim ZDF! Und auch bei der FAZ nicht:

- „*... wieder Teile* ***des Mannschaftstraining*** *bestritt.*“ (FAZ, sid., 31.10.2022, S. 24).
- „*Der Anstoß ... kam ... von* (XY), ***einem Student*** *aus der Gegend.*“ (FAZ, Julia Löhr, 6.8.2022, S. 17).

- *„Das Mädchen war* ***vor über eine Woche*** *... leblos aufgefunden worden.*“ (MDR, Texttafel 142, 10.8.2022).
- *„Auf Antrag* ***des Fraktionschef*** *der Linken...*“ (MDR, Texttafel 121, 12.8.2022).

Wir sehen, beim MDR liegt System vor, wenigstens das.

- *„Der Betreiber hat ... eindringlich vor einem Reservebetrieb* ***von zwei Atomkraftwerke*** *in Deutschland gewarnt.*“(ARD, Texttafel 107, 7.9.2022).
- *„**Vielen klein- und mittelständische Unternehmen drohe das Aus**.*“ (NDR, Texttafel 165, 13.9.2022).

Der ukrainische Präsident Selensky wird zitiert, es *„gebe nichts Lebendiges mehr* ***unter russische Besatzung***.“ (ARD, Texttafel 887, 18.9.2022). Hat er diese erbärmliche Übersetzung verdient?

Diese Auflistung, so schrecklich lang sie manchem wahrscheinlich vorgekommen sein mag, ist nichts anderes als eine Auswahl, das sei noch einmal betont. Sie dokumentiert hoffentlich hinreichend, dass Deklinationsendungen, ein Spezifikum der deutschen Sprache, gewiss, auszusterben beginnen. Aber wen wundert das? Deklination, das heißt Beugung, etwas umständlicher auch *„in die Fälle setzen*“. Wer aber will heute noch etwas beugen? Und sich gleich gar! Schon gar nicht vor den Gesetzen unserer Sprache! Da werden diese doch wohl logisch behandelt wie die meisten anderen Gesetze auch: Mit Gleichgültigkeit, indem man schließlich selbst bestimmt, was alles gleich gültig ist! Mehr als nur nebenbei: Es sollte aufgefallen sein, dass die Beispiele aus den Sportredaktionen und den Wetterdiensten dominieren. Das ist alles, nur kein Zufall!

In die Fälle setzen! Aber in welchen, das ist häufig die Frage! Die beinahe zum Sprichwort gediehene Behauptung, der Dativ sei dem Genitiv sein Tod[29] ist so wahr wie sie falsch ist. In Wirklichkeit findet unter den Fällen das berühmte *bellum omnium contra omnes* des Thomas Hobbes statt, ein Kampf aller gegen alle. Der angeblich dem Tode geweihte Genitiv schlägt nämlich in rabiatester Weise zurück, und der Akkusativ usurpiert Terrain, das anderen Fällen zukommt. Von dem Auftritt des *„Vonitivs*“[30] als einem ganz neuen Fall sei hier zunächst nur andeutungsweise die Rede. Eine detailreiche Beschäftigung mit diesem neuen Phänomen, das uns besonders

---

29 Hiermit sei an das verdienstvolle Buch von Bastian Sick erinnert, das über viele Jahre hinweg unter dem Titel *„Der Dativ ist dem Genitiv sein Tod*“ große Aufmerksamkeit erhielt.

30 Diesen treffsicher gewählten Begriff hat, so scheint mir, ebenfalls Bastian Sick populär gemacht.

die Ideologen der „*Leichten Sprache*“ gutmenschlichst ans Herz legen, auf grenzenlose Empathie mit den sprachlich irgendwie Zukurzgekommenen oder Zurückgebliebenen setzend, würde ein eigenes Buch füllen. Immerhin sollte bedacht werden, dass der Vonitiv als heruntergekommener Dativ tatsächlich des Genitivs gefährlichster Feind ist, potentiell sein Todfeind. (Oder doch: von dem Genitiv der gefährlichste Feind?)
Es folgen nun Beispiele für den Kampf der Fälle ums eigene Überleben:

- „*...**laut einen ukrainischen Diplomaten***“ (ARD, Texttafel 887, 8.8.2022).
- „*Am Montag ist es **nach zeitweiligen Sonnenschein** unbeständig mit Schauern.*“ (NDR, Texttafel 651, 14.8.2022).
- „*Alice Schwarzer muss sich seit dieser klaren Positionierung **dem Vorwurf** des Rassismus und sogar des Sexismus **erwehren**.*“

So formulierte tatsächlich Boris Palmer in „*Wir können nicht allen helfen*“, Siedler Verlag, München 2017, S. 131. Von Lektorat keine Spur! Oder doch?

- „*Dabei muss **mit länger anhaltenden Regen** gerechnet werden.*“ (NDR, Texttafel 651, 8.7.2020).
- „*Zudem säßen in Thüringen 17 Vertriebe **von rechtsextremen Material**.*“ (MDR, Texttafel 143, 7.8.2020).
- „*Konfessionelle Streitigkeiten und Alleingänge **schadeten** nicht nur **die Glaubwürdigkeit** des Evangeliums, sondern seien >auf vielen Gebieten auch nicht mehr finanzierbar<.*“ (FAZ, Reinhard Bingener, 11.8.2020, S. 4).
- „***Brand auf ehemaligen Sowjetgelände***“ (MDR, Texttafel 143, 20.8.2020).
- „*Wie kopflos **verstrickt sich** der Apparat **in Widersprüchen**.*“ (FAZ, Friedrich Schmidt, 26.9.2020, S. 6).
- „***Hegel lehrt seinen dreizehnjährigen Schülern** in der Mittelklasse nicht weniger als die eigene, im Entstehen begriffenen Logik.*“ (FAS, Jürgen Kaube, 16.8.2020, S. 34. Vorabdruck aus „*Hegels Welt*“, Rowohlt 2020.

Man beachte: Kaube ist der für das Feuilleton verantwortliche Herausgeber der FAZ. Wollte er die Volksweisheit „*Wie der Herr, so das Gescherr*“ beglaubigen?).

- „*... **nach örtlichen Nebel** längere sonnige Abschnitte.*“ (ARD, Texttafel 171, 28.9.2020).

- *„Am Wochenende trocken* ***trotz oft dichte Wolkenfelder****.“* (MDR, Texttafel 502, 12.10.2020).
- *„****Einer von drei Ärzte****, die sich damals noch in das Heim getraut haben, spricht vor der Kamera sehr offen.“* (FAZ, Reinhard Bingener, FAZ, 12.10.2020, S. 14).
- *„Heute Nachmittag* ***neben kurzen Sonnenschein*** *zunehmend Quellbewölkung.“* (MDR, Texttafel 501, 1.9.2022).
- *„Die vom russischen Verteidigungsministerium* ***bei seinen täglichen Briefing*** *vorgestellte Karte zeigt, dass ...“* (ARD, Texttafel 886, 11.9.2022).
- *„Nachts* ***neben hohe Wolkenfelder*** *oft auch klar.“* (MDR, Texttafel 501, 12.9.2022).

Mit dem geliebten Akkusativ den bösen Dativ in die Flucht schlagen – das hat doch was! Dem musste es ja auch mal heftig gezeigt werden!
Dass die üblichen Verdächtigen hier wieder am Werk waren, kann nicht übersehen werden.

Wie sinnentstellend, mindestens aber missverständlich die seuchenartige Verwendung des Vonitivs sein kann, dürften die folgenden Beispiele erhellen:

- *„****Nach Angaben vom Land*** *bleiben...“* (MDR, Texttafel 126, 29.3.2021).

Ja, ja, von manchem heißt es etwas despektierlich, er sei *vom Lande*. Hier aber ging es um *Angaben des Landes.*

- *„... kein Grund sein,* ***ihn von diesen Ämtern zu entheben****.“* (FAZ, hpe., 29.04.2021, S. 21).

Mit diesem Satz hat sich ein veritabler FAZ-Redakteur – belassen wir es beim Redaktionskürzel, seine Leser werden wissen, wer gemeint ist, und das genügt – ganz offensichtlich etwas verhoben. Dass das Verb *entheben*, kein Wort der Alltagssprache, nur den Genitiv regiert, hätte ihm jedes Grammatiklexikon gesagt. Man muss allerdings so bescheiden sein, ein solches auch zu befragen! Also: „*... ihn dieser Ämter zu entheben*“ ist richtig, nur das.

- *„****Wrack von Kriegsschiff entdeckt****“* (ARD, Texttafel 135, 19.9.2020).

Hat das Kriegsschiff ein Wrack entdeckt? Nein, es wurde *das Wrack eines Kriegsschiffs* entdeckt. Ach so! Ach ja!

- *„Altes **Casino von Trump gesprengt**.“* (FAZ, 18.2.2021, die Seite ist nicht mehr bekannt).

Trat Trump – zuzutrauen ist ihm ja alles – als Sprengmeister auf? Diesmal (noch) nicht. Ein altes *Casino Trumps wurde gesprengt*. Das ist ja immerhin auch eine Nachricht wert.

- *„**Äußerungen von Ramelow kritisiert**.“* (MDR, Texttafel 100, 21.5.2021).

Hat Ramelow sich erlaubt, irgendjemanden oder irgendetwas zu kritisieren? Warum nicht? Aber so war es nicht. Es wurden *Ramelows Äußerungen* kritisiert. Auch das darf ja sein. Schließlich leben wir in einer Demokratie. Drum gut, dass auch *Ramelows Äußerungen* gelegentlich kritisiert werden (dürfen).

- *„Das Gelbe Trikot **bleibt in den Händen vom Slowenen** Pogacar.“* (ARD, Texttafel231, 11.7.2021).

Sind dem Slowenen etwa die Hände weggenommen worden? Auf „... *in den Händen des Slowenen*“ kommt heute kein Sportredakteur mehr?

- *„**Flugzeug von Ceausescu versteigert**.“* (ARD, Texttafel 138, 28.6.2021).

Ceausescu hat ja alles Mögliche getan, Diktator, der er war. Hat er auch ein Flugzeug versteigert? Noch dazu lange nach seinem schmählichen Tod? Nein. Es wurde *ein Flugzeug Ceausescus* versteigert. Recht so.
Wie stark der Genitiv sich mittels der Sprachverderber gegen den Dativ wehrt, sei mit ein paar gezielt eingesetzten Beispielen nachgewiesen. Dass einschlägige Grammatiken[31] unter Nennung der Präpositionen *entgegen, entsprechend, fern, gegenüber, getreu, mitsamt, nächst, nahe, nebst, samt, zunächst, zuwider*, keinen Spielraum lassend, betonen, dass diese ausschließlich den Dativ regieren, lässt insbesondere die Medienleute völlig unberührt. Ist ihr Feuer für die Rettung des vermeintlich dem Tode geweihten Genitivs urplötzlich so sehr entfacht, dass sie hartnäckig auch dort den Genitiv einsetzen, wo er nichts verloren hat? „*ZDF-Ikone*“ Petra Gerster

---

[31] So z.B. WAHRIG, Fehlerfreies und gutes Deutsch, Ausgabe 2003, S. 468. (Fortan WAHRIG 2003)

wirkte offenbar auch in dieser Hinsicht als unwiderstehlich, denn für sie waren *„in der ZDF-Heute“*, also vor Millionen und damit ein ganz klein wenig doch wohl auch einflussreich auf das Sprachverhalten der Zuhörerschaft, Wendungen wie *„Sie stehen gerade* ***nahe des Flughafens***“ sprachliche Glanzpunkte, die so glatt wie nur irgendetwas über ihre Lippen kamen – in jeder Hinsicht vorbildlich, weil penetrant ständig. Korrigiert hat sie natürlich niemand. Wie auch! Ikonen korrigiert man nicht.
Für die gebräuchlichsten der aufgezählten Präpositionen sei mit je einem Satz gezeigt, dass ein fehlerhafter Anschluss des Objekts, also Genitiv statt des korrekten Dativs, und somit ein schwerer Grammatikfehler vorliegt:

- ***„nahe des Hauptbahnhofs“*** (ARD, Tagesschau, Judith Rakers, 7.4.2017).

Natürlich, was Petra beim ZDF recht war, muss Judith bei der ARD billig gewesen sein. Vielleicht zu billig? Schließlich sind ja die Gebühren nicht gerade gering. Dass eine unheilvolle Tradition begründet wurde, belegt ein Satz aus dem Munde der ARD-Ikone Susanne Daubner:

- *„Der Hubschrauber stürzte* ***nahe eines Wohnhauses*** *ab.“* (ARD, Tagesschau, 18.1.2023).

Eine sich zwangsläufig ergebende sehr einfache Frage - Wie will eine Lehrerin einen entsprechenden Fehler einer Schülerin noch ohne heftigen Widerspruch notenrelevant ankreiden? – lässt sich ebenso einfach beantworten: Gar nicht mehr. Also wird sie von der Fehlermarkierung aus Selbstschutzerwägungen Abstand nehmen. Organischen Sprachwandel nennt man das? Etwas wird plötzlich richtig, weil es selbstdarstellungsbefähigte (oder sogar gefallsüchtige?) Nachrichtensprecherinnen nur falsch vorzutragen vermochten?

- *„Die Stadtratssitzung fand dann am Donnerstag* ***fern des Getöses*** *in einer Sporthalle ... statt.“* (FAZ, Julian Staib, 6.7.2020, S. 4).

Es liegt doch nahe, mit *fern* so zu verfahren wie mit *nahe*, nicht wahr? Und es liegt auch nahe, dass die FAZ bei jedem Grammatikspuk der Öffentlich-Rechtlichen, die sie ansonsten eher mit Argwohn beäugt, mitmacht. Die folgenden Zitate sind da eindeutig:

- *„Lindner selbst kann* ***entgegen seiner Pläne*** *am Parteitag nur aus der Distanz ... teilnehmen.“* (FAZ, pca., 23.4.22, S. 4). Entgegen seinen Plänen!

- „*Dass es **gemäß des Ausstiegsgesetzes** ...*“ (FAZ, Christian Geinitz, 23.1.20, S. 19).

Gemäß dem Ausstiegsgesetz, Herr Redakteur. Sie kennen doch wohl das gar nicht selten alltäglich gebrachte Wort „***dem**gemäß*“?

- „*Die Fußgänger in deutschen Innenstädten haben ein neues Feindbild: den E-Scooter **samt ihres Fahrers**.*” (FAZ, Sven Astheimer, 17.8.2019, S. 19). *Samt ihre**m** Fahrer*!
- „*Die Zahlung findet ... **entsprechend der bestehenden Verträge** statt.*“

So Bundeskanzler Scholz auf Twitter laut ARD, Texttafel 886, 31.März 2022, wo nur „*entsprechend den bestehenden Verträgen*“ korrekt ist. Scholz steht hier für die ganze Garde der Politiker. Sobald sie sich zum Beispiel auf ein Protokoll beziehen, kommt prompt die Wendung „***entsprechend des Protokolls***“. Dem Protokoll der Sprache entspricht sie allerdings nicht!
Es kommt nicht von ungefähr, dass keine Texttafelredaktionen direkt bemüht worden sind. Was die sich gerade auf diesem Gebiet der Grammatik leisten, ist mengenmäßig nicht mehr zu überschauen; jede Auswahl käme zudem einer Beleidigung der nicht berücksichtigten Redakteure gleich.

Wer immer sich an seinen Englischunterricht im etwas fortgeschrittenen Stadium erinnern kann, wird nicht ohne eine gewisse Beklemmung vor Augen haben, wie mühsam und gleichzeitig wie not-wendig das Erlernen der „***idiomatic phrases***“, kürzer gefasst der „*idioms*“, war. Es kam insbesondere auf die präzise Auswahl der Präpositionen in den *phrases* an. Spätestens seinerzeit wurde aufmerksamen und nachdenklichen Schülern klar, dass auch im Deutschen idiomatische, also spracheigene, Spezifika zu beachten seien. Ein Herumfuhrwerken nach Belieben könne nicht in Betracht kommen. Gleich gar nicht nach Gutsherrenart.
Glaubte man. Indes, darf man das immer noch glauben? Betriebsblind sozusagen?
Die Antwort lässt sich auch ohne einen Blick auf die Texttafeln von ARD, ZDF, NDR, MDR etc. erschließen. Es genügt erneut, sich der FAZ, die ja nicht müde wird, sich auf ihre gediegene Sprachkunst einiges zugute zu halten (oder einzubilden?), aufmerksam zu nähern. Bei ihr findet man dann regelmäßig den Versuch, mit schönen idiomatischen Ausdrücken sprachlichen Glanz zu verbreiten – aber regelmäßig regelverletzend.
Drei dieser Ausdrücke seien stellvertretend herangezogen. Beginnen wir mit ***gefeit sein***:

- *„Die* (Politik) ... *war* **vor Hybris** *gerade deshalb* ***nicht gefeit****, weil sie sich selbst so sah.*“ (FAZ, Jasper von Altenbockum, 25.4.2019, S. 1).
- *„****Niemand ist grundsätzlich davor gefeit****, dass durch Gruppendruck und falsch verstandene Kameradschaft Grenzen überschritten werden* ...“ (FAZ, Mü., 18.9.2019, S. 8).
- *„Auch altbekannte Parteien* ***sind nicht davor gefeit****, von einer Wahl ausgeschlossen zu werden.*“ (FAZ, Daniel Deckers, 14.7.2021, S. 1).
- *„****Vor dem Sündenfall*** *des Jahrhunderts aber war er* (=Robert Schuman) ***nicht gefeit****.*“ (FAZ, Jürg Altwegg, 19.7.2021, S. 11).
- *„****Vor der Betriebsblindheit*** *deutscher Rechtsgelehrsamkeit ist Marietta Auer auch deshalb* ***gefeit****, weil sie ...*“ (FAZ, Wolfgang Krischke (!), 15.12.2021, S. N6).
- *„... liegt es nahe, dass der Konzern* (DB) ... ***nicht vor illegalen Praktiken gefeit*** *ist.*“ (FAZ, Thiemo Heeg, 24.11.2022, S. 24).
- *„Auch systemtreue Russen sind* ***nicht vor Willkür gefeit****.*“ (FAZ, Friedrich Schmidt, 3.12.2022, S. 4).
- *„****Vor*** *Umbenennungen aber ist nichts und* ***niemand gefeit****.*“ (FAZ, lock., 31.12.2022, S. 4).
- „Wenn ..., ist jede Regierung **vor Kritik gefeit**, die daran etwas ändern möchte.“ (FAZ, Jasper von Altenbockum, 20.1.2023, S. 1).

FAZ-Lesern dürfte aufgefallen sein, dass nicht irgendwelche Volontäre zitiert worden sind, sondern veritable Redakteure und Korrespondenten in Leitungsfunktion. Selbst diesen also ist nicht in den Sinn gekommen, dass der idiomatische Ausdruck lautet: *„****gegen*** *etwas gefeit sein*“? Zu ihrer Entlastung muss allerdings eingeräumt werden, dass sich selbst in der Wissenschaft kaum noch jemand der idiomatischen Genauigkeit verpflichtet weiß. Wie sonst lassen sich folgende Sätze erklären?

- *„Auch die christliche* ***Religion ist vor Tabuisierungstendenzen nicht gefeit****, sie bedarf permanent der kultivierenden Kraft theologischer Wissenschaft.*“ (Prof. Dr. Thomas Kaufmann, Göttingen, in einem Aufsatz, FAZ, 15.9.2017, S. 14).
- *„****Ist Deutschland gefeit vor Totalitarismus****?*“ (Jens Gnisa, Das Ende der Gerechtigkeit, Herder Verlag, Freiburg 2017, S. 176).
- *„Als einer der besten Kenner gewaltgeschichtlicher Prozesse in den Verliererstaaten des Ersten Weltkriegs ist Gerwarth* ***vor solchen Kurzschlüssen gefeit****.*“ (Der Historiker Alexander Gallus in einer **Rezension**, FAZ, 26.10.2018, S. 10).
- *„Natürlich waren auch sie* ***nicht immer vor Irrtümern gefeit****.*“

- *„... Intellektuelle sind* ***nicht gefeit davor, zu irren und sich blenden zu lassen****.“* (Ulrike Ackermann, *Das Schweigen der Mitte*, Darmstadt 2020, S. 20 bzw. 21).

Fürwahr, Frau Professor Ackermann, auch Intellektuelle sind **nicht dagegen gefeit**, zu irren und sich blenden zu lassen. Und dass schon lange nicht mehr, noch dazu flachendeckend!

Oder verweilen wir einen Moment bei der so schönen deutschen Wendung *„**sich einer Sache oder einer Person annehmen**“*. Dass hier wieder der vermaledeite Genitiv das Feld beherrscht – wer beachtet das noch? Mit der die grammatische Lösung anbietenden Frage *„Wessen nimmt er sich an?“* ist so gut wie niemand mehr vertraut. Das Resultat sind dann das Deutsche (und den Leser!) durchschüttelnde Sätze wie die folgenden:

- *„Mit diesen Klischees aufräumen wollen auch seine Autoren-Kollegen,* ***die sich dem Thema angenommen*** *und Bücher unterschiedlicher Art vorgelegt* ***haben****.“ (Das Parlament* Nr. 6/7, 2009, S. 15).

Dieser Satz steht in einer Rezension – ja, tatsächlich dort -, die Alexander Weinlein geschrieben hat, ein Großrezensent jener Jahre, der durch diese und zum Teil noch schlimmere Grammatikfehler auf sich aufmerksam machte. Zudem: *Das Parlament* ist ein Publikationsorgan des Deutschen Bundestages. Das hat ein Geschmäckle, nicht wahr?

- *„Ich denke, es ist höchste Zeit, dass* ***sich*** *die Regierung* ***diesem Problem annimmt****.“*

So äußerte sich die Gesundheitspolitische Sprecherin der Grünen in der ARD, Tagesschau, am 20.Januar 2017. Darf man vermuten, dass sich die Regierung nicht nur *dieses Problems* hätte *annehmen* sollen?

- *„In den sozialen Netzwerken fiel sie auf,* ***weil sie sich persönlich den Problemen von Indern annahm****, die im Ausland in Nöte geraten waren.“* (FAZ, fäh., 8.8.2019, S.5).

In sprachliche Not war offenbar der FAZ-Korrespondent geraten, als er meinte, seinem Beitrag mit einer idiomatischen Wendung etwas Glanz geben zu können. Er hätte sich *der Probleme*, die mit der deutschen Sprache verbunden sind, etwas früher *annehmen* sollen.

- *„Mittlerweile* ***hat sich die deutsche Presse diesem Thema angenommen***." (Prof. Dr. Hans Peter Klein, *„Abitur und Bachelor für alle – wie ein Land seine Zukunft verspielt"*, zu Klampen, o.J., S. 109, (vermutlich 2019).

Klein ist Didaktikprofessor für Biowissenschaften an der Universität Frankfurt. Es ist ja lobenswert, dass er sich *dieses Themas angenommen* hat. Ob er aber Seminararbeiten (oder gar Examensarbeiten) seiner Studenten auf sprachliche Korrektheit hin beurteilen kann? Und ob er sich bewusst ist, dass ein Land seine Zukunft vornehmlich dann verspielen kann, wenn seine Professoren so schlampig mit der Standardsprache umgehen?

- *„... Organisationen,* ***die sich krebskranken Kindern und im Streben liegenden Menschen angenommen haben."*** **(**NDR, 164, 24.3.2021).

Welche Organisationen *sich krebskranker Kinder und im Sterben liegender Menschen angenommen* haben, ist hier nicht von Bedeutung. Wohl aber, dass sich eine Texttafelredaktion ganz selbstverständlich wieder einmal sprachlich verhoben hat.

Setzen wir diesem kurzen Abschnitt über den fehlerhaften Umgang mit spracheigenen, also idiomatischen Wendungen zwei I-Tüpfelchen auf:

- *„Jürgen* (Klopp) *kann sich* ***unserem Dank sicher sein***." (ARD, Texttafel, 16.4.2015).

Zitiert wird Hans-Joachim Watzke, Geschäftsführer von Borussia Dortmund. Sportgrößen unter sich! Millionäre zudem. Dürfen sie auch *unseres Dankes sicher sein*? Auf sprachlichem Felde?

- *„Wie ist der langjährige Plan,* ***um diesem Problem Herr zu werden?***"

Diese Frage richtete, genau!, eine DPhV-Mitarbeiterin an Sachsen-Anhalts Bildungsministerin Eva Feußner. Abgedruckt ist das Interview in der Verbandszeitschrift *Profil*, Januar/Februar 2022, S. 18. DPhV – das ist der Deutsche Philologenverband! Er gibt vor, die Interessen deutscher *Philologen* zu vertreten, der *Freunde des Wortes*! Könnte es sein, dass sich manches Verbandsmitglied angesichts solcher erbärmlicher Sprache nicht mehr vertreten fühlt? Bereits ein routinemäßiger Blick in *Profil* jedenfalls offenbart, dass von *Freunden des Wortes* zunehmend nicht mehr die Rede sein kann. Die Sprache wird auch für sie, die Philologen, zum Problem. Besorgt fragt man sich als langjähriges Mitglied, ob wenigstens die sich publizistisch Äußernden *dieses Problems Herr werden* (können). Viel Hoffnung ist allerdings nicht geblieben. Wie auch? Man schaue nur zurück in die mit penetranter Selbstgewissheit verfassten *Editorials*(!) eines einstigen langjährigen DPhV-Vorsitzenden mit betonter Fakultas für das Unterrichtsfach Deutsch. Ausgerechnet das! Sie stellten eine Fundgrube dar für den Nachweis von Fehlern auf allen Feldern der Grammatik. Repräsentativ? Und vorbildlich? Das ist leider zu befürchten! Zumal er bis in das jahr 2023 hinein als Präsident des Deutschen Lehrerverbandes sein (Un)Wesen getrieben hat, nicht mehr, aber leider auch nicht weniger.

Es ist bereits eingeräumt worden, dass das folgende Verzeichnis von Wörtern, Begriffen und Phrasen Ergebnis einer sehr subjektiven Auswahl ist. Es soll allerdings aufnehmen und widerspiegeln, was in Titel und Untertitel dieses Buches als Programm angekündigt ist.
Die meisten Stichwörter sind Texten und mündlichen Äußerungen entnommen worden, deren Autoren gern das Attribut >seriös< zugeschrieben wird.[32] Darum geht es in erster Linie: Es soll der Nachweis geführt werden, dass in der Standardsprache, ja selbst bei den sich Hochsprache zubilligenden Zitierten zunehmend Phrasendrescherei vorherrscht. Soziolekte wie der des Sports oder der Jargon einer wegen ihrer (Alters)Grenzen sprengenden Wucherungen kaum noch lediglich als >Jugendsprache< zu bezeichnenden Schwundstufe des Deutschen werden nur eingeschränkt berücksichtigt. Ökonomische und vor allem inhaltliche Gründe sind dafür verantwortlich. Auf unüberbietbaren Sprachschund sich einzulassen, verbietet sich wohl von selbst – wenigstens zumeist.
Auch ist schon erwähnt worden, dass Anglizismen und Denglisch, also der Mischmasch aus deutschen und englischen Wörtern, weitgehend unberücksichtigt bleiben. Den keineswegs ideologiefreien Furor gegen Anglizismen habe ich nie wirklich verstanden und deshalb auch nicht gebilligt, geschweige denn mich an ihm beteiligt. Liegt das nur daran, dass ich selbst Anglist bin? Vielleicht. Doch wahrscheinlich eher nicht. Die meisten der aus dem Englischen ins Deutsche übernommenen Wörter und Begriffe sind erkennbar mit technischen Neuerungen verbunden, auf die weltweit oder mindestens in den führenden Industriestaaten in der lingua franca unserer Zeit, also im Englischen, reagiert worden ist – genauer: reagiert werden musste! Ich halte das für einen ganz normalen sprachlichen Vorgang und zudem wenigstens teilweise für eine Bereicherung der eigenen Sprache. Das Eingeständnis, dass es dieser eben nicht gelungen ist, rechtzeitig selbst kreativ zu reagieren, kostet es zu viel Selbstüberwindung oder gar

[32] Es sind vorrangig Texte aus FAZ und FAS sowie ARD, ZDF, NDR und MDR zitiert worden, zudem dort und gelegentlich anderswo veröffentlichte Aussagen von Personen aus Politik, Wirtschaft, Wissenschaft und Sport.

Selbstverleugnung? Was ist gegen *scannen* oder *surfen* mit den längst und wie selbstverständlich praktizierten deutschen Konjugationsformen einzuwenden? Und was gegen *dealen* und *outen*? Oder *managen* gar? Und was gegen *Terminal* oder gegen *Internet*? Und was gegen *Software* und *Smartphone*? Es liegt jeweils ein sogenannter terminus technicus vor mit zumeist unzweideutiger Aussage, nicht mehr, aber auch nicht weniger. So what? Die Liste ließe sich übrigens sehr lang fortsetzen. Nur wenn mit englischen Vokabeln angeberisch, anpassungseifrigst oder marottenhaft hantiert worden ist, habe ich sie in das Glossar aufgenommen, denn dann, aber auch nur dann, sind sie Teil des Phrasensumpfes geworden, nur dann müssen sie mit ihm trockengelegt werden.[33]

Etliche der aufgelisteten Wörter, Begriffe und Phrasen mussten zunächst auf ihre etymologische Wurzel hin und bezüglich ihrer grammatikalischen Normierung betrachtet werden, um sodann eine kritische Würdigung zu erfahren.
Zu diesem Zweck sind von mir befragt worden:

- *DUDEN – das große Wörterbuch der deutschen Sprache*, 6 Bände, Bibliographisches Institut Mannheim/Wien/Zürich, Nachdruck 1977. Fortan „DUDEN".
- *Der neue Muret-Sanders*. Langenscheidts Enzyklopädisches Wörterbuch. Englisch – Deutsch, 2 Bände, Berlin 1962. Deutsch – Englisch, 2 Bände, Berlin 1974. Fortan MURET-SANDERS oder auch nur MS.
- *WAHRIG, Fehlerfreies und gutes Deutsch*, Wissen Media Verlag, Gütersloh/München 2003. Fortan WAHRIG 2003.
- *WAHRIG, Fremdwörterlexikon*, Wissen Media Verlag, Gütersloh/München 2004.

Fortan überwiegend WAHRIG 2004, gelegentlich auch nur WFL.
Zudem verweise ich auf in Fußnoten genannte Literatur, die von mir herangezogen wurde.

33 An dieser Stelle ist es wohl geboten zu erklären, warum ich auf die abstoßende sinnwidrige Verwendung von >*Public Viewing*< im Zusammenhang mit Großveranstaltungen zumeist im Freien und vorrangig im Sport nicht näher eingehe. Wer weiß, dass im Englischen, in erster Linie in dem der USA, unter >*public viewing*< das ehrendeVorbeischreiten an aufgebahrten Toten verstanden wird, kann nur noch entsetzt auf den zur Manie gediehenen geistlos-erbärmlichen – keineswegs aber erbarmungswürdigen! – Gebrauch von >*Public Viewing*< in Bezügen reagieren, bei denen Klamauk, Krawall, mindesten aber Lärm an der Tagesordnung sind. Er ist aber wie kaum ein anderes Beispiel Ausdruck der Tatsache, dass mittlerweile zwischen Begriffswahl und Inhalt einer Aussage(absicht) eine riesige Lücke klafft. Man fragt sich natürlich, ob es gerechtfertigt ist, so wie hier zur Tagesordnung überzugehen, mit einer schlimmen Entwicklung sich irgendwie abzufinden. Tun wir es dennoch!

Glossar

Abbügeln

Auf den ersten Blick meint das Verb ganz konkret, dass etwas von einem Bügel genommen wird, auf den es vorher *aufgebügelt* worden ist. Jedenfalls ist das eine landläufige und ziemlich alltägliche Verwendung der Verben auf- und abbügeln. Aber daran werden wir uns gewöhnen müssen: Im Phrasensumpf geht es fast nie um Konkretes, um einfache Sachverhalte, um Beschreibungen und Kennzeichnungen ohne Umschweife, ohne einen großen verbalen Aufwand. Es wird wichtigtuerisch zur Metapher gegriffen oder eben zu Floskeln und Phrasen, die dann zu Marotten verkommen - mit der sprachlich fatalen Folge, dass die klare Aussage vermieden werden kann, hinter einem Schleier diffus bleibt und Rückzugslinien für den Fall der Fehleinschätzung oder auch der zwar nicht erhofften, aber auch nicht auszuschließenden Widerlegung bereithält.[34]
Eine diesbezügliche Verwendung von *abbügeln* lieferte die Frankfurter Allgemeine Sonntagszeitung (fortan FAS) in Person ihrer damaligen Hauptstadtkorrespondentin Friederike Haupt am 31.Juli 2022 auf Seite 8 sozusagen in doppelter Ausfertigung:

- „***Angst nicht abbügeln***“ lautete die Überschrift ihres Beitrags, in dem dann der Satz folgte
- „*Denn Bürger,* ***deren Ängste abgebügelt werden*** *mit der Begründung, dass sie unberechtigt seien, werden trotzig.*“

Das mag ja sein, dass die Bürger trotzig werden, wenn ihre Ängste „*abgebügelt*“ werden, noch dazu ohne Begründung. Aber was genau meinte die Journalistin mit „*abbügeln*“?

Vergewissern wir uns zunächst, was der DUDEN definitorisch liefert:
1. „*ein hergestelltes Kleidungsstück durch Bügeln zum Tragen fertigmachen.*“
2. beim Skilaufen „*den Bügel des Skilifts loslassen.*“

Von „*Angst abbügeln*“ also keine Spur, jedenfalls nicht beim sich ansonsten ja recht modernistisch gebenden Dudenverlag.
Noch einmal also: Was wollte die Korrespondentin uns wirklich mitteilen? Können Ängste *gebügelt* werden? Nur wenn ja, können sie sprachlogisch auch *abgebügelt* werden. Meinte sie, Ängste der Bürger würden widerlegt?

[34] Der Feuilletonredakteur Claudius Seidl hat in der FAZ-Ausgabe vom 16. Januar 2023 auf Seite 9 erfreulich kritisch vom „Metaphernmüll, der die öffentliche Rede verstopft“ gesprochen. Ob er selbstkritisch auch an sich und die FAZ gedacht hat?

Würden als unbegründet zurückgewiesen? Würden als gegenstandslos entlarvt? Oder meinte sie vielleicht, sie würden, um es umgangssprachlich zu formulieren, *„vom Tisch gefegt“*, *„weggebürstet“*? Hoffen wir, dass sie uns das eines Tages noch beantwortet. Nicht jede scheinbar schöne Metapher ist Garant einer direkten, unmissverständlichen Sinnvermittlung. Die aber sollte eine Nachrichtenredaktion garantieren.
Leser könnten sonst trotzig werden!

Abhängen

Auch bei diesem seit einiger Zeit Mode gewordenen Verb glaubt man zunächst zum richtigen Verständnis zu kommen, wenn man das komplementäre Verb *„aufhängen“* in den Blick nimmt, das uns alltäglich ständig begegnet und sich deshalb sofort aufdrängt. Hausfrauen pflegen Wäsche abzuhängen, die sie vorher auf eine Leine gehängt haben.
Der DUDEN liefert klare Definitionen:

1. *„Von einem Haken, Nagel* (oder eben von einer Leine) *abnehmen, herunternehmen.*
2. *„aus der Verbindung mit etwas lösen“*, z. B. einen Speisewagen von der Lokomotive.

Für den Bereich des Sports wird folgende Definition angeboten: *„jemanden abschütteln, hinter sich lassen.“*
Das sind sehr handfeste Verwendungen des Wortes *„abhängen“*. Damit sich zu begnügen, davor sei aber der Jugendjargon. *„Abhängen“* ist angesagt. Gemeint ist Nichtstun, herumbummeln, Zeit verplempern und dergleichen, positiv gewendet wohl auch entspannen, moderner noch relaxen. Soweit so gut. Oder doch so schlecht?
Dass die FAZ sich jemals dem Jugendjargon anbiedern würde, das hatte man bei Beginn des Abonnements im Jahre 1964 nicht für möglich gehalten. Im Jahre 2022 aber musste man, immer noch treuer Abonnent, indes sprachlich längst leidgeprüft, lesen:

- *„Während **man** in Bosnien **einfach am Meer abhängt**, erobert man Cornwall am besten zu Fuß.“*

Diesem unter ein Foto gesetzten Text war man in der FAZ vom 25.August 2022 auf Seite R1, also im Reiseblatt, ausgesetzt. Ausgesetzt? Keineswegs! Endlich fühlte man sich von der Jugend verstanden und sprachlich integriert. Das wurde aber auch Zeit. Der FAZ sei Dank! Auch dafür, dass sie sich ernsthaft bemüht, neue Abonnenten zu gewinnen. Den älteren stünden sonst unverkraftbare Preise ins Haus, nicht wahr?

Oder erweisen sich die den Jugendjargon genuin pflegenden Aufmüpfigen gegen solche leicht durchschaubaren Anbiederungen nicht vielleicht doch gefeit? Anpassungsverhalten auf die billige Tour – wird es nicht von ihnen grundsätzlich und kompromisslos abgelehnt? Es ist sehr stark zu vermuten, dass die FAZ da wieder einmal das falsche Pferd gesattelt hat.
Der Sportjournalismus war übrigens auf seine besondere Art schon deutlich früher mit einer Verbform von „*abhängen*" sprachlich glanzvoll in Erscheinung getreten, nämlich mit „*abgehangen*":

- „***Die Polin scheint abgehangen zu sein.***"

Diesen bis ins Mark erschütternden Satz posaunte ein ARD-Reporter, dem wir ausnahmsweise pietätvoll Anonymität gewähren wollen, am 27.August 2004 in sein Mikrofon und damit in die Ohren eines Millionenpublikums. Er wollte lediglich mitteilen, dass eine polnische Läuferin, die einige Zeit zur Spitzengruppe gehört hatte, nicht mehr mithalten konnte. War sie „*abgehangen*"? Wie ein Stück Bratenfleisch beim Metzger? Dort hört man Kundinnen in der Tat fragen, ob denn das Stück „*gut abgehangen*" sei. Aber eine Polin? Hatte der brave Reporter das wirklich so sagen wollen? Natürlich nicht. Sein Malheur war das Resultat sprachlicher Unzulänglichkeit. Er hatte nicht zwischen den Verben hängen und hängen unterschieden (oder zu unterscheiden gewusst?), nämlich zwischen dem sogenannten schwachen Verb hängen – hängte – gehängt und dem starken hängen – hing – gehangen. Mindestens die Polin dürfte, wenn sie denn etwas Deutsch beherrscht, sagen, dass die Grammatik doch etwas Gutes hat. Wenn sie denn leidlich beherrscht wird, das versteht sich. Mindestens im Deutschen von den Deutschen! Doch war die Polin „*abgehängt*" worden? Im Sportjargon gewiss. Gleichwohl. Wäre es nicht besser, auf das Wort „*abhängen*" eher zu verzichten, als es inflationsartig zu traktieren?

Abhaken

Wie so viele der in dieses Glossar aufgenommenen Stichwörter hat das Verb „*abhaken*" sehr prosaische Grundbedeutungen, wenn es im konkreten Sachzusammenhang verwendet wird. Der DUDEN definiert es so:
1. *„von einem Haken abnehmen, aus einem Verschluss, einer Öse loshaken"*.
2. *„zum Zeichen des Erledigtseins mit einem Haken, Häkchen versehen"*.

Das, wie gesagt, ist sein prosaischer Gehalt. Damit darf man sich nicht begnügen. Erst recht nicht, wenn man Texttafelredakteur bei der ARD ist, noch dazu für den Bereich des Sports.

Also wird „*abhaken*" Bestandteil der bildreichen Ausdrucksweise, die etwas auf sich hält – oder besser dem Verwender etwas Glanz verleihen kann. Einem solchen Ansinnen verdanken wir dann folgenden Satz:

- „***DSV-Männer haken Verfolgung ab***." (ARD, Texttafel 200, 12.12.2022.).

Definition 1 kann nicht in Betracht kommen. Also Definition 2? War die „*Verfolgung*" als erledigt zu betrachten? Sozusagen mit einem Häkchen versehen? Wen oder was hatten sie überhaupt verfolgt, die DSV-Männer? Oder wollten sie nicht an einer Verfolgung teilnehmen? Eine Verfolgung vielleicht prinzipiell ablehnend?
Die Antwort erschließt sich erst, wenn man in die Materie einsteigt: Die DSV-Männer hatten in einem Verfolgungsrennen miserabel abgeschnitten, sie wollten damit nichts mehr zu tun haben, sie wollten „*den Kopf frei*" haben für weitere Rennen, unbelastet von dem Versagen in der Verfolgung. Da kann man sehen, wie wichtig Jargon ist. Es genügt, dass man selbst weiß, was man sagen will. Wenn andere das auch wissen wollen, sollen sie sich das gefälligst erschließen.
Jetzt ahnen wir, warum heutzutage so viel „*abgehakt*" wird! Vor allem im Sport, dem Ort des Sprachwandels schlechthin.
Aber nicht nur dort und nicht nur bei der ARD. Die FAZ ist auch hier mit von der Partie, wenn sie aus dem Felde der Wirtschaft berichtet:

- „***Eon hakt Nord Stream nicht ganz ab***." (16.3.2023, S. 18).

So lautete die Überschrift eines Beitrags, von dem es im Untertitel hieß: „*Die Beteiligung ist nichts mehr wert. Aber Eon hält daran fest.*" Somit lernen wir, dass „*abhaken*" auch „*nicht an etwas festhalten, etwas drangeben*" bedeuten kann. Oder, um an den ersten Beispielsatz anzuknüpfen, dass „*nicht abhaken*" besagen will, man habe im Köpfchen noch einen Platz reserviert – wenngleich für etwas Wertloses. So wertvoll kann man mit Sprache umgehen!

Abholen

Dieses so unscheinbare Wort hat es in sich! Wer hätte je gedacht, dass es zu einem der beliebtesten Wörter im sogenannten Kirchentagsdeutsch aufsteigen werde? Aufsteigen deshalb, weil es in seinen ursprünglichen Verwendungen als ganz und gar alltäglich daherkommt. Im DUDEN erfahren wir:

1. „*Bereitliegendes in Empfang nehmen, sich geben lassen*".

2. *„jemanden an einem vereinbarten Ort treffen und mit ihm weggehen*“.
3. *„verhaften*“. Es wird betont, dass es sich um einen umgangssprachlichen und verhüllenden Gebrauch handelt, wenn von *„abholen*“ die Rede ist!

Von der empathiebasierten Verwendung von *„abholen*“, wie sie uns in Sätzen wie *„Wir müssen die Menschen dort abholen, wo sie sich seelisch, sozial oder kulturell befinden, und dorthin mitnehmen, wo ihnen Besseres oder gar Bestes widerfährt*“ begegnet, sind die zitierten Definitionen meilenweit entfernt. *„Abholen*“ ist zu einem Schlüsselwort des Gutmenschentums gediehen. Jeder meint und jeder ahnt, dass etwas Mitfühlendes zum Ausdruck kommt. Aber niemand weiß genau, was denn damit gemeint sein soll. Und das soll auch niemand wissen. Es im Ungefähren zu lassen, macht den eigentlichen Zweck der Botschaft aus, des Appells, wie er sozialpädagogisch tausendfach artikuliert wird: Schüler müssen selbstverständlich dort *„abgeholt*“ werden, wo sie sich gefühls- oder leistungsmäßig aufhalten, und sodann *„mitgenommen*“[35] werden. Wohin auch immer. Nicht objektive Maßstäbe sind zu beachten, es ist die persönliche Befindlichkeit, die als Richtschnur zu nehmen ist. Wehe, es denkt da jemand an eine Bringschuld! Oder schlimmer noch an leistungsmäßige Bedingungen. Was dabei herausgekommen ist, kann in einschlägigen Bildungsstudien besichtigt werden. Oder auch abgeholt werden.

Abrufen

Dieses Verb ist vielschichtiger, als auf den ersten Blick zu vermuten ist. Das verrät uns bereits ein Blick in den DUDEN. Dort finden wir folgende Definitionen:

1. *Veranlassen, sich von einem Ort, einer Stelle, einem Amt wegzubewegen.*
2. *Von einem Posten zurückrufen; abberufen.*
3. *Telefonisch anfordern; sich bereitstellen lassen können.*
4. *Den Verkäufer anweisen, eine bereitgestellte Ware zu liefern.*
5. *Geld von einem Konto abheben.*

Die Breite der Verwendung von *„abrufen*“ ist demnach beachtlich. Doch wird selbst der DUDEN einräumen müssen, dass er einst seine Rechnung ohne den Sport gemacht hat – das Feld der sprachlichen Grenzenlosigkeiten. Da gilt es, sich schleunigst zu bewegen! Die folgenden Beispiele stehen für einen inflationsartigen Einsatz von *„abrufen*“ in einem ganz neuen Zusammenhang:

---

[35] Hier sei auf den Eintrag zu *„mitnehmen*“ verwiesen.

- (Asafa Powell) *„hatte dort als Fünfter abermals* ***sein großes Potential nicht abrufen können****.*" (FAZ, Achim Dreis, 3.12.2022, S. 33).
- „Es ist *brutal frustrierend, dass* ***wir unsere Leistung nicht konstant abrufen konnten****.*" (Manuel Neuer, Fußballnationaltorwart, laut ARD, Texttafel 824, 3.12.2022).

Jetzt können also – oder müssen – *Leistungen und Potentiale abgerufen* werden. Und wenn das nicht gelingt, hat es vielleicht an einer defekten Telefonleitung gelegen? Oder war das Leistungskonto leer? Wir hören ja in dem Zusammenhang oft auch, dass *„der Akku leer"* war. Oder auch, dass der *„Kopf nicht frei"* gewesen sei. Vielleicht gar, dass eine Kombination der beiden Ausdrücke die Wirklichkeit am besten wiedergab, dass nämlich *„der Kopf leer"* war.
Ja, so ist das, wo viel Leere ist, kann auch wenig *„abgerufen"* werden. Leistung erst recht nicht. Denn die muss erst erbracht werden, bevor sie, wohin auch immer, *„abgerufen"* werden kann. Die einfältige Mode jedoch, auf dem Felde des Sports stets *„Leistung abrufen"* zu wollen oder zu sollen, wird unsere Sprache nicht gerade bereichern, lediglich sehr fragwürdig um eine ziemlich leere Floskel aufblähen.

Absegnen

Religions- und Kultursoziologen sind nicht zuletzt durch empirische Studien zu einem eindeutigen Befund gekommen: Wir (er)leben in Deutschland eine wachsende Säkularisierung, also eine Verweltlichung des alltäglichen Lebens, in dem alles Religiöse auf dem Rückzug ist. Immer weniger Menschen stellen sich unter den Segen Gottes, der Kirche(n) oder auch nur ihres Glaubens.
Umso erstaunlicher ist es dann, dass das Verb *„absegnen"* sich größter Beliebtheit erfreut. Zuweilen fragt man sich, ob dahinter eine Kompensationsfunktion verborgen ist. Jedenfalls wird zunehmend etwas *„abgesegnet"*, was bar jedes religiösen Bezugs ist. Einige Beispielsätze dürften diese Behauptung bestätigen:

- *„Wie halbherzig, kann man schon daran sehen, dass auf der Sitzung erst* ***der Auflösungsantrag abgesegnet*** *wurde, und viel später über die Mediation gesprochen werden sollte, so als würde vor Gericht das Urteil vor der Beweisaufnahme gesprochen.*" (FAZ, Thomas Thiel, 27.7.2022, S. N4).
- ***„Klima- und Sozialpaket abgesegnet****.*" (ARD, Texttafel 110, 13.8.2022. Überschrift!).

Im Text stand: Der US-Kongress habe es „*verabschiedet*“. Warum nicht auch in der Überschrift?

- „*Bundestag* ***segnet Corona-Regeln ab***.“ (ZDF, Texttafel 100, 8.9.2022).
- „*... nachdem die von Bundeskanzler Olaf Scholz (SPD) geleitete Runde gleich vier* ***Gesetzentwürfe aus seinem*** *(*Lindners*)* ***Haus abgesegnet*** *hatte*.“ (FAZ, mas., 15.9.2022, S. 19).
- *Die* ***Formulierungen*** *deuten darauf hin, dass sie* ***von einem Anwalt abgesegnet*** *wurden.“* (FAZ, Stefan Löffler, 28.9.2022, S. 27).
- „*Auffällig ist, dass der HR seit Jahren ein hohes* ***Millionenminus*** *erwirtschaftet, die* ***Gremien haben das immer abgesegnet***.“ (FAZ, Michael Hanfeld in einem Interview, 18.11.2022, S. 15).

Dass es sich nie um religiöse, geschweige denn sakrale Vorgänge gehandelt hat, sondern stets um überaus profane, liegt auf der Hand. Aber „*absegnen*“ ist so wohltuend aufwertend, so Würde verleihend, so beinahe ins Mystische erhebend, so weithin unangreifbar machend – jede Kritik an dem Inhalt des „*abgesegneten*“ Vorgangs muss deshalb als Sakrileg, als Entheiligung verstanden werden und folglich als fundamental unzulässig, als unbillig und ehrverletzend. Nur: Welcher Segen liegt auf der massenhaften Verwendung von „*absegnen*“ bei ganz und gar profanen Sachverhalten? War nicht eher genauso umgangssprachlich „*durchwinken*“ oder „*abnicken*“ gemeint, etwas wertvoller „*befürworten*“, „*billigen*“, „*bestätigen*“ oder, wie zumeist, einfach „*zustimmen*“? Auf zuviel „*absegnen*“ liegt wahrlich kein Segen!
In der FAZ vom 2. Februar 2016 wurde ausgeführt, die französische Justizministerin, eine „*Lichtgestalt der Linken*“, also offenbar engelgleich, habe **„*die >Ehe für alle< abgesegnet*.“**
Na immerhin. Da heutzutage kaum noch eine Ehe unter den kirchlichen Segen gestellt wird, ist es doch tröstlich, dass wenigstens „*die >Ehe für alle< abgesegnet“* worden ist, offenbar keinen Unterschied mehr zulassend zu einem, wie sich dann herausgestellt hat, kriminellen Geschehen, über das ebenfalls die FAZ (Johannes Ritter, 14.4.2022, S. 24) berichtete:

- „*Tatsächlich hat der frühere Verwaltungsratsvorsitzende ...* ***fragwürdige Spesenbelege abgesegnet.***“

Spätestens jetzt wissen wir: Nicht mit jedem Segen ist ein Segen verbunden! Das bestätigt wohl überzeugend der folgende Satz:

- ***„Putin segnet Strafen für Verstöße gegen Kriegsrecht ab***.“ (ARD, Texttafel 152, 24.6.2023).

Vielleicht verhält es sich mit dem nun folgenden Zitat ein wenig anders:

- *„Mit dem Verfahren* (gegen die NPD) *sollen die Karlsruher Richter* ***jene rechtlichen Werkzeuge absegnen****, die dereinst gebraucht werden könnten, um die erschreckend relevante AfD im Zaum zu halten.*“ (FAZ, Alexander Haneke, 5.7.2023, S. 8).

„Billigen“ war ja wohl gemeint? War dem Redakteur das Wort etwas zu billig? Jedenfalls bekräftigt er den Eindruck, dass *„absegnen*“ herhalten musste, um sprachlich großspurig aufzutreten. Wenigstens dem Scheine nach. In Verbindung mit *„die erschreckend relevante AfD im Zaum zu halten*“ gleich gar. Manch ein scheinbarer Segen hat sich bitter als Fluch herausgestellt.

Absolut

Wir leben im Zeitalter der Höchstleistungen, der Superlative, des Grenzenlosen, des Unüberbietbaren. Was einst von den Römern als Ansporn gedacht war – citius, fortius, altius, olympische Werte ausdrückend – , das reicht in unserer Zeit natürlich nicht mehr. Denn die zitierten lateinischen Wörter sind ja nur Komparative, erste Steigerungsstufe. Ohne die Höchststufe geht nichts mehr. So verdanken wir – halt, müssen wir wirklich dankbar sein? - dieser Haltung solchen grammatischen Unfug wie *einzigste, keinste, vollste, optimalste, idealste* und dergleichen. Diesen an sich schon bedrückenden Schwachsinn übertraf der Sportsender >Eurosport< bereits im Jahre 2004, als er dem Fußballspieler Roy Makaay jubilierend bescheinigte, er habe ***„am öftesten***“ getroffen.
Und natürlich erleben wir massenhaft die Verwendung von Wörtern, die einen Superlativ in sich tragen wie das Wort *„absolut*“. Was kann schon absoluter sein als das Absolute? Das möchte man meinen. Aber da haben wir die Rechnung auch wieder vorschnell ohne den Sportjournalismus gemacht, wie gleich gezeigt werden kann..
„Absolut“ – das Wort imponiert. Und mit ihm vermag man zu imponieren. Also verwendet man es bei jeder ersten sich bietenden Gelegenheit. Zum Beispiel so:

- *„Wir bieten* ***absolute Sicherheit***“.

Das ist ein Zitat, das als Überschrift in der FAZ vom 4. Juli 2022 auf Seite 25 Eindruck machen sollte.
Dazu heißt es in einem Beitrag von Oliver Bock: „*Der Cybersecurity-Spezialist Comforte hat eine nicht zu knackende Verschlüsselungssoftware entwickelt. Kreditkartennutzer profitieren davon.*"
Auf die Wertung „*nicht zu knackende*" kommen wir bei anderer Gelegenheit zurück.
Hier interessiert die zu Werbezwecken behauptete „***absolute Sicherheit***". Ist es nicht ein tausendfach bewiesener Gemeinplatz, dass es so etwas wie die „*absolute Sicherheit*" gar nicht geben kann, nie geben wird – mit der einen, nun wirklich absoluten Ausnahme, dass hier auf Erden jedes Leben einem Ende zustrebt, mit absoluter Gewissheit. Der Tod allen Lebens als absolute Konstante![36] Also ist in dem Werbetext geschwindelt worden, hochgestapelt, in einer Sprache, die Wahrheit verspottet. Sprache, genauer gesagt, im Dienste eines elenden Profitstrebens wider besseren Wissens und damit Lüge. Ist das neuerdings die Funktion von Sprache?

- „*Er* (der Fußballer Leroy Sane) *hat alles,* um **ein absoluter Superstar** zu werden."

So urteilte der seinerzeitige Bundestrainer „*Hansi*" Flick im FAZ-Interview, 20.9.22, S. 27. Man möchte nicht fragen, ob das vielleicht im Dienste eines dubiosen Spielerberaters geschehen war. Im Dienst unserer Sprache war es jedenfalls nicht. Und im ethischen oder auch nur sozialpsychologischen Sinne im Dienste des Spielers wahrscheinlich auch nicht. Immerhin: Wir lernen, dass es offenbar auch relative Superstars geben kann, wenn denn tatsächlich „*ein absoluter Superstar*" gedacht werden kann. Dass auch ein solcher Superlativ noch gesteigert werden kann, hat – neben vielen Zunftgenossen, aber von allen unerreicht – der Sportjournalist Gerhard Delling in bewundernswerter Konstanz bewiesen:

- „*Die sieben, das ist* ***die absolut bekannte Glückszahl****.*" (ARD-Sportschau, 12.3.2005).
- „*... können Sie* ***zu den absoluten Gewinnern gehören****.*" (Ebenda, 4.3.2006).

Und er ergänzte mit dem absolut überzeugenden Satz: „*Erinnern sie sich mal zurück!*" Was wir hiermit getan haben!

- Ein Spieler habe „***absolut oberfrech***" agiert. (Ebenda, 24.9.2005).

---

[36] Die tautologische Fügung möge ausnahmsweise Verzeihung erfahren.

- ***„... bei der absoluten Nr. 1*“**, gleich ergänzt um die Wendung ***„sind sie absolut die Besten*.**“ (Ebenda, 14.10.2006).
- *„... und dann sehen wir noch* ***die absolute Nr. 1****, Werder Bremen.*“ (Ebenda, 4.11.2006).

Mit dieser absolut schnellen Abfolge hat Delling natürlich Maßstäbe gesetzt. Nacheiferer ließen denn auch nicht lange auf sich warten. Am Absoluten sich zu orientieren, das versteht sich im Sport von selbst. Und was ARD-Delling recht ist, muss natürlich ZDF-Ikonen Kristin Otto und Rudi Cerne, beide schließlich selbst einst mit absoluten Spitzenleistungen aufwartend, billig sein – billig nicht nur im übertragenen Sinne.
So beschenkte uns Frau Otto in der ZDF HEUTE-Sendung am 24. Juni 2005 mit dem schönen Satz

- *„Der Weltverband hat* ***absolut grünes Licht gegeben****.*“

Sie wird wissen, allerdings wohl nur sie, was an dem grünen Licht absolut war. Oder war das großherzige Geben des Weltverbandes absolut?
Um Geschlechterparität bemüht, lassen wir nun auch Rudi Cerne zu Wort kommen:

- ***„50 Kilometer****, das sagt sich so leicht hin, aber* ***das ist ja der absolute Marathon****.*“

So klingt Hochachtung! Es ging um einen Skilanglauf.
Ich schrieb dazu in meinem Buch „*Blütenlese*“ im Jahre 2008:
„Ja, ja, Herr Cerne, da sagt sich manches so leicht hin. >Marathon< - das sind eigentlich die berühmten 42,195 km, die klassische Distanz. Aber wie will man sprachlich dem begegnen, was darüber hinausgeht? Also einfach nach dem Wort „absolut“ greifen. Das kann dann nicht übertroffen werden. Oder doch? Was ist mit dem deutlich längeren Wasalauf in Schweden, Herr Cerne? Ist er das absoluteste?“
Die Jagd nach dem Absoluten im Sport, und davon abgefärbt in vielen anderen Sektoren des Showbusiness vor allem, sie ist längst nicht an ihr Ende gelangt. Absolut nicht. Dass wir häufig im Unklaren gelassen werden, was mit „*absolut*“ denn wohl ausgesagt werden soll, das muss uns nicht grämen. Man ist Schlimmeres gewöhnt. Absolut!

Abzocken

Dass ein so seriöses Wörterbuch wie der sechsbändige DUDEN das Wort „*abzocken*“ weder auflistet noch gar definiert – das darf uns nicht überraschen. Auch im MURET-SANDERS suchen wir einen Eintrag vergebens. Aus guten Gründen. Das Basisverb „*zocken*" wird nämlich im sechsten Band des DUDEN als der „*Gaunersprache*" zugehörig ausgewiesen. Alle Ableitungen sind damit nichts anderes als negativ konnotierter Jargon in einschlägig beleumundeten Kreisen. Vor Jahrzehnten, das dürfte immerhin erhellend sein, hielt man „*abzocken*" noch auf Abstand – wenn man das Verb denn überhaupt schon registriert hatte. Inzwischen aber ist das anders geworden. Darf man schlussfolgern: Die Gaunersprache breitet sich aus? Bei wachsender Gaunerei in verschiedensten Lebensbereichen? Unaufhaltsam?

Die aus einem relativ kurzen Zeitraum gegriffenen Verwendungen von „*(ab)zocken*" einschließlich der davon abgeleiteten Neuwörter wie „*die Abzocke*" geben wohl eine eindeutige Antwort:

- „*Wo fängt* ***Abzocke*** *an?*". (FAZ, red. Text, 8.9.2022, S. 15).
- „***Abgezocktes Madrid*** *schlägt beherztes Berlin*". (ARD, Texttafel 209, 15.9.2022).
- „***Frankfurt zu abgezockt***" (FAZ, Überschrift, 19.9.2022, S. 24).
- „*Man darf keine* ***Zockerseele*** *sein*." (FAZ, Überschrift, 24.9.2022, S. 25, bezogen auf den Kauf einer Immobilie).
- „***Zocken lohnt nicht***." (Überschrift FAZ, 5.10.2022, S. 23).
- „(Die deutsche Handballnationalmannschaft) ***unterlag*** *in Mannheim* ***dem abgezockten Europameister***." (ARD, Texttafel 221, 14.10.2022).
- „*Kartellamtspräsident Andreas Mundt spricht darüber*, **.....ob Tankstellen Autofahrer abgezockt haben**." (FAZ, red. Text, 1.1.2022, S. 16).
- „*Mit ihren Guthaben* (in Krypto-Währungen) ***wurde nicht nur gezockt****, es wurde ... auch gestohlen aus ... Krypto-Depots*." (FAZ, W. v. Petersdorff, 24.11.22, S. 17).
- „***Zocken die Firmen uns ab****?*" (FAS, Überschrift, 18.12.2022, S. 21).

(Es ging hier um den Verdacht, dass die Inflation als Vorwand für überzogene Preiserhöhungen missbraucht werde.)

Es dürfte aufgefallen sein, dass die FAZ munter sprachlich mitgezockt hat. Mit der Absicht der Abzocke? Ohne Spott – sind wir dahin gekommen, dass aus der „*Gaunersprache*" übernommene Wörter ganz normales Vokabular verdrängen, nur weil sich ein Anpassungssyndrom eingenistet hat? Hätte man einst nicht statt „*abzocken*" auf „*ausnehmen*" zurückgegriffen, wenn zu hohe Preise verlangt wurden? Und hätte man im Sport nicht statt „*abgezockt*" „*abgeklärt*" oder „*routiniert*" bemüht? Oder auch einfach „*abgebrüht*", von „*überlegen*" ganz zu schweigen? Hängt die seuchenartige Verwendung von „*(ab)zocken*" vielleicht doch damit zusammen, dass im

Sport, gerade dort, aber auch in der Finanzwelt immer mehr und immer öfter Gaunerei zu beklagen ist?

Agenda

Dieses modernistisch im Überfluss benutzte Hauptwort geht auf das lateinische Verb *agere* zurück, das wiederum als Ausgangspunkt des ins Deutsche integrierten Verbs *agieren* zu verstehen ist, also von *handeln, tätig werden.* Ganz im etymologischen Hintergrund steht das lateinische Hauptwort „*ager*", dem das deutsche Wort „*Acker*" entspricht. „*Agieren*" kann letzten Endes denn auch als „*ackern*" verstanden werden.
Der DUDEN teilt mit, bei einer *Agenda* handele es sich um ein Merkbuch oder ein *Notizbuch, „in das zu erledigende Dinge eingetragen werden*", oder auch um eine „*Liste von Gesprächs- und Behandlungspunkten*", die abgearbeitet, abgeackert werden sollen.
Der Begriff „*Tagesordnung*" ist zumeist ebenfalls ein gleichwertiger Ersatz. Er wird allerdings immer seltener bemüht. Liegt das daran, dass mit dem Wortbestandteil „*Ordnung*" manch einer inzwischen eine Zumutung verbindet? Und mit „*Agenda*" Weltläufigkeit?
Wie dem auch sei, es scheint also um eine sehr prosaische, sehr auf Abläufe des Alltags bezogene Verwendung zu gehen.
Wer das meint, hat allerdings die Rechnung ohne die deutschen Sprachkünstler gemacht. Gerade ein Wort wie „*Agenda*" mit seinem lateinischen Hintergrund bietet eine Gelegenheit zur sprachlichen Hochstapelei, die man sich nicht und nie entgehen lassen will.
So steht plötzlich immer irgendwo etwas auf einer Agenda oder es wird etwas auf eine Agenda gesetzt. Wen wundert es, dass es dann wie selbstverständlich eine „***digitale Agenda***" gibt (FAZ, 19.9.2022, S. 17). Man möchte wohl, ganz vordigital sozialisiert, gern wissen, was damit gemeint sein soll. Nur hoffe niemand, darauf eine Antwort zu erhalten. Für Vorgestrige ist die Zeit abgelaufen. Oder sollte die folgende Information „*Ein digitales Großvorhaben steht noch **auf der Brüsseler Agenda**.*" als knappe Abspeisung gemeint gewesen sein?
Wie beliebt „*Agenda*" besonders bei Soziologen und Politikwissenschaftlern mittlerweile geworden ist, mögen drei Sätze, die allerdings auch nur eine Auswahl darstellen, aus Ulrike Ackermanns Buch „*Die neue Schweigespirale*" belegen:

- „*Was passiert, wenn Wissenschaftler **die Transformation der Gesellschaft auf ihre wissenschaftliche Agenda setzen?***" (S. 9)
- „***Auf der Agenda der Aktivisten steht es daher**, der Bevölkerung diesen unerhörten Zustand bewusst zu machen und ...*" (S. 52).

- *„Ganz praktisch* ***wird diese Agenda*** *an der Universität Cambridge* ***umgesetzt****.*“ (S. 54).

Manchmal fragt man sich, ob das Wort *„Agenda*“, das vor Jahrzehnten, zu Beginn meines Studiums um 1960 zum Beispiel, nur ganz selten benutzt wurde, inzwischen Agenten angeheuert hat, um auch in unsinnigsten Wendungen zum Zuge zu kommen. Was Ulrike Ackermann in ihrem Buch mit ***„identitäre Agenda***“ wirklich und wissenschaftlich präzise ausdrücken wollte, wird sich wohl nur Eingeweihtesten erschließen.
Die FAZ ist natürlich längst auf dem Agendatrip:

- ***„Resilienz auf der Agenda***“.

So titelte die FAZ, als sie am 9.April 2022 auf Seite 25, ganz klassisch gebildet, in ihrem Wirtschaftsteil, ausgerechnet dort, auf einen *„neuen Grundsatz*“ der KfW aufmerksam machte. Akademischer geht es ja kaum noch. Aber das ist sich die FAZ längst schuldig. Unter dem Lemma *„Resilienz*“ soll auf die Überschrift noch einmal eingegangen werden. Sie hat es verdient, wahrlich.

- *„Umweltministerin Steffi Lemke hat* ***das Thema ganz oben auf ihre Agenda gesetzt****.*“ (FAZ, Katja Gelinsky, 21.9.2022, S. 15).

Eine solche journalistische (Schein)Information ist mittlerweile zur alles und nichts aussagenden Formel verkommen.

- *„...* ***die dramatische Sicherheitskrise*** *... ,* ***die seither die Agenda der Ampel prägt****.*“ (FAZ, Heike Göbel, 24.11.2022, S. 17).

Eine, noch dazu dramatische, Sicherheitskrise prägt also die Agenda der Ampel! Frau Göbel, das ist leider Geschwurbel!

- *„Sie habe mit dem harmlos daherkommenden Vortrag* ***einer eigenen Agenda eine Bühne verschaffen*** *wollen.*“ (FAZ, Petra Ahne, 8.7.2022, S. 9).

Fürwahr, mehr sprachlich gekünsteltes Gehampel auf einer selbstgezimmerten Bühne ist kaum noch vorstellbar. Wenn noch stimmt, was der DUDEN vermittelte, dass nämlich unter *„Agenda*“ ein Notizbuch oder eine Liste, die abzuhandelnde Dinge enthält, zu verstehen sei, eine Tagesordnung, dann darf man sicherlich fragen, ob *einer eigenen Agenda eine Bühne verschafft* werden kann. Liegt hier nicht Blasendeutsch vom Feinsten vor?

Wie zum Beispiel auch auf unüberbietbare Weise ausgerechnet von einem Prof. Dr., dem wir im übrigen gern den Schutz der Anonymität gewähren:

- ***„... diese Agenda auf die Tagesordnung setzen.“***

Die Kombination von *Agenda* und *Tagesordnung* ist so herzallerliebst mit akademischem Lametta frei Haus geliefert worden, dass sich die Frage nach dem Bildungsgrad des Professors ganz und gar erübrigt – denn er hat sie ja selbst beantwortet.

- *„Viele Vorschläge ... sind schon Teil der **Kommissionsagenda**.“* (FAZ, Thomas Gutschker, 30.8.2022, S. 2).

Was genau sollte uns mitgeteilt werden? Was sollte heißen, die *„Vorschläge“* seien *„schon Teil“* von etwas? Und hier der *„Kommissionsagenda“*? War lediglich das Arbeitsprogramm gemeint?

- *„... **stand das Thema Europa hoch auf seiner Agenda**.“* (FAZ, now., 29.9.2018, S. 6).

Wie hoch? Und auf welcher *„Agenda“*, einmal abgesehen von *„seiner“*? War nur eine schlichte Merkliste gemeint? Oder eine ebenso triviale Tagesordnung? Zudem: Was ist mit *„das Thema Europa“* genau zu verstehen gewesen? Frage also: Welche Funktion hat das Wort *„Agenda“* in dem Satz? Hat es eine Aussagekraft? Oder dient es nur dem Nachweis journalistischer Wortgewalt? Anders gefragt: Liegt nicht auf eine bestimmte Weise Gewalt vor, nämlich im Sinne der Vergewaltigung eines keineswegs alltäglichen Begriffs für ein sehr vordergründiges Interesse, das sich auch als Imponiergehabe begreifen lässt?
Bezeichnenderweise stand in dem Beitrag auch der Satz *„... in den Dienst **des** sozialdemokratischen **Gewerkschaftsbundes** eintrat, **deren** Vorsitz er 1976 übernahm.”*
Anspruch und Wirklichkeit der Sprachkunst können glaubwürdiger kaum gegeneinander gestellt werden. Aber *„Agenda“* hat alles wettgemacht?

Wer will schon in der Politik, in den Medien, im allgemeinen Kulturbetrieb oder auch im Kreise der Finanz- und Wirtschaftsbosse ohne das selbstredend allen geläufige Wort *Agenda* auskommen? Jedenfalls die nicht, die meinen, modernistische Vokabeln erhöhten die Aufmerksamkeit des Publikums und verstärkten den Ausweis des eigenen Gesellschafts- und Bildungsrangs. Man wird sich doch noch sprachlich abheben dürfen von den eher ausdrucksarmen, idiomatisch etwas Unterbelichteten des Alltags.

Dass „*Agenda*" so ungefähr als Tagesordnung, aber auch als Merkliste zu begreifen ist, das werden jene etwas Unbedarften doch irgendwie herausfinden. Und wenn nicht, ist ihnen sowieso nicht zu helfen, auch nicht mit den deutschen Wörtern. Ist das „*die Denke*", die sich viele Hochmögende da gern bescheinigen?
Und eignet sich nicht auch „*Agenda*" ganz vorzüglich dazu, eine Aussage im Ungefähren, im Mehrdeutigen zu lassen, damit gegebenenfalls in einem überzeugenden Dementi gesagt werden kann, es liege doch wohl ein bedauerliches Missverständnis vor.
„*Agenda*" sollte endlich ein wenig von der Tagesordnung genommen werden!
Das schon deshalb, weil wir sonst mit Sprachsondermüll zugeschüttet werden:

- „***Lang fordert Investitionsagenda***" (ARD, Texttafel 100, 30.7.2023).

Ausgerechnet die Co-Vorsitzende der Grünen hat damit erheblich zur Umweltverschmutzung unserer Sprache beigetragen. Wird sie bereit sein, die schnelle Entsorgung auf einer entsprechenden Deponie zu beschleunigen? Eher nicht, aber darum bitten wird man dennoch wohl dürfen.

Aktivisten

Wen wundert es, ein „*Aktivist*" wird als ein „*aktiver Mensch*", als ein „*zielstrebig Handelnder*" definiert. Es wird sie also zu jeder Zeit gegeben haben, die Aktivisten.
Indes: Der Eindruck dürfte nicht trügen, dass das Wort noch nie so häufig benutzt worden ist und noch nie in und mit einem so begrenzten Verwendungszusammenhang, wie das gegenwärtig der Fall ist. Ist von „*Aktivisten*" die Rede, die irgendwo wieder einmal in Erscheinung getreten sind, muss beinahe gesetzmäßig an „*Klimaaktivisten*" oder im weiteren Sinne an „*Umweltaktivisten*" gedacht werden. Um diese Assoziation kommt man schlechterdings nicht mehr herum. Hier, besonders hier, wird erkennbar, dass Sprache in den Dienst genommen wird – denn jeder andere als ein betont positiver Inhalt wird beinahe kategorisch ausgeschlossen, wenn „*Aktivisten*" erwähnt werden. Dass es sich zuweilen um Hyperaktivisten handelt, auch im sozialpsychologische Sinne, für die Grenzen jedweder Art nicht existieren – das darf nicht einmal gedacht werden.
„*Aktiv sein*" – darunter ist nicht nur „*tätig sein*", „*rührig sein*", „*tatkräftig sein*" zu verstehen, sondern selbstverständlich auch „*eifrig sein*". Es lohnt sich, über diese Entsprechung von „*aktiv sein*" kurz nachzudenken. Für die Wissenschaft gilt generell das klassische Handlungsmotto „*sine ira et*

studio“, das einigermaßen sinnnah mit „*ohne Zorn und Eifer*“ übersetzt werden kann. Der (Über)Eifer ist dem wissenschaftlichen Ethos nicht nur abträglich, er wirkt in vielen Fällen wissenschaftszerstörend. Davon unbenommen bleibt natürlich, dass ein Student, ein Studiosus, eifrig im Sinne von fleißig bestrebt sein soll.
Bei den „*Aktivisten*“ jedoch dominiert der Eifer in der Ausprägung des Übereifers. Das deshalb, weil sie gewiss sind, die Wahrheit gepachtet zu haben. Das erst macht sie zu den „*Aktivisten*“, ohne die eine Nachrichtenmeldung nicht mehr gedacht werden kann.
Nehmen wir als Beispiel einen Satz aus der FAZ vom 19. Januar 2023, Seite 9:

- „***Die Klimaaktivisten*** *reklamieren eine überlegene Form der Legitimität für sich.*“

Dass dabei erfahrungsgemäß allzu oft sinnlos zerstörende Gewalt vorkommt, bleibt allerdings zumeist bewusst unerwähnt. Denn: Was „*Aktivisten*“ anrichten, ist immer von einem gerechtfertigten Ziel geleitet, so geht die Erzählung. Wenigstens bei ihnen heiligt der Zweck jedes Mittel – und jede noch so fragwürdige Wortwahl. Die FAZ war gottlob mit ihrem unmittelbar folgenden Satz auf Distanz zu den Klimaaktivisten gegangen:

- „*Und* (sie) *verscherzen sich mit törichten und falschen Behauptungen Sympathien für ihre Motive*.“

Aber Ausnahmen bestätigen bekanntlich die Regel.

Ampel

Es gibt seit etlichen Jahren eine politische Farbenlehre. Darin sind zwar noch nicht alle Farben des Farbenspektrums irgendwie erfasst. Aber Rot, Gelb und Schwarz waren schon symbolträchtig politischen Denkrichtungen und somit auch Parteien zugeordnet, bevor die Farbe Grün in den achtziger Jahren des vorigen Jahrhunderts von einer >Bewegung< okkupiert und zum Parteinamen stilisiert wurde. Koalitionen werden seitdem gern im Politjargon unter Rückgriff auf die beteiligten (Partei)Farben liebevoll oder auch verächtlich, je nachdem, als Schwarz-Gelb oder Schwarz-Rot, aber auch, sobald Dreier-Konstellationen vorliegen, in Anlehnung an Farben in Staatsfahnen „*Jamaika -* “ oder „*Kenia - Koalition*“ genannt. Seit der Bundestagswahl von 2021 erfreuen wir uns – oder auch nicht – einer „*Ampelkoalition*“, denn beteiligt sind Rot, Gelb und Grün, wie eben bei einer Verkehrsampel, mit der der Straßenverkehr geregelt wird, um Karambolagen oder auch nur Staus und dergleichen zu verhindern, also um Verkehrsfluss zu sichern. Es sollte allerdings beachtet werden, dass die für eine Verkehrsampel typische Farbenfolge nicht die Kräfteverhältnisse in der *„Ampelkoalition"* widerspiegelt, weder numerisch noch gleich gar faktisch. Die FDP, für die Gelb steht, ist der kleinste der Koalitionspartner und sollte deshalb am Ende genannt sein. Dort aber steht aus gar nicht so realitätsfernen Gründen die Farbe Grün, sind es doch die Grünen, die wie der berühmte Schwanz mit dem Hund, repräsentiert durch die Roten, wedeln, über die Gelben hinweg, diese häufig sogar völlig negierend, und den Gang des Regierungshandelns weitgehend bestimmen. Und das gar nicht so unlogisch in einer *„Ampel"*, bedeutet doch Rot Stillstand, Gelb Achtung (ohne Beachtung hier und da), Grün aber freie Fahrt. Ergo: Die Bezeichnung *„Ampel"* ist überaus klug gewählt worden. Dass allerdings dem demokratischen Staatswesen damit ein Dienst erwiesen wird, dass eine mit dramatisch wichtigen Entscheidungen konfrontierte Regierung marottenhaft als *„Ampel"* einem fragwürdigen Politjargon unterworfen ist, dürfte eher zu bezweifeln sein, als mit einem gleichgültigen Achselzucken abgetan zu werden. Etwas seltener *„Ampel"* und etwas häufiger respektvoll – ganz im Sinne des Bundeskanzlers gemeint – *„Bundesregierung"*, das könnte für die Politik generell ein Gewinn sein.

Analyse und Analyst

Eine Analyse ist zunächst ganz simpel eine Untersuchung. Wissenschaftlich präziser ist sie eine Untersuchung, bei der *„etwas zergliedert, ein Ganzes in seine Bestandteile zerlegt wird"*; oder, in der Chemie speziell, die *„Einzelbestandteile von zusammengesetzten Stoffen"* ermittelt werden.[37]
Auf den Bereich der Chemie im weitesten Sinne ist *„Analyse"* seit längerem schon nicht mehr beschränkt. Wo in der Politik wagt heute noch jemand eine Antwort auf ein Problem, ohne sich vorher auf eine *„Analyse"* berufen zu haben oder eine solche als zunächst dringend erforderlich zu betrachten, wenn irgendwo Ungemach lauert. *„Eine erste Analyse hat ergeben, dass ..."* oder *„Da sollten wir erst noch eine sorgfältige Analyse abwarten"* – das sind vorgestanzte Sätze, so oder so ähnlich, die zum Repertoire jedes gewieften Politikers gehören. Sie garantieren den unschätzbaren Vorteil, dass man keine eigene, dann vielleicht auch persönlich vorwerfbare Position vertritt, sondern mit dem Anschein der Objektivität, womöglich angeblich wissenschaftlich fundiert, daherplaudern kann. Was anscheinend so ist, ist gegebenenfalls nur scheinbar so – aber das lag dann wohl an der ungenauen, unzuverlässigen *„Analyse"*.

[37] DUDEN, Band 1, Seite 122.

Im Sport, wen wundert es, ist das Wort „*Analyse*“ zum nichtssagenden, aber sodann vermeintlich alles erklärenden Schlagwort verkommen. Die FAZ-Sportredaktion scheint das durchschaut zu haben. Nach dem kläglichen Scheitern der Frauenfußballnationalmannschaft bei der Weltmeisterschaft titelte sie am 7. August 2023 auf Seite 23 erkennbar süffisant:

- ***„Mal wieder >gründlich analysieren<“,***

damit andeutend und anklagend, dass sich die Wortwahl als stereotyp wiederholter und insofern auch nichtssagender Reflex begreifen lässt.
Es ist nämlich so: Sobald eine peinliche Niederlage erklärt werden soll, kommt prompt die Antwort: „*Das müssen wir erst mal analysieren.*“ Selbst dann, wenn die Ursachen auf der Hand liegen. Zum Beispiel, dass die eigene Mannschaft „*grottenschlecht*“ – so der Sportjargon – gespielt hat. Manchmal ist man verleitet, die Frage zu stellen, ob denn diejenigen, die davon faseln, sie müssten etwas erst noch „*analysieren*“, überhaupt wissen, was eine wirkliche „*Analyse*“ ausmacht.
Aber „*Analyse*“ rückt sogar einen simplen, banalen, primitiven Sachverhalt in die Nähe der Wissenschaft - und den das Wort nonchalant im Munde Führenden selbstredend auch. Geistige Hochstapelei ist schließlich ohne verbale Hochstapelei so gut wie ausgeschlossen. Da kommt einem Trainer, einem Manager oder auch einem Sportler das Wort „*Analyse*“ sehr zupass, ganz kongenial mit vielen Politikern.
Ein fast unübertreffliches Beispiel für die soeben vorgenommene Wertung lieferte einer aus der Managergarde des FC Bayern München, dessen seinerzeitiger >Sportvorstand< Hasan Salihamidzic, den die FAS am 4. September 2022 auf Seite 45 wie folgt zitierte:

- *„Wir versuchen, **den Trainer in allen Analysen mitzunehmen**.“*

„*Mitzunehmen*“ verdient eine eigene Würdigung. Wird der Trainer tatsächlich „*in **allen** Analysen*“ mitgenommen, ist er also Analyseobjekt, oder wird er „*in **alle** Analysen*“ mitgenommen, darf er also mitanalysieren? Der Unterschied ist schließlich kein kleiner, für den Trainer gleich gar nicht. Entscheidend aber bleibt bei dem Satz, dass das Wort „*Analyse*“ einen einfachen Umstand, nämlich eine simple Krisensituation, auf eine Ebene hebt, mit der vermittelt werden soll, vor welchen intellektuellen Herausforderungen man stehe und was den Verantwortlichen im Management des FC Bayern München angesichts der doch relativ kargen Gehälter alles so unvermittelt abverlangt wird.

Hätte es nicht der einfache Satz „*Wir versuchen das alles mit dem Trainer zu besprechen*“, eleganter „*zu erörtern*“, auch getan? Oder auch lediglich: „*Wir werden darüber nachdenken.*“
Das Nachdenken soll noch niemandem geschadet haben.

Angedacht

Die Verbform „*angedacht*“, ein Partizip Perfekt, setzt das Verb „*andenken*“ voraus. Der konsultierte DUDEN aber kennt es nicht. Dort begegnet einem nur das Hauptwort „*Andenken*“ im Sinne von Erinnerung oder auch Gedenken (an jemanden). Also schließen wir messerscharf, dass eine in Mode gekommene Wortschöpfung vorliegt. Mit einiger Sicherheit ist sie auch aus gutem Grunde erfolgt: Wenn kaum noch etwas wirklich durchdacht wird, ist man schon heilfroh, dass etwas wenigstens „***an****gedacht*“ wird. Etwas bis zum Ende denken, das kann eine mühselige Angelegenheit werden, der man sich besser entzieht, indem man es „*angedacht*“ lässt. Vielleicht gibt es ja Willige, die das Angedachte weiterdenken. Nennt man das nicht Arbeitsteilung?
Wie vielfältig nichtssagend oder bestenfalls ins Ungefähre (ab)lenkend die modernistische Verwendung von „*angedacht*“ sein kann, dürften die folgenden Beispiele aufzeigen:

- „*Auch die **Anmietung** von Hotels sei **angedacht.**“*

Zitiert wird die damalige Berliner Senatorin Katja Knipping durch die FAZ am 28.Juli 2022 auf Seite 4.

- „***Angedacht** sei ein vollelektrisches SUV für Wolfsburg, sagte VW-Markenchef Thomas Schäfer...*“ (NDR, Texttafel 124, 8.12.2022).
- „... nachdem *ursprünglich **ein Preis** von mehr als 120 000 Dollar **angedacht** gewesen* sei, hieß es in dem Bericht weiter.“ (FAZ, 8.12.2022, S. 22).
- „***Beim bisher angedachten Zeitplan** ... werde der* (Landesentwicklungsplan) *erst 2025 beschlossen.*“ (MDR, Texttafel 130, 9.1.2023).

Zitiert wird Sachsen-Anhalts Grünen-Fraktionschefin Lüddemann.
Dass hier hochrangige Politikerinnen und ein veritabler Wirtschaftsboss etwas lediglich „*angedacht*“ haben, wen wundert es.

Anmahnen

Der DUDEN hält eine klare Definition des Verbs bereit: „*eine Schuld, Schuldigkeit schriftlich oder mündlich in Erinnerung rufen.*" Es wird damit an bekannte Hauptwörter wie Mahnung, Mahnschreiben, Mahnbrief erinnert. Der Sachzusammenhang, auf den hin „*anmahnen*" bezogen werden kann, ist also ursprünglich ein enger.
Da wurde es aber höchste Zeit, dass „*anmahnen*" eine Begriffserweiterung erfahren hat und aus dem Schattendasein ins grelle Licht der Politik und des Sports, jedenfalls dorthin, katapultiert worden ist, Blindgänger inbegriffen.
Es folgt eine Auswahl sehr origineller, letzten Endes aber nicht klar zum Ausdruck gebrachter bzw. schlimmer noch sinnverfälschender Anmahnungen:

- „DPhV ***mahnt*** *anspruchsvolle* ***Nachqualifikation*** *von Quer- und Seiteneinsteigern* ***an.***" (Verbandszeitschrift Profil, November 2022, S. 7).

Wurde im Sinne des DUDEN eine Schuld oder Schuldigkeit in Erinnerung gerufen? Wenn ja, wessen? Gemeint war etwas ganz Einfaches: Der DPhV – der Deutsche Philologenverband! – *verlangte* oder *forderte* eine Nachqualifikation. Dreist, nicht wahr? Arrogant vielleicht sogar? Da empfiehlt es sich, ein wenig bescheidener auf „*anmahnen*" zurückzugreifen. Das klingt etwas anheimelnder oder auch nur rücksichtsvoller. Man weiß ja nie, wer wie empfindlich reagiert!

- „*Klöckner* ***mahnt Brandrodung an***." (FAZ, Überschrift, 7.10.2019, S. 17).

Hier haben wir den ersten Blindgänger! Die FAZ hat in sprachlicher Unzulänglichkeit der Bundestagsabgeordneten Julia Klöckner eine Forderung untergeschoben, die rufschädigend sein muss (sein sollte?). Frau Klöckner hat nicht eine „*Brandrodung angemahnt*", also verlangt. Im Gegenteil, sie hat Brandrodungen beklagt, als schädlich oder gar verwerflich hingestellt. Sie hat dazu aufgerufen, von Brandrodungen Abstand zu nehmen. Man möchte gern wissen, ob der sprachlich offenbar überforderte Redakteur der FAZ, der die Überschrift zu verantworten hat, sich bei Frau Klöckner entschuldigt hat.
Schlimmer geht nimmer? Offenbar doch. Bei der FAZ immer:

- „*Klinsmann* ***mahnt*** *vor allem* ***fehlende Willensstärke an***." (FAZ, E. Schlammerl, 6.4.2009, S. 23).

Schaut man, gewarnt, etwas genauer auf den Satz, ist der sprachliche Unfug nicht zu übersehen. Klinsmann mahnte nicht „*fehlende*“ Willensstärke an, er mahnte **mehr** Willenstärke an. Die erkennbar fehlende Willensstärke hatte ihn enttäuscht. Ach so!

- „*Der BBW-Vorsitzende Stich* ***mahnte Korrekturbedarf an***.“ (FAZ, Prof. Dr. Rainer Blasius, 7.1.2010, S. 8).

Herr Professor, *Bedarf* wird nicht „*angemahnt*“, Bedarf wird festgestellt – wenn er denn vorliegt. Sodann ist der Bedarf zu beheben – damit kein Bedarf mehr beklagt werden muss!
Im vorliegenden Fall war also Korrekturbedarf gegeben, dringlichst. Korrektur war „*angemahnt*“. Wie so oft übrigens bei genanntem Professor.
Dass es gelegentlich bei der FAZ auch zu einer richtigen Verwendung des Modeverbs „*anmahnen*“ reicht, sei zu ihrer Ehrenrettung mit folgenden Zitaten eingeräumt:

- „*...* ***die Überarbeitung*** *der Investorenregelung 50plus1 für die Bundesligaclubs,* ***die vom Kartellamt angemahnt worden ist...***“ (FAZ, Peter Hess, 10.12.2022, S. 10).

Das Kartellamt verlangte eine Überarbeitung, demnach hat es tatsächlich etwas „*angemahnt*“.

- „*Angemahnt* **wird ein AfS-ferner, dialogischer Gott**, der auch in Fragen von Leben und Tod mit den Menschen *auf Augenhöhe kommuniziert.*“ (FAZ, Christian Geyer, 27.7.2023, S. 9).

Auch hier ist etwas gefordert, mindestens erwünscht gewesen. Dennoch: Ließ sich „*auf Augenhöhe kommuniziert*“ wirklich nicht vermeiden?
Sicher ist, selbst unscheinbare Modetorheiten wie „*anmahnen*“ haben ihre Tücken. Finger davon lassen – das sollte eifriger beherzigt werden. Es könnten sonst noch mehr Abmahnungen wie diese fällig werden.

Aufstellen

Die ursprünglichen Bedeutungen dieses an sich wohl harmlosen Verbs dürften jedem klar sein: Etwas an einen vorgesehenen Platz stellen, (wieder aufrecht) hinstellen, aufrichten, postieren. Alles ganz konkret also.
Neuerdings jedoch wird massenhaft eine bildliche Verwendung favorisiert:

- *„CDU-Chef Friedrich* ***Merz will seine Partei breiter aufstellen*** *und stärker auf Frauen und Menschen mit Migrationsgeschichte setzen.“* (T-online, 9.5.2022).
- *„Faeser will* ***Cybersicherheit neu aufstellen****.“* (Überschrift eines Beitrags von Helene Bubrowski, FAZ, 13.7.2022, S. 4).
- *„Von hoch bezahlten Managern wird deshalb erwartet, dass sie ihre* ***Unternehmen krisenfest aufstellen****.“* (FAZ, Sven Astheimer, 22.8.2022, S. 15).
- *„****Konzeptionell*** *sei die europäische Klimapolitik* ***gut aufgestellt****, ...“* (FAZ, Tilmann Neuscheler in einer Rezension, 22.8.2022, S. 16).
- *„Der künftige* ***Gasmarkt muss viel breiter aufgestellt sein****.“* (FAZ, Christian Geinitz, 16.9.2022, S. 15).
- *„Nach der Krise werden sie schnell fragen,* ***wie solide der Standort Deutschland*** *mit der Ampelpolitik* ***wirklich aufgestellt ist****.“* (FAZ, Heike Göbel, 24.11.2022, S. 17).
- *„...,* ***wie das ... Kolleg neu aufgestellt werden kann****.“* (Josef Schuster, Vors. d. Zentralrats d. Juden, in einem Interview, FAZ, 29.11.2022).
- *„RTL Deutschland* ***stellt sein Publishing-Geschäft neu auf****. Unser Ziel ist es, die führende Position und* ***publizistische Relevanz*** *von RTL Deutschland weiter* ***zu stärken****.“* (Bertelsmann-Chef Thomas Rabe laut FAZ, 8.2.2023, S. 13).

Geht es noch aufgeblasener, Herr Rabe? Wahrscheinlich nicht, auch wenn Manager wie er sich größte Mühe geben sollten. Diesen Ehrgeiz ihnen abzusprechen, verbietet das Bild, das sie täglich abliefern. Doch es wird auch unterstützt aus den Medien, wo Bertelsmann ja ein >global player< ist. So lautete denn eine Überschrift der FAZ am 31. August 2023 auf Seite 21: ***„Bertelsmann stellt sich immer breiter auf“***. Wurde Bertelsmann immer breitbeiniger? Darf man das ironisierend wenigstens fragen?

- ***„Bei Verbrennermotoren war Deutschland gut aufgestellt****.“* (FAZ, Martin Gropp, 18.3.2023, S. 17, Untertitel).

„Aufstellen“ – damit ist nun ausrichten, ordnen, organisieren gemeint. Warum auch nicht. Aber: Haben die soeben genannten Verben allesamt ausgespielt, sind sie zu dürftig im Vergleich mit *„aufstellen“*? Drückt man sich mit *„aufstellen“* nicht doch um eine unzweideutige Aussage herum und bleibt beim Angedeuteten? Im zitierten Satz *„****Konzeptionell*** *sei die europäische Klimapolitik* ***gut aufgestellt****“* tritt die blasengleiche Verwendung von *„aufstellen“* geradezu beispielhaft zutage. Gemeint war wohl: *„Die europäische Klimapolitik ist gut konzipiert“* oder *„Der europäischen*

Klimapolitik liegt ein gutes Konzept zugrunde". Mir scheint, unsere Sprache wäre dann besser aufgestellt.

Ausbremsen

Dieses Verb stammt eindeutig aus einem Soziolekt, nämlich dem des Sports, genauer dem des Autorennsports. Es hat dort seine spezifische Bedeutung: *„ein Fahrzeug beim Einfahren in eine Kurve durch absichtlich spätes Bremsen überholen*".
Mittlerweile aber wird ständig und so gut wie überall irgendetwas „*ausgebremst*", Kurve hin, Kurve her. Das Ausbremsen zum Zwecke des Überholens (wessen auch immer) ist dabei längst auf der Strecke geblieben. Der konkrete Bezug ist erneut von einem metaphorischen Gebrauch verdrängt, beinahe völlig überlagert worden, wobei, auch das wiederholt sich hier, der Aussagekern, inklusive Aussageabsicht, sehr häufig schleierhaft bleibt. Insoweit liegt ein Appell an die Wort- und Interpretationsgewandtheit der Adressaten vor. Was schmeichelhaft zu sein scheint, ist aber eher eine Zumutung im Blick auf eine sichere und gesicherte Sinnvermittlung – die eigentliche Funktion eines Dialogs, ob im Gespräch direkt oder beim Lesen indirekt.
Der Gebrauch von „*ausbremsen*" besonders in der Politik und im zugehörigen Journalismus scheint nicht mehr gebremst werden zu können. Er lässt sich offenbar – hier sei auf die ursprüngliche Bedeutung von „*ausbremsen*" zurückgegriffen – nicht mehr „*ausbremsen*", durch kein anderes Verb mehr, schon gar nicht in irgendeiner sprachlichen Kurve, überholen oder auch nur einholen. Da bleibt nur die Hoffnung, dass „*ausbremsen*" wegen zu hoher Geschwindigkeit irgendwann mal aus der Kurve fliegt und der Weg wieder frei wird für eine differenziertere Ausdrucksweise mittels eindeutig passender Verben. Denn es gibt sie! In den folgenden Beispielen allerdings ist sie ungebremst verfehlt worden:

- *„Der Plan, Gewinne von Stromerzeugern abzuschöpfen, könnte* ***die Erneuerbaren ausbremsen***." (FAZ, red. Text, 3.9.2022, S. 17).

Hätte es „*bremsen*" nicht auch getan? Oder „*behindern*"? Oder „*verhindern*"? Oder „*einschränken*"?

- "***Die hohe Inflation bremst*** *einer Umfrage zufolge* ***viele Sparer in Deutschland aus***." (ARD, Texttafel 136, 24.10.2022).

Was gemeint ist, kann man ahnen, wissen kann man es nicht. Könnte „*schaden*" gedacht sein?

- *„Bürgergeld: CDU will **Vorschläge ausbremsen**"*. (ARD, eingeblendeter Text, 31.10.2022).

Wie die CDU auf Vorschläge reagieren will, bleibt ein Rätsel. Will sie die vorliegenden durch eigene Vorschläge übertrumpfen, also überholen? Will sie sie konterkarieren? Als unsinnig darstellen? Oder *„erledigen*"? In einer Abstimmung *„vom Tisch fegen*"?

- *„Sie **bremst ein Projekt aus**,* bei dem es um größere Autonomie geht." (FAZ, Andreas Kilb, 16.11.2022, S. 9).

Ist "*verhindern*" die richtige Vermutung? Aber was ist, wenn das Projekt schon da ist? Soll dann tatsächlich an *„übertrumpfen*" gedacht werden?

- *„... Steffi Lemke (Grüne) steht im Ruf, **Koalitionsvorhaben** mit Verweis auf den Umweltschutz gern mal **auszubremsen**.*" (FAZ, koll., 24.11.2022, S. 17).

Ist hier *„anzuhalten*" gemeint?

- *„Eine australische Richterin **bremst eine weitere Kohlemine aus**.*" (FAZ, 29.11.2022, S. 23).

Es sollte gesagt werden, dass die Richterin die Betriebsaufnahme untersagt hat. Hätte das nicht so einfach ausgedrückt werden können?

- *„**Preuß schon wieder ausgebremst**.*" (ARD, Überschrift Texttafel 216, 2.12.2022).

Es ging um etwas ganz Triviales: Die Biathletin Franziska Preuß konnte wegen Hustens nicht starten, sie war daran gehindert zu starten.

- „Die ***Vermögensanlage** in Immobilien **wird ausgebremst**.*" (FAZ, 23.12.22, S.1).

Die Vermutung, die Vermögensanlage in Immobilien werde behindert, erschwert oder gar unmöglich gemacht, drängt sich auf. Gemeint war aber, dass die erhoffte Rendite geringer ausfallen werde, dass eine derartige Vermögensanlage sich nicht rentieren werde.

- „*Sie müssen den Gipfel nutzen, um* ***alle Schuldenphantasien früh auszubremsen.***“ (FAZ, Mark Fehr, 26.1.2023, S. 15).

Mit diesem Satz dürfte die zur Sintflut gediehene Verwendung von „*ausbremsen*“ einen – vermutlich allerdings nur vorläufigen – Höhepunkt erreicht haben, einen sehr traurigen zudem. Jetzt werden also schon „*Phantasien ausgebremst*“. War „*unterbinden*“ gemeint? Oder was?

- „*Nachdem renitente Kabinettskollegen* ***den Finanzminister auf dem Weg zum Haushaltsentwurf monatelang ausgebremst*** *haben, kommt Bewegung in die Sache.*“ (FAZ, Heike Göbel, 2.6.2023, S. 17). Also wieder „*behindert*“? Oder „*gestoppt*“?
- „Hinzu kommen **die hohen Zinsen und die hohe Inflation**, ***die Investitionen und Konsum ausbremsen.***“ (FAZ, Julia Löhr, 1.8.2023, S. 15). Erneut „*behindern*“? Oder wenisgtens „*stören*“?
- „***Europas ausgebremste Züge***“

So lautete die Überschrift eines FAZ-Leitartikels von Thiemo Heeg am1.August 2023 auf Seite 15. Wer sich mit dem Lesen der Überschrift begnügen wollte, musste zwangsläufig an das Ausbremsen bei Autorennen (s.o.) denken. Doch damit wäre er auf dem Holzweg gewesen.
Es war wohltuend zu lesen, dass ein Politiker auch mal das Verb „*ausbremsen*“ ungefähr in seiner ursprünglichen Bedeutung einsetzte:

- „***Werde ein Rettungswagen ausgebremst****, sei eine Strafbarkeit ... zu prüfen.*“ (Zitiert wird Bundesjustizminister Buschmann in FAZ, 14.11.2022).

Ungefähr! Denn es ging ihm augenscheinlich nicht nur ums „*Ausbremsen*“ im Sinne der zitierten DUDEN-Definition, sondern in einem viel weiteren Verständnis generell um die Behinderung oder sogar um das vollständige Ausschalten des Einsatzes von Rettungswagen.
Das sich zu erschließen, ist zu einer herausfordernden staatsbürgerlichen Aufgabe geworden.
Leider kommt man sich manchmal sprachlich und staatsbürgerlich reichlich ausgebremst vor.

Auskontern

Hier haben wir es mit einem Modewort zu tun, dessen Herkunft aus dem Jargon des Sports, vornehmlich des Boxsports, nicht übersehen werden kann. Ein „*Konterboxer*“ verlässt sich darauf, dass er das „*Auskontern*“

meisterhaft versteht. Bis in den DUDEN schaffte es das Wort „*auskontern*" nicht, noch nicht. Im Politjargon aber ist es schon angekommen. Es erfreut sich auch anderenorts wachsender Beliebtheit. Wird irgendwo einer Sache, einer Bewegung, einem Anliegen, selbst Personen Einhalt geboten, dann wird es oder werden sie „*ausgekontert*". Vom Jargon des Boxsports in die sich selbst zugeschriebene elaborierte Sprache einer Zeitung für kluge Köpfe ist es inzwischen ein kurzer Weg:

- ***„Ausgekonterte Liberale*"**. (FAZ, Überschrift, 11.10.2022, S. 17).

Wurde ein Leberhaken verpasst? Ein Kinnhaken? Eines ist sicher: Durch solche „Treffer" ist unsere Sprache längst angezählt; sie taumelt durch den Ring. Wird das erlösende Handtuch bald geworfen werden? Die FAZ kann sich dann rühmen, sie sei dabei gewesen.

(Sich) Austauschen

Es gibt immer wieder Wörter, die urplötzlich Hochkonjunktur haben. Dabei fällt auf, dass sie, wenn ursprünglich nur konkret, also auf Reales bezogen verwendet, ihre Blüte im Metaphorischen, also im übertragenen Sprachgebrauch erleben – und zum „*Metaphernmüll*" beitragen. Dazu zählt gewiss auch das Verb *austauschen*, das gemeinhin als transitives, soll heißen ein Objekt verlangendes und Tatsächliches beschreibendes Tätigkeitswort zum Einsatz kommt. In jüngster Zeit aber genießt es als reflexives, also rückbezügliches Verb ***sich austauschen*** ungeahnte Vorlieben, zum Beispiel in der Aussage ***„Wie gut, dass wir uns so intensiv austauschen konnten*"**. Gottlob sind die Beteiligten immer noch das, was sie vorher waren. Sie haben nicht wirklich *sich* und damit ihre Identität *ausgetauscht*. Gemeint ist fast immer, dass man dankbar gewesen ist für das Gespräch, das gerade stattgefunden hat, für den *Austausch von Gedanken*, den es soeben gegeben hat. Man preist sich, dass man „*im Austausch*" gewesen ist. Wegen des Ortes, wo *sich austauschen*, leider meistens relativ nichtssagend, allenfalls nur etwas andeutend, jedenfalls aber mit positiven Konnotationen verbunden, beliebt ist, wird zunehmend kritisch die Kennzeichnung *Kirchentagsdeutsch* gewählt. Von dort, das leuchtet wohl ein, ist es nur ein kurzer Weg zum Jargon der Pädagogen aller Schattierungen, die sich nur zu gern immer wieder „*austauschen*", entweder untereinander oder lieber noch mit ihren Schülerinnen und Schülern.
Ein schönes, letzten Endes aber traurig stimmendes Beispiel lieferte der Niedersächsische Philologenverband:

- *„**Personalräte tauschen sich aus** und bilden sich fort.*“ (GiN, 1/2023, S. 25).

Doch wohl nicht realiter. Schließlich sind die Personalräte jeweils für bestimmte Schulen als Anstalten des öffentlichen Rechts gewählt worden und somit nicht einfach austauschbar.
Und die Hochschullehrer sind fleißig mit dabei, wie das folgende Zitat beweist:

- *„Rückzugsräume“ seien eingerichtet worden, „... **um sich** jenseits >patriarchalischer Strukturen< **frei austauschen zu können.“*** (Ulrike Ackermann, Die neue Schweigespirale, S. 39).

Das Verb *„sich austauschen*“ sollte man nicht wörtlich nehmen, beileibe nicht. Jeder bleibe, wer und wie er ist. Und jede auch! Meistens genügt das. Und inflationär gebraucht, wird *„sich austauschen*“ gern zum Gegenstand und zum Mittel des Spotts: *„Wir sind zwar nicht einer Meinung, aber gut, dass wir uns haben austauschen dürfen.*“ Man muss ja auch nicht immer einer Meinung sein. Oder sind wir es hier doch?

Authentizität/authentisch

Authentisch sein, sich authentisch geben – das ist zum Lebensprinzip geworden, zum ethischen Maßstab, zur Quelle sozialer Anerkennung. Wir erleben, so die Soziologin Susanne Schröter, einen *„Kult des Authentischen*“.[38]
Die Frauenforschung, führt sie aus, habe ihre Akteure auf Parteilichkeit und *unkritisierbare Authentizität* eingeschworen. Sie spricht vom *identitätspolitischen Partikularismus*, der eine an sich widersprüchliche Verbindung mit dem linken Universalismus eingegangen sei. Das habe zu einer *Verklärung des Fremden in der Identitätspolitik* geführt – und somit, das ist zu folgern, zur Absolutsetzung des Authentischen. Noch so Skurriles, Absurdes, Egomanes trifft auf grenzenloses Verständnis, sobald Authentizität reklamiert oder postuliert wird. Man kleidet sich, wie es einem in den Kram passt, auf jeden Fall aber, um sich von anderen abzusetzen. Standards, Normen, Alltägliches – Störfaktoren der Selbstverwirklichung, des Authetischen mithin. Die Ideologie der Authentizität ist eine in sich stimmige und durch nichts in Frage zu stellende Verbindung mit der Ideologie der Identität eingegangen und damit faktisch unangreifbar geworden.

---

[38] Susanne Schröter, „Global gescheitert? Der Westen zwischen Anmaßung und Selbsthass“. Herder Verlag, Freiburg 2022.

Auch in den höchsten Kreisen der Politik ist dieses zum Dogma erhobene Denken – nennen wir es großzügig so – längst angekommen, es ist auf sicherem Wege, zum Mythos von Generationen zu werden. Denn keine Geringere als die Bundestagspräsidentin Bärbel Bas (SPD), höchste Repräsentantin des vom Souverän, dem Staatsvolk, gewählten Parlaments, hat den Glaubenssatz geadelt: *„**Letztlich geht es** (beim Reden) **um Authentizität**.“* Sie sagte das in einem Interview, das in der FAZ vom 26.September 2022 auf Seite 4 abgedruckt war. *„Letztlich“*! Also nicht ethische Kategorien wie Wahrheit, Ehrlichkeit oder gedankliche Stringenz sind der Maßstab, sondern, wenn es wirklich darauf ankommt (*„letztlich“*!), geht *Authentizität* vor.
Der DUDEN nennt *„Echtheit, Zuverlässigkeit, Glaubwürdigkeit“* als alternative Begriffe. Über diese aber geht der moderne Gebrauch von *„Authentizität“* weit hinaus, so viel ist sicher. Nicht sicher aber ist, wohin weit hinaus mit welchem Inhalt. Die Nähe zur phrasenhaften Verwendung liegt damit aber auf der Hand.
Es ist nun folgerichtig, dass die einst allenfalls in geistes- oder sozialwissenschaftlicher Literatur eingesetzten Wörter *authentisch* und *Authentizität* allenthalben zum Zuge kommen – denn auch sie sind sehr gut geeignet, in ziemlich leeren Phrasen intellektuelles Gewicht vorzugaukeln, vor allem bei denen, die mit diesen Wörtern nicht so sehr vertraut sind und bescheiden vor Ehrfurcht erstarren.
Zwei Beispiele mögen ausreichen, das Urteil zu belegen, Sätze, die, wen wundert es noch, aus der Großküche der Phrasen stammen, dem Sport(journalismus):

- *„Abschiedsgruß der Fans **für einen stets Authentischen**.“*

So lautete der FAZ-Text unter einem Foto mit Jürgen Klopp, der als *„Liebling der Kurve“* am 1.Juni 2015 auf S. 26 verehrt wurde. Darum also geht es: Man muss stets authentisch sein, dann kann man sich Eskapaden aller Art leisten, worin besagter Meistertrainer Klopp (als *„Kloppo“* gleichzeitig vereinnahmt und angehimmelt) ja ein wahrer Meister ist. Sage niemand, die FAZ sei dazu auf Distanz gegangen.
Über den niederländischen WM-Torwart Andries Noppert wurde getönt, ***„nicht nur der Bondscoach liebt seine Authentizität“***.[39] *„Bondscoach“* musste natürlich, man ist schließlich >Insider<, als Nachweis versierten Umgangs mit den Fachsprachen dieser Welt herhalten. Geschenkt! Aber: Er *„liebt seine Authentizität“*. Was liebt er an dem Torwart, was macht dessen Authentizität denn nun wirklich aus? Ist gemeint, dass der *Bondscoach* seinen Torwart so liebt, wie er nun einmal ist? Aber wie ist er? Wie gibt er

39 Die genaue Quelle kann von mir leider nicht mehr genannt werden.

sich? Was unterscheidet ihn von anderen. Dazu erfahren wir nichts. Vielleicht war das sogar der Zweck der (sprachlichen) Übung. Wer soll das wissen? Sprechblasenspezifisch.
Bleibt die bange Frage an mich selbst: Bin ich nun authentisch geblieben?

Balance

Wir haben es hier mit einem harmlosen Wort zu tun. Jedenfalls erneut auf den ersten Blick. *Balance* im Sinne von Gleichgewicht, *balancieren* als *„im Gleichgewicht halten*“ zu verstehen, das ist sprachlicher Alltag. Aber damit ist das Problem noch nicht erledigt, damit beginnt es erst. Zunehmend begegnen wir auch in unserer Sprache der englischen Phrase ***>life balance<,*** mehr noch ***>work-life-balance<***. Da heutzutage (fast) jeder das Englische fließend beherrscht, auch wenn noch vieles im Fluss ist, wie dann die praktische sprachliche Herausforderung schnell und manchmal peinlich offenbart, versteht sich von selbst, dass jeder weiß, was *„life balance*“ bedeutet, *„work-life-balance*“ gleich gar. Wirklich? Gewiss, auch im Englischen wird unter *>balance<* gemeinhin das Gleichgewicht verstanden, also die Balance. Aber nur gemeinhin. Denn das Englische kennt auch den Begriff ***>bank balance<***, also die Bankbilanz im Sinne des Kontostands. Und genau daran wird mit *„life balance*“ angeknüpft. Also ist unter *„life balance*“, wenn es im Deutschen – leider geschieht das viel zu oft – hochstaplerisch verwendet wird, zumeist irgendein Gleichgewicht gemeint, in dem sich angeblich oder tatsächlich die Lebensgestaltung befinde oder befinden sollte. Dass im Englischen die Lebensbilanz, das Saldo dessen, was man geschafft, was man geleistet, was man erreicht oder auch verfehlt hat, angesprochen ist, das wird nur in den seltensten Fällen in den Blick genommen. Überwiegend handelt es sich also bei *„life balance*“ im Deutschen nicht nur im Kern um einen unverstandenen Anglizismus, sondern schlimmer noch um eine Phrase, der man sich bedient, um irgendwie zu imponieren. Finanzminister Christian Lindner (FDP) ist das in bekannter rhetorischer Meisterschaft gelungen:
Die FAZ berichtete am 25.Februar 2023 auf Seite 20, *„der Bund*“, so Lindner, *„gebe in diesem Jahr für den Kapitaldienst schon doppelt so viel aus wie für Bildung*“. Und dann Lindner wörtlich:

- *„**Das ist eine falsche Balance**.*“

Nein, Herr Bundesfinanzminister, das ist überhaupt keine Balance, wenn für das eine *„doppelt so viel*“ wie für das andere ausgegeben wird. Also auch keine *„falsche Balance*“. Aber sprachlicher Unfug ist das allemal, Herr Lindner! Aufgemotzt um ein Modewort ohne Sinn und Verstand.

Mindestens insofern gehört er zur politischen Elite, zur ersten Kategorie, mit Floskeln elegant operierend.

Belastbar

Dieses durch Anhängen von -bar an den Stamm eines Verbs, hier belasten, gebildete Adjektiv, ein das Deutsche kennzeichnender Vorgang, scheint wenig Beachtung zu verdienen. Der Schein aber trügt!
Es ist bemerkenswert, dass der DUDEN zwar das Hauptwort Belastbarkeit erläutert, nicht aber das Eigenschaftswort belastbar. Hängt das damit zusammen, dass letzteres ursprünglich auch nur in technischen Bezügen Verwendung fand? Im MURET-SANDERS werden denn auch als englische Entsprechungen die Adjektive >*loadable*< (z. B. auf Lastwagen bezogen) und >*chargeable*< (auf Batterien bezogen) angeboten. Im Deutschen sind Sätze wie *„Die Brücke ist nur noch begrenzt belastbar“* selbstverständlich nicht nur denkbar, sondern auch weithin üblich.
In jüngster Zeit aber ist *„belastbar“* die zweifelhafte Ehre des phrasenhaften Gebrauchs im übertragenen Sinne zuteil geworden:

- *„Es ist wichtig, sich* ***kritisch zu hinterfragen****, selbst zu* ***reflektieren****. Dann brauchst* ***du*** *passende Mitarbeiter, die einem auch sagen, wenn etwas nicht funktioniert. Ich schätze* ***belastbare Beziehungen****.“*

So äußerte sich Fußballbundestrainerin Martina Voss-Tecklenburg in einem FAZ-Interview, das am 27.Dezember 2022 auf S. 28 abgedruckt war. Sie wählte häufig die Du-Form! Wie übrigens sonst auch, ganz Sportlerin. Außerdem sagte sie, sie wollte die >***coolste Oma ever***< sein.
Mit den markierten Wörtern hat Frau Voss-Tecklenburg, natürlich unbewusst, aber bezeichnenderweise, das vorliegende Buch so gut wie allein gerechtfertigt. Uns geht es hier aber um die phrasenhafte, marottennahe Verwendung von *„belastbar“*. Die Bundestrainerin hat ein sprachliches Anpassungsverhalten an den Tag gelegt, wie es klarer nicht sein kann. In der Politik, in der Wirtschaft und, wie geschehen, im Sport kommt es mittlerweile ständig darauf an, dass etwas *„belastbar“* ist. Damit erst sei Qualität verbürgt, Garantie für etwas gegeben: Waren seien ***„ohne belastbare Belege“*** als *„grün“* vermarktet worden, mit einem *„grünen Label“*.[40] Darf man, muss man fragen, was sich hinter *„belastbare Beziehungen“* und *„belastbare Belege“* verbirgt? Verbirgt deshalb, weil ja tatsächlich Genaue(re)s verborgen bleibt, wahrscheinlich sogar verborgen bleiben soll. Man bleibt im Ungefähren und behält sich alle Türen offen für

[40] Dieser Vorwurf stand auf einer ARD-Texttafel. Das Datum kann nicht mehr genannt werden.

Rückzugsgefechte, für Klarstellungen oder auch für Verbalakrobatik, es sei ja alles ganz anders gemeint gewesen.

Besiegeln

Dieses Verb hat im DUDEN zwei Definitionen erhalten:
1. *für gültig erklären, bekräftigen.*
2. *endgültig, unabwendbar machen.*

Versuchen wir, den folgenden Satz mit ihnen in Verbindung zu bringen:

- *„Nach Messis Doppelschlag **war das Spiel besiegelt**.“* (ARD, Texttafel 205, 7.5.2015).

Auch nach größtem geistigen Krafteinsatz kann nur festgestellt werden: Keine kann in Betracht kommen, auch bei weitester Auslegung nicht. Es liegt nämlich Sportjargon von der übelsten Spielart vor, die Sprache wird wichtigtuerisch missbraucht, die Aussage selbst ist, wörtlich genommen, nur wohlwollend noch als Unfug zu bezeichnen; Schwachsinn wäre die treffendere Beurteilung.
Im Sport und neuerdings auch in der Politik wird aber immer irgendetwas *„besiegelt“*. Eine Niederlage ohnehin, aber auch ein Sieg, Freundschaften sowieso. Es ist ja auch ein schönes Wort. Kaum einer weiß heute noch, was ein Siegel ist und wozu es einst benutzt wurde – und immer wieder benutzt wird. Umso eifriger wird dann das Verb *„besiegeln“* in ganz profane Texte eingeschleust, phrasenhaft und damit aussagearm, aber sprachliche Eleganz vorgaukelnd.

Bewältigen

Dieses ebenfalls zur Mode gewordene Verb hat es geschafft, eine ganze Reihe sehr viel präziser einsetzbarer Verben zu verdrängen: meistern, lösen, bewerkstelligen, überwinden, verarbeiten, abfertigen und natürlich schaffen. Woran liegt das? Daran, dass, wie immerhin behauptet wird, der Wortschatz vieler verkümmert? Aus welchen Gründen, bleibe hier ausgeklammert.
Befinden wir uns sprachlich in einem Vorgang der Reduktion auf wenige Verben, die dann für vieles herhalten müssen, zwangsläufig vieles im Unklaren, im Vagen lassend und ebenso zwangsläufig zur Phrase entartend?
Herausforderungen werden nicht mehr gemeistert, Probleme nicht mehr gelöst, Hindernisse nicht mehr überwunden, Erlebnisse nicht mehr verarbeitet, Besucher nicht mehr am Schalter abgefertigt, Strecken nicht mehr geschafft – sie alle werden *„bewältigt“*.

Der DPhV – noch einmal: der Deutsche Philologenverband, also der Verband der Freunde des Wortes! – ist längst Mittäter geworden bei der Verkümmerung des Wortschatzes. Der Landesverband Niedersachsen, mein Landesverband, tönte in einer Publikation, man werde „***Herausforderungen ... bewältigen***" (phvn aktuell, Juli 2022, S.2).
Darf man diese (Mit)Philologen daran erinnern, dass, wie ein Blick in den DUDEN lehrt – man muss allerdings ganz bescheiden noch bereit sein, dort hineinzuschauen –, „*bewältigen*", wie ja ohnehin bei etwas Nachdenken zu vermuten, „*für veraltet gewältigen, mhd.* (also mittelhochdeutsch) *geweltigen*" in Ableitung von „*Gewalt*" verwendet wird? Darf man das heute noch? Oder ist es die Gewalt, die das Verb „*bewältigen*" so attraktiv macht? Man möchte es nicht glauben. Unzweifelhaft wird allerdings der Sprache ohne Not Gewalt angetan.

(etwas) bewegen

Es geht hier nicht um das schwache Verb *bewegen, bewegte, bewegt* im Sinne von „*aus der Ruhelage bringen*" oder „*an einen anderen Ort begeben*", auch nicht um „*sich verhalten*", schon gar nicht um „*erregen, ergreifen, rühren*" wie in „*Seine Worte haben uns tief bewegt*" oder um „*innerlich beschäftigen*" wie in „*Dieser Gedanke bewegt mich seit langem*" oder gar um das starke Verb mit den Stammformen *bewegen – bewog - bewogen* in der Bedeutung „*veranlassen, zu einem bestimmten Entschluss bringen*" wie in „*Jemanden zum Einlenken bewegen*" oder in der Frage „*Was hat dich bewogen?*". Mit all dem sind sehr delikate sprachliche Probleme verbunden, auf die hier nicht eingegangen werden soll.
In den Blick nehmen wir das schwache Verb „*bewegen*" in einer inzwischen massen- und floskelhaften Anwendung, die der konsultierte DUDEN nicht anspricht, wohl gar nicht ansprechen konnte, weil es sich um eine modernistische Verwendung handelt.
Immer häufiger behaupten insbesondere Politiker, sie wollten „*etwas bewegen*", das sei ihr ursprüngliches Motiv gewesen, in die Politik zu gehen. Und nun dort angekommen, wollen sie natürlich ständig irgendetwas „*bewegen*". Was aber genau? Wollen sie einen Anstoß geben? Etwas anschubsen? Moderner: triggern? Wollen sie etwas verändern? Wollen sie motivieren? Aber in welche Richtung? Mit welchem Inhalt?
Ein kaum noch zu überbietendes Beispiel für „*bewegen*" als Bestandteil einer Floskel, die alles oder gar nichts auszudrücken vermag, lieferte Bundesinnenministerin Nancy Faeser auf die Frage, warum sie die Kandidatur für das Amt des hessischen Ministerpräsidenten anstrebe: Sie habe „***immer etwas bewegen wollen***" (ARD, Tagesschau, 2.2.2023). Phrasenhafter, nichtssagender und gleichzeitig bedeutungsvoller, salbungsvoller, sich

ganz in den Dienst anderer stellender geht es kaum noch. Übelmeinend könnte fragend reagiert werden, ob sie nicht doch eher (und immer?) auf der Karriereleiter sich selbst nach ganz oben *„bewegen"* wollte. Könnte! Und manch einer wird (sich) diese Frage gewiss auch gestellt haben. Dabei ist Bewegung auf der Karriereleiter nur zu legitim! Es geht schließlich zumeist aufwärts. Zudem generell: Bewegung tut not. Und Bewegung tut gut, wie wir alle wissen. Doch verschone man uns mit der massenhaften Ansage, man wolle *„etwas bewegen"*.

Bonus

Aus grauer Vorzeit, genauer aus dem Lateinunterricht, ist in Erinnerung geblieben:
Männlich bonus, weiblich bona – auf Deutsch gut. Was einem über das regulär oder vertraglich Zustehende hinaus gutgeschrieben wird, das wird, davon abgeleitet, in unseren Tagen hochtrabend *„Bonus"* genannt. Es wird dann von *„Bonuszahlungen"* berichtet. Das inzwischen wegen seiner sprachlichen Dürftigkeit nicht mehr besonders geschätzte Wort *„Gutschrift"* hängt tatsächlich damit zusammen. Davon kann manch ein Manager gar nicht genug bekommen bei all den Verdiensten, die er geltend machen kann – oder auch nicht. Im Zweifel spielt das nämlich gar keine Rolle. Und was dem einen im Vorstand recht ist, muss den anderen natürlich billig sein – nicht im wörtlichen Sinne, versteht sich, aber im übertragenen allemal. Also zahlen viele Firmen – ja was denn, *„Bonusse"* oder so etwas?
Glaube niemand, diese Wortbildung sei eine satirische Ausgeburt des Autors. Er spießt sie nur auf. Laut WAHRIG 2004 soll es den Plural sogar geben, ob in Anlehnung an den im Englischen tatsächlich korrekten Plural >*bonuses*< – das ist hier die Frage. Im Zeitalter des Vormarsches der Anglizismen spricht einiges für diese Annahme, die dadurch gestützt wird, dass es nicht von ungefähr der Großbritannien-Korrespondent der FAZ, Jochen Buchsteiner, war, der mit *„Bonusse"* aufwartete, als er die Aussage eines englischen Unterhaltungskünstlers in direkter Rede wiedergab (FAZ, 13.12.2014, S. 5):

- *„... nicht Einwanderer schafften die Probleme, sondern die Banker, deren* ***Bonusse*** *trotz Finanzkrise steigen würden, und die Konzerne, die ihre Steuern nicht bezahlten."*[41]

[41] Nur nachrichtlich: Er wollte natürlich „schufen die Probleme"schreiben und hat sich dann lediglich auf der Tastatur vertan. Und statt „steigen würden" hatte er „stiegen" verwenden wollen. Auch ein kleines Versehen. Das kann beim Übersetzen schon mal passieren.

Bleiben wir bescheiden lieber bei „***Boni***“und somit bei der lateinischen Herkunft >*bonus*<. Oder sollten wir nicht doch ab und an auf „*Sondervergütung*“, „*Zuschlag*“ oder gar „*Prämie*“ zurückgreifen? Die Pluralbildung ist da relativ einfach. Dann würden einem auch nicht ständig „***Bonis***“ zugemutet, also der doppeltgemoppelte Plural, der sich einer erheblichen Wertschätzung rühmen darf – so blödsinnig er auch ist. Mit Verwendungen wie

- „***Das geheime Bonus-System***“ (FAZ, Michael Hanfeld, 19.8.2022, S. 13) und
- „***Klimabonus***“ (FAZ, 13.9.2022, S. 3) hat man sich ja inzwischen längst abgefunden. Man wird zwangsläufig sehr duldsam, wenn man verbal so bombardiert wird. Dennoch: Cui bono?

Briefing

Es ist eine Tatsache, dass immer weniger Briefe geschrieben werden. Und es ist ebenso eine Tatsache, dass immer häufiger „*gebrieft*“ wird, „*Briefings*“ stattfinden. Seltsam, nicht wahr?
Was ist jeweils gemeint?
„*Briefings*“ haben wir als Informationen oder auch, bedeutungsvoller, als Informationsgespräche zu verstehen, bei denen zumeist Medienleute Grundsätzliches oder auch nur Einzelheiten erfahren, die sie, bitte sehr, dem öffentlichen Publikum, interessierten Kreisen oder bisher Uneingeweihten weitergeben möchten. „*Briefings*“ sind aber auch Lagebesprechungen innerer Zirkel, häufig zum Zwecke der Abstimmung oder Einstimmung auf eine fortan möglichst wortgetreu zu vertretende Linie.
Und wem das widerfährt, der wird „*gebrieft*“, nicht nur informiert, gleich gar nicht gleichgeschaltet, geschweige denn sprachlich manipuliert. Beileibe nicht. „*Briefen*“ - das ist die (medien)politische Harmlosigkeit schlechthin. Wie erfreulich, dass wir dieses Verb aus dem Englischen übernehmen durften. Ein Anglizismus, nie ist er wertvoller gewesen. Zumal dieser auch vom arglosesten Nachrichtenempfänger sofort in seiner ganzen Bedeutungsbreite ge- und erkannt wird. So sind denn Meldungen wie die folgende nichts als Routine geworden:

- „*Die vom russischen Verteidigungsministerium* ***bei seinem täglichen Briefing*** *vorgestellte Karte zeigt, dass ...*“ (ARD, Texttafel 886, 11.09.2022).

Das war gewiss ein echtes Briefing, ganz der Wahrheit verpflichtet, nichts, aber auch gar nichts anderes darstellend als eine faktengesättigte Information. Wie halt bei Putin die Norm.

Brutal

Mit diesem Eigenschaftswort müssen wir uns länger befassen. Auch wenn das brutal erscheinen mag, gemeint ist es so nicht. Es geht nämlich nicht um „*brutal*" im klassischen Verständnis, also um „*roh, gefühllos, gewalttätig*" oder auch nur „*schonungslos, rücksichtslos*", „*grausam*". Das sind die fast armseligen Definitionen, die der DUDEN anbietet. Der konnte vor ein paar Jahrzehnten schließlich nicht ahnen, welche rhetorische Innovationskraft im Sport(journalismus) schlummert. „*Brutal*" kommt dort zu Anwendungen, die jede normale Phantasie als kläglich erscheinen lässt. Mit dem Einsatz von „*brutal*" kann man so gut wie jedes etwas Positives, Vortreffliches, Glanzvolles, Hervorragendes, Famoses anzeigende Adjektiv oder Adverb ersetzen – und erspart sich so im Grunde ja auch völlig überflüssige, weil inhaltsorientierte Vokabeln. Wozu ein Arsenal von nuancierenden und differenzierenden Vokabeln im Gedächtnis speichern, noch dazu unmittelbar abrufbar, wenn das Wort „*brutal*" zur Verfügung steht, um alles Mögliche (oder doch Unmögliche?) auszudrücken? Die beobachtete „*semantische Entleerung*", hier findet sie statt.[42]
Die nun folgende lange Liste mag eine Zumutung sein. Doch nur so kann die Vielfalt der Einsätze, die eine Orgie zu nennen sich aufdrängt, von „*brutal*" halbwegs beweiskräftig dokumentiert werden. Sie begann schon vor ein paar Jahrzehnten und ist, wie nicht anders zu erwarten, kräftig gesteigert worden. Die FAZ hat zu einer aussagekräftigen Dokumentation überzeugend beigetragen, die Texttafelredaktionen sind zumeist wieder selbst sprachschöpferisch beteiligt gewesen.
Beginnen wir im Jahre 2006. Die FAZ hat am 27. November des Jahres auf Seite 28 einen
Trainer, dem wir gern Anonymität gewähren, mit einer Bewertung zitiert, jeden Kommentar der sprachlichen Entgleisung aber bezeichnenderweise(?) unterlassend:

- „***Seine*** (Miroslav Kloses) ***Leistung war brutal, absolut höchstes Niveau***."

Mit diesem Satz, so scheint mir, war der endgültige Dammbruch vollzogen. „*Brutal*" kam fortan zu höchsten sprachlichen Ehren, zu einer absoluten

[42] Den treffsicheren Ausdruck verdanken wir dem FAZ-Mitarbeiter Thomas Thiel (FAZ, 27.7.2023),

Wertschätzung. Sie hält nicht nur an, sie strebt ein noch höheres Niveau an als das absolut höchste:

- „*Ich bin wieder* ***brutal happy***.“ (Skirennläufer Thomas Dressen lt. FAZ, 15.2.2020, S. 30).
- „***Das fühlt sich brutal gut an***.“ (Ein Spieler von Greuther Fürth nach dem ersten Sieg in der Bundesliga laut ARD, Texttafel 149, 13.12.2021).
- „*Wir haben* ***brutales Talent***.“ (Ein deutscher Eishockeyspieler nach der Niederlage gegen Tschechien im Viertelfinale der WM laut ARD, Texttafel 206, 26.5.2022).
- „*Ich behaupte ja immer, dass die Jungs nicht doof sind, aber sie sind halt* ***brutal vergesslich***.“ (Trainer Edin Terzic, BVB, laut ARD, Texttafel 249, 6.10.2022).
- „*Sie sind coole Hunde, können* ***brutal gut Ski fahren***.“ (Der Skifahrer Romed Baumann laut FAZ, 27.1.2020, S. 28).
- „*Mir hat* ***brutal geholfen****, dass ich als Spieler…*“ (Fußballmanager und Exnationalspieler Fredi Bobic, zitiert in FAZ, 9.5.2011, S. 21).
- „*Er hat ein* ***brutales Selbstvertrauen***.“ (FAZ, 5.1.2023, S. 28). Zitiert wird Skispringer Markus Eisenbichler, gemeint war der Norweger Granerud.

Also: Bei Sportlern ist „*brutal*“ in erster Linie etwas Begehrenswertes, etwas Auszeichnendes. Auf absolut höchstem Niveau!
So lassen sich auch die beiden folgenden Zitate erklären:

- „*Ich möchte einfach, dass wir* ***brutal ehrlich zueinander*** sind.“ (Daniel Farke, Trainer von Bor. M-gladbach, im Interview, FAZ, 27.8.2022, S. 31).
- „(HSV-) *Sportchef Ralf Becker schwärmte von* >***brutal viel Leidenschaft***<.“ (FAZ, sid., 7.2.2019, S. 28).

Es gibt aber auch Verwendungen von „*brutal*“, die den Definitionen des DUDEN ansatzweise entsprechen:

- “*… die Niederländer kamen auf.* ***Holland war brutal am Drücker***.“ (Nationalspieler Serge Gnabry laut ARD, Texttafel 208, 25.3.2019).
- „*Sein Team müsse* **>brutaler und gieriger**< *im letzten Drittel* ***agieren***.“ (MDR, Texttafel 206, 29.12.2020. Zitiert wird Magdeburgs Trainer Hoßmang).

- *„Fehler am Bergisel werden* ***brutal bestraft,*** *sagt Horngacher.*“ (FAZ, 5.1.2021, S. 28. Horngacher war der Trainer der deutschen Skispringer).
- *„Da* ***verliere ich brutal viel Zeit****.*“ (Skiläuferin Kira Weidle über Probleme im >Eishang<, ARD, Texttafel 210, 1.2.2021).
- *„Es* ***tat brutal weh****.*“ Das sagte ein Spieler nach einem Rugbyspiel.
- *„Die vielen vergebenen Chancen nach dem Elfmetertor ...* ***rächten sich brutal****.*“ (ARD, Texttafel 803, 23.11.2022).
- *„Es ist* ***brutal frustrierend****, dass wir unsere Leistung nicht konstant abrufen konnten.*“ (Fußballnationaltorwart Manuel Neuer laut ARD, Texttafel 824, 3.12.2022.
- *„Am Ende des Tages* ***kotzt mich das einfach brutal an****.*“

So reagierte Nationalspieler Joshua Kimmich nach dem 1:2 des FCB im DFB-Pokal gegen den SC Freiburg (ARD, Texttafel 112, 5.4.23).[43]

Man fragt sich brutal verunsichert, ob der alles und nichts verdeutlichende inflationäre Gebrauch von *„brutal*“ im Sport(journalismus) nicht doch zur Marotte verkommen ist und auf eigentlich erschreckende Weise belegt, welch geistloser Jargon dort dominiert - und von dort auf fast alle Lebensbereiche überschwappt.

Die Politiker sind dafür längst empfänglich. Man erinnere sich an einen ehemaligen Ministerpräsidenten Hessens, Roland Koch, der in der CDU-Spendenaffäre eine ***„brutalstmögliche Aufklärung***“ versprach und eine Tradition begründete (oder auch nur aufnahm), nicht zuletzt in seiner Partei:

Der einstige CDU-Generalsekretär Paul Ziemiak forderte nach der Wahlniederlage Ende September 2021 eine ***„brutal offene Aufarbeitung***“! Der damalige CDU-Fraktionsvorsitzende Ralph Brinkhaus erklärte laut FAZ (20.11.2021, S. 2) – für den Fall einer Regierungsbeteiligung der CDU - zum Thema Migration: *„Wir hätten sicherlich nicht* ***diese brutale Offenheit im Bereich Migration*** *gehabt.*“

Und Manager, die glauben, sich anbiedern zu müssen, selbstredend auch:

Ökostrom solle ***„brutal günstig*** *und unvorstellbar viel*“ vorhanden sein, lautete die Überschrift eines Beitrags in der FAZ, 17.3.2021, S. 22. Zitiert wurde ein Manager!

Wie sehr mittlerweile selbst die FAZ die undifferenzierte, dafür aber massenhafte Verwendung von *„brutal*“ zu schätzen gelernt hat, sei – aus Platzgründen - mit nur einem Beispiel belegt:

---

[43] *„Am Ende des Tages*“ ist eine wie aus dem sprachlichen Nichts auftauchende Phrase, die seit einiger Zeit eingesetzt wird, wenn Ausdrücke wie *„letzten Endes*“ oder *„letztendlich*“ oder auch nur *„schließlich*“ es auch täten. Bei Politikern war über einige Jahre hinweg *„schlussendlich*“ sehr beliebt!

- *„... Annalena Baerbock, die als Kanzlerkandidatin im Bundestagswahlkampf kurz umjubelt wurde, aber danach* ***brutal abstürzte****.“* (FAZ, 30.8.2022, S. 4).

Frage: Was war an ihrem Absturz „*brutal*“? War sie das Risiko, ein erhebliches zudem, nicht selbst eingegangen? Sind Niederlagen bei Wahlen und anderswo nicht ein spezifisches Risiko der Politik, auf das sich alle einlassen, die antreten? Hätte es eine Vokabel ein paar Ebenen tiefer nicht auch getan?
Muss man sich nicht inzwischen brutal ehrlich fragen: Wie viel Brutalität darf's denn sein? Und noch gravierender: Ist Sprache also doch ein Spiegel der Gesellschaft? Einer immer brutaler werdenden?

Campus

Eine überaus glückliche Fügung war es, dass die FAZ am 13.Mai 2022 auf Seite 11 den Aufsatz eines Andreas Schiller aus Bergisch Gladbach erscheinen ließ, der „*Noch jemand ohne Campus?*“ überschrieben war. Der Titel wirkte bereits elektrisierend. Noch faszinierender aber war der Text, der als Hinführung zum Aufsatz gedruckt war: „*Landauf, landab nimmt der Gebrauch des Wortes Campus zu. Eins, zwei, drei, ganz viele. Das wirft Fragen auf: Worum geht es? Was steckt dahinter? Gibt es eine verbindende Idee?*“
Das sind die Fragen, genau die, auf die in den folgenden Ausführungen Antworten versucht werden sollen, durchaus in Anlehnung an den genannten Aufsatz.
Andreas Schiller weist in der Methode, die auch in diesem Glossar immer wieder zum Zuge kommt, auf die lateinische Wurzel des Begriffs hin: „*Gesamtanlage einer Hochschule, Universitätsgelände*“. Die zahlreichen staatlichen und vor allem auch privaten Neugründungen von Hochschulen und sonstigen Bildungsinstituten hätten zwangsläufig zugenommen: „*Allein so gäbe es schon genug Gebäude, die auf einem Campus stehen.*“ Diese Flut, so dürfen wir Schiller wohl verstehen, habe dann auch Industrie und Handel nicht ruhen lassen, sich des ursprünglich auf den akademischen Bereich beschränkten Wortes „*Campus*“ zu bemächtigen, wohl um sich damit einen gewissen Glanz zu sichern. Das Ruhrgebiet, erfahren wir, sei mit seinen vielen Brachflächen geradezu prädestiniert, hier mit einem „***Aldi-Nord-Campus***“, dort mit einem „***Thyssenkrupp-Campus***“, woanders mit einem „*Forschungs- und* ***Innovationscampus*** *Thurmfeld*“ oder mit irgendeinem „***Gesundheitscampus***“ aufzuwarten. Selbst Investmentbanken, lernen wir zudem, bieten Spezialfonds an, die zum Beispiel „***Urban Campus Nr. 1***“ tituliert werden.

Soweit der Bezug auf Andreas Schiller.
Die von ihm vermittelte Erkenntnis lautet: „*Campus*“ allerorten, es muss nur eine Fläche da sein, auf der irgendeine Einrichtung ihr Zuhause hat. Wenn irgendwie mit Bildung in Verbindung stehend, dann umso dringlicher „*Campus*“, denn der Begriff löst Assoziationen aus, die nicht von ungefähr in eine bestimmte Richtung gelenkt werden. Darf man das Hochstapelei nennen? Beim DFB, dem Deutschen Fußballbund, darf man das getrost vermuten, natürlich brav unterstützt von den entsprechend eingestimmten Journalisten, selbst oder gerade auch bei der FAZ:

- ***„Der DFB eröffnet** an diesem Donnerstag in Frankfurt **seinen neuen Campus**.*“ (FAZ, Christian Kamp, 30.6.2022, S. 28).

In einem Beitrag über Manchester City ist bescheidener noch von einem „*Trainingszentrum*“ die Rede! Purer Zufall? Oder doch eine Verbeugung voller Hochachtung vor dem DFB?
Immerhin wurde die DFB-Zentrale in der FAZ am 5.Dezember 2022 auf Seite 19 als „***Nobelcampus***“ hochgejubelt, schon ganz in einer spracheigenen Tradition:

- *„Kanzler Scholz trifft **auf dem neuen Campus des DFB**, dessen ...*“ (FAZ, Text unter Foto, 10.8.2022, S. 28).

Und in Hochachtung vor dem in Deutschland zur gesellschaftlichen Großmacht aufgestiegenen Sport ganz generell? Dafür spricht der folgende Satz:

- *„Die großen Umbauarbeiten sind in vollem Gange, sogar die fertigen Pläne **für den Campus**, **der neuen Heimat der Nachwuchsspieler**.*“ (FAZ, Frank Heike, 2014).

Im Blick stand ein Gelände, ein Trainingszentrum, für die Nachwuchsspieler des Hamburger SV (HSV), als dessen Oberfan sich Frank Heike in seiner Hofberichterstattung längst stilisiert hatte. Die Nähe zur tief akademisch verankerten Jugendarbeit im Fußballsport war ja auch nicht in Zweifel zu ziehen – also „*Campus*“! Wenig akademisch wirkte allerdings in dem zitierten Satz der schwere Grammatikfehler, mit dem die Apposition, die substantivische Ergänzung, eingeleitet wurde: Statt „***der** neuen Heimat*“ hätte es im Anschluss an die den Akkusativ regierende Präposition „*für*“ korrekt „***die** neue Heimat*“ heißen müssen. Oder gilt auch hier, dass scheinbar anspruchsvolles, auf jeden Fall glitzerndes Vokabular jeden schweren Grammatikfehler verzeihen lässt?

Beinahe jedes Trainingszentrum wird nun zum „*Campus*“. Und alles, was auch nur ansatzweise mit Kindern und Bildung zu tun zu haben scheint, allemal. In einem wöchentlich einmal erscheinenden in erster Linie der Werbung dienenden Blättchen meiner Heimatregion hieß es denn auch jubilierend:

- „***Feier für neuen Bildungscampus***. *Das Großprojekt >Alle Kinder unter einem Dach< in Dollbergen ist abgeschlossen.*“ (Marktspiegel, 1.Juli 2023, S. 8).

Zur besseren Einordnung sei erwähnt, dass die Ortschaft Dollbergen etwa 2200 Einwohner hat. Deshalb: Geht es protzender?
Im Vergleich dazu scheinen Verwendungen wie

- „*... auf dem* ***Campus-Gelände*** *der Heidelberger Universität*“ (FAZ, Daniel Hinz und Rüdiger Soldt, 26.1.2022, S. 7.)

geradezu harmlos, vielleicht sogar einleuchtend zu sein, geht es doch um eine Universität. Das sind sie aber nicht. Wer als FAZ-Mitarbeiter „*Campus*“ benutzt, sollte wissen, dass in „*Campus*“ die Vorstellung von einem *Gelände* bereits eingearbeitet ist. Das Doppeltgemoppelte wirkt auf unangenehme Weise doppelt aufgemotzt!
Für den nächsten Satz gilt das entsprechend:

- „*…, damit könnten Dienstwege* ***zwischen den Campus-Standorten*** *klimafreundlicher gestaltet werden.*“ (MDR, Texttafel 137, 9.7.2022).

Der Texttafelredaktion des MDR ist allerdings so gut wie jede sprachliche Marotte und jeder Grammatikfehler zuzutrauen – und damit erlaubt? Gemeint war übrigens ganz banal der Einsatz von Lastenrädern.
Begriffe wie „*Forschungscampus*“ haben ihre Berechtigung. Allerdings könnte mit dem Begriff „*Campus*“ etwas sparsamer umgegangen werden. Das würde seinen tatsächlichen Wert erhöhen.

Chat und chatten

„*Hast du heute schon gechattet?*“. Diese vor ein paar Jahrzehnten noch völlig undenkbare Frage ist mittlerweile unterhalb eines bestimmten Lebensalters nicht mehr wegzudenkender Bestandteil des Alltags. Sie dient vielen in der Schule und auch anderswo als Einstieg in eine Begegnung. Man tauscht sich aus, mit wem man „*gechattet*“ hat, mit wem man sich zu einem „*Chat*“ verabredet hat. Diese aus dem Englischen – woher auch sonst? –

stammenden Wörter sind in einem Tempo in die deutsche Sprache eingeschleust worden, das seinesgleichen sucht. „*Chatten*“ – plaudern, plauschen, plappern, sich ohne geistigen Tiefgang, zumeist im vereinnahmenden und somit auch viele ausschließenden Jargon, über Gott und die Welt zwanglos, zumeist ideenlos, dahinplätschernd unterhalten, mehr mit Satzfetzen schwatzend als wirklich nachdenklich irgendetwas von sich gebend. Hauptsache, man hat „*gechattet*“, denn der „*Chat*“ ist ein Wert an sich. Sein Ort ist das Internet, auch ein Wert an sich, für viele heute der Wert schlechthin. Dabei geht verloren, dass das englische Verb >*to chat*<, wie Linguisten zu sagen pflegen, eher negativ konnotiert ist. Mit >*to chat*< eng verwandt ist nämlich >*to chatter*<, was auf Deutsch mit schnattern, krächzen (wie bei Elstern) oder klappern („*his teeth chattered with cold*“) wiederzugeben ist. Ein >*chatterer*< ist ein Schwätzer, >*chatty*< bedeutet geschwätzig, redselig, >*Chattiness*< Geschwätzigkeit, Redseligkeit.
Aber das kümmert natürlich diejenigen nicht, die begeisterte „*Chatter*“ sind – wie sie ja überhaupt kaum etwas kümmert abgesehen vom „*Chatten*“. Was mit dem Verb im Einzelfall gemeint ist, bleibt mindestens uneingeweihten, außerhalb der „*Chat Community*“ stehenden Vorgestrigen verborgen und das soll wohl auch sein. Zuweilen ist das auch gut so. Nicht jeder muss jede Phrase verstehen, denn er könnte sonst beginnen, über die eine oder die andere sprachliche Marotte, die geistige Leere überdecken soll, den Kopf zu schütteln. Zu viel Kopfschütteln aber kann Schmerzen verursachen.

Check und checken

Der berühmte >*Checkpoint Charlie*< in Berlin ist gottlob Geschichte. Die Erinnerung an ihn verblasst zunehmend. Das ist in mancher Hinsicht sogar beklagenswert. Dies umso mehr, als das aus dem Englischen übernommene Verb „*checken*“ nicht nur umgangssprachlich, sondern auch amtssprachlich immer beliebter zu werden scheint, obwohl das Deutsche Wörter bereithält, die „*checken*“ völlig überflüssig machen: (vergleichend) prüfen, überprüfen, nachprüfen, kontrollieren, abstimmen (mit etwas), auch, wenngleich einst ein Fremdwort, inspizieren. Hat das deutsche Verb prüfen zu viel Erschreckendes im Gepäck? Erinnert es schmerzhaft an irgendwelche Prüfungen – noch dazu an solche negativen Ausgangs? Ist das der Grund, weshalb bevorzugt auf „*checken*“ zurückgegriffen wird, sobald etwas geoder überprüft wird? Wieso kommt es häufig zu Sätzen wie „*Ich muss das mal checken*“ oder „*Das ist bereits mehrfach gecheckt worden*“? Selbst in seriösen Publikationen wird „*checken*“ geschätzt:

- „*Annette Frier* ***… checkt ihre Privilegien***“ (FAS, 27.11.2022, S.45).

Sollte uns mit „*checken*“ vorenthalten werden, was tatsächlich gemeint war? Liegt wirklich mehr als eine Phrase vor? Mit der „*Checkliste*“ kann man sich abfinden, mit „*Faktencheck*“ kaum, mit dem „*Check-up*“ wohl noch weniger, steht doch für die Medizin der Begriff „*Vorsorgeuntersuchung*“ mit identischem Inhalt bereit.
Dass die Tageszeitung „BILD“ am 2. August 2023 mit der Schlagzeile „***Der große BILD-Check***“ aufwartete – wen wundert das noch? Nur: Was verbarg sich dahinter?
Nicht nur unter Jugendlichen, aber immerhin noch überwiegend bei ihnen findet „*checken*“ zudem eine Verwendung in einem ganz anderen Sinne: „*Das hat der nicht gecheckt*“ oder „*Wann checkst du das endlich?*“ sind Sätze, die Alltagsware darstellen. Hier soll „*checken*“ in etwa begreifen, verstehen, kapieren bedeuten, umgangssprachlich wohl auch ersetzbar durch schnallen.
Es wird also viel gecheckt. Warum das so ist, das checkt man allerdings nicht auf Anhieb.

Cluster

In diesem der Phrasendrescherei gewidmeten Glossar ist „*Cluster*“ zunächst fehl am Platze, nämlich soweit dieser Begriff als präzise definierter und entsprechend eingesetzter Fachterminus gemeint ist, wie zum Beispiel in der Physik und, tatsächlich, in der Musik. Es wird deshalb auch nicht näher darauf eingegangen.
Indes: „*Cluster*“ ist insbesondere in den Medien und in der Politik mit einer eigenartigen Wechselwirkung zu einem überaus beliebten Begriff geworden, weil er geeignet ist, Aussagen im Ungefähren zu lassen. Abgesehen davon, dass neuerdings in der Informationstechnologie, also erneut fachsprachlich, mit „*Cluster*“ ein Netzwerk aus mehreren Rechnern bezeichnet wird, kommt der Begriff zunehmend immer dann zum Zuge, wenn irgendwie ein Verbund, ein Bündel, eine Traube, ein Pulk in Rede steht.
Plötzlich liest man, es entstünden „***industrielle Cluster***“ (FAZ, 30.8.2022, S. 4), von den „***Exzellenzclustern***“ ganz zu schweigen, mit denen sich Universitäten und dergleichen seit Jahren schmücken. Selbst das Verb „***clustern***“ erfreut sich gesteigerter Beliebtheit. Der Verdacht liegt nahe, dass dem Imponiergehabe eifrigst geopfert wird, was an deutschen Wörtern zum Einsatz an Stelle von „*Cluster*“ bereitsteht. Zwei Beispiele gefällig?

- „***Tuchel im Exzellenz-Cluster***“ (FAZ, 1.4.2023, S. 31).

Ja, der Sport(journalismus) ist auf den Cluster-Trip eingeschwenkt. Warum auch sollte er sich die Großchance bombastischen Aufschneidens entgehen lassen. Für nicht Eingeweihte: (Thomas) Tuchel ist der gegenwärtige Trainer des FC Bayern München. Das allein rechtfertigt natürlich die Verwendung von „*Exzellenz-Cluster*".

- „*Es werde aber nicht <mit der Gießkanne< gefördert, sondern* ***es gehe um innovative, nachhaltige und >kritische< Cluster***." (FAZ, 14.7.2023, S. 19).

Zitiert wird Wirtschafts- und Energieminister Robert Habeck von den Grünen, angeblich ein rhetorisch Hochbegabter. Wollte er wieder einmal den Beweis antreten? Dennoch: Ist er über ein salbungsvolles Politkauderwelsch hinausgekommen?

Cool

Mit dem Adjektiv „*cool*" haben wir ein Paradebeispiel für den floskelhaften, undifferenzierten und damit phrasenhaften Gebrauch eines an sich ganz harmlosen, wenngleich nicht originär deutschen Wortes. Es ist allerdings, wie leicht erkannt werden kann, aus derselben etymologischen Wurzel hervorgegangen wie das deutsche Wort kühl.
Dennoch, „*cool*" kann in seiner massenhaften Verwendung in den Soziolekten des Sports und der Jugend – und von dort überschwappend in fast alle Lebensbereiche, nicht zuletzt der Werbung – nur sehr eingeschränkt sinnvoll durch kühl ersetzt werden. In seinem zumeist saloppen, manchmal sogar schnoddrigen Gebrauch kommen lässig, sich gelassen verhaltend, distanziert, unaufgeregt und ähnliche Wörter als deutsche Entsprechungen in Betracht. Damit ist aber auch gesagt, dass mit „*cool*" häufig bewusst unpräzise Aussagen verbunden werden, in denen vieles zugleich, nichts aber ganz genau ausgedrückt ist – also das meiste phrasenhaft zur Sprache kommt.
Sprachökonomisch leistet „*cool*" natürlich herausragende Dienste: Es erspart, wie schon beim Adjektiv „*brutal*" nachgewiesen, die energieraubende Auswahl des passgenauen Wortes und lässt Rückzugsräume entstehen, wenn man sich der Herausforderung gegenüber sieht, doch bitte sehr zu präzisieren, was man denn da gemeint habe mit „*cool*".
Es ist nun leider unumgänglich, dass viele Beispielsätze folgen, mit denen die wuchernde phrasenhafte Verwendung von „*cool*", zum Teil in ihrem ganz erbärmlichen Auftritt, belegt werden kann.[44]
Beginnen wir mit dem Sport:

---

[44] Auf das auf Seite 15 erwähnte Interview mit der Rapperin Nina Chuba sei ausdrücklich verwiesen.

- *„Ich habe zu mir selber … >Patrick Hausding< gesagt,* ***weil er der coolste und ruhigste Springer gewesen*** *ist.*“ (ARD, Texttafel 149, 27.6.2022).

Es wird der Wasserspringer Timo Barthel zitiert. Frage: Was ist mit *„cool*“ in Abgrenzung von *„ruhig*“ gemeint? Liegt nicht eine tautologische Fügung vor, das Paradebeispiel einer Phrase?

- *„Ich bin sehr froh, dass ich mich jetzt auch bei der EM präsentieren darf vor eigenem Publikum.* ***Das ist eine coole Sache****.*“

So äußerte sich Basketballspieler Johannes Voigtmann im Interview (FAZ, 1.9.2022, S. 28).

- *„Da bin ich dann* (wegen des frühen Trainings) *später in die Schule gekommen als alle anderen.* ***Das war auch cool irgendwie****. Da waren viele neidisch. Leider musste ich das Verpasste dann nachmittags nachholen,* ***was weit weniger cool war … aber Koller fand ich immer ganz cool.***“

Das gab Fußballnationalspieler Timo Werner im FAZ-Interview (14.9.2022, S. 28) von sich. *„Cool irgendwie*“, nicht wahr?

- *„**Coole Effizienz** statt verschwenderischer Exzellenz.*“

So, genau so urteilte ein FAZ-Sportredakteur über den Fußballstar Erling Haaland (16.9.2022, S. 27), den *„Torjäger*“ schlechthin. Cool formuliert, möchte man urteilen. Auch exzellent?

- *„Ich werde nicht da sein, aber das* (Abschiedsspiel für Claudio Pizarro) *ist trotzdem* ***ein cooles Event****.*“

Zitiert wird der Trainer von Werder Bremen, Ole Werner (NDR, Texttafel 202, 23.9.2022).

- *„Ich bin sehr zufrieden* (mit dem 5. Platz). ***Es war eine coole, engagierte Fahrt****.*“

Zitiert wird Skirennfahrer Alexander Schmid (ARD, Texttafel 204, 19.12.2022).

Fragen: Was unterscheidet eine „*coole*“ von einer „*engagierten*“ Fahrt? Kann eine Fahrt beides gleichzeitig sein? Oder soll „*cool*“ mit „*engagiert*“ identisch sein?

- „***Cooles Frankfurt besiegt Schalke***.“ (ARD, 200, 21.1.2023).
- „... ***bleibt Tsitsipas****, der nun eigentlich viel Druck hat,* ***enorm cool***.“ (ARD, Texttafel 205, 29.1.2023).

Man beachte zum einen den relativ kurzen Zeitraum, aus dem die Beispiele stammen. Und man bedenke, dass sie nur das sind: eine Auswahl! Selbst aus dem kurzen Zeitraum. FAZ und Texttafeln haben sich wieder einmal als Dokumentationsorte bewährt. Aber die FAZ hat auch originär längst die Kurve zur zumeist nichtssagenden Verwendung von „*cool*“ genommen:

- „***Dass die Bilder cool sind****, muss nicht bedeuten, dass der Geist, den sie atmen, nicht glüht*.“ (FAZ, Verena Lueken, 4.2.2023, S. 13).

Cool, dieses Sprachbild! Ganz und gar einem anspruchsvollen Feuilleton angemessen.

- „***Coole Geschäfte***“

lautete die Überschrift eines Textes von Ursula Kals in FAZ, Sonderseite Beruf und Chance, 25.6.2022, S. C1. Dort findet man dann folgenden Satz: „*Der Politiklehrer ...* ***fände*** *ihre Idee >cool<*.“ Es handelt sich, das wird man Ursula Kals neidlos einräumen, um einen geistreichen, um einen sich überlegen gebenden Text. Na denn! Aber den markierten Grammatikfehler hätte sie sich nicht leisten sollen. „*Fände*“ ist durch „***finde***“ zu ersetzen. Na so was!

Auf Werbeplakaten sind „***coole Preise***“ fast schon elegante Sprache, denkt man an die vielen „*Knaller*“, „*Knüller*“ sowie „*Kracher*“ und „*Hammer*“, auf die reißerisch hingewiesen wird. Mehr und mehr kommt man sich behämmert vor. Dennoch: Cool bleiben!

Crashen

Bekannter dürfte das Hauptwort „*crash*“ sein, doch findet das damit einhergehende Verb „*crashen*“ immer mehr Zuspruch, ganz so, als sei es ein altbewährtes deutsches Wort, jedermann vertraut und deshalb auch jedermann zuzumuten.

Einen „*Crash*“ verbinden Börsianer und sonstige Eingeweihte mit einem Kurszusammenbruch ebenda, an der Börse, im Effektenhandel.

Allgemeiner wird mit „*Crash*“ überhaupt ein wirtschaftlicher Zusammenbruch bezeichnet, eine Firmenpleite etwa. In jüngster Zeit kommt es aber auch auf unseren Straßen zunehmend zum „*Crash*“, zum Zusammenstoß von Fahrzeugen. Dann hat es „*gekracht*“.
Dass sich aus dem Englischen Verb >*to crash*< in der angedeuteten variablen Anwendung schnurstracks das urdeutsche Verb „*crashen*“ hat bilden lassen, sollte im Zeitalter der polyglotten Meisterschaft fast aller auf fast allen Gebieten nicht verwundern. Wenigstens dann nicht mehr, wenn die FAZ sich genau dort einreiht, beim Jargon einer multikulturell beheimateten Jugend, die es immer wieder „*crashen*“ lässt:

- ***„Lassen ETF die Linde-Aktie crashen?“*** (FAZ, 21.1.2023, S. 29).

So viel Crash war nie. Lautet die logische Frage nun: Wann wird die deutsche Sprache crashen?

Dank

Es ist bemerkenswert, dass in einer Zeit, in der Dankbarkeit immer weniger in Mode ist, die Präposition „*dank*“, also ein unscheinbares Wort, wie es scheint, in ihrer ursprünglichen Bedeutung kaum noch vertraut ist – aber stetig in Mode kommt! Liegt gar eine sprachliche, eine semantische Logik vor? Es wird jedoch immer weniger bedacht, dass „*dank*“ mit dem Verb „*verdanken*“ in einem direkten Zusammenhang steht, dass tatsächlich ein „*Dank*“, ein „*Dankeschön*“ damit verbunden ist oder sein sollte. Das ist wahrscheinlich der Grund, weshalb wir gerade der FAZ den folgenden Satz verdanken:

- *„Jewgenij Prigoschins Bedeutung in Russland steigt* ***dank des brutalen Vorgehens*** *seiner >Wagner<-Söldner.*“ (FAZ, Friedrich Schmidt, 12.1.23, S. 3).

Der Text trägt den Titel „*Ein Aufstieg über Leichen*“.
Grammatiken machen zu recht darauf aufmerksam, dass „*dank*“ im Zusammenhang mit etwas Negativem nur ironisch gebraucht werden sollte. Aber jedwede Ironie scheidet bei dem behandelten Sachverhalt doch wohl zwangsläufig aus. Soll man für brutales Vorgehen auch noch dankbar sein? Es dürfte das Urteil erlaubt sein, dass „*dank*“ völlig gedankenlos verwendet worden ist, beinahe floskelhaft – wie so häufig seit einiger Zeit. Und wohl auch beschämend. Warum, so ist zu fragen, genügten dem Korrespondenten nicht „*wegen*“, „*infolge*“ oder „*als Folge*“? Oder noch einfacher: „...

nach dem brutalen Vorgehen..."? Wollte er mit einem lupenreinen Genitiv seinem spröden Text Glanz verleihen?

Decider

Die Herleitung dieses allmählich beliebt werdenden Wortes, alles andere als ein alltäglich vertrautes deutsches, ist nicht ganz einfach. Manch einer könnte, zumal wenn Technikfreak, lediglich einen Tippfehler vermuten und zunächst an „*Decoder*" denken. Dann wäre er allerdings auf dem Holzweg. „*Decider*" ist ein Hauptwort, das aus dem englischen Verb >*to decide*<, deutsch entscheiden, abgeleitet ist. Wenn das erkannt ist, ist die Vermutung naheliegend, man habe es bei „*Decider*" mit einen Menschen zu tun, der etwas zu entscheiden hat, sagen wir mit einem Manager oder einem Politiker – Managerinnen und Politikerinnen selbstredend mitgemeint, denn im Englischen wird nicht zwischen generischem Maskulinum und generischem Femininum unterschieden, der bestimmte Artikel ist halt stets ganz simpel >*the*<. Die Vermutung ist nicht völlig abwegig. Wer aber auf sprachlichem Felde eine Rechnung ohne den Jargon des Sports aufmachen will, ist bald gescheitert. Dort nämlich erfährt das Deutsche, vornehmlich durch Übernahmen aus dem amerikanischen Englisch, dem Ort unbegrenzter Möglichkeiten, mit Neologismen um sich zu werfen, eine Bereicherung, die vor Zeiten nicht einmal geahnt werden konnte. Dabei hilft unserer Sprache natürlich ungemein, dass fast alle ihrer Teilnehmer inzwischen als polyglott ausgewiesen sind. Machen wir es deshalb kurz: Ein „*Decider*" ist, vorrangig in Ballspielen, Eishockey eingeschlossen, der entscheidende Wurf, Schuss, Schlag etc., mit dem die Entscheidung herbeigeführt wird. Und wem er gelingt, ist dann, logisch, auch ein „*Decider*".
Damit könnten wir diese Glossierung ein Ende haben lassen, wäre da nicht ein Satz, der höchste Aufmerksamkeit verdient:

- *„**Der Decider muss die Entscheidung bringen**."* (ARD, Texttafel 220, 21.1.2023).

Ein wirklich gelungener Satz, intellektuell höchst anspruchsvoll, unverkennbar Sachkompetenz verratend. Und sprachlichen Ehrgeiz. Angesichts seiner Herkunft, einer Texttafelredaktion, ja auch kein Wunder! Es imponiert vor allem die tautologische Fügung – oder der Pleonasmus, wie Linguisten bevorzugt sagen. Mehr an konkreter Logik darf nicht erwartet werden, wirklich nicht: Ein „*Decider*", also ein Entscheider, muss die Entscheidung bringen! Ja was denn sonst? Wie wäre er anders zur Ehre des „*Deciders*" gekommen?

Schlusserkenntnis: Nirgendwo geht es logischer zu als im Sportjournalismus. Unsere Sprache sollte sich demütigst dort dafür bedanken, dass sie einer glücklichen Zukunft entgegensehen darf.

Deckel und deckeln

Krisenzeiten sind Reformzeiten, mindestens das. Wann, wenn nicht in Krisen, sind Neuerungen das Gebot der Stunde. Für die Sprache gilt das allemal. Also erfreuen sich zwei Wörter höchster Beliebtheit – „*Deckel*“ und, mehr noch, „*deckeln*“.
Nun ist das Hauptwort „*Deckel*“ uns längst vertraut. Denn welche Küche kommt ohne einen Topfdeckel aus? Und welche Straße ohne einen Gullideckel? Der Deckel – etwas sehr Praktisches, sehr Reales, sehr Konkretes. Etwas bildhafter geht es zu, wenn von einer *Deckelung* die Rede ist, nicht zuletzt in Geldgeschäften, also von einer Begrenzung, z.B. von Leitzinsen. Da lag es nahe, sich angesichts der vielfältigen Folgen des Überfalls Russlands auf die Ukraine dieser bildhaften Verwendung des Wortes „*Deckel*“ zu bedienen und „*Deckelungen*“ vorzunehmen, nicht zuletzt mit dem Ziel der Verschleierung, dass die Inflation in so gut wie allen Lebensbereichen zu galoppieren begonnen hatte, besonders aber im Energiesektor. So begann das Wort „*Preisdeckel*“ seine Laufbahn als willkommener (wirtschafts)politischer Leitbegriff, der an die Harmlosigkeit von, sagen wir, Deckeln in der Küche erinnern sollte:

- „***Gaspreisdeckel*** *für den Klima-Umbau* ***nutzen***.“ (FAZ, Überschrift zu einem Artikel zweier >Klimaaktivisten<, FAZ, 8.10.2022, S. 8).
- „*Brüssel soll* ***Gaspreisdeckel erarbeiten***.“ (FAZ, Überschrift, 8.10.2022, S.1).
- „***Gaspreisdeckel steht***“ (FAZ, Überschrift, 20.12.2022, S.17).
- „*Riskantes* ***Experiment Preisdeckel***“ (FAZ, Überschrift, 21.12.2022, S.15).

Es wurde also kräftig drauflos gedeckelt, bis in unsinnigste Wortkombinationen hinein. Dass ein Deckel „*steht*“, das hat was, hatte man doch bisher die Vorstellung gepflegt, ein Deckel liege auf etwas. Und dass ausgerechnet „*Brüssel*“ einen „*Gaspreisdeckel*“ sollte „*erarbeiten*“ können, hat mehr als das. Dass Deckel ge-arbeitet, also produziert, werden, war einem ja geläufig, auch, dass mit ihnen gearbeitet, also hantiert, wird. Nun aber wurden Deckel „***er***_arbeitet_“! In Brüssel! Reichlich Phrase in mehrfacher Hinsicht, nicht wahr?
Apropos „*gedeckelt*“: Diese Verbform wird nun inflationär gebraucht. Das hat immerhin eine angenehme Nebenwirkung: Es dämmerte einem wieder

urplötzlich, dass man in der Jugend gelegentlich kräftig „*gedeckelt*“ wurde, wenn man über die berüchtigten Stränge geschlagen hatte, z. B. unbegründet zu Höhenflügen angesetzt hatte, und auf den ziemlich nackten Boden der Tatsachen zurückgeholt werden musste, gestutzt sozusagen. Womit nun wieder die konkrete Ebene des Gebrauchs von „*deckeln*“ erreicht ist.

Design

Auch dieses Wort hat in den letzten Jahren Karriere gemacht. Die Verführung zu meinen, es habe etwas mit „*designieren*“ zu tun, ist groß. Aber es läge ein nicht geringer Irrtum vor. Dieses Verb nämlich zeigt an, dass jemand für ein bestimmtes Amt, für eine Aufgabe, für eine Position und dergleichen vorgesehen, bestimmt ist. So wird vom „*designierten Nachfolger*“ gesprochen, wenn jemand für eine Nachfolge bereits >ausgeguckt< ist, meistens auch schon gewählt, diese aber noch nicht angetreten hat. Die lateinische Wurzel ist >*designare*<.
Mit dem Nomen „*Design*“ hingegen ist ein zeichnerischer Entwurf, ein Modell oder auch ein Muster eines angestrebten Produkts gemeint, gefertigt von einem „*Designer*“ oder einer „*Designerin*“. Sie „*designen*“, sie entwerfen oder gestalten etwas, geben ihm eine funktionelle Form.
Mutterwort ist das englische Verb >*to design*<. Damit ist dann der Begriff beinahe zwangsläufig mit den höchsten Weihen verbunden und findet massenhaft Verwendung, in den Lebensbereichen Politik, Wirtschaft und Sport sowieso ohne jeglichen Vorbehalt. Na klar! Je mehr man mit „*Design*“ in den Medien auftritt, desto größer, so die Erwartung, die Hochachtung vor dem Bildungsgrad, den man signalisieren will. Signalisieren! Er muss nicht unbedingt auch vorliegen, aber man kann ja mal so tun als ob.
Dass in den seltensten Fällen gutes sprachliches Design festzustellen ist, das zu zeigen, dafür dürften die folgenden Sätze geeignet sein:

- „*Der Deutsche Fußball-Bund hat* ***ein einheitliches Design für die Trikots*** *der Frauen- und Männernationalmannschaft vorgestellt.*“ (ARD, Texttafel 207, 29.8.2022).

Finanzminister Lindner wird zitiert (FAZ, 1.9.2022, S. 15), mit einer Änderung des „***Strommarktdesigns***“ falle der Umweg über den Haushalt (des Bundes) weg.
Hätte es nicht weniger angeberisch auch „Strommarktgestaltung“ oder „Strommarktordnung“ lauten können?
Heike Göbel, leitende Wirtschaftsredakteurin der FAZ und bekennende FDP-Anhängerin, kommentierte kongenial: Das werde zu einem „*ökonomisch nicht minder heiklen Eingriff in* ***das >Design< des Strommarktes***“

führen. Und sie ergänzte bei anderer Gelegenheit: „*Dazu* (zur Senkung der Energiekosten) *soll* ***das Strommarktdesign*** *so geändert werden, dass nicht mehr die teure Gasverstromung den Preis setzt.*“ (FAZ, 14.9.2022, S. 15). Bei so viel „*Design*“ macht das jeden Strompreis erträglich, wenn nicht überhaupt attraktiv!

- „*Ein wenig Abschiedsstimmung klingt schon durch,* ***wenn er zum neuen Design sagt:*** ...“ (FAZ, Timo Kotowski, 20.12.2022, S. 22).

Gemeint war der Condor-Vorstandsvorsitzende Ralf Teckentrup, der sich zu Plänen der Fluggesellschaft äußerte. Was Herr Teckentrup wirklich meinte, bleibt allenfalls angedeutet. Aber „*Design*“, das macht sich auf jeden Fall irgendwie. Und lenkt auch irgendwie ab von dem später folgenden fehlerhaften Satz: „*Vor* ***den*** *Ruhestand leitet er das wohl größte Erneuerungsprogramm ein –* ***samt eines Kompletttausches*** *der Flotte* ***und eines optischen Wagnisses*** *auf Flugzeugrümpfen.*“ Korrigieren wir ihn: „*Vor* ***dem*** *Ruhestand ...* ***samt einem Komplettaustausch*** *der Flotte* ***und einem optischen Wagnis*** *auf Flugzeugrümpfen.*“
Scheinbar schickes Vokabular ist das eine, korrekte Grammatik ist das andere! Für die FAZ gilt das längst, von anderen Medien ganz zu schweigen.

- „*..., denn aktuell werden die Funktionalität und* ***das Design der deutschen digitalen Verwaltung*** *von genau diesen Menschen* (in der öffentlichen Verwaltung) ***er****schaffen.*“

Dieser Satz stammt aus einem durchaus selbstbewusst verfassten Leserbrief, den die FAZ am 8. Februar 2023 auf S. 25 abdruckte. „*Das Design der deutschen digitalen Verwaltung*“? Meinte er den „*Aufbau*“, das „*Gefüge*“, die „*Organisation*“? Oder gar die „*Struktur*“? Wer soll’s wissen? Eines aber scheint sicher zu sein: Ein Design wird nicht **er**schaffen, sondern **ge**schaffen.
Dass in einem Werbeblättchen des Discounters Lidl plötzlich im Februar 2023 eine deutsche Version des englischen Verbs >*to design*< auftauchte, nämlich in der Fassung „*Designed zum Wohlfühlen*“, sei nachrichtlich vermerkt mit der knappen Ergänzung, dass ein Wohlgefühl sich nicht einstellen wollte, partout nicht.
Ein Muster inhaltlicher Genauigkeit liegt in den meisten Fällen der Verwendung von „*Design*“ nicht vor, ein Modell gleich gar nicht. Sprachlich eindeutige Gestaltung von Aussageabsichten lässt sich ohne „*Design*“ bewerkstelligen. Man muss es nur wollen.

Dialog

Der folgende Satz hätte für die Rechtfertigung dieses Buchs gegen hohe Kosten bestellt sein können. War er aber nicht. Er kam, wenn man vom Abonnementpreis der FAZ absieht, kostenfrei ins Haus:

- *„Der Rückzug auf* ***trügerische Formeln wie >Wir müssen im Dialog bleiben***< *ist nicht ausreichend.*“ (FAS, Reinhard Bingener, 11.9.2022, S. 8).

„Wir müssen im Dialog bleiben.“ Das ist erneut, wenn nicht alles täuscht, klassisches Kirchentagsdeutsch, das sich bei aller unübersehbaren Säkularisierung des Alltags ein weites Anwendungsfeld erobert hat, natürlich nicht erobert im kriegerischen Sinne, sondern auf Samtpfoten, pazifistisch, auf die von bester Gesinnung getragene gutmenschliche Art des Miteinanders, eben kirchentaglich.
„Dialog“ – die Wechselrede ohne Herrschaftsanspruch, ohne Dominanz, ohne Über- und Unterordnung, hierarchiefrei.
Ausgerechnet der FAZ-Korrespondent Bingener, für sein Spezialgebiet Protestantismus bekannt, nannte den gesinnungsethischen Appell *„Wir müssen im Dialog bleiben*“ eine *„trügerische Formel*“. Das ließ vor Neid erblassen. Es ließ aber auch dankbar sein. Die von Bingener erkennbar nicht geschätzten *„trügerischen Formeln*“ sind genau das, was diesem ganzen Buche zugrunde liegt – Phrasen, Floskeln, Wortgeklingel. Und *„Dialog*“ ist seit einiger Zeit dazu verkommen. Mit dem Begriff wird Schindluder getrieben, weil so getan wird, als sei mit dem Eintreten in einen *„Dialog*“ alles Kontroverse, alles Konfliktträchtige, alles Feindselige aus der Welt zu schaffen. *„Dialog*“ als die garantierte Friedfertigkeit – genau das nimmt gegen den undifferenzierten, trügerischen Gebrauch von *„Dialog*“ ein. Es wäre in vielen Situationen hilfreich, wenn statt *„Dialog*“, ein Wort, das sehr berechtigt an den aus der selben griechischen Wurzel stammenden, geistesgeschichtlich nicht ganz unbelasteten Begriff *„Dialektik*“ denken lässt, etwas bescheidener lediglich ein Gespräch, eine Unterredung oder eine Unterhaltung empfohlen würde.
Eine *„trügerische Formel*“ weniger, das wäre ein Gewinn.

Digital

Gegen das Adjektiv *„digital*“ und gegen die damit in unmittelbarer Verbindung stehenden Wörter *„digitalisieren*“ und *„Digitalisierung*“ ist selbstverständlich wenig einzuwenden. Es ist längst anerkannt, im Grunde eine Binsenweisheit geworden, dass wir inmitten der dritten Industriellen

Revolution sind, und die ist geprägt von der Informationstechnik als dem Rahmen der Digitalisierung, die bei weitem noch nicht abgeschlossen ist. So wie jede technische Entwicklung mit neuen Begriffen, mit Wortneuschöpfungen, den Neologismen, oder auch nur mit semantischen Fortentwicklungen vertrauter Termini, einhergegangen ist, so wird auch durch die Digitalisierung unser Wortschatz erweitert. Das ist genuiner, organischer Sprachwandel, der, wenn ohne Übertreibungen ablaufend, jede Akzeptanz verdient, Unterstützung sogar.
Dennoch: Mit dem Adjektiv *„digital“* wird reichlich oberflächlich umgegangen, leichtfertig, nicht selten auch wichtigtuerisch – man ist dabei! Muss man sich nicht fragen: Was ist eine ***„digitale Agenda“***, was sind ***„digitale Angebote“***? Was steckt dahinter, wenn vermeldet wird:

- *„Ein* **digitales Großvorhaben** *steht noch auf der Brüsseler Agenda.“* (FAZ, 19.9.2022, S. 17).

Ist das *„Vorhaben“* ein *„digitales“*? Was ist an ihm digital? Oder digitalisiert es etwas? Wenn ja, was? Wenn wir ein *„erfreuliches Ereignis“* feiern, dann meinen wir ein Ereignis, das erfreulich ist, uns also erfreut. Ist dieser Versuch einer Analogie oder besser Parallelstellung unzulässig?
Mir scheint, auch das Wort *„digital“* wird zu oft phrasenhaft eingeschleust, wo einfachere Wörter oder Umschreibungen für mehr Klarheit sorgen würden.

Dimension

Es gibt Begriffe, die sich schon auf den ersten Blick besser dafür eignen, mit ihrem Gebrauch Eindruck zu schinden und Aussagedürftigkeit zu verschleiern, als das bei anderen der Fall ist. Besondere Eignung wird nicht zufällig, sondern häufig in treffsicherem Zugriff Wörtern zugetraut, die einst Bestandteil sogenannter klassischer Bildung waren, also eine Herkunft aus dem Griechischen oder dem Lateinischen garantierten. Das hier und jetzt behandelte Wort *„Dimension“* gehört zweifelsfrei dazu. Es geht zurück auf das lateinische Nomen >*dimensio*< und meinte einst Ausmessung. Lexikographisch angebotene deutsche Entsprechungen sind Ausdehnung, Erstreckung, Abmessung, aber auch Grad, Umfang, Ausmaß sowie Reichweite und Bedeutung. Es ist dabei aufschlussreich, dass *„Größenordnung“* nicht aufgelistet ist, ein Begriff also, den das Deutsche bereithält, um die genannten Entsprechungen zu vermeiden und auf *„Dimension“* zu verzichten. Aber da beginnt das Problem der Phrasendrescher: Auf schillernde Begriffe fremder Herkunft zugunsten einfacher deutscher Wörter zu verzichten, das minimiert die Chance, mit Wortgeklingel Hochachtung, in

politischen Kreisen moderner Respekt, auszulösen und im besten Falle sogar Zustimmung ohne weiteres Nachdenken.
Gilt das nicht auch für den folgenden Satz:

- „... ***haben die Proteste damit eine neue Dimension erreicht***." (FAZ, Autorenkollektiv, 10.10.2022, S. 2).

Wo, wenn nicht in diesem Satz, kann „*Größenordnung*" sinnvoll(er) eingesetzt werden? Oder Ausmaß? Oder Reichweite?
Aber nein, „*Dimension*" musste herhalten. Es gibt natürlich eine klitzekleine Entschuldigung für den hochintellektuellen Zugriff auf „*Dimension*" – die FAZ versteht sich als eine Zeitung der klugen Köpfe für kluge Köpfe. „*Dimensionieren*" und „*Dimensionierung*" (statt Festlegen der Maße) sind dann beinahe Selbstverständlichkeiten.
Und so fühlt man sich als Leser besonders geehrt, auf „*Dimension*" statt auf das prosaische „*Größenordnung*" zu stoßen. Wie schließlich auch sonst allenthalben. Aber damit sind wir schon in einer anderen „*Dimension*" angekommen.

Diskurs und diskursiv

Der Begriff „*Diskurs*" war über einen langen Zeitraum dem Feld der Wissenschaft eigen, diesem vorbehalten. Unter „*Diskurse*" fielen wissenschaftliche Abhandlungen und Erörterungen, mit „*diskursiv*" war gemeint, dass von Begriff zu Begriff methodisch fortschreitend Themen erörtert wurden, dem logischen Denken verpflichtet und entsprechend schlussfolgernd – in klarer Abgrenzung zu intuitiv.
Im Laufe der Zeit ist dann der Begriff „*Diskurs*" auch außerwissenschaftlich zum Zuge gekommen, in eifriger Verwendung sogar, nunmehr, sozusagen profaniert, schlicht ein Gespräch, einen Gedankenaustausch, eine Diskussion, eine (verbale) Auseinandersetzung bezeichnend oder anzeigend, ganz unabhängig von dem jeweiligen geistigen Tiefgang oder – eher noch - der ziemlich inhaltsleeren Oberflächlichkeit.
Der Begriff „*Diskurs*" hat eine inflationäre Nutzung erfahren. Er deutet Inhaltsschwere an, dient der Wichtigtuerei, ist sehr viel häufiger als gerade noch vertretbar leicht durchschaubare Werbung für triviale Absichten oder Vorgänge. Die Nähe zur phrasenhaften Anwendung kann zumeist gar nicht übersehen werden.
Was, zum Beispiel, meinte die FAZ, als es am 2. Januar 2023 auf Seite 9, also im angeblich sprachsensiblen Feuilleton, hieß: „... ***der gesellschaftliche Diskurs explodierte***." Was ist ein explodierender Diskurs? Ein Grenzen sprengender? Ein aus den Fugen geratender? Ein alle Formen des

Anstands mit Füßen tretender? Was ist überhaupt ein *„gesellschaftlicher Diskurs*“?
Und was ist ein *„deutscher Diskurs*“ genau? Der nun zu zitierende Satz löst diese Frage aus, aber er versperrt gleichzeitig die Antwort:

- *„Deren* (der Mittelschicht) *Bedürfnisse kamen* **im deutschen Diskurs** *... nur noch am Rande vor*.“ (FAZ, Nicolas Busse, 22.8.2022, S. 1).

Überall gibt es plötzlich *„Diskursräume*“. Sind damit lokale Vorstellungen zu verbinden? Oder sind immer nur geistige Sphären zu denken? Wenn letzteres, was genau ist dann gemeint? Sind diese Fragen unberechtigt, wenn man folgenden Satz lesen darf:

- *„Dabei* (gemeint: >wehrhafte Rechtswissenschaft<) *wird man vernünftigerweise den* **Diskursraum** *nicht im Sinne einer unseligen Cancel Culture unnötig verengen und die hysterischen Sittenwächter des politisch Korrekten auf den Plan rufen wollen*.“

Wir verdanken ihn Prof. Dr. Stefan Huster, Uni Bochum, dessen Beitrag die FAZ am 17.August 2022 in ihrer wissenschaftlichen Beilage auf Seite N3 brachte.
So lobenswert die deutlichen Wertungen sind – der *„Diskursraum*“ hätte uns erspart bleiben können. Ich bin sicher, auch der Herr Professor wüsste wie. War ihm das Surfen auf der modernistischen Sprachwoge mehr wert als das Verzichten darauf? Also irgendwie mitsurfend? Diese Vermutung liegt immer dann nahe, wenn *„Diskurs*“ auftaucht.
Wie zum Beispiel in folgender Mitteilung:

- ***„Die Vorschläge ... waren*** *seither immer wieder* ***Thema agrarpolitischer Diskurse***.“ (FAZ, Anne Kokenbrink, 1.4.2023, S. 19).

Darf man vermuten, dass die Vorschläge Thema eines agrarpolitischen Streits, einer ebensolchen Auseinandersetzung waren, nicht mehr als das?
Zu empfehlen ist deshalb eine diskursive Auseinandersetzung mit der zur Phrase verkommenden Nutzung von *„Diskurs*“, sobald einfache Sachverhalte sprachlich einfacher und damit in den meisten Fällen klarer zum Ausdruck gebracht werden können, indem auf Gespräch, Erörterung, Gedankenaustausch oder auch Wortwechsel und (heftiger) Wortstreit zurückgegriffen wird.
Bin ich nun zum *„Diskurswächter*“ geworden? Die soll es ja inzwischen geben, wie einer FAZ-Überschrift vom 3. Juli 2023 auf Seite 18 zu entnehmen war:

- „***Private Diskurswächter*** *unter starkem Druck*“.

Etwas zynisch könnte reagiert werden: Das haben wir nun vom vielen Diskurs!

Diversität und divers

Das Wort „*Diversität*“ kennt nicht nur mein Schreibprogramm bisher nicht; auch im DUDEN von 1977 gibt es keinen Eintrag; im MURET-SANDERS wird engl. >*diversity*< **nicht** mit „*Diversität*“ übersetzt! Dort blieb man bescheiden bei „*Mannigfaltigkeit, Vielförmigkeit, Vielgestaltigkeit*“, auch ganz schlicht bei „*Buntheit*“. Der Rechtschreibduden von 1991 und der Band „WAHRIG-Rechtschreibung“ von 2006 führen das Wort ebenfalls nicht. Im WAHRIG 2004, also dem Fremdwörterlexikon, gibt es hingegen das Lemma *Diversität*! Ergo: „*Diversität*“ ist erst jüngst aus dem Englischen >*diversity*< einigermaßen freihändig gebildet worden. Warum? Der Begriff war in seiner Unvertrautheit, mit der Möglichkeit des ziemlich beliebigen Einsatzes und mit seiner scheinbaren bedeutungsschweren Nähe zu wissenschaftlicher Fachsprache vortrefflich geeignet, im Dienste einer sich im Besitz der Wahrheit wähnenden und entsprechend in jüngster Vergangenheit auftretenden Ideologie Eindruck zu schinden und nachgeplappert zu werden – was aus der Sicht dieser Ideologen dann schon die >halbe Miete< ist.
„*Diversität*“ ist zum politischen Nonplusultra aufgestiegen, sie ist das gesellschaftliche Muss schlechthin, die Kampfansage gegen alles, was Homogenität, Konformität, Monostruktur, Normgebundenheit auch nur andeutet. Anzustreben sei die „***diverse Gesellschaft***“ – das ist das Mantra! Und zwar ohne Wenn und Aber!
Der Sprachwissenschaftler Prof. Dr. Jürgen Trabant, Emeritus der FU Berlin, hat dazu in einem Aufsatz („*Das Glück der Sprachen*“), den die FAZ am 28.Dezember 2022 auf Seite N4, also in ihrer Wissenschaftsbeilage, veröffentlichte, die wahrscheinlich treffsicherste Antwort formuliert: „*Was heute* ***zum Schlagwort verkommen*** *ist,* ***Diversität****, das kann im Sprachenlernen direkt erfahren werden.*“ Zum Schlagwort verkommen!
Schauen wir uns ein paar Beispiele an:

- „*Merz will* ***mehr Diversität in der CDU***.“ (t-online, 09.05.2022).
- „(Er) ... *spricht fließend die* ***Sprache des Diversitätsmanagements***.“ (FAZ, Thomas Thiel, 12.9.2022, S. 9).

Das ist sehr wohlwollend formuliert und vermeidet bewusst den an sich zutreffenden Begriff „*Jargon*". Aus Respekt vor der Sprache? Oder vor wem? Oder was?

- ***„Vierzehn Klassen der Diversität"; „Diversitätsstandards"; „Diversitäts- und Identitätspolitik"; „Diversitätsmanagement"; „der bunte Zug der Diversity"***.

Sämtliche Ausdrücke findet man in einem Aufsatz, den die FAZ am 16.November 2022 auf S. N4 brachte, mithin wieder in ihrer Wissenschaftsbeilage.

- „Wie verträgt sich das *mit der* ***Verfassung und ihren Diversitätszielen***?"

Das ist der Untertitel eines Beitrags, wieder von Thomas Thiel, in der FAZ vom 2. Dezember 2022 auf S. 13. Darf man einwenden, dass von „*Diversitätszielen*" im Grundgesetz nirgendwo explizit die Rede ist? Warum dann hier die Verbeugung vor einem im Deutschen eher fragwürdigen, wie sagte doch Professor Trabant, „*Schlagwort*"?

- ***„globale Biodiversitätsabkommen***" (FAZ, 10.1.o23, S. 9).

Der meistens zu recht bemühte Otto Normalverbraucher dürfte mit der Stirn runzeln, mindestens das.
Man wird erschlagen von „*Diversität*". Professor Trabants Qualifizierung als „*Schlagwort*" wird jeden Tag bestätigt, fortschreitend und zunehmend. Und damit unmittelbar als Phrase.
Dabei ist der Aufwand, deutsche Wörter zu finden, die aussagepräzise zum Einsatz kommen könnten, gering, der Gewinn ist jede Mühe wert: „*Vielfältigkeit, Mannigfaltigkeit; Vorhandensein eines breiten Spektrums*" – das sind Angebote des WAHRIG 2004 für „*Diversität*".
Für „*divers*" gibt es lexikographische Einträge. Das liegt aber vornehmlich oder sogar ausschließlich daran, dass dieses (Fremd)Wort zumeist nur in quantitativen Zusammenhängen benutzt wurde, verstanden als „*zahlreich*", „*verschieden viele*", „*etliche*", sogar „*mehrere*" im Einklang mit dem englischen Adjektiv >***divers***<.
Ins Deutsche eingeschleust wurde „*divers*" in der Ableitung vom hochideologisierten Begriff „*Diversität*" erst mit dessen Aufkommen, nun im Grunde nur noch qualitativ eingesetzt, durchaus angelehnt an das englische Adjektiv >***diverse***<, ganz im Einklang mit dessen recht häufiger Verwendung im Sinne von „*different from each other*", wofür das Deutsche

Adjektive wie *„verschiedenartig, andersartig, vielförmig, mannigfaltig, unterschiedlich, variantenreich*“, aber auch *„ungleich*“ bereithält. Hilfreich ist vielleicht auch der Hinweis, dass das Englische das Adverb >***diversely***< mit eben diesem Inhalt kennt.

Wird auf eine irgendwie – aber eben nicht zweifelsfrei, schon gar nicht präzise definiert – vielfältig zusammengesetzte soziale Gruppe Bezug genommen, ist nun sofort das Adjektiv *„divers*“ bei der Hand – einen Wert an sich bezeichnend, jede Abweichung davon mit einem moralischen Vernichtungsurteil bestrafend. Auf diese Gefahr hat der mit wissenschaftlichen Beiträgen in der FAZ regelmäßig vertretene Wolfgang Krischke hingewiesen:

- *„**Wie gefährlich es ist, von der herrschenden diversitätspolitischen Meinung abzuweichen**, musste ... erfahren.*“ (FAZ, Wolfgang Krischke, 12.4.2023, S. N4).

Die Überschrift lautete, wohl bewusst gewählt, *„Vom Nutzen der Vielfalt*“! Mit den folgenden Sätzen wird die Einschätzung, man habe sich gefälligst daran zu gewöhnen, in einer *„diversen Gesellschaft*“ zu leben, wohl hinreichend bestätigt:

- Die gendergerechte Schreibweise sei „der ***Ausdruck einer diversen Gesellschaft***“. (MDR, Texttafel 120, 11.1.2023).[45]

Zitiert wird die sächsische GEW-Landesvorsitzende Kruse. Es wage keiner einen Widerspruch! Was eine *„diverse Gesellschaft*“ ist und weshalb wir sie unter allen Umständen anstreben müssen, verrät sie uns natürlich wohlweislich nicht. Und sie dürfte auch gewusst haben warum.

- Die neue Direktorin des Museums Wilhelm Busch in Hannover wolle ***„ein junges und diverses Publikum ansprechen***“. (NDR, Texttafel 126, 10.2.2023).

Was für sie – und damit wohl auch auf uns gemünzt - ein *„diverses Publikum*“ ist, sagt sie uns gleichfalls nicht. Meinte sie vielleicht sogar, sie wolle *„ein junges und **ein** diverses Publikum ansprechen*“? In ihrer Version sind ältere Menschen nämlich ausgeschlossen, selbst wenn sie ein *„diverses Publikum*“ darstellen. Und ein junges Publikum wäre ausgeschlossen, wenn es nicht gleichzeitig *„divers*“ wäre.

---

[45] An dieser Stelle ist wohl der Hinweis auf Stellenangebote überfällig, die mit dem Klammerzusatz m/w/d oder sogar schon, gewiss nicht zufällig, d/w/m ausgestattet sind.

Der Umgang mit „*divers*“, das lehrt diese Phrase der Direktorin, sollte nicht ganz so freihändig phrasenhaft erfolgen, wie das hier geschehen ist. Ein wenig korrekte Grammatik darf dabei sein, wenn man eindeutig verstanden werden will. Erst recht dann, wenn mit Schlagworten operiert wird.

Doppelpack und Dreierpack

Den Jargon des Sports könnte man als Jargon des Sports mit Missachtung strafen und auf sich beruhen lassen – solange er das bliebe, Jargon des Sports. Er ist schon sachgerecht beurteilt worden. Der Publizist Wolfgang Herles hat in seinem 2015 erschienenen Buch „*Die Gefallsüchtigen*“, in dem er die, wie im Titel meisterhaft zusammengefasst, Meute seiner gefallsüchtigen, mit sprachlichen Bombasmen Eindruck schindenden Berufskollegen in den verschiedensten Medien treffsicher vorgeführt hat, auf den Sport bezogen „*die ausgeleierte Sportreportersprache*“ als Ergebnis von „*Sensationsgier*“ heftig attackiert. Sie bewege sich in einer „*Seichtigkeitsspirale*“.[46]
Das für unsere Sprache Missliche ist jedoch, dass, nicht nur durch Millionen von >Fans<, sondern wirkungsvoller durch die dem Sport beruflich verpflichteten, ihn dankbar vergötzenden Sportjournalisten, dieser elende Jargon in die Alltagssprache eingeschleust wird und dort sein Unheil treibt. Die in der Überschrift dieser Glosse genannten Wörter liefern tagaus tagein den Beweis für die aufgestellte These. Sobald irgendwo von irgendjemandem in einem Spiel zwei oder gar drei Tore erzielt werden, sobald in einem Turnier oder in einer Saison zwei oder drei Siege nacheinander errungen worden sind, ist umgehend von „*Doppelpack*“ respektive „*Dreierpack*“ die Rede, wie aus der Pistole geschossen. Noch dazu in Verbindung mit Verben, die die Absicht rechtfertigen, sie einem sprachlichen Kuriositätenkabinett anzubieten.
Zwei Beispiele sollen hier Tausende zuverlässig aussagekräftig vertreten:

- „*Glatzel* ***schnürte einen Doppelpack***.“ (ARD, Texttafel 275, 17.7.2022).
- „*Wenig später* ***schraubte (XY) mit einem Doppelpack das Ergebnis in die Höhe***.“ (ARD, Texttafel (?), 10.1.2023).

Man könnte wiehern, läge da nicht eine tieftraurige sprachliche Entgleisung vor.

Massenware ist – so gut wie immer wörtlich völlig identisch – der folgende Satz:

---

46 Wolfgang Herles, *Die Gefallsüchtigen*. Knaus Verlag, München 2015.

- „... ***machte mit einem Doppelpack alles klar***.“ (ARD, Texttafel (?), 5.9.2022).

Er (oder sie) „*machte alles klar*“ ist eine der sprachlichen Höchstleistungen, zu denen alle Texttafelredaktionen fähig sind, mit den mit Sport befassten als Spitzenreiter, das versteht sich. Und jeder so liebevoll Angesprochene weiß selbstredend, was gemeint ist, denn das ist Sprache der Spitzenklasse. Absolut! Und von dem Niveau will auch keiner mehr runter, auch das versteht sich. Absolut![47]
Ganz gewiss wäre die nun folgende Meldung der Nachrichtenagentur Sportinformationsdienst (sid) einst in der (Sprach)Kontrolle hängengeblieben. Heutzutage gibt es die natürlich nicht mehr, schließlich ist man online, außerdem: Wen kümmert’s?

- „*Der Grieche Gekas habe* ***die Bochumer*** *mit seinem ersten* ***Bundesliga-Doppelpack****...früh* ***den Erfolg geebnet***“. (FAZ, 19.02.2007, S. 23).

Bei diesem Satz aus der Schreibstube des sid, für den aber mit dem Abdruck die FAZ die Verantwortung übernommen hat, müssen wir verweilen. Man reibt sich immer wieder die Augen, aber „*der Doppelpack*“ ist FAZ-Standard geworden, wenn berichtet werden soll, dass ein Spieler in einem Spiel (Match!) zwei Tore erzielt hat. Sprachschöpferische Innovation muss man das nicht mehr nennen, vor allem nicht angesichts des schweren Grammatikfehlers. Es ist übler Jargon, der uns dann auch als „*Dreierpack*“ usf. begegnet, auf die Spitze getrieben auf Texttafel 809 der ARD am 30. Juli 2023 mit der Bezeichung einer norwegischen Spielerin, die in einem Fußballspiel der Frauen-WM drei Tore erzielte, als „***Dreierpackerin***“.
Ganz ähnlich hatte es bereits eine knappe Woche früher, am 24. Juli 2023, natürlich ebenfalls bei der ARD, diesmal auf Texttafel 808, geheißen:

- „*Matchwinnerin ...* ***schnürt einen Dreierpack***.“

So werden Sprachtraditionen begründet!
Es verschlägt einem wahrlich die Sprache, erinnert aber daran, dass es im Deutschen auch das Wort >Pack< gibt und das Sprichwort >Pack schlägt sich, Pack verträgt sich<. Was soll einem zu solchem Sprachpack auch anderes einfallen?

---

[47] Ich empfehle, hier noch einmal die Ausführungen zum Stichwort „absolut“ zu lesen.

Doppelpass

Der Begriff „*Doppelpass*“ hat seine Tücken, seine Fallstricke. Sobald man sich vehement gegen seinen inflationären Gebrauch wendet, läuft man Gefahr, zum Nationalisten wenn nicht gar zum Rassisten gebrandmarkt zu werden. Wie kann man gegen einen „*Doppelpass*“ sein? Unser Grundgesetz sieht zwar grundsätzlich keine doppelte Staatsbürgerschaft vor. Aber zuweilen sollte man im Dienste einer höheren moralischen Gesinnung Grundgesetz doch Grundgesetz sein lassen. So geht die politische Poesie.
Deshalb lassen wir von dem staatsrechtlichen „*Doppelpass*“ auch umgehend die Finger und wenden uns einem scheinbar harmlosen buchstabenidentischen zu.
Mit „*Doppelpass*“ werden in Ballsportarten, im Fußball vorneweg, „*Ballstafetten*“ bezeichnet, die höchsten ästhetischen Ansprüchen genügen und zudem in vielen Fällen nicht nur l’art pour l’art verkörpern, sondern ausgesprochen wirkungsvoll sein können, also zu Torerfolgen führen, weil sie den überrumpelten Gegner haben „*schlecht aussehen*“ lassen, ihn „*ausgetrickst*“ haben. Beteiligt sind immer zwei Spieler mit „*technischer Begabung*“ und „*spielerischer Brillanz*“, „*Strategen*“ zumeist, als den unabdingbaren Voraussetzungen des Gelingens.
Hier nun sportspezifisch fortzufahren erübrigt sich wohl. Tiefer in den sportsprachlichen Alltag einzusteigen verbietet sich aus Ehrfurcht vor dem eigentlichen Auftrag der Sprache. Wichtiger ist etwas anderes:
„*Doppelpass*“ hat in dem hier skizzierten Sinne wie so viele weitere Floskeln, die im Sport ihren Ursprungsort haben, sehr schnell in anderen Lebensbereichen Karriere gemacht. Politik und Wirtschaft sind nicht verschont geblieben:
In einem Artikel der FAZ vom 12. Oktober 2022 auf Seite 15, den der Redakteur Uwe Marx über den „*Maschinenbaugipfel*“[48] in Berlin verfasst hatte, hieß es, Bundeskanzler Olaf Scholz sei dort „*bereitwilliger Partner*“ gewesen, „***um Doppelpass zu spielen***.“ Der alles (und natürlich nichts) erklärende Begriff stand auch in der Überschrift!
Das konnte man sich eigentlich gar nicht vorstellen, dass Olaf Scholz irgendwo irgendwann zu einem „*Doppelpass*“ bereit sein könne, noch dazu auf einem „*Gipfel*“. Brillanz (z. B. im Umgang mit unserer Sprache) oder irgendeine andere ästhetische Kategorie sind ihm bisher nicht attestiert worden. Selbst von seinen getreuesten Genossen (und Genossinnen) nicht. Aber unsere Sprache macht’s möglich, sich das vorstellen zu müssen. So viel Geduld und Leidensfähigkeit, wie sie aufbringt, muss man erst mal irgendwo finden. Und selbst aufbringen.

---

[48] Siehe dazu Ausführungen unter dem Stichwort „Gipfel“.

Doppelwumms und Wumms

Mit diesen Begriffen sind wir schon wieder bei unserem Bundeskanzler. Wer hätte das gedacht, dass seine spröde Rhetorik einmal mit diesen eigentlich nicht ausdenkbaren Wortschöpfungen Glanz erfahren werde. Aber gestehen wir es unumwunden: Er hatte bereits mit „*Zeitenwende*“ vor dem Bundestag neue rhetorische Maßstäbe gesetzt, wie ihm am Ende dieses Buches noch im Detail zu bestätigen sein wird.
Zunächst war eher nebenbei nur von einem „*Wumms*“ zu hören, als es immerhin um ein Finanzpaket von 100 Milliarden Euro ging – so nebenbei, tatsächlich. Doch dann kam die Steigerung mittels „***Doppelwumms***“ – und der deutsche Wortschatz hatte eine ungeahnte Bereicherung erfahren. Wann immer und wo immer nun etwas Außergewöhnliches angepackt und auf den Weg gebracht wird, von Stund`an steht „*Doppelwumms*“ zur Verfügung, um das Vorhaben gebührend zu feiern und dem staunenden Publikum, auch wenn es gar nicht weiß, gar nicht wissen kann, was sich denn hinter „*Doppelwumms*“ wirklich verbirgt – nicht selten soll es das ja auch gar nicht wissen – vorzugaukeln, es sei Zeuge eines historischen Vorgangs. Ganz getreu der Aussage, die Goethe zugeschrieben wird anlässlich der berühmten Kanonade von Valmy im Jahre 1792: „*Und ihr könnt sagen, ihr seid dabei gewesen*“.
Die FAZ ließ sich selbstverständlich nicht lumpen, als es darum ging, dem Kanzlerschen „*Doppelwumms*“ eine maximale – von „*optimal*“ wollen wir lieber Abstand nehmen – Verbreitung zu sichern. Wo hat man schon einen Bundeskanzler mit dieser Sprachkraft je erlebt? Also titelte sie am 8.Oktober 2022 auf Seite 6:

- „***Doppelwumms zwischen Rom und Berlin***“.

Eine solche Überschrift sichert Neugier, ganz gewiss. Aber wenn man sich, von Zeitknappheit geplagt, mittels Überschriften grob informieren will, ist man aufgeschmissen. Was konnte gemeint sein? Besonders aufschlussreich ist sicher die Präposition „*zwischen*“. Sollte der „*Doppelwumms*“ vielleicht irgendwo in den Alpen stattfinden? Eventuell als Erdbeben? Oder als was? Mit welchen Summen im Spiel? Fragen über Fragen. Wie schön, dass endlich wieder in die Tiefe reichende Fragen ausgelöst werden – mit „*Doppelwumms*“ oder etwas ganz Ähnlichem.
Mittlerweile wird allüberall auf diese oder jene Weise „*gewummst*“. Hoffentlich reichen die Milliarden. Die Sorge kommt allerdings hoch, dass das finanzielle Kartenhaus irgendwann in nicht allzu ferner Zukunft unter einem „*Doppelwumms*“ zusammenbricht. Ein einfacher „*Wumms*“ würde es wohl auch schaffen.

Wo ein „*Wumms*“, da ist plötzlich auch ein „*Gewumms*“. Wenn schon Wortschöpfung, dann aber ohne Hemmungen. Das sagte sich die FAZ. Sie wollte dem Kanzler nicht nachstehen, nein, sie wollte ihm nacheifern (oder ihn übertrumpfen):

· „***Berliner Gewumms*** *und Brüsseler Rhetorik*“

So lautete eine Überschrift am 13. Oktober 2022 auf S. 17. Beeindruckende, elektrisierende Frankfurter Rhetorik! Die deutsche Sprache wird es ihr danken – wenn sie es nicht längst getan hat. Das ist Sprachwandel von der subtilsten Art und Weise. Wir sollten mit einem kräftigen „*Wumms*“, aufrichtigst dankend, gratulieren.

Download(en)

Wir haben es bei diesem Begriff um ein echtes Kind der Digitalisierung zu tun, kein Ziehkind und kein Findelkind. Er muss sich auch nicht als ein Stiefkind vorkommen, das es zwar gibt, das aber mehr oder weniger erhaben vernachlässigt wird. Es wird nun in jeder Sekunde an jedem Ort irgendetwas „*gedownloaded*“. Auf die Festplatte des eigenen Rechners, auf das Mobiltelefon mit dem urdeutschen Namen Smartphone oder so. Von einem anderen Computer oder einem Netz, zumeist aus dem Internet. Oder so. Die wörtliche und zuweilen noch anzutreffende Übersetzung „*herunterladen*“ ist viel zu Deutsch, als dass sie von allen und vor allem auf Dauer geschätzt wird. Wo das Internet im Spiel ist, sind wir international und damit Englisch! You got it? Und für den umgekehrten Vorgang, das “*Uploaden*”, gilt das entsprechend. Wer wird denn auch etwas „*hochladen*“? Das wäre ja auch ein mieser Neologismus, wie das Schreibprogramm sofort anzeigt. Und etwas hochladen, wörtlich genommen, könnte das mit zu viel Anstrengung verbunden sein, jedenfalls mehr als bei schlichtem Beladen? Immerhin: Manch ein Spätzünder im Zeitalter der Digitalisierung könnte wenigstens ungefähr eine Vorstellung davon gewinnen, was gemeint ist und was sich abspielt, wenn hoch- oder heruntergeladen wird. Oder ist das ein unheiliger Wunsch der Fußkranken unserer Tage?

Durchwinken

Das Verb „*durchwinken*“ ist doch ein Allerweltswort. Auch wenn es im DUDEN nicht geführt wird! Warum also wird es in dieses Glossar aufgenommen? Diese Frage hat viel für sich. Aber nicht alles. Es ist nämlich mehr und mehr zu einer Floskel verkommen.

Wurde mit „*durchwinken*“ ursprünglich tatsächlich ein Winken, durch Einsatz der Arme oder auch eines Fähnchens oder Stöckchens etwa, an einem Grenzübergang, an einer Straßenkreuzung, bei einem Stau auf der Autobahn, beschrieben, also sehr konkretes, im Wortsinne handfestes Handeln, dauerte es nicht lange, bis sich auch der figurative Einsatz von „*durchwinken*“ durchsetzte. Wenn etwas zügig vonstatten ging, ohne längeres Verweilen bei Details, ohne intensives Nachfragen, ohne tiefgehende Analyse(!), ohne hartnäckiges Fragen nach den Folgen, ohne strengere Kontrolle also - dann wurde etwas „*durchgewinkt*“. In der Politik und in ihrer Berichterstattung wurde der dem Wort durchaus innewohnende leicht negative Begleitton schnell strategisch geschickt überspielt. „*Durchwinken*“ erhielt einen positiven Tenor. Auf den kommt es ja bei Politikern (und Politikerinnen zumal) stets in erster Linie an. Man offenbart Bereitschaft zu zügigem Handeln, man steht nicht irgendwo auf der Bremse, Notwendiges über Gebühr verzögernd (Verzeihung: ausbremsend!) oder gar überhaupt Zaghaftigkeit und Zaudern verkörpernd. Also werden Gesetze, wenn Eile geboten scheint oder wenn der Eindruck tatkräftigen Agierens vermittelt werden soll, „*durchgewinkt*“. Beschleunigung ist in diesem Fall ein Wert an sich. Ohne CO2-Ausstoß – und das zählt bekanntlich.
Damit schien das Verb „*durchwinken*“ seinen Lauf genommen zu haben. Dem war aber nicht so. Es eröffnete sich plötzlich die Chance, dem ihm zugeschriebenen Aspekt des Kontrollverzichts noch eine bemerkenswerte Nuance hinzuzufügen. Sie ergab sich aus dem sich seit einigen Jahren entwickelnden und verstärkenden Migrationsgeschehen.
Mit einem Satz lässt sich dieser Befund rechtfertigen:

- „***Ungarn soll Migranten nach Österreich durchwinken***.“ (FAZ, löw., 28.12.2022, S. 2).

„*Durchwinken*“ deutet hier zwar an, dass da irgendwie ein tatsächliches Winken stattgefunden haben könnte. Mit einem Zaunpfahl an einer Grenze etwa? Ganz menschenfreundlich die Migration nicht verzögernd, sondern sie in bester humanitärer Gesinnung unterstützend? Sozusagen einen migrationsfeindlichen Stau auflösend? Mitnichten!
Es wird nämlich verschleiert, dass in Wirklichkeit hinter „*durchwinken*“ ein extrem hinterhältiges politisches Kalkül versteckt ist. Ungarn will sich, auf Kontrollen verzichtend, der Migranten entledigen, es will sie so schnell wie nur irgendwie möglich loswerden, EU-Regeln verletzend und ohne Rücksichtnahme auf gutnachbarschaftliche Gepflogenheiten.
Kann ein harmloses Verb wie „*durchwinken*“ mit seiner lupenreinen Karriere hin zur Worthülse, zur Phrase also, noch getoppt werden? Warten wir’s ab!

Echokammer

Es verwundert nicht, dass im DUDEN, im MURET-SANDERS und selbst im „WAHRIG-Rechtschreibung“ von 2004 kein Eintrag unter einem Lemma „*Echokammer*“ zu finden ist, während „*Echolot*“ ganz selbstverständlich vertreten ist. Die Schlussfolgerung liegt auf der Hand: „*Echokammer*“ ist ein Kind der Informationstechnik, ein Neologismus der anspruchsvolleren Ausgabe, damit aber zu einer Verwendung geeignet, die kaum noch Grenzen kennt.
Was ist ungefähr unter einer „*Echokammer*“ zu verstehen? Doch wohl ein Ort („*Kammer*“!), an dem etwas widerhallt („*Echo*“!). Eine Blase[49], durch deren Hülle nichts nach draußen dringt oder gar nicht dringen soll, ein abgeschottetes Gebilde, in dem eine Art innerer Zirkel, ein Kreis von Eingeweihten, von Gesinnungsgenossen etc. unter sich bleibt und nur dem Echo eigener Verlautbarungen, welchen Inhalts auch immer, ausgesetzt ist – oder auf es wartet, um sich durch den Widerhall bestätigt zu finden. Dieses Verständnis dürfte durch den folgenden Satz eher bestätigt als widerlegt werden:

- ***„Gefangen in der eigenen Echokammer“*** (FAZ, Überschrift, 5.10.2022, S. 3).

Im Zeitalter von Digitalisierung im allgemeinen und Internetsucht im besonderen mit ihren ständig beschworenen sozialen Netzwerken und „*Chatplattformen*“ mag „*Echokammer*“ als eine geglückte Wortschöpfung gelten. Dass sie modernistisch überstrapaziert wird, ohne für die Allgemeinheit der Sprachteilnehmer bereits klare inhaltliche Konturen erhalten zu haben, dürfte allerdings keine abwegige Wertung sein.

Echt

Wir haben es mit einem Adjektiv in der Bedeutung „*unverfälscht, nicht nachgemacht, nicht imitiert*“ („*ein echter Pelz*“ „*echte Perlen*“), aber auch „*reinrassig*“ („*ein echter Pudel*“) sowie „*wahr, wirklich, nicht vorgetäuscht*“ („*eine echte Freundschaft*“, „*eine echte Lücke*“) zu tun, wie es der DUDEN lehrt. Nur in einer umgangssprachlichen Verwendung lässt er „*echt*“ auch als Adverb zu, in verstärkender Funktion, wie etwa in „*er hat sich echt angestrengt*“ oder „*ich war echt überrascht*“.
Dann aber gab es plötzlich eine Explosion des adverbialen Gebrauchs von „*echt*“. Wo? Da muss man nicht dreimal raten, echt nicht: In der Jugendsprache und im Jargon des Sports!

---

49 „Blase“ dient oft, überwiegend auch floskelhaft, als Ersatz für „Echokammer“.

„Das ist echt gut“, *„das war echt geil*“ oder auch nur *„das war eine echt witzige Show*“ oder die an Klarheit nicht zu überbietende Frage *„echt?*“ wurden alltagssprachlicher Standard – jedenfalls war das Wunsch besagter Sprachteilnehmer. Und ihr Wunsch ist weitgehend in Erfüllung gegangen. Was als Marotte angefangen hatte oder für den Widerstand gegen halbwegs korrekte Gesprächsführung instrumentalisiert worden war, hat sich hartnäckig fast flächendeckend etabliert:

- *„..., **das muss man echt sagen**.*“

Zitiert wird in der FAZ (31.8.2022, S. 15) der Geschäftsführer eines Pflegedienstleisters.

- *„**Echt schön***. Sachsen-Anhalt“

Mit dieser Wertung wartete eine Werbeschrift des Landes Sachsen-Anhalt im Dezember 2022 auf. Offizieller geht's nicht.

- *„Die Bedingungen auf der Strecke beschrieb sie (*Denise Herrmann-Wick*) als >**echt super zum Laufen***<.“ (FAZ, 13.1.2023, S. 32).

Echt super! Sie wurde später ja auch Weltmeisterin! Das lässt hoffen für einen weiteren Höhenflug von *„echt*“ in adverbialer Funktion. Solche Werbeträger(innen) hat das Wort bitter nötig, will es im Wettstreit der nichtssagend-vielsagend eingesetzten unscheinbaren Wörter mithalten. Das ist echt so!

(Sich) einbringen

Mit dem reflexiven Verb *„sich einbringen*“ sind wir wieder auf gutmenschlichem Gelände angekommen. Oder gestrandet? Der DUDEN kennt etliche Bedeutungen von *„einbringen*“, die dann in unterschiedlicher Funktion in Aussagen eingebracht werden können. Darauf soll hier und jetzt nicht weiter eingegangen werden.
Das reflexive Verb *„sich einbringen*“, in unseren Tagen allgegenwärtig, kennt der DUDEN nicht. Es sei auf die Parallele zum plötzlich reflexiv gebrauchten Verb *„austauschen*“ hingewiesen. Es liegt auch nahe, einen identischen Ursprungort der Wortbildung zu vermuten: das Kirchentagsdeutsch. *„Sich einbringen*“ wird nämlich in klarer Abgrenzung von menschenunfreundlichen Verhaltensweisen ausschließlich in positiven Bezügen, in Verbindung mit gutmenschlichen Appellen und ebensolchen Zielsetzungen verwandt.Wer *„sich einbringen*“ will (oder soll), erteilt

Absagen – an *„sich egoistisch verhalten“*, an *„sich abkapseln“*, an *„eigene Interessen vorrangig verfolgen“*, an *„nicht teamfähig sein“* und vieles Ähnliche mehr. Zudem erteilt er Zusagen - *„sich kooperativ zu verhalten“*, *„uneigennützig mitzumachen“*, *„mitzugestalten“* und dergleichen Ehrenwertes, im Idealfall frei von materiellen Interessen, einer hehren Idee verpflichtet. Genau so wird es der schon zitierte SPD-MdB Carsten Schneider, seines Zeichens Beauftragter der Bundesregierung für die neuen Bundesländer im Range eines Staatssekretärs, gemeint haben, als er sich mit folgendem Satz einbrachte:

- *„Aus der passiven Konsumentenhaltung entwickelte ich politische Aktivität* ***und brachte mich in meiner Heimatstadt Erfurt ein****.“*

Das sagte er in einem FAZ-Interview, das am 26.August 2022 auf Seite 12 erschien. Sehr viel schöner lässt sich nicht formulieren, warum ein Politiker sich einst entschlossen hat, *„sich einzubringen“*, an irgendeine politische Karriere nicht einmal im Ansatz denkend, ganz einer sozialpolitischen Aktivität in gutmenschlicher Absicht selbstverpflichtet.
Wer sich nicht einbringt, bleibt eben draußen – ja, so ist das. Und viel Gutes zu tun, das bleibt dann verwehrt. Also sollte jeder und jede schleunigst darüber nachdenken, wo er oder sie *„sich einbringen“* kann. Man muss ja nicht eine politische Karriere vor Augen haben. Daran wird auch Innenministerin Nancy Faeser gedacht haben, nur daran, als sie in gesinnungsethischer Vorbildlichkeit von sich gab:

- *„Das hohe Bildungsniveau und* ***die Bereitschaft, sich schnell einzubringen****, ... sind erfreuliche Befunde.“*

Das sagte sie laut ARD, Texttafel 154, am 16.Dezember 2022 im Blick auf die Aussichten, die sich unserem Lande durch die Aufnahme ukrainischrer Flüchtlinge böten. Die Annahme mag ja ihre Berechtigung haben. Aber hat die Öffentlichkeit nicht einen Anspruch darauf zu erfahren, was die Ministerin denn mit *„Bereitschaft, sich schnell einzubringen“* hatte verkünden wollen? Es bleibt schleierhaft. Aber das sollte es wohl auch.
Für die beiden folgenden Zitate dürfte das auch gelten:

- ***„Die über 60jährigen in Deutschland bringen sich in Familie und Gesellschaft stark ein****.“* (ARD, Texttafel 137, 2.6.2023).
- *„Wäre es möglich,* ***dass der Bund sich als Eigentümer einbringt****?“* (FAZ, Susanne Preuß als Interviewerin, 21.6.2022, S. 22).

„Sich einbringen" ist zuvörderst als ein Wert an sich zu begreifen. Man muss nicht zuallererst danach fragen, wohin die Reise gehen wird. Wie so oft sollte auch in diesem Falle der Weg das Ziel sein, selbst wenn es nichts einbringt.

Einfordern

Hält man sich an die Definition des DUDEN, hat das Verb *„einfordern"* fast ausschließlich etwas mit dem schnöden Mammon zu tun. Von jemandem energisch die Zahlung einfordern, mit Nachdruck Geld einfordern – das sind die gängigen Verwendungen von *„einfordern"*.
Für *„ein Gutachten* ***an****fordern"* sei, so der DUDEN, auch *„ein Gutachten* ***ein****fordern"* vertretbar. Insgesamt hätten wir es also mit einer etwas armseligen Verwendungsbreite von *„einfordern"* zu tun.
Davor sei die Hochachtung vor dem Sprachwandel! Es musste sich doch etwas machen lassen? Und man machte sich ans Werk. *„Einfordern"* begann in schnellem Tempo etliche, zugegeben etwas eintönige, andere Verben zu verdrängen wie fordern, verlangen, beanspruchen; allerdings auch ein wenig anspruchsvollere Wendungen wie geltend machen, in Anspruch nehmen oder sogar das ziemlich noble Verb reklamieren. *„Einfordern"* steht nun in edler Konkurrenz zu dem ebenfalls in Mode gekommenen Verb *„anmahnen"*, das bereits ausführlich gewürdigt worden ist. Der folgende Satz vermag das wohl überzeugend zu belegen – man ersetze *„einfordern"* durch *„anmahnen"*, und an der Sprechblase hat sich nichts geändert:

- *„Hinzu kommt das Gerangel mit den Ländern, die ein hohes Maß an* ***Eigenständigkeit einfordern****."* (FAZ, Christian Geinitz, 6.8.22, S. 17).

Wo kämen wir auch hin, wenn etwas kaltschnäuzig oder auch nur selbstbewusst gefordert oder verlangt oder geltend gemacht würde. *„****Ein****fordern"* – das deutet die Milde des Verlangens an. Oder doch die Schärfe? Wer soll das wissen. Muss man ja auch nicht wissen. Seit wann ist es die Funktion der Sprache, Aussageabsichten klar >rüberzubringen<?
Warum nicht von Sprechblase zu Sprechblase voranschreiten?

Einfrieren

Ganz konkret sind es zwei Bedeutungen, an die umgehend gedacht werden sollte, noch dazu zwei mit diametral entgegengesetzten Inhalten. Zum einen wird seit undenklichen Zeiten mit *„einfrieren"* ein Schaden verbunden, wenn es heißt, eine Wasserleitung sei eingefroren oder ein Schiff im Hafen.

Zum anderen verbindet man seit einigen Jahrzehnten, ermöglicht durch neueste Technologien, mit „*einfrieren*“ einen sehr praktischen Wohlstandsnutzen, wenn man an Gefrierschränke denkt, in denen Lebensmittel durch Kälteeinwirkung für einen längeren Zeitraum haltbar gemacht werden, konserviert werden, eben „*eingefroren*“ werden.
Doch gibt es, ebenfalls seit einiger Zeit, einen figurativen Gebrauch von „*einfrieren*“ mit der Bedeutung „*auf dem gegenwärtigen Stand lassen oder bleiben, nicht weiterführen*“. Entsprechend begegnet man Aussagen wie „*Die Verhandlungen sind eingefroren worden*“, zum Stillstand gekommen, oder auch „*Der Kredit wird eingefroren*“, was aussagen soll, dass er nicht ausgezahlt wird. Genau in Analogie dazu wird nun zunehmend auch auf dem Felde der Politik, nicht zuletzt auf internationaler Ebene, mit dem Verb „*einfrieren*“ operiert, wenn sogenannte Sanktionen verhängt werden:

- „***EU friert Ungarns Gelder ein***.“ (ARD, Texttafel 100, 13.12.2022).

Gemeint war, dass Gelder, auf die eigentlich ein Anspruch besteht, vorerst nicht zur Auszahlung kommen, dass sie also einbehalten werden. Dennoch: „*Einfrieren*“ war gerade in diesem speziellen Fall ein geglückter Zugriff, denn zwischen der EU-Kommission und Ungarn ging es ziemlich frostig zu. In Mode gekommene Wörter sind ja nicht schon deshalb fragwürdig, weil sie in Mode gekommen sind. „*Einfrieren*“ ist ein solches Modewort. Doch wir leben momentan in einer politischen Eiszeit. Also sollte, wenn sinnvoll und wirkungsvoll, noch eine Zeitlang „*eingefroren*“ werden dürfen. Vor Übertreibungen allerdings sei gewarnt.

Empathie

Unter „*Empathie*“ ist zunächst allgemein „*Einfühlungsvermögen*“ zu verstehen. Etwas genauer sind die Befähigung und die Neigung gemeint, sich in andere Menschen einzufühlen und damit deren Wertvorstellungen in die eigenen zu integrieren.
Mit „*Empathie*“ ist folglich ein hoher Anspruch verbunden. Dieser wird umso größer, je mehr er von einem gesinnungsethischen Überlegenheitsgefühl getragen ist. Und so sind es in Sonderheit diejenigen, die Gesinnungsethik als ausschlaggebende Basis ihrer Lebensführung und ihres Handelns reklamieren, man könnte auch sagen wie eine Monstranz vor sich her tragen, das Wort „*Empathie*“ nicht nur dauernd im Munde führen, sondern sie ständig von anderen verlangen. Dass sich damit eine Überforderung verbinden könnte, wird dann schon gar nicht mehr bedacht. „*Empathie*“ wird als Mittel der Rechtfertigung inflationär eingesetzt, aber auch als

Mittel der Anklage. In dem folgenden Satz dürfte das wie bestellt exemplarisch zum Ausdruck kommen:

- ***„Wo war denn die Empathie von Dennis Aytekin bei der Gelb-Roten Karte für Kingsley Coman?“***

Für Nichteingeweihte: Dennis Aytekin ist ein Schiedsrichter der Extraklasse, Kingsley Coman ein Fußballspieler des FC Bayern München. Den bedeutungsvollen Satz gab Oliver Kahn, damals Vorstandsvorsitzender dieses Clubs, laut FAZ (10.9.2022, S. 23) von sich. Unter diesem Sprachniveau macht man es bei >den Bayern< nicht. Dann schon eher den Abstieg in die zweite Liga in Kauf nehmen.
Aufgabe des Schiedsrichters ist es, ein Spiel in der Funktion eines Richters – genau deshalb wird er so bezeichnet – zu leiten, also ohne Ansehen der Person den Spielregeln verpflichtet, und Regelverstöße zu ahnden, wenn sie als solche erkannt sind. Nicht mehr und nicht weniger. Der Appell an die „*Empathie*“ geht also völlig fehl, er ist ein geistiges Eigentor. Aber wenn alle Welt bei jeder halbwegs geeigneten Gelegenheit „*Empathie*“ verlangt, dann wird sich doch der Sport nicht lumpen lassen. „*Empathie*“ musste herhalten, ob verstanden oder nicht, um Wehleidigkeit oder vielleicht sogar Empörung zu bemänteln. Der Schuss, Herr Kahn, ging daneben. Oder als eine Art Selbsttor ins eigene Netz? Als ehemaliger Torwart verstehen Sie ja etwas davon. Oder war er nur als Flanke gemeint?

Energiewende

Dieser Begriff hat gegenüber der vom Bundeskanzler verkündeten „*Zeitenwende*“ den Vorteil, dass er eher das Licht der Welt erblickte, aber den Nachteil, dass er nicht mit Urknallcharakter posaunt wurde, sondern sich aus Bewegungen >von der Basis< Schritt für Schritt in der Politik und in den Medien einnistete. Dort aber ist er nun allgegenwärtig. Und wehe, jemand identifiziert sich nicht mit dem Programm und den Zielen der „*Energiewende*“.
Wenn es denn ein alles überragendes Vorhaben in der Politik gibt, die „*Energiewende*“ darf sicher sein, dass sie Rangplatz 1 erhält – im übergeordneten Dienste des „*Klimaschutzes*“, das versteht sich von selbst. Ihr wird alles untergeordnet. Auch die Funktion der Sprache, unmissverständliche Inhalte in angemessener sprachlicher Gestaltung vom Absender zum Adressaten zu transportieren.
Das Verblüffende ist bei „*Energiewende*“ allerdings wie bei so vielen anderen ideologiebelasteten Begriffen, man könnte sie auch Denkschablonen nennen, dass jeder irgendwann irgendwo den Begriff, wohlweislich dem

von ihm ausgehenden Zwang willfahrend, benutzt (hat), aber sich nie sicher sein kann oder konnte, ihn auch den ideologischen und politischen Vorgaben entsprechend inhaltlich korrekt zu verwenden oder verwandt zu haben. Es gibt wahrscheinlich gegenwärtig keinen mit derartiger Inbrunst oder auch nur aus einem feigen Anpassungsverhalten heraus so oft verwendeten politischen Begriff mit schillerndem Inhalt, alles Denkbare vereinnahmend, aber auch alles Mögliche ausschließend, wie eben „*Energiewende*“. Er ist zum sprachlichen Mantra verkommen, als Allzweckwaffe eingesetzt, in der Wirkung einer Nebelkerze ähnelnd, aber häufig nicht mehr als einen sprachlichen Rohrkrepierer oder Blindgänger darstellend. Man könnte mit nichtssagenden (oder, nicht weniger kritikwürdig, vielsagenden) Verwendungen von „*Energiewende*“ dieses Buch füllen.
Beschränken wir uns deshalb auf einen Beispielsatz:

- „*Die Nukleardebatte nützt dem Klima nicht –* ***und bremst die Energiewende aus***.“ (FAZ, Joachim Müller-Jung, 4.2.2023, S. 11).

Dieses Zitat reicht aus, weil es in sprachlich überwältigender Kunstfertigkeit die Kombination von „*ausbremsen*“ und „*Energiewende*“, also zweier Sprachperlen, enthält, die in ihrer Mustergültigkeit als Phrase, also Sprachblase, kaum zu überbieten sein dürfte. Dass die FAZ als Erscheinungsort fungierte, bestätigt ihren Anspruch, eine Zeitung von klugen Köpfen für kluge Köpfe zu sein, fürwahr eindrucksvoll. Und der einschlägig bekannte Journalist konnte – unnachahmlich? – über (ein)gängiges Vokabular wie „*Nukleardebatte*“, „*Klima*“, „*ausbremsen*“ und „*Energiewende*“, alles in einem Topf sozusagen und somit als >Eintopf<, zur wieder einmal penetrant klimaschützerischen Wertung ansetzen, ohne diese überzeugend begründet zu haben.

Entsorgen

Das massenhafte Aufkommen von „*entsorgen*“ hat unmittelbar mit der zunehmenden Produktion von Müll in, zumeist, hochzivilisierten Gesellschaften zu tun. Das Verb ist also sprachgeschichtlich betrachtet ein Kind der technischen Moderne. Man wurde des selbst, überwiegend leichtfertig gedankenlos und zudem oft völlig unnötig, produzierten Mülls nicht mehr Herr. Müll begann in seiner Überhandnahme Sorgen zu bereiten. Auf „*entmüllen*“ wollte man sich wohl nicht einlassen, obwohl ja „*vermüllen*“ und „*zumüllen*“ umgangssprachlich längst gebräuchlich sind. Also griff man bei einem Verfahren zu, das bei anderen Verben gute Dienste geleistet hatte: Man stellte einem vertrauten Verb die Silbe „*ent*“ voran und verschaffte sich einen durchaus erwünschten (Neben)effekt – was alles andere

als erfreulich war, erhielt einen beschönigenden Anstrich. Sprachwissenschaftlich steht dafür das Wort >euphemistisch< zur Verfügung. *„Entsorgen“*, das ließ doch vermuten, dass man sich nur bestimmter Sorgen entledigen wollte. Für den Augenblick jedenfalls, um dann unbesorgt immer wieder von vorn anzufangen. Und das ist in jeder Beziehung legitim, denn es entlastet das Gewissen, ist also sozialpsychologisch uneingeschränkt wertvoll.
Von Sprachmanipulation zu sprechen, verbietet sich also – wie so oft.
So oder so ähnlich dürfen wir uns wohl das Aufkommen des inzwischen zur Alltagssprache zählenden Verbs *„entsorgen“* erklären. Deshalb ist kaum jemand erstaunt, wenn er einem Satz wie dem folgenden begegnet:

- *„Sachsen **entsorgt abgelaufene Masken**.“* (MDR, Texttafel 100, 23.1.2023).

Im Gegenteil, es wird ein beruhigendes Gefühl vermittelt, dass die ungeliebten, fürwahr mit erheblichen Sorgen in Verbindung stehenden Masken ohne viel sprachlichen Aufwand haben *„entsorgt“* werden können. Womit dann auch ganz nebenbei abgelenkt wird von dem völlig misslungenen Ausdruck *„abgelaufene Masken“*. Sie waren ja nicht *„abgelaufene“*, sondern allenfalls abgetragene oder abgenutzte Masken. In Wirklichkeit handelte es sich ziemlich skandalös um angeschaffte und damit finanzierte Masken in riesiger Zahl, Masken mit abgelaufenem Verwendungsdatum, die nie benutzt worden waren. Aber wen kümmerte das schon in der Texttafelredaktion des MDR, wo sich sowieso niemand um sprachliche Korrektheit kümmert.
Das relativ neue Verb *„entsorgen“*, entstanden im Bezug auf sehr konkrete, überwiegend unerfreuliche, zum Teil sogar übelriechende Umstände, wird inzwischen offenbar so sehr geschätzt, dass es auch im übertragenen, im figurativen Sinne eingesetzt wird. Alles, was irgendwie Sorgen bereitet, kann nun *„entsorgt“* werden.
Das nennt man recht gelungenen Sprachwandel. Auch wenn es gefährlich sorglos macht. Das wiederum bereitet Sorgen. Die müssen allerdings zurzeit noch nicht entsorgt werden.

Equipment

Wer immer noch meint, er (oder sie) müsse sich mit dem Rückgriff auf einen der Begriffe Ausrüstung(sgegenstände), Ausstattung, Material, Rüstzeug, Apparatur, Gerät(schaft) oder auch Anlage differenziert ausdrücken, wenn Entsprechendes genau bezeichnet werden soll, ist längst aus der Zeit gefallen. Wer mit der Zeit gegangen ist, bedient sich eines Hohlworts, das alle genanten Begriffe mitmeint oder eben auch die meisten unter ihnen ausschließt. Die Frage ist dann: welche?

Das Hohlwort lautet *Equipment.* Im DUDEN sucht man es vergeblich. Dort begegnet einem das aus derselben etymologischen Wurzel stammende Verb „*equipieren*“, das nur noch ein fachsprachliches Nischendasein fristet und „*ein Schiff ausrüsten*“ bedeutet. Eng damit zusammen hängt das ebenfalls im DUDEN geführte Hauptwort „*Equipierung*“, das allenfalls noch Lesern von Thomas Manns Roman „*Der Hochstapler Felix Krull*“ begegnet sein dürfte. Heute wird man wohl „*Outfit*“ bemühen, altväterlich hätte man „*Gewandung*“ gesagt.

Im MS ist das anders, denn das im Englischen weit verbreitete und viel benutzte Wort >*equipment*< ist dort selbstverständlich ein wichtiges Stichwort, das mit den genannten deutschen Wörtern erläutert wird.

Der WAHRIG 2004 beschränkt sich auf die deutschen Ensprechungen Ausrüstung und Ausstattung. Dass das Wort „*equipment*“ überhaupt in das Lexikon aufgenommen worden ist, soll aber bekunden, es sei noch als Fremdwort zu begreifen. Das war 2004!

In schnelllebiger Zeit mit noch schnellerem Sprachwandel muss das vielen wie eine Ewigkeit vorkommen. „*Equipment*“ ist insbesondere in Wirtschaftkreisen, polyglott, wie man dort ist,
längst willkommenes Mittel, anderen zu zeigen, wie beschränkt ihre sprachliche Ausrüstung ist, zuweilen sogar, wie dürftig doch ihr „*intellektuelles Equipment*“ überhaupt sei. Denn das ist nicht zu übersehen: „*Equipment*“ wird, wie die meisten Hohlwörter auch, gern oder inzwischen sogar bevorzugt im nichtmateriellen Sinne verwendet, soll heißen in figurativer Sprache. Der Phrase sind damit alle Chancen eröffnet.

Erfolgreich

Der Erfolg ist das, was wirklich zählt. Und weil das so ist, muss das Eigenschaftswort erfolgreich selbst überall dort auftauchen, wo es eigentlich völlig überflüssig ist.

Jeder Erfolg will gefeiert werden, kein Platz ist wertvoller als der Podestplatz und kein Triumpf großartiger als der siegreiche. Und wer wollte nicht mit von der Partie sein?

Was die Sprache dazu hergibt, soll sie auch gefälligst leisten, bis in die Nachrichtensendungen hinein. Wer nämlich leichtsinnig angenommen hat, sie genieße dort noch einen gewissen Schutzraum, hat verschlafen, dass sie nur noch Vehikel ist auf dem Weg in das Ungefähre, das Aufgeblasene, das Lässig-Oberflächliche, letzten Endes in die Befreiung von allen Bindungen, die gern auch Emanzipation genannt wird. Der Sinn, das ist die allgemeine Botschaft, erschließt sich, so denn einer da ist, ohnehin von selbst.

Längst wissen alle, was ein >Trendsetter< ist. Auf dem Gebiet der Sprache sind es unsere Journalisten und Publizisten, unsere Moderatoren und Talkmaster – die Frauen jeweils inbegriffen und häufig die Speerspitze bildend, vor allem dann, wenn sie öffentlich-rechtlich beschäftigt ihr karges Brot >verdienen<:

- *„Die Hürde war hoch. Aber er* (Obama) *hat sie **erfolgreich übersprungen**.“*

Am Werk war wieder einmal Petra Gerster, >ZDF-Ikone<, in der HEUTE-Sendung am 23. Oktober 2010. Hätte die Hürde auch *erfolglos übersprungen* werden können? Oder hätte man an ihr auch *erfolgreich scheitern* können? Hätte sie *erfolgreich gerissen* werden können?
Zu ihrer Entlastung sei hinzugefügt, dass sie sich lediglich in eine längere Tradition beim ZDF eingereiht hatte, diese allerdings verstärkend. Nirgendwo anders als im Sport liegen die Anfänge. Wo auch zählt etwas mehr als der Erfolg?

- *„Deutschland hat auch seine dritte Partie **erfolgreich gemeistert**.“* (ZDF HEUTE, Kristin Otto, 1.9.2005).

Na wie schön, dass die Partie nicht *erfolgreich verloren* wurde. Nicht auszudenken, armes Deutschland!
Die ARD ließ sich im Wettbewerb mit dem ZDF natürlich nicht bloßstellen:

- *„Sie haben den langen Weg ins Leben **erfolgreich gemeistert**.“*

Das war ein tröstlicher Satz über Tiernachwuchs in der Sendung *„Die große Wanderung“*. Er hätte demnach auch *erfolgreich scheitern* können, soll heißen nicht erwachsen werden können.
Und die FAZ gleich gar nicht. Sie schritt sogar voran und berichtete bereits am 28. Mai 2005 auf Seite 10, etwas sei ***„erfolgreich unter Dach und Fach gebracht“*** worden.
Unsere Altvorderen, vornehmlich die gern mit dem Etikett der Vorgestrigen und der sprachlich eher Unterbelichteten versehenen Bauern, wussten noch, was sie tatsächlich meinten, wenn sie sagten, sie hätten etwas *„unter Dach und Fach gebracht“*. Sie wussten vor allem, dass sie damit ausdrückten, *erfolgreich* gewesen zu sein – hier vornehmliuch bei der Ernte.
Heute muss der Erfolg offenbar erst als *erfolgreich* bezeichnet werden, damit er wirklich

einer ist und von jedermann als ein solcher anerkannt wird. Wie sich die Zeiten doch ändern!

Die Bauern hatten es nicht mit den Sprechblasen. Hatte das damit zu tun, dass sie tagaus tagein mit einer Menge Geblöke zu tun hatten und auf einen eigenen, zusätzlichen Beitrag gern verzichteten?

Besondere Orte des Strebens nach Erfolg und der Wertschätzung von Erfolg sind Politik und Wirtschaft. Es kann deshalb nicht überraschen, dass diese Großbereiche unseres Daseins sich dem Trend anschließen und ihn möglichst verstärken wollen, nicht zuletzt dann, wenn der eigene Erfolg gebührend herauszustellen ist. So sagte zum Beispiel der damalige Regierende Bürgermeister Berlins Klaus Wowereit, von dem wir inzwischen wissen, dass er den Erfolg zwar überall suchte, ihn aber keineswegs mehr überall fand, dem Sender Phoenix am 16. September 2005, dass *„Integration* ***vielfach erfolgreich gelungen***“sei. Das *erfolgreiche Misslingen* sollte ihm noch zu schaffen machen, aber wissen konnte er es vorerst nicht, allenfalls ahnen. Hätte er nur erklärt, dass die *Integration gelungen* sei, hätten wir seine Botschaft vielleicht gar nicht verstanden. Der Erfolg, und auf den kam es einem Politiker wie Wowereit – wie den allermeisten anderen sonst auch, gewiss – schließlich an, musste unmissverständlich *kommuniziert* werden, wie es heute heißt, denn ohne das stilvoll eingefügte Wort *„erfolgreich“* hätte er scheitern können, das war seine Sorge. Man weiß ja als Politiker nie so genau, mit wem man es zu tun hat. Auch das ist eine Form der Fürsorge!

Inwieweit Fürsorge im Spiel ist, wenn Jorunalisten Dritte – sagen wir Führungskräfte der Wirtschaft, denen sprachsensible *Statements*, wie sie selbst dürftige Stellungnahmen zu nennen belieben, eher selten gelingen – in wörtlicher oder in indirekter Wiedergabe des Gesagten präsentieren, wird angesichts der beiden folgenden Beispiel offen bleiben müssen:

- *„ >Sal. Oppenheim hat* ***die Wende erfolgreich gemeistert*** *und wird bereits in diesem Jahr in die Gewinnzone zurückkehren<, sagte Oppenheim-Chef Wilhelm von Haller.*“ (FAZ, 23.12. 2011, S. 18).
- *„Dass dabei soziale, ökonomische und ökologische Aspekte* ***erfolgreich miteinander in Einklang gebracht*** *werden müssen, steht für Hipp außer Frage.*“ (FAZ, 16.11.2006, S. 18).

Insbesondere das zweite Beispiel lässt vermuten, dass des Redakteurs Hang zur taulogischen, scheinbar eleganten Fügung den Unternehmer Hipp in ein diffuses Licht gerückt hat. Soll Hipp das so gesagt haben?

Fügen wir noch ein Beispiel aus dem Jahre 2015 hinzu, das zeigt, wie schnell sich die Korrespondenten der FAZ der tautologischen Fügung, dem sprachlichen Doppelpack sozusagen, verpflichtet fühlten:

· *„Sollte es der CDU zudem* ***erfolgreich gelingen****, ihn in der Frage der sicheren Herkunftsstaaten ...*“ (FAZ, Rüdiger Soldt, 20.8.2015, S. 2).

Und niemand hält sie auf. Gibt es keine Redaktionskonferenzen mehr, auf denen über sprachliche Standards – von Normen ganz zu schweigen, denn wer will sich denen schon fügen – nachgedacht wird? Könnte es dazu nicht auch einmal eine klare Ansage aus dem Kreis der Herausgeber oder der leitenden Redakteure geben? Oder fürchten sie, dass ihnen das *erfolglos misslingen* wird? Diese Furcht wäre ja nicht unbegründet.

Bücher zur Wirtschaft im allgemeinen, zur Wirtschaftspolitik im speziellen darf in der FAZ Jochen Zenthöfer vorstellen, der gern seine wirtschaftswissenschaftliche Expertise betont und auch mit mit dem einen oder dem anderen heftigen Verriss aufwartet, Sprache inbegriffen, selbstredend die der anderen. Von ihm durfte man lesen:

· *„Doch auch Mecklenburg-Vorpommern aht sich* ***erfolgreich aus der Schuldenspirale befreit.***“ (FAZ, 1.10.2012, S. 12).

Hätte sich M.-V. auch *erfolglos befreien* können? War die Befreiung nicht schon Erfolg genug, auch ohne zusätzliches sprachliches Brimborium?

Bei der dargestellten Vorliebe fürdas Erfolgreiche als der unabdingbaren Voraussetzung des Erfolgs darf sich nun niemand mehr wundern, dass heutzutage keine Prüfung mehr abgelegt wird, von der es nicht heißt, sie sei ***„erfolgreich bestanden***“ worden. Die Flut wird wohl nicht mehr einzudämmen sein, im Zeitalter der Einsernoteninflation erst recht nicht
Spräche dann nicht einiges dafür, für den inzwischen an Schulen und besonders an etlichen Hochschulen selten gewordenen Fall, dass eine Prüfung nicht bestanden wird, mit identischer Sprachlogik zu formulieren, jemand sei *„erfolglos durchgefallen*“?
Für Logik sollte man sich noch einsetzen dürfen, selbst oder gerade auf dem Felde unserer Sprache, auch auf die Gefahr hin, dass der Erfolg ausbleiben wird. Die Hürde ist nämlich hoch. Dann kann sie schon mal *erfolgreich gerissen* werden.[50]

50 Die Zahl der gelieferten Zitate ist angesichts der fast unendlich langen Liste von Beispielsätzen, die zur Verfügung stand, als sehr gering zu bezeichnen, trotz allem.

Eskalation und eskalieren

Hätten wir die Aufgabe, drei Modewörter für das berühmt gewordene Podium[51] zu nominieren, „*Eskalation*“ wäre mit Sicherheit dabei, wahrscheinlich nach „*Fokus*“ auf Rangplatz zwei, noch vor „*umsetzen*“. Eine Nachrichtensendung und ein Zeitungstext ohne „*Eskalation*“ sind völlig undenkbar geworden. Jeden Tag „*eskaliert*“ irgendwo auf der Welt irgendetwas. Oder es „*deeskaliert*“. Oder es wird „*deeskaliert*“.

Wie ist es zur Schwemme dieses, wie schon auf den ersten Blick erkennbar ist, nicht deutschen Wortes gekommen? Die nur sehr begrenzt zynisch gemeinte Antwort: Weil es sich nicht um ein deutsches Wort handelt und weil sein Inhaltskern nicht bekannt ist; denn gerade dann eignet es sich vortrefflich als Blendwerk, je öfter im vagen Gebrauch, desto vielversprechender. Im Englischen ist >*escalation*< gang und gäbe, genau wie >*escalator*<, die Rolltreppe. Im etymologischen Hintergrund ist das lateinische Hauptwort >*scala*<, deutsch Leiter, angesiedelt, das auch dem französischen Wort >*l'escalier*<, ebenfalls eine Leiter bezeichnend, Grundlage gewesen ist. Und was im Englischen gang und gäbe ist, das ist jedem Deutschen recht und billig. Zu oft allerdings nicht in einer rechten Anwendung, sondern in einer sehr billigen, sehr auf Effekthascherei ausgerichteten und den Wortinhalt missachtenden, verfehlenden oder sogar bewusst versteckenden.

Diesen Wortinhalt sich zu vergegenwärtigen, empfiehlt sich nicht nur generell, sondern auch an dieser Stelle speziell:

„*Eskalation*“ – darunter ist, wie der DUDEN lehrt, „*eine der jeweiligen Notwendigkeit angepasste allmähliche Steigerung, Verschärfung, insbesondere beim Einsatz militärischer und politischer Mittel*“ zu begreifen; „*eskalieren*“ bedeutet dann „*durch Eskalation steigern, verschärfen*“. Alle konsultierten Lexika weisen auf die stufenweise Verschärfung von Konflikten, Krisen und Kriegen besonders hin.

In diesem Sinn korrekte Anwendungen sind selbstverständlich zu registrieren:

- „*Polizei befürchtet **Eskalation der Gewalt***“ (FAZ, 23.9.2022, S. 27).
- „***Eskalation abgewendet***. *Linke entschärfen Streit in Fraktion.*“ (FAZ, Überschrift, 21.9.2022, S. 4).
- „*In Bagdad **eskaliert der Kampf um die Pfründe***.“ (FAZ, red. Text, 7.9.2022, S. 1).
- „***Die Krise** im Erzbistum Köln **hat eine neue Eskalationsstufe erreicht***.“ (FAZ, tja., 7.9.2022, S. 4).

---

[51] Das Stichwort „Podium“ hat einen eigenen Eintrag erfahren, genau wie „Fokus“ und „umsetzen“.

Gegen eine solche Verwendung von „*Eskalation*“ und „*eskalieren*“ ist nichts einzuwenden, jedenfalls nicht, solange diese Wörter nicht um der Mode und der Selbstdarstellung willen zum Einsatz kommen. Leider bleibt zu oft gerade aus den genannten sehr fragwürdigen Motiven unberücksichtigt, dass mit Zuspitzung, Steigerung, Zunahme und Verschärfung sowie mit Abnahme, Minderung, Linderung und Entschärfung originäre deutsche Wörter als plausible Alternativen bereitstehen, die noch dazu im Einzelfall sehr viel präziser als das pauschal eingesetzte „*Eskalation*“ zum Ausdruck bringen könn(t)en, worum es tatsächlich geht.
Diesem grundsätzlich sinnvollen und sachgerechten Gebrauch von „*Eskalation*“ und „*eskalieren*“ muss nun leider eine zumeist unsinnige oder mindestens gedankenlose Verwendung dieser Wörter gegenübergestellt werden. Sie ist, wenn nicht alles trügt, so gut wie immer das Resultat von Imponiergehabe oder von ziemlich geistlosem Nachplappern von scheinbar gehobener Sprache, die in Wirklichkeit Phrasendrescherei sehr nahe kommt – wenn sie es nicht überhaupt schon ist. Die folgenden Sätze sprechen in der Hinsicht wohl für sich, aber eindeutig gegen ihre Verfasser:

- „*Rasant* ***eskalierte die Situation*** *....*“ (FAZ, Matthias Wyssuwa, 4.6.2022, S. 6).
- „*Außenministerin Baerbock* ***warnt vor einer Eskalation der Lage*** *in Afghanistan.*“ (ARD, Texttafel 109, 7.6.2022).

Der sprachliche Unfug ist bei allem Respekt vor dem rhetorischen Glanz, der erzielt werden sollte, sofort zu erkennen: Eine Lage oder eine Situation können nicht eskalieren, sie können nicht einmal eskaliert werden. Das kann allenfalls mit dem passieren, was die Lage oder die Situation ausmacht: eine Krise, ein Konflikt, eine Auseinandersetzung. Dennoch: Eskalierende Lagen und Situationen sind in den täglichen Nachrichten zur Massenware gediehen. Dabei stehen uns mit „*die Lage spitzt sich zu*“ oder „*die Situation wird kritischer*“ neben vielen anderen Variationen jedermann verständliche Ausdrücke bereit.

Wen die Kritik bisher nicht überzeugt hat, dem seien ein paar Eskalationen in kurioser Anwendung angeboten:

- „***Party in Weimar eskaliert***“ (MDR, Texttafel 142, 6.11.2022.).

Eine eskalierende Party! Ging es da im Rahmen einer Polonaise die Treppe rauf und sodann, deeskalierend, die Treppe runter? So viel zynischer Kommentar sei ausnahmsweise gestattet. Und bitte auch die Ergänzung, dass es in derselben Nachricht in bestechender Konsequenz hieß: „*Nach Angaben der Polizei* ***eskalierte die Situation***.“

- „*Im Magdeburger Hauptbahnhof* ***ist die Kontrolle eines Betrunkenen eskaliert***.“ (MDR, Texttafel 134, 26.9.2022).

Eine eskalierende Kontrolle ist der besonderen Erwähnung wert, keine Frage, so etwas kommt ja nicht jeden Tag vor. Wenn man schon auf dem Eskalationstrip ist, wie die MDR-Texttafelredakteure täglich beweisen, dann sollte man sich auch keiner sprachlichen Selbstkontrolle unterwerfen. Die könnte ja auch eskalieren. Und dann?
Im Deutschlandfunk ist gelegentlich gefragt worden, „***ob da was zu eskalieren ist***“. So reagierte zum Beispiel am 7.Dezember 2012 ein >Experte< auf die Nachfrage, ob in Syrien eine „***Eskalation der Gewalt***“ zu erwarten sei. Er wollte wohl andeuten, dass bei so viel Eskalation kaum noch etwas eskalieren könne. Grundsätzlich soll das augenscheinlich möglich sein, denn, das erfahren wir immer wieder, es werde versucht, „***die Eskalation anzuheizen***“.
Wie bei fast allen anderen sprachlichen Modernismen hat die FAZ auch beim Eskalationsspuk längst Anschluss gefunden:

- „*Greift der Dozent nicht durch,* ***eskaliert das Fortbildungsseminar***.“

Diese einem Spuk wirklich sehr nahe kommende Aussage servierte die FAZ am 27.Oktober 2012 auf Seite C1 ihrer Beilage „*Beruf und Chance*“ einem vorwiegend jugendlichen Adressatenkreis, ganz ihrer selbstzuerkannten sprachlichen Vorbildfunktion Rechnung tragend. Ist man auf dem Holzweg, wenn man den Satz als einen Beitrag zu einer Groteske begreift?

- „*Das immerhin wäre eine Konsequenz aus einer* ***überflüssigen Eskalation, auf deren Umsetzung man gespannt blickt.***“ (FAZ, Petra Ahne, 16.7.2022, S. 9).

Eine Eskalation wird hier also umgesetzt! Noch dazu eine „*überflüssige*“! Wie das bei einer eventuell notwendigen oder sogar unvermeidbaren vonstatten gehen soll, dürfte bereits schleierhaft sein, aber bei der FAZ wird man’s irgendwie wissen. Darf man um freundliche Mitteilung mit technischen Details bitten? Das wäre sehr hilfreich, denn man kommt ja nach dem Lesen dieses hochpoetischen Satzes gar nicht mehr umhin, gespannt auf die Umsetzung einer „*überflüssigen Eskalation*“ zu blicken bzw. sich auf sie sogar vorzubereiten.

„Es sind insbesondere diese ***Jahre fortschreitender Eskalation zwischen Putin und dem Westen****, die ... .“* (FAZ, Thomas Speckmann, Rezension(!), 14.2.2023, S. 6).
„Eskalation zwischen...“. Zu schön! Man wüsste zudem gern, was da eskaliert sein soll.

- *„..., nachdem ihr zum ersten Mal* ***nach der Eskulation seines Hungerstreiks*** *ein Besuch ermöglicht worden war.“* (FAZ, Christian Meier, 19.11.2022, S. 6).

Ist der Hungerstreik von ganz allein eskaliert? Oder hat ihn jemand eskalieren lassen? Der Hungerstreikende persönlich? Oder irgendwelche Dritte? Solche unvermeidlichen Fragen, belegen sie nicht das Phrasenhafte der so beeindruckenden Wortwahl?

- ***„Die erforderlichen Aufnahme- und Registrierungskapazitäten sollten*** *... binnen weniger Tage* ***eskalierbar sein****.“* (FAZ, rso., 6.12.2022, S. 8).

Es liegt eine Bezugnahme auf Baden-Württembergs Justiz- und Migrationsministerin Marion Gentges (CDU) vor. Es ist zu fragen: Hat Frau Ministerin das so gesagt? Oder muss der FAZ-Korrespondent sich den Satz zuschreiben lassen? Wie dem auch sei, *„eskalierbare Kapazitäten“* sind einfach zu betörend, um die Urheberschaft einer einzelnen Person zuzuordnen und es dabei bewenden zu lassen. Sie sollten als sprachliches Allgemeingut gelten und viele Nachahmer finden. Der FAZ sei Dank, dass sie sprachsensibel den Satz publiziert hat. Zu ihrer Ehrenrettung sei allerdings gesagt, dass sie es auch anders kann:

- *„****Streit*** *über Justizreform in Israel* ***spitzt sich zu****.“*

Auf eine solche Überschrift, am 21.Februar 2023 auf Seite 1, hatte man als leidgeprüfter langjähriger Abonnent schon gar nicht mehr zu hoffen gewagt. Da kann man nur respektvoll ausrufen: Na also, es geht doch ohne *„eskalieren“*. Nur weiter so!
Darf man gleichwohl fragen, warum das so oder ähnlich nicht auch sonst gegangen wäre, ganz eskalationsfrei? Und ganz phrasenfrei?

- „Man müsse aufpassen, dass die Rhetorik nicht ein einen ***Teufelskreis der Eskalation*** münde.“ Zitiert wird (FAZ, 13.4.23, S. 4) NRW-MdL Serdar Yüksel (SPD).

- „***Die Intendantenwahl beim RBB eskaliert***". (FAZ, 9.6.2023, S. 11, red. Hinführung zu einem Text von Michael Hanfeld).
- „*Im Gegensatz zur deutschen Polizei, die ihr Image als Freund und Helfer pflegt und* ***für die Deeskalation eine wesentliche Strategie ist****, tritt die französische Polizei bewusst robust auf.*" (FAZ, Andreas Nefzger, 7.7.2023, S. 3).
- „**Eine *Eskalation um Taiwan*** *hätte >massive Auswirkungen auf unsere Versorgung mit Mikrochips<.*" (FAZ, 14.7.2023, S. 19. Zitiert wird Außenministerin Baerbock).

Muss die Antwort lauten: Man folgt eben einem Herdentrieb, selbst bei der FAZ? Oder nunmehr gerade dort? Deeskalation ist längst angesagt!

Etablieren

Dieses beliebt gewordene Verb hat eine unmittelbare französische Wurzel: >*etablir*<. Die wiederum ist vom lateinischen Verb >*stabilire*< abgeleitet, das am besten mit „*befestigen*" oder eben auch mit „*stabil machen, stabilisieren*" wiedergegeben wird. Im Englischen ist >*to establish*"< die Entsprechung.
Der sehr handfesten, konkreten Verwendung von „*etablieren*" im Sinne von „*etwas einrichten, errichten, (be)gründen, bilden, einen festen Bestand geben*" folgte bald der eher figurative Gebrauch für so vertraute deutsche Ausdrücke wie „*sich (häuslich) niederlassen, sich einrichten, sich breit machen, innerhalb einer Ordnung einen festen Bestand erlangen oder eine angesehene Stellung gewinnen*".
Diese und verwandte Wendungen stünden also in recht großer Zahl zum Zwecke inhaltlicher Nuancierung zur Auswahl. Davon wird aber zunehmend Abstand genommen. Grammatisch ist in den seltensten Fällen etwas zu beanstanden. Unbehagen löst etwas anderes aus: Man greift viel zu oft auf „*etablieren*" zu, hoffend oder unterstellend, dass irgendwie Eindruck geschunden werden könne. Man glaubt oder erwartet, damit „*etabliert*" zu sein, zum gebildeten oder welchem sonstigen auch immer „*Establishment*" zu zählen.
War das Motiv in folgendem Satz ein edleres?

- „*...* ***eine Provisorische Staatsregierung etablieren***." (FAZ, 19.9.2022, S. 6).

Hätte es „*bilden*" nicht auch getan, ganz im Einklang mit dem doch wohl nicht gänzlich unbekannten Begriff „*Regierungsbildung*"?
Auch sprachliche Bescheidenheit kann eine Zier sein!

Evaluieren und Evaluation

Dieses Verb ist eindeutiger als manches andere, das als >bildungssprachlich< qualifiziert wird, genau das: ein vorrangig in der Bildungssprache verwendetes Wort mit dem schönen Nebeneffekt, dass es den Eindruck vermittelt, sein Anwender sei auf jeden Fall durch Bildung ausgezeichnet. „*Evaluieren*“ – den Wert eines Programms, den Nutzen einer Maßnahme, zumeist auf bildungs- oder wissenschaftspolitischem Felde, bestimmen, veranschlagen, abschätzen; etwas sach- und fachgerecht bewerten, z. B. Lehrpläne beurteilen, ihre Wirkung (über)prüfen. Das ist gemeint, wenn man „*evaluativ*“ tätig wird, also bewertend in einer Kommission, die zur „*Evaluation*“ berufen worden ist.
Je mehr bildungspolitisch im Argen liegt, so der einigermaßen begründete Verdacht, desto öfter lautet der Auftrag, eine „*Evaluation*“ vorzunehmen. Darauf nicht mit einem erheblichen Sarkasmus zu reagieren, fällt nicht leicht. Es sei daran erinnert, dass im englischen Begriff >*evaluation*<, der dem deutschen „*Evaluation*“ gewiss Pate gestanden hat, das Hauptwort >*value*< den Kern bildet. >*Value*< bedeutet Wert, abgeleitet vom lateinischen Verb >*valere*<, wert sein. Mit dem Auftrag, etwas zu „*evaluieren*“, ist also mehr und mehr die an sich widersinnige Aufgabe verbunden, etwas zu bewerten, was augenscheinlich kaum noch einen Wert hat; und wenn noch einen, dann einen ständig abnehmenden. So dient der Einsatz von „*evaluieren*“ offenkundig einem Blendwerk, einer raffinierten Manipulation – zumindest bei denen und durch jene, die erstens noch halbwegs wissen, was „*evaluieren*“ bedeutet, und die zweitens skrupellos genug sind, mit der phrasenartigen Verwendung des Wortes den eigenen geistigen Rang plakativ zu dokumentieren. Ob den vorhandenen oder den nur vorgespielten, ist dabei nachrangig.
Ist der nun folgende Satz mit der tautologischen Fügung „*evaluiert und geprüft*“ nicht ein überzeugendes Beispiel dafür, dass „*evaluiert*“ (nur) eingeschleust worden ist, um das besagte Blendwerk aufzubauen?

- „*Die Wiener Schulen wurden daraufhin angehalten,* ***ein Kinderschutzkonzept einzuführen, das jährlich evaluiert und geprüft wird***.“ (FAZ, Stephan Löwenstein, 23.9.2022, S. 7).

Immerhin: Der Satz hat sein Verdienst. Er konnte genutzt werden, den viel zu häufigen und zum Teil unsinnigen Einsatz von „*evaluieren*“ zu evaluieren. Ob darin ein Wert liegt, möge die Leserschaft beurteilen – aber bitte evaluierend.

Event

Es gibt kaum noch Ereignisse, Geschehnisse, Veranstaltungen, Feiern, Feste und Festivals, aber auch Wettbewerbe und dergleichen. Es gibt indes massenweise „*Events*“. Meistens für irgendeine Masse. Mindestens für diejenigen, die von „*Event*“ zu „*Event*“ tingeln. Und das sind ja nicht wenige. Nachdem das schon einige Male festgestellt werden musste, dürfte es keine Sensation mehr darstellen, dass man beim Blick in den DUDEN kein Lemma „*Event*“ antrifft. Der Siegeszug von „*Event*“ hat also erst danach eingesetzt, dann aber in unaufhaltbarer, überwältigender Manier, mit Wortneubildungen bis hin zum „*Eventmanager*“. Ein solcher changiert in seiner Wertschätzung von „*begnadet*“ bis „*zwielichtig*“, von „*professionell*“ bis „*geschäftstüchtig*“.
Ohne „*Events*“ wäre vielen das Dasein viel zu fade, zu bieder, zu – ja, sagen wir es – bürgerlich-konventionell, ob das nun den Sport, Popkonzerte oder auch nur Familienfeiern betrifft. Sobald das Wort „*Event*“ auftaucht, wird ein Reiz ausgelöst, kommt ein Nervenkitzel auf, wird Erwartung geweckt. Dann heißt es, dabei zu sein. Ein „*Event*“ wird zum „*Event*“, unabhängig von seinem Inhalt, seinem Charakter, den man auch zumeist gar nicht genau wissen will.
Dieser Gedanke dürfte auch leitend gewesen sein, als ein Dachverband von Studentenverbindungen in seiner Verbandszeitschrift >*Akademische Monatsblätter*<, Ausgabe Februar 2023, zum von der Satzung gebotenen, also routinemäßigen >Aktiventag< einlud und ihn attraktiv zu machen sich wohl genötigt sah:

- „*Wir freuen uns auf* ***ein tolles Event***.“

Die Kombination von „*toll*“ und „*Event*“ macht den Satz besonders wertvoll.[52]
Entsprechender Werbeabsicht entsprang wahrscheinlich der folgende Satz:

- „***Sommerliche Genuss-Events*** *auf der schönsten Terrasse im Taunus*“. (FAZ, 14.7.2023, S. 6; es handelte sich tatsächlich um Werbung).

Wie sehr nicht nur häufig ein ideologisches, sondern in vielen Fällen von und in Institutionen, die man als besonders seriös einzuschätzen geneigt war, ein verbales Anpassungsverhalten zu beklagen ist, dürfte auch mit folgendem Zitat nachgewiesen werden können:

---

52 „*Toll*“ hat in diesem Buch den Rang eines Stichworts erhalten!

- „*Millionen Besucher feierten bundesweit* ***das größte Kulturevent Deutschlands***."

Man begegnete dem Satz in der Zeitschrift >Monumente<, Ausgabe 5/2022, S. 18, die von der Deutschen Stiftung Denkmalschutz (DSD) herausgegeben wird. Diese außergewöhnlich verdienstvolle Stiftung, eine deutsche Kulturinstitution ersten Ranges, kommt also am scheußlichen Begriff „*Kulturevent*" nicht vorbei. Wie auch, könnte man höhnisch fragen, wo es doch längst den Begriff „*Eventkultur*" gibt.[53]
Das ist mehr als ein Menetekel für die Zukunft der deutschen Kultur, deren vornehmstes Gut zweifelsfrei die deutsche Sprache ist. Was hinter dem „*Kulturevent*" versteckt ist, bleibt natürlich offen, es genügt ja, es Deutschlands größtes zu nennen. Hat das Lockvogelfunktion?
Übrigens: Ist das Schreibprogramm meines Rechners so uralt, dass es mir anzeigen muss, die Wörter „*Kulturevent*" und „*Eventkultur*" seien ihm gar nicht bekannt? Es will sie selbst in der doch zweifellos korrekten Schreibweise partout nicht anerkennen. Für ideologiefeste Linguisten ist das natürlich >ein gefundenes Fressen<, lässt sich doch damit lupenrein beweisen, dass die Sprache dem Wandel unterworfen ist.
Auch das ist schließlich ein Event! Ob ein „*Kulturevent*", bleibe dahingestellt, aber Teil der „*Eventkultur*" gewiss – denn so viel Kultur wie heute war nie!

Experte und Expertise

Auf einen punktgenau ins Ziel treffenden Satz wie den folgenden muss man geduldig warten können – oder auf ihn durch glückliche Umstände bei anstrengender Lektüre stoßen:

- „*Aus den ungelernten Hochstaplern von einst sind die Fach-Hochstapler von heute geworden ...* ***Was früher Hochstapelei hieß, nennt sich heute Expertentum***."

Wir verdanken ihn dem Philosophen Peter Sloterdijk, zu finden ist er in seinem Werk *Kritik der zynischen Vernunft*, Band 2, Berlin 1983, auf S. 859.
Geistige Hochstapelei ist, das dürfte längst erkannt worden sein, eine Art Markenzeichen der Sprache der Gegenwart. Deshalb ist es nur folgerichtig, dass sich in halbwegs anspruchsvollen Texten die Begriffe „*Experte*" und „*Expertise*" tummeln.

[53] Für „Kultur" gilt das auch!

Josef Kraus, der einstige Präsident des Deutschen Lehrerverbands, hat in seinem Buch „*Der deutsche Untertan*" (München 2021) auf Seite 244 den Publizisten Michael Klonovsky zitiert, der das ausufernde Beratungsunwesen einen „*Polytheismus der Expertengremien*" genannt habe, eine „*Vielgötterei*", so könnte man übersetzen, einfacher auch „*Götterwelt*". Das ist wohl so zu verstehen: Viele „*Experten*" haben sich längst zu kleinen oder eher noch größeren Göttern stilisiert. Würden sie nur als „*Sachverständige*", „*Fachleute*" oder „*Kenner*" gepriesen, ihr Glanz wäre weniger grell, ihre „*Expertise*" wäre als „*Begutachtung*" oder „*Gutachten*" weniger überzeugend – jedenfalls befürchten sie das.
Und da es in den Medien ohnehin von Experten wimmelt, ist es nur ein kurzer Schritt zu einer unheiligen Allianz, die nur „*Experten*" und „*Expertisen*" kennt. Das führt dann zu sehr gedrechselten, bei kritischer Betrachtung schiefen Wortkombinationen:

- „*Die* ***Einstellung des Expertenkreises*** *ist ein fatales Signal ...* ***Es ist nicht ungewöhnlich, dass Expertenkreise eingestellt werden****... Gerade beim Stichwort >Islamophobie< wäre* ***Expertise*** *zum legalistischen Islamismus aber dringend nötig.*" (FAZ, Thomas Thiel, 12.9.2022, S. 9).

Für die Sprache ein fatales Signal ist es, dass ein „*Expertenkreis*" einer „*Einstellung*" unterworfen war, also „*eingestellt*" wurde. Dass er aufgelöst wurde, der „*Expertenkreis*", das mag ja angehen; wohl auch, dass er seine Arbeit „*einstellen*" musste. Indes, die von Thomas Thiel höchst eigenwillig konstruierte Wortkombination sprengt den Rahmen des Tolerierbaren: Kreise, ob mit Experten besetzt oder auch nicht, werden nicht „*eingestellt*"! Gefiel er sich vielleicht zu sehr als Sprachexperte, der meinte, sich das erlauben zu dürfen?
Im redaktionellen Hinführungstext war gottlob richtig von der „*Auflösung des Expertenkreises*" die Rede. Wagte man nicht, entsprechend in das zugesandte Manuskript einzugreifen? Hatte man zu viel Respekt vor der „***Macht der Expertise***", die sich Thomas Thiel gewiss attestiert? Soeben ist die Überschrift zitiert worden, mit der die FAZ am 28.September 2022 auf Seite N4 aufwartete, also in der Beilage „*Aus Naturwissenschaft und Technik*". Etwas weniger „*Expertise*" und etwas mehr Kennerschaft oder auch nur Sachverstand – das täte der Sprache gut, nicht nur zuweilen.
Wie schrieb doch der FAZ-Redakteur Joachim Müller-Jung am 5.September 2022 auf Seite 11:

- „*Das stimmt, doch wenn ein Minister so argumentiert,* ***bekommt wissenschaftliche Expertise schnell etwas Erratisches****.*"

Gewiss, gewiss. Etwas Verirrtes. Das kann man vermeiden. Man muss nur bereit sein, sprachlich etwas abzurüsten.

Fake

Im WAHRIG 2004 wird „*Fake*“ als umgangsprachliches, ja saloppes Wort für Simulation, Täuschung oder Fälschung erklärt, z. B. als Imitation eines teuren Markenprodukts. Von diesem relativ engen ökonomischen Verständnis ist man nicht zuletzt in den elektronischen Medien längst zu einem materieunabhängigen Gebrauch von „*Fake*“ übergegangen. Mit „*fake news*“ wird hantiert, als liege ein deutscher Ausdruck seit alters her vor. Dabei war er den Herausgebern des DUDEN schlichtweg noch unbekannt oder jedenfalls noch keinen Eintrag wert als eines aus dem Englischen in den deutschen Sprachgebrauch übernommenen Wortes.
Was einst eine optische Täuschung war, eine irgendwie gefälschte Geschichte, eine nicht der Wahrheit verpflichtete Nachricht, eine offenkundige Tarnung oder ein So-tun-als-ob, alles das, was einen (be)trügerischen Eindruck macht, vielleicht sogar einen handfesten Betrug darstellt, das wird heutzutage als „*Fake*“ qualifiziert.
Das hat gewiss seine praktische Seite. Dennoch ist ein Makel nicht zu übersehen: Die unspezifische Verwendung von „*Fake*“ für die soeben angedeuteten Sachverhalte lässt immer wieder die Frage offen, was denn wirklich gemeint sei. Damit allerdings ist „*Fake*“ in Gefahr, zu einer Floskel zu verkommen, die vor allem um ihrer selbst willen und zur Selbstdarstellung ihrer Verwender so oft zum Zuge kommt.

Fan(s)

Ob diejenigen, die sich als „***Fans***“, wessen auch immer, verstehen, auch nur ansatzweise wissen, welchen Ursprungs dieses Modewort ist? Dass es irgendwie aus dem Englischen stammen könnte, das ahnen sie vielleicht gerade noch. Dass >*fan*< dort die Kurzform von >*fanatic*< ist, dem im Deutschen der Fanatiker entspricht, dürfte schon außerhalb ihres Horizonts liegen. Ein Fanatiker, so lehren Lexika, ist ein Eiferer, ein unduldsamer Verfechter einer Überzeugung vornehmlich religiösen oder ideologischen Inhalts. Positive Verständnisse wollen sich dabei nicht einstellen, auch wenn penetrant von „*Fankultur*“ gefaselt wird ohne Rücksicht darauf, dass sich die beiden Begriffsbestandteile eigentlich ausschließen. Was uns „*Fanclubs*“ insbesondere im Sport dann Wochenende für Wochenende in blindem Eifer oder in rasender Begeisterung (lat. >*fanaticus*<!), zumeist aber in zerstörerischer Wut sowie mit saufseligem Gegröle zumuten, kann

allenfalls mit „*Unkultur*“ halbwegs richtig gekennzeichnet werden. Eine ganz kurze Meldung stehe hier für Hunderte identischen Inhalts:

- „***Hansa-Fans randalieren in Zügen***.“ (NDR, Texttafel 100, 27.2.2023).

Das alles aber hindert kaum noch jemanden, die Medienleute erst recht nicht, mit dem Anhängsel „*-fan*“ in Bereiche hineinzustoßen, bei denen sprachliche Zurückhaltung, besser noch sprachliche Sensibilität, die ja sonst gern reklamiert wird, ein kulturelles Gebot wäre.
Wie sonst soll man sich erklären, dass – natürlich bezeichnender Weise dort – auf Texttafel 162 des NDR am 22.Dezember 2022 „***Weihnachtsfans***“ zum Liedersingen im Ostseestadion in Rostock eingeladen wurden. Ausgerechnet in Rostock – siehe oben! Mit plötzlich weihnachtlich-friedvoll gestimmten *Hansa-Fans*?
Ein Bayer dürfte fragen: Geht’s noch?

Feeling

Woran liegt es, dass „*Feeling*“ eine steile Karriere als Ersatz für Gefühl, Einfühlungsvermögen, Gespür, aber auch für Empfinden und Erregung, hinter sich hat?
Verlangen nicht die genannten deutschen Begriffe eine behutsame Abgrenzung voneinander?
Dient „*Feeling*“ nicht, wie so viele in Mode gekommene Wörter, eher der sprachlichen „*Verunklarung*“, einem Versteckspiel oder der Camouflage, als dem präzisen Bezeichnen des jeweils tatsächlich nuanciert Gemeinten? Soll es, wiederum im Einklang mit Mode gewordenen Sprachhülsen, den Eindruck des Weltläufigen, des Polyglotten, des Locker-Flockigen vermitteln? Sind Wörter wie Gefühl oder Gespür zu konventionell, zu bieder, zu spießig? Und zu Deutsch?
Selbst in den seriösen Medien – oder besser solchen, die sich noch dafür halten – wird „*Feeling*“, offensichtlich in einer Kombination von Anbiederung und >Trendsetting<, über Gebühr oft und zumeist völlig überflüssig der Vorzug gegeben:
In der Überschrift eines Beitrags, den die FAZ am 25. August 2022 auf S. R1 Urlaubsorten in Großbritannien widmete, wurde auf das „***Riviera-Feeling***“ hingewiesen, das sich dort wohl einstelle. Hätten es Gefühl oder Empfinden nicht auch getan? Oder ganz simpel der Eindruck?

Final und finalisieren

Unter dem Adjektiv *„final"* ist zum einen *„abschließend, beendend"*, auch *„endgültig"* zu verstehen, zum anderen *„zweckbestimmt, einem Zweck, einem besonderen Ziel gewidmet, einen Zweck betreffend"*. So weit so einfach, wenn man von spezifischen Verwendungen von *„final"* in Grammatiken einmal absieht.
„Finalisieren" hat als das damit im Zusammenhang stehende transitive Verb einen etwas komplexeren Inhalt: neben *„einem bestimmten Zweck, einem Ziel zuführen, beenden"* wird in Diplomatenkreisen mit *„finalisieren"* ein Prozess gemeint, der Verträge oder Abkommen zur Unterschriftsreife bringt. Beachtenswert ist allerdings, dass der DUDEN das Verb *„finalisieren"* noch nicht verzeichnet. Wir haben es also mit einem Neologismus zu tun, von dem übrigens anzunehmen ist, dass er aus dem österreichischen und/oder dem schweizerischen Deutsch nach Deutschland importiert worden ist – um hier sehr beliebt zu werden, nicht zuletzt bei den sprachgewaltigen – oder besser der Sprache Gewalt antuenden - Texttafelredakteuren, wie die folgenden Beispiele belegen:

- „... ***um die Untersuchungsergebnisse zu finalisieren***." (ARD, Texttafel 204, 14.5.2019).

Wie kann man erzielte Ergebnisse noch *„finalisieren"*? Sind Ergebnisse nicht schon so etwas wie das Finale?

- „***Nun wurde der Transfer finalisiert***." (ARD, Texttafel 225, 21.1.2023).

Dass hier Sportredakteure am Werk waren, darf nicht verwundern; sie lassen keine Gelegenheit aus, ihrer Sprache einen Platz auf dem Podium zu sichern. Bombasmus pur!
Wie auch im nächsten Zitat:

- Er werde das Trainingslager verlassen, „***um einen Transfer*** *zu einem anderen Verein* ***zu finalisieren***." (ARD, Texttafel 223, 17.7.2023. Zitiert wird einVereinsmanager).

Aber auch auf das weniger spektakulär verwendbare Adjektiv *„final"* wird gegenwärtig seuchenhaft oft zugegriffen:

- „... *berichteten von Beratungen* ***in der finalen Phase***." (ARD, Texttafel 212, 22.7.2022).

Was spricht gegen „*Endphase*" oder „*Schlussphase*"?

- „***Der finalen Fassung***" eines Buches seien „*viele virtuose Leser zu wünschen.*" (Rezension in der FAZ, 31.8.2022, S. 10).

Wer so virtuos zu schreiben versteht, darf einem Buch in seiner „*finalen Fassung*" natürlich „*virtuose Leser*" wünschen.

- „***Vor den finalen Bundestagsdebatten** zum Haushalt hat Finanzminister Lindner seine Pläne verteidigt.*" (ARD, Texttafel 105, 22.11.2022).
- „*Juri Knorr überzeugte **im finalen WM-Test** gegen Island.*" (FAZ, Text unter Foto, 9.1.2023, S. 27).
- „... ***vor dem finalen Spieltag***" (ARD, Texttafel 693, 9.4.2023).

Ja, „*abschließenden*" oder „*letzten*" wären viel zu mickrig gewesen, das ist einzuräumen. Keine Frage!

- „***Bleibt die finale Frage***: ..." (FAZ, Niklas Bender, 17.12.2022, S.11).

Jede Frage darf eine Antwort erwarten, die „*finale Frage*" entsprechend logisch die finale Antwort: Die zur Sprachhuberei, zum verbalen Blendwerk wie auf einem Silbertablett servierten Wörter „*final*" und „*finalisieren*" werden auf eine Weise überstrapaziert, die zur Schlussfolgerung drängt: Man erkennt die Absicht und ist verstimmt. Final!

Fokus und fokussieren

Der Gebrauch von „*Fokus*" und „*fokussieren*" ist zur sprachlichen Marotte schlechthin gediehen. Wer in der Politik und mehr noch in den Medien wahrgenommen werden will, rückt etwas in den Fokus, nimmt etwas in den Fokus, fokussiert sich auf etwas, ist fokussiert. Es gibt keine Nachrichtensendung mehr, kein längeres Interview, keine Presseerklärung ohne eines der beiden Wörter, in der Regel werden beide irgendwie eingeschleust.

Es gab Zeiten, der Autor dieses Buches erinnert sich sehr genau, in denen abgesehen von einigen wissenschaftlichen Publikationen das Wortpaar so gut wie nirgendwo vorkam. Zur öffentlichkeitswirksamen Selbstdarstellung ohnehin nicht. Allein aus dieser Tatsache darf getrost gefolgert werden, dass das Deutsche andere Wörter bereithielt (und bereithält), gleichgelagerte Sachverhalte ohne „*Fokus*" und „*fokussieren*" eindeutig zum Ausdruck zu bringen. Welche waren und sind das?

Für die Römer war >*focus*< das Wort für Feuerstätte, Herd. Diese lateinische Vokabel diente in verschiedenen wissenschaftlichen Disziplinen dazu, fachbegrifflich modelliert bestimmte Phänomene zu bezeichnen. In der Physik, genauer in ihrer Teildisziplin Optik ist mit dem „*Fokus*“ der Brennpunkt von Linsen und Spiegeln gemeint, unter „*fokussieren*“ versteht man dort die Vereinigung von Lichtstrahlen in einem Punkt, aber auch das Ausrichten von Linsen auf einen Punkt. Es geht, etwas schlicht gesagt, um eine Bündelung. Um diese physikalische Verwendung soll es auch uns gehen, nicht um die sehr spezifische in Medizin, Biologie sowie Sprachwissenschaft.
Wollte man einigermaßen bescheiden auf die protzige Nutzung von „*Fokus*“ und „*fokussieren*“ verzichten, stünden einige deutsche Wörter bereit: Brennpunkt, Mittelpunkt, auch die Lehnwörter Zentrum und Konzentration für „*Fokus*“, in den Blick nehmen, in den Mittelpunkt stellen oder rücken, sich konzentrieren auf für „*fokussieren*“.
Davon aber wird kaum noch Gebrauch gemacht. Liegt das daran, dass sich das hier behandelte Wortpaar ebenfalls, und damit phrasentypisch, bestens dafür eignet, Gemeintes im Ungefähren zu lassen, gleichzeitig aber den Eindruck des Bedeutungsvollen zu vermitteln?
Die Antwort sei den Leserinnen und Lesern nach der Lektüre der sachlich doch wohl gebotenen langen Liste von Beispielsätzen anheim gestellt.

- „***Deutschland hat seine Schuld*** *an Millionen von sowjetischen Opfern ... in erster Linie* ***auf Russland fokussiert****, dabei jedoch...*“ (FAZ, wiss. Aufsatz, 12.12.2022, S. 6).

Eine Schuld soll also „*fokussiert*“ werden können, noch dazu auf ein bestimmtes Land! Geht es aufgeblasener?

- „*Sie wollen in Ihr erstes WM-Finale?*“ - „***Das ist erst mal der Fokus***.“

So antwortete die Leichtathletin Gina Lückenkemper auf die Frage des FAZ-Redakteurs Michael Reinsch laut FAZ, 19.12.2022, S. 28. Ein Ziel wird mal eben zum „*Fokus*“!

- „*Es sind Veränderungen der relativen* ***Preise*** *zwischen den verschiedenen Konsum- und Kapitalgütern,* ***die*** *dabei laut James* ***im analytischen Fokus stehen****.*“

Den Satz verfasste der Rezensent Prof. Stefan Kolev. Er meinte also Preise, die im Fokus einer Analyse stehen, also in deren Mittelpunkt, in deren

Zentrum. Geht es nicht auch weniger volltönend, Herr Professor? (FAZ, 19.12.2022, S. 16).

- *„Habeck will* ***den Fokus*** *... jetzt wieder stärker auf den Ausbau der erneuerbaren Energien* ***lenken****.“* (FAZ, koll., 24.11.2022, S. 17).
- ***„Holland will Fokus auf Fußball****.“* (ZDF, Texttafel 100, 24.11.2022).
- *„Vor dem Spiel gegen Spanien sei ... daran erinnert, wie sich Topathleten auf einen Wettkampf vorbereiten:* ***Sie fokussieren sich****, lassen sich nicht ablenken, sind ganz bei sich.“* (FAZ, Michael Horeni, 26.11.2022, S. 42).
- *„Der Wirtschaftsminister setzte andere Akzente,* ***er fokussierte sich mehr aufs Geldausgeben****.“* (FAS, Ralph Bollmann, 27.11.2022, S. 25).
- *„Für Easyjet* ***rutscht Deutschland aus dem Fokus****.“* (FAZ, Überschrift, 30.11.2022, S. 20).
- *„Heute* ***legt die Partei ihren Fokus auf*** *Wirtschafts- und Klimapolitik.“* (FAZ, Reiner Burger, 30.11.2022, S. 8).
- ***„Fokus auf Energieeffizienz wächst****.“* (ARD, Texttafel 146, 14.12.2022).
- *„Verbot kurzer Flüge* ***setzt falschen Fokus****.“* (FAZ, 2.1.2023, S. 19. Es handelt sich um ein Zitat in einer Überschrift!).
- *„Dang Qiu hat sich* 2022 ***in den Fokus gespielt****.“* (FAZ, 5.1.2023, S. 28).
- *„Als klimafreundliche Heizung* ***rückt die Wärmepumpe in den Fokus****.“* (FAZ, 6.1.2023, S. 21).
- ***„Im Fokus*** *wird Papperger weiterhin* ***stehen****.“* (FAZ, Jonas Jansen, 7.1.2023, S. 8).
- *„Am dritten Tag der Räumung* ***legt die Polizei*** *heute* ***einen Fokus*** *auf Aktivisten, die...“* (ARD, Texttafel 105, 13.1.2023).
- ***„Bayer verlagert Fokus*** *in die USA“* (ARD, Texttafel 163, 16.1.2023).
- *„die monatelange* ***mediale Fokussierung****“* auf ihre Person lasse eine sachliche Berichterstattung über die Bundeswehr kaum zu.

So begründete Ministerin Lambrecht ihre Bitte um Entlassung laut ARD, Texttafel 104, 16.1.2023. Es war aber auch höchste Zeit, dass sie ging, denn wer will schon ständig fokussiert sein bei so viel fachlicher Leere?

- *„..., und immer mehr* ***fokussierte sich die Diskussion*** *auf die Lieferung von Kampfpanzern.“* (FAZ, 20.1.2023, S. 2).
- *„Gleichzeitig* ***fokussiert sich die Debatte*** *darüber, ob die Klimaziele erreicht werden, derzeit darauf, ob...“* (FAZ, Jan Hauser, 24.1.2023, S. 15).

- „*Endlich* ***hat die Bank einen klaren Fokus***." (FAZ. Hanno Mußler, 6.2.2023, S.15).
- "***Während die Kamera … auf die Erste Ministerin fokussierte***, *war hinter deren Schultern das Porträt von Robert Burns ständig im Blick.*" (FAZ, Gina Thomas, 20.2.2023, S. 9).

Man beachte die dichte Folge des Einsatzes von „*Fokus*" und „*fokussieren*", auch wenn nur etwa 10% der verfügbaren Zitate aus dem bemühten Zeitraum gebracht worden sind. Eines dürfte unübersehbar sein: Die einschlägig Verdächtigen sind mit voller Breitseite dabei!
Es wird also „*ein Fokus ... gelegt*" oder „*gelenkt*" oder „*gesetzt*", es wird ein „*Fokus verlagert*", ein „*Fokus wächst*", es hat sich jemand „*in den Fokus gespielt*", es wird etwas „*in den Fokus gerückt*", anderes ist „*aus dem Fokus gerutscht*", eine Bank „*hat einen klaren Fokus*". Oder manchmal doch einen „*falschen Fokus*"?
Und so weiter und so fort. Es scheint keine Grenzen mehr zu geben für den pompösen Gebrauch von „*Fokus*" in Kombination mit so gut wie jedem irgendwie gegriffenen Verb. Dieses Urteil wird gewiss gestützt durch die Weiterentwicklung des transitiven Verbs „*fokussieren*" mit einem ersten schaurigen Höhepunkt in einem Werbetext von etwa 2010

- „***Die Präsentation fokussiert bereits jetzt die nächsten Innovationen***"

zum reflexiven Verb „*sich fokussieren*", wie in „***Topathleten fokussieren sich***" oder „***fokussiert sich die Debatte***", aber auch, ganz neu, zum intransitiven Verb, wie in „***Während die Kamera... auf die Erste Ministerin fokussierte***".

- „***Stärkerer Fokus auf häuslicher Gewalt***" (MDR, Texttafel 132, 15.4.2023).
- „***Eigenheimrente gehört in den politischen Fokus***."

Das stand selbstbewusst-fordernd in einer Anzeigensonderveröffentlichung zum Wirtschaftstag 2023 in der FAZ vom 22. Mai 2023. Dort fand man auch den ganz und gar blasenfreien Satz „*Deutschland muss in den Umsetzungsmodus*." Den war man sich schuldig, aber klar!

- „*Gosens offenbar* ***im Fokus vom VfL***." (NDR, Texttafel100, 29.6.2023).

Sehr viel überzeugender kann der berüchtigte *Vonitiv* nicht zum Zuge kommen!

- *„**Der Einzelhandel steht im Fokus**“* (Text unter Foto, FAZ, 12.7.2023, S. 25).
- *„**Darauf liegt mein Fokus**.“* (ARD, Texttafel 218, 18.7.2023).

Zitiert wird die Weitspringerin Malaika Mihambo, nachdem feststand, dass sie nicht an der WM 2023 teilnehmen könne; sie wolle sich nun auf die EM und Olympia 2024 konzentrieren.

- *„**Auf Bundesebene fehlt total der Fokus**“*.

Das behauptete, ganz dem Sportlerdeutsch verbunden, der bayerische Wissenschaftsminister Markus Blume laut FAZ vom 7. März 2023, Seite 16.

- *„Wie belastend **der mediale Fokus** für den jungen Nationalspieler ist.“* (FAZ, Frank Heike, 8.3.2023, S. 27).

Ach wie wahr, belastend!

Es dürfte nunmehr nicht überraschen, dass *„**Mit vollem Fokus**“* zur Ehre des Buchtitels gekommen ist. Im Blick auf *„mit vollem Fokus“* fällt einem nur die hier etwas abgewandelte Erkenntnis ein: Ist es auch Blödsinn, so hat es doch Methode! Muss man sich einen halbvollen Fokus vorstellen? Oder gar einen leeren?
Was war (wahrscheinlich) gemeint? Möglicherweise *„hochkonzentriert“*. Vielleicht auch *„mit Priorität“*, aber dann eben auch nicht phrasenfrei. Ein Ausweichen auf *„Im Fokus“* hätte man ja tolerieren können. Aber *„Mit vollem Fokus“*, das nun wirklich nicht.
Für die Eignung als Buchtitel muss man allerdings dankbar sein. Wem? Natürlich der FAZ, sie hat die Überschrift *„**Mit vollem Fokus auf Evonik**“* zu verantworten, die über einem Foto des Evonik-Vorstandsvorsitzenden Christian Kullmann am 13. Dezember 2022 auf S. 22 stand.
Auf diese Überschrift, da gab es kein Zaudern, musste man fokussiert bleiben!

Format

Einst waren Ausdrücke wie *„ein Mann, eine Frau, ein Chef von Format“* gang und gäbe. Sie sind aus der Mode gekommen. Liegt das daran, dass es diese gar nicht mehr gibt?
In Mode gekommen ist hingegen eine Wendung mit *„Format“*, der sich die Politiker und die Zunft der Medienleute zunehmend bedienen, um auf eine

besondere politische Konstellation, auf ein interstaatliches Übereinkommen oder auf dergleichen hinzuweisen, ohne zu präzisieren, was sie denn ansprechen. Als ein herausragendes Beispiel sei das immer wieder beschworene „***Normandie-Format***“ genannt. Wer nicht „*in*“ ist, ist eben „*out*“, so einfach ist das. Man bleibt terminologisch unter sich, ganz Insider, und sagt den anderen, was sie sind: Unwissende. Vielleicht sogar Ungebildete?
Die FAZ als Zeitung für kluge Köpfe darf deshalb ohne Zögern mit folgendem Satz aufwarten:

- „***Ein derartiges Format*** *ist vor allem bei deutsch-französischen Ministerräten üblich.*“ (FAZ, Michaela Wiegel, 30.7.2022, S. 6).

Die „*überdurchschnittliche Tüchtigkeit*“, die „*besondere Bedeutung*“ sowie der „*Rang*“ oder das „*überragende Niveau*“, die vertrauten Definitionen, wenn das „*Format*“ einer Persönlichkeit, einer Institution oder auch nur einer Sache betont werden soll, können hier, dessen kann man einigermaßen sicher sein, nicht gemeint gewesen sein. Aber was?
„*Format*“ wird auch als „*Gestalt, Ausmaß, Normgröße*“ (oder auch nur „*Größe*“) begriffen, man denke an das damit zusammenhängende Verb „*formatieren*“. Sollte „*Zuschnitt*“ in Betracht kommen? Oder doch die wohl weiterhin als Fremdwort zu begreifende Vokabel „*Konstellation*“? Oder ganz schlicht „*Gestalt*“?
Muss man diese Fragen nicht auch bezogen auf den folgenden Satz stellen?

- „*Klamroth sagte, >hart aber fair< sei >**eines der etabliertesten Formate im deutschen Fernsehen**<.*“

Ihn lieferte die FAZ am 19. August 2022 auf S.13. Man ahnte ja, dass damit nur eine bestimmte Serie im Programm der ARD gemeint sein konnte. Plötzlich aber wimmelt es im Fernsehen nur so von „*Formaten*“. Will man damit an das einst mit „*Format*“ verbundene Bedeutungsvolle, das überragende Niveau, den überdurchschnittlichen Wert anknüpfen, verschleiernd, dass in sehr vielen Fällen Dürftiges, Oberflächliches, Geschwätziges geboten wird? Auf die meisten dieser „*Formate*“ kann man gut und gerne verzichten. Auf den überbordenden Gebrauch des Wortes „*Format*“ auch. Auf Politiker und Journalisten von Format eher nicht. Leider sind sie selten geworden.

Forum

Das antike Rom hatte einen Marktplatz, der als >*Forum Romanum*< bekannt war. Er diente auch als Gerichtsplatz. Davon abgeleitet sprechen wir heute noch vom „*Forum der Öffentlichkeit*" und verstehen dieses als eine Art Richterstuhl. Als „*Forum*" wird aber auch eine Gruppe von Fachleuten begriffen, die eine sachverständige Untersuchung einer strittigen Frage gewährleisten. Man kann sich also dieserhalb an ein „*Forum*" wenden. Auch das „*Forum der Geschichte*" kommt in Betracht.
Etwas großzügiger gilt als „*Forum*" auch eine „*Plattform, ein geeigneter Ort*" für Erörterungen, z. B. eine Zeitschrift oder ein Gremium, eine organisierte Versammlung.
Auf dieses Verständnis von „*Forum*" nahm wohl der Leserbriefschreiber Dr. Theo Schmitz aus Bad Dürckheim in Reaktion auf einen vorangegangenen Leserbrief Bezug, als er schrieb:

- „*Mir ist völlig* ***unverständlich, wie Sie einem solchen Unsinn ein Forum bieten können***." (FAZ, 25.5.2022, S. 25).

Der Satz ist bildungssprachlich außergewöhnlich anspruchsvoll formuliert worden, gewiss.
Nicht vielleicht zu anspruchsvoll? „*Einem solchen Unsinn ein Forum bieten*" – das geht doch auch eine Nummer kleiner. Es ist die Kombination von „*Unsinn*" und „*Forum*", die nicht überzeugt. Wenn das Urteil „*Unsinn*" einen Sinn haben soll, dann ist ein „*Forum*", ein Ort also, wo noch eine Erörterung stattfinden sollte, überhaupt nicht vonnöten, nicht sinnvoll. Es ist zu vermuten, dass „*Forum*" um des Gewichts des Begriffs willen bemüht wurde. Die Nähe zur Phrase liegt auf der Hand. Wie so oft, wenn ein „*Forum*" einer Gesprächsrunde, einem Personenkreis, einem Gremium oder auch nur einem Ort, einem Raum eindrucksheischend vorgezogen wird. Statt „*ein Forum bieten*" wäre also „*Raum geben*" sehr viel angemessener gewesen. Aber natürlich weniger phrasenhaft, das ist wohl wahr.

Frust – Frustration – frustrieren(d) – frustriert sein

Nicht nur gelegentlich muss man annehmen, wir lebten im Zeitalter der Frustrationen. Hier kommt „*Frust*" auf, dort nisten sich „*Frustrationen*" ein, dieser ist „*frustriert*", jener sieht sich „*gefrustet*", vieles ist „*frustrierend*" – und so weiter und so fort. Sobald etwas Enttäuschendes zu beklagen ist, sobald etwas misslungen scheint, sobald eine Erwartung nicht hat erfüllt werden können, stellt sich garantiert „*Frust*" ein – mindestens verbal. Unklar bleibt, ob denn trotz des ständigen Gebrauchs von „*Frust*" und

verwandten Wörtern überhaupt eine sinnvolle Vorstellung vorliegt, was denn *„frustriert sein“* recht eigentlich bedeutet.
Wurzel des Hauptworts *„Frustration“*, das uns zumeist nur in der Kurzform *„Frust“* begegnet, ist, wen wundert’s, das lateinische Nomen >*frustratio*< in der Bedeutung *„Täuschung einer Erwartung“*. Der DUDEN spricht vom *„Erlebnis einer Enttäuschung und (vermeintlichen) Zurücksetzung durch erzwungenen Verzicht oder versagte Befriedigung“*. *„Frustrieren“* besagt dann, logisch, *„in der Erwartung täuschen, hinhalten“*; *„frustriert sein“* bezeichnet das Resultat dessen.
Orte der Enttäuschung und der Täuschungen gibt es viele. Liegt das daran, dass die Tugend des Maßhaltens, immerhin eine der vier Kardinaltugenden, keine Wertschätzung mehr erfährt? Liegt es daran, dass tagaus tagein mit viel zu hohen Erwartungen und grenzenlosen Selbstüberschätzungen der Boden für *„Frustrationen“* ständig von denen selbst gedüngt wird, die dann *„frustriert“* sind? Wenn dem so sein sollte – und was spricht wirklich dagegen? -, überrascht es dann noch, dass in der Politik und im Sport sowie im sie begleitenden Medienzirkus ständig *„Frust“* vermeldet wird?
Der folgende Satz dürfte bei genauer Betrachtung ein Muster liefern, wie sich die soeben gestellten Fragen beantworten lassen:

- ***„Es ist brutal frustrierend, dass wir unsere Leistung nicht konstant abrufen konnten.“***

So jammerte, völlig frustriert, Fußballnationaltorwart Manuel Neuer laut ARD, Texttafel 824, 3.12.2022. Schon die Wortkombination *„brutal frustrierend“* weist Neuer als einen Meister im Phrasensumpf aus.[54] Aufschlussreicher dürfte jedoch ein anderer Aspekt seines Wehklagens sein: Hatte er womöglich *„unsere Leistung“* völlig falsch eingeschätzt, überschätzt? War dann Enttäuschung – oder besser Selbsttäuschung – nicht geradezu naturnotwendig Auslöser der Frustration, die er so herzergreifend beklagt? Könnte es also sein, dass so vieles, was als *„frustrierend“* empfunden wird, nur in den seltensten Fällen auf von außerhalb der eigenen Person(engruppe) herrührende Täuschungen, Hinhaltungen, Versagungen, Zurücksetzungen zurückzuführen ist, dass vielmehr eigene überzogene, realitätsferne Erwartungshaltungen die Quelle des Übels der vielen Frustrationen darstellen?
Und könnte es sein, dass genau aus diesem Grunde so oft zu den hier behandelten Vokabeln Zuflucht genommen wird, weil sie die Gewähr bieten, dass man nicht präzise darlegen muss, was man mit *„Frust(ration)“* und *„frustriert“* mitzuteilen beabsichtigt? Oder: Zu bejammern sich angeschickt hat! So viel Offenlegung oder gar Entblößung des eigenen

---

[54] Auch das Verb „abrufen“ weist ihn als diesen Meister aus. Es hat einen eigenen Eintrag erfahren.

Befindens und Empfindens muss ja auch nicht sein. Das wäre nur zusätzlich frustrierend. Die Zuflucht zur Phrase ist dann naheliegend. Wie zum Beispiel auch in der knappen Nachricht

- *„**Viel Frust über Commerzbank-IT**“* (FAZ, Überschrift, 25.8.2022, S. 23).

Wer aus Zeitnot oder aus anderen Gründen sich mit dem Überfliegen von Überschriften in Zeitungen kurz informieren will, dürfte aufgeschmissen sein – und somit *„frustriert“* reagieren. Das zumal deswegen, weil *„Frust über“* auch nicht jeden Tag vorkommt. Aber die sprachsensible FAZ macht's halt möglich.
Dennoch hoffe ich, dass ich meine Leserinnen und Leser nicht *„gefrustet“* habe.

Geil

Mit diesem Adjektiv begegnen wir einem Markenzeichen der Jugend- und vor allem auch der Sportsprache, wobei die Übergänge ja ohnehin fließend sind. Wann immer etwas erfreulich, schön, beglückend, zufriedenstellend ist, also im weitesten Sinne positiv empfunden wird, erfährt es die Beschreibung, es sei *„geil“* (gewesen). Zitieren wir den Skispringer Andreas Wellinger, der als Vertreter beider Soziolekte fungieren kann, nachdem er sich bitter über die Punktrichter beklagt hatte, die ihm angeblich nur Rang zwei ermöglichten:

- *„**Aber die Sprünge waren richtig geil.**“* (ARD, Texttafel 209, 25.2.2023).

Wie schön also für ihn, dass er durch *„geile Sprünge“* denn doch erfreut und somit irgendwie entschädigt wurde. Was genau an seinen Sprüngen *„geil“* war, lässt Wellinger zwar ungesagt, aber das hat auch einen Vorteil: Man wird angeregt, darüber nachzudenken, was *„geil“* an Bedeutungen im Gepäck hat – oder haben könnte.
Es empfiehlt sich deshalb und es lohnt sich, wie sich wohl zeigen lässt, der Vermutung zu folgen, dass *„geil“* eine der steilsten Karrieren, beinahe eine idealtypische, in der Phrasendrescherei hingelegt hat.
Nur nachrichtlich sozusagen sei erwähnt, dass *„geil“* in der Land- und Forstwirtschaft fachsprachlich verwendet wird. Es heißt dann, dass *„geile Triebe“*, weil wenig Frucht versprechend, zu entfernen seien oder *„geil emporschießendes Unkraut“* zu jäten sei. Überdüngter Boden wird als *„geil“* wenig geschätzt. Zusammengefasst: *„geil“* ist hier eindeutig negativ

konnotiert – um ein von den Linguisten besonders geschätztes Verb zu benutzen. Dieser Definitionsstrang kommt also nicht weiter in Betracht.

Mit „*geil*" hat es allerdings noch eine andere, für uns hier bedeutsame Bewandtnis. Das ursprünglich auch eher abwertende Verständnis von „*geil*" im Zusammenhang mit Sexualität ist bekanntlich längst einer positiven Lesart gewichen und stellt insofern den Ausgangspunkt der besagten steilen Karriere dar. Einst war mit „*geil*" gemeint, es liege eine Gier nach sexueller Befriedigung vor, es dominiere der Sexualtrieb, die sexuelle Erregung. Der Ausdruck „*geiler Bock*" mag in Stellvertreterfunktion für viele andere ganz ähnliche genügen. Mit dem Aufkommen extrem libertärer Lebensauffassungen und -gestaltungen sind die negativen Aspekte von „*geil*" weitgehend abgeschüttelt worden. Der Siegeszug als Modewort für alles Positive konnte beginnen, nun so gut wie vollständig losgelöst von sexuellen Bezügen. „*Geil*" fand zunehmend Eingang in die bildliche Sprachgestaltung, die metaphorische. Der Satz „*Er war geil nach Ruhm*" belegt das – wenngleich die Aussage immer noch ziemlich negativ angehaucht ist. Aber auch davon hat sich „*geil*" lösen können. Soll man den Soziolekten des Sports und der Jugend dafür dankbar sein? Eingeschränkt ja, aber gewiss nicht auf der ganzen Linie. Für dieses Urteil mögen zwei Sätze eintreten:

- „***Dann denkst du, es gibt noch geile Menschen***."

So sprach, man wundere sich nicht, Dieter Bohlen über einen Mann, der die Parkhausgebühr für ihn bezahlt hatte. Jedenfalls hat ihn die FAZ am 6. Januar 2023 auf Seite 9 so zitiert, genau so. Ist das nicht eine geile Sprache? In jeder Beziehung vorbildlich, nicht wahr? Was Wunder, wo doch Dieter Bohlen für Millionen der Prototyp des irgendwie geilen Menschen geworden ist.
Und er hat natürlich seine Partnerinnen und Partner im Showbusiness. Eine davon ist die Rapperin Nina Chuba, die uns bereits begegnet ist:

- „*Guck mal*, ***mein Gucci-Pulli – dabei sieht der dann gar nicht geil aus***."

Das sagte sie in einem FAZ-Interview – zu der Ehre muss man erst mal aufgestiegen sein! -, das am 14.Dezember 2022 auf Seite 7 die Leserschaft erfreuen sollte. Ein „*geiler Gucci-Pulli*"? Wer wäre sonst jemals darauf gekommen, dass es geil aussehende Pullis überhaupt geben könnte. Das ist genau das grundsätzliche Defizit von immer noch zu vielen – sie haben die universelle Einsetzbarkeit der Worthülse „*geil*" bisher verschlafen, wenn es gilt, auf etwas Erfreuliches, Beglückendes, Schönes hinzuweisen, ohne genau sagen zu müssen (oder zu wollen), was denn die Jubelarie, die zumeist mit „*geil*“ gesungen wird, ganz konkret ausmache. Wie zum Beispiel in folgenden Zitaten:

· „***Es ist geil, Fan vom VfB zu sein***.“

So lautete der Text auf einem Spruchband, das im Dortmunder Stadion gezeigt wurde.

· „***Wir fahren die geilsten Autos der Welt***.“

Das gab Formel1-Rennfahrer Nico Hülkenberg laut FAZ vom 1. Juli 2023 auf S. 31 von sich.
Geile Ausdrucksweise, das wird man zugeben müssen!

Generieren

Dieses Stichwort hat lat. >*generare*<, deutsch erzeugen, zeugen als Wurzel. Weniger anspruchsvoll kommen auch herstellen, schaffen, herbeiführen in Betracht sowie auslösen. Damit stehen im Deutschen ausreichend viele und differenziert einsetzbare Verben zur Verfügung. Doch wer wird sich damit begnügen, wenn ihm ein Prunkwort wie „*generieren*“ angeboten wird. Wer will in diesem Fall nicht so etwas wie ein Generator, hier ein Sprachschöpfer, sein, der unsere Sprache zu bereichern im Sinn hat, nur das, ganz sicher, wenngleich nur für eine Minderheit. Seit einiger Zeit wird nun immer irgendwo etwas „*generiert*“. Mehr Umsatz zum Beispiel, Gewinn zudem, aber auch Vertrauen, Verständnis und Zuversicht, neuerdings sogar Ängste und Zweifel. Auf die konkreten Bezüge sich zu beschränken, wer will sich darauf einlassen. Prunkwörter sind erst wirklich solche, wenn sie im übertragenen Sinne zum Zuge kommen und damit Hochachtung generieren, auch wenn sie Aussagen im Unklaren lassen. Außerdem eignen sie sich vorzüglich dazu, von sprachlichen Mängeln abzulenken, diese zu kaschieren, ganz phrasentypisch.

Genial

Genies, also Menschen mit höchster schöpferischer Begabung, sind auch in unseren Zeiten eher selten. Auch die sogenannten verkannten Genies haben sich, genau wie die verbummelten Genies, ziemlich rar gemacht, mindestens im Sprachgebrauch. Umso erfreulicher ist dann, dass das abgeleitete Adjektiv „*genial*“ sehr zahlreich verwendet wird. Zwar in den seltensten Fällen sprachlich genial, aber zumeist kongenial, nämlich auf der Ebene der Phrasen, der Floskeln, der Worthülsen:

- „***Dritter ist nicht genial***."

So urteilte der Skisportler Vincenz Geiger laut FAZ (3.2.2020, S. 27) über seinen dritten Platz, immerhin einen, der fürs „*Podium*" oder „*Podest*" reichte. Meinte er wirklich „*genial*"? Wenn ja, was meinte er damit? Meinte er vielleicht „*ideal*"? War ihm da etwas in seinem Wortschatz durcheinander gekommen? Oder meinte er „*optimal*", eines der beliebtesten Adjektive gerade unter Spitzensportlern, die sich zudem selbst mit dem „*Optimalen*" nur selten zufrieden geben, sondern auf das „*Optimalste*" aus sind? Dann hätte er ja die Wirklichkeit richtig beschrieben, denn ein dritter Platz ist objektiv nicht das Optimum. Rein subjektiv betrachtet kann es das allerdings sehr wohl sein. Warum also „*genial*"? Er wollte doch wohl nicht andeuten, er sei so sehr Skisportgenie, dass ein dritter Platz dann wirklich nicht als „*genial*" empfunden werden kann, also einem Genie angemessen? Möglicherweise ist man mit dieser etwas unfreundlichen Vermutung der Antwort bereits sehr nahe gekommen, weshalb das Adjektiv „*genial*" besonders bei Leistungssportlern so beliebt geworden ist.

Geschuldet

„*Geschuldet*" ist, rein grammatisch betrachtet, das Partizip Perfekt des Verbs „*schulden*". Einen eigenen Eintrag hat „*geschuldet*" sehr logisch in Lexika deshalb auch nicht erfahren.
Damit könnte man es bewenden lassen.
Ganz so einfach verhält es sich bei genauerer Betrachtung der häufigen Verwendung von „*geschuldet*" allerdings nicht. Das vom Infinitiv „*schulden*" abgeleitete Partizip Perfekt hat sich verselbständigt.
Vergegenwärtigen wir uns deshalb unter Berufung auf den DUDEN zunächst, was „*schulden*" bedeutet: Zum einen ist „*verpflichtet sein (zu zahlen)*" gemeint, wenn es zum Beispiel heißt, dass man jemandem eine große Summe schulde, zum anderen, dass man ein bestimmtes Tun, eine bestimmte Haltung aus sittlichen, gesellschaftlichen oder ähnlichen Gründen „*schuldig*" sei.
Von beiden Definitionen ist beim inzwischen massenhaften Einsatz von „*geschuldet*" nichts mehr oder kaum noch etwas vorhanden. „*Geschuldet*" ersetzt in den meisten Fällen die schöne Wendung „*zu verdanken*". Woran könnte das liegen? Daran, dass das Danken generell aus der Übung gekommen ist? Es gibt sogar Verwendungen von „*geschuldet*", die wirken

angesichts der grundsätzlich und zum Teil sogar überschwänglich positiven Aussagen irritierend, wenn nicht überhaupt irreführend:

- *„**Die Ernte**, die CDU und SPD jetzt einfahren, **ist allenfalls zum Teil ihrer Politik geschuldet**.*“ (FAZ, 8.11.2006, S. 13).

Für eine Ernte sollte man doch dankbar sein. Also ist *„zu verdanken*“ der inhaltlich angemessene Ersatz von *„geschuldet*“.

- *„... der Schweizer **Wohlstand sei auch glücklichen Umständen geschuldet**.*“ (FAZ, 16.12.2006, S. 9).

Welche Schuld haben *„glückliche Umstände*“ auf sich geladen? Oder sollte tatsächlich gesagt werden, der Wohlstand sei den glücklichen Umständen etwas schuldig (geblieben)? Er verdankt sich doch wohl (auch) glücklichen Umständen.

- *“**Als Glücksfall** betrachtet Müller deshalb einen Umstand, der eigentlich nur **bürokratischen Hemmnissen geschuldet** ist.*“ (FAS, Ralph Bollmann, 15.1.2023, S. 24).

Auch wenn von *„bürokratischen Hemmnissen*“ die Rede ist, einem *„Glücksfall*“ sollte etwas *„zu verdanken*“ sein.
Wie sehr zwischen *„geschuldet*“ und *„zu verdanken*“ nicht mehr inhaltlich sinnvoll und damit sprachlich sensibel unterschieden wird, dürfte das folgende Zitat belegen:

- *„Es ist nicht ganz ohne Ironie, dass **die Bredouille ... nicht seiner Verschwendungssucht zu verdanken** ist, sondern wohl eher mit dem Wunsch zu tun hat, den Hausfrieden wahren zu wollen.*“ (FAZ, GinaThomas, 25.1.2022, S. 9).

„Die Bredouille”, also ein unangenehmer Sachverhalt, sollte nun wirklich nicht einer *„Verschwendungssucht*“, einem zu missbilligenden Verhalten, *„zu verdanken*“ sein. Wenn überhaupt irgendwo, dann ist *„geschuldet*“ hier das inhaltlich angemessene Wort.[55]
Insgesamt aber sollte bedacht werden: *„Geschuldet*“ wird überstrapaziert und gerät so in die Nähe einer Floskel, die den Inhalt einer Aussage vernebelt oder sogar in sein Gegenteil verkehrt.

---

55 Eigentlich mehr als eine Fußnote sollte der inzwischen massenhaft vorkommenden tautologischen Fügung *„Wunsch … zu wollen*“ gewidmet sein. Sie ist nämlich Beleg für die verbreitete Sucht zur Blähsprache.

Gipfel

In der Politik haben wir seit einiger Zeit allem Anschein nach nur noch Gipfelstürmer, Hochalpinisten sozusagen. Sie bewegen sich, nimmt man die Medien ernst – und was begehren sie mehr, als ernst genommen zu werden -, von Gipfel zu Gipfel. Soll damit gesagt sein, dass sie sich auf Höhen tummeln, die für die Fußkranken dieser Erde, das einfache Wahlvolk, unerreichbar sind? Soll gesagt werden, dass es die vornehmste Aufgabe der in den Niederungen des Alttags im Schweiße ihres Angesichts das Dasein fristenden Menschen ist, mit dem gebotenen Respekt – man denke an das berühmte Wahlkampfschlagwort unseres Bundeskanzlers – hinaufzuschauen auf die dem Himmel so nahe gekommene, aber im Dienste des Volkes stets, weil mühsam von Grat zu Grat kletternd, absturzgefährdete Politikelite?

Wann immer sich Politiker, die etwas von sich halten (dürfen) – eigentlich sind das alle Politiker, neuerdings Politikerinnen vorneweg, das sollte man neidlos einräumen -, irgendwo zu einem Thema, und sei es noch so zweit- oder drittrangig, treffen, wird ihre Zusammenkunft zu einem „*Gipfel*" hochstilisiert.
Zudem: Anders als in der Natur sind die Gipfel nicht einfach da, es muss zumeist ein „*Gipfel einberufen*" werden. Politiker schaffen sich also, selbst wenn es sich inhaltlich allenfalls um Hügelchen handelt, ihre „*Gipfel*"! Und sie laden zu einem solchen ein! Oder sie fordern ihn sogar! Man könnte meinen, sie seien nirgendwo lieber als auf einem Gipfel, ganz einem Höhenrausch unterliegend. Könnte das der Grund sein, warum das relativ hoch gelegene Davos als Ort des „*Weltwirtschaftsgipfels*" ganze Pilgerscharen anlockt?
Damit es sich nicht nur um einen kahlen, einen inhaltlich nackten Gipfel handelt, wird dem „*Gipfel*" fast immer ein Wort vorangestellt, das geeignet scheint, die Bedeutung des „*Gipfels*" keinem Zweifel auszuliefern. Wie selbstverständlich werden sodann diese „*Gipfel*" zusätzlich geadelt, indem man ihnen bescheinigt, es seien auch „*andere Formate*" vorstellbar.[56] Das hat Format!
Eine etwas längere Liste mit Beispielen – nur das sind sie - aus einem gar nicht so langen Zeitraum sei gestattet:

- „*Baden-Württemberg lädt zum **Gasgipfel**.*" (FAZ, Überschrift, 26.7.2022, S. 2).
- „*Ministerpräsident Kretschmann **berief einen Gasgipfel ein**.*" (FAZ, Timo Frasch und Rüdiger Soldt, 30.7.2022, S. 2).

[56] Vgl. FAZ, 30.7.2022, S. 2.

- „*Er* (MdB Dr. Miersch, SPD) *schlug einen **Energiegipfel** von Bund, Ländern und Kommunen vor.*" (FAZ, elo./itz., 5.8.2022, S.1).
- "*Haseloff lädt zu **Energie-Gipfel**.*" (MDR, Texttafel 100, 16.8.2022).
- „*Scholz spricht bei **Krim-Gipfel**.*" (ARD, Texttafel 107, 23.8.2022).

Im Text war dann von einem „*Online-Gipfel*" die Rede! Wie erleichternd. Man war schon versucht zu glauben, es werde tatsächlich ein Gipfel auf der Krim erklommen.

- „*Städtetag fordert **Flüchtlingsgipfel**.*" (ARD, 13.9.2022, 8.00 Uhr Nachrichten).

Es handelte sich um einen eingeblendeten Text.

- „*Hessens Ministerpräsident Rhein kündigt >**Sozialgipfel**< an.*" (FAZ, 13.9.22, S. 6).
- „***Flüchtlingsgipfel***" (FAZ, 23.9.2022, S.1).
- „*Der **Maschinenbaugipfel** in Berlin ... hat sich beachtlich entwickelt.*" (FAZ, Uwe Marx, 12.10.2022, S.15).

In dem Beitrag stand auch, Olaf Scholz sei dort "*bereitwilliger Partner*" gewesen, „*um Doppelpass zu spielen*". Selbst in der Überschrift! Mehr an Phrasen auf engstem Raum ist kaum noch vorstellbar.

- „*Minister Wissing und die Ländervertreter streiten auf dem **Mobilitätsgipfel** über die Finanzierung.*" (FAZ, 3.12.2022, S. 19, Untertitel!).
- „*Haseloff lädt zu **Schulgipfel** ein.*" (MDR, Texttafel 131, 9.12.2022).
- „*Auf dem **Digitalgipfel** der Bundesregierung.*" (FAZ, 9.12.22, S.1).
- „*Schlickprobleme*: *Erster **Hafengipfel**.*" (NDR, Texttafel 120, 9.12.2022).

Auf die Kombination von „*Hafen*" und „*Gipfel*" muss man erst mal kommen!

- „***Digitalgipfel***" (ARD, Tagesschau, 9.12.2022).
- „*Das Ergebnis des **Olympischen Gipfels** ... war, ...*" (ARD, Texttafel 154, 16.12.2022).
- „***US-Afrika-Gipfel***" (FAZ, 27.12.2022, S.1).
- „*Giffey: **Gipfel gegen Jugendgewalt**.*" (ARD, Texttafel 104, 4.1.2023).
- „***Kinder-Gesundheitsgipfel** unter Beteiligung der Länder*". Forderung von MP Boris Rhein laut FAZ (24.1.2023, S. 22).
- „***Wohnungsgipfel***" (ARD, Texttafel, 29.8.2023).

- „***Flüchtlingsgipfel***“ (FAZ, 30.1.2023, S.1).
- Innenministerin Nancy Faeser wolle „*zu einem **Zwischengipfel***“ einladen. (ARD, Tagesschau, 5.2.2023).

Zu einem „*Zwischengipfel*“! Der Begriff muss einem erst einmal einfallen! Das ließ dann wohl ihren Ministerkollegen Robert Habeck nicht ruhen, der zu cincm

- „***Windgipfel***“ im Rahmen einer „*Wind-an-Land-Strategie*“

aufrief, wie das ZDF auf Texttafel 128 am 9.März 2023 berichtete. Hoffentlich treffen sich dort nicht nur Windbeutel, um nichts als Wind zu machen.

Wie sinnfällig und entlastend, dass bereits angeregt worden war, darüber nachzudenken

- „***Was nach dem Gipfel zu tun ist***.“ (FAZ, Überschrift, 21.12.2022, S.16).

Das ist in der Tat eine wichtige Frage: Was soll man bei so vielen verschiedenen „*Gipfeln*“ tun? Was soll man dazu sagen? Einst begnügte man sich – selbst auf der Krim! – mit einer Konferenz (von Jalta!, direkt am Meer), mit einem Kongress, mit einer Tagung, mit einem (Krisen)Treffen, mit einer Zusammenkunft, mit einem Spitzengespräch. Heute wird fast ausschließlich gegipfelt, und das, wie deutlich geworden sein sollte, in allen nur denkbaren Politiksektoren. Der zitierte „*Zwischengipfel*“ markiert dabei einen kaum noch überbietbaren Gipfel an Blasendeutsch. Er ist hier die Phrase schlechthin, selbst in Konkurrenz zum „*Windgipfel*“. Manchmal fragt man sich etwas verstört, ob denn Eigernordwand, Matterhorn, K2 oder Mount Everest angesichts der vielen und in ihrer Bedeutungshöhe nicht mehr zu übertreffenden Politikgipfel, namentlich der „*Windgipfel*“, überhaupt noch als mehr denn als Hügel zu begreifen sind.
Darf man daran erinnern, dass das gemeine Volk durchaus mit Ausdrücken wie „*Gipfel der Geschmacklosigkeit*“ und „*Gipfel der Unverfrorenheit*“ vertraut ist, ohne ständig Gipfelstürmer sein zu wollen? Das sollten Politik und Medienzirkus gelegentlich bedenken, wenn sie meinen, von „*Gipfeln*“ faseln zu müssen. Eine kurze Besinnung auf Goethes wunderbares, sehr kurzes, aber inhaltsschweres Gedicht mit dem Anfangsvers „*Über allen Gipfeln ist Ruh*“ könnte auch dazu beitragen, es mit den vielen „*Gipfeln*“ nun gut sein zu lassen.

Global(isierung)

Einst zierte ein Globus fast jedes Wohnzimmer, mindestens aber, wo vorhanden, ein Studierzimmer. Das ist aus der Mode gekommen. In Mode gekommen aber ist die Verwendung von „*global*" und von „*Globalisierung*". Ökonomen sprechen seit einiger Zeit bereits vom „*Zeitalter der Globalisierung*", sehen die Chancen und die Gefahren einer „*globalisierten Welt*" – ohne zu bedenken, dass es sich um eine tautologische Fügung handelt, also doppelgemoppelt ist - , faseln davon, dass man gut beraten sei, „*global aufgestellt*" zu sein und so weiter und so fort. „*Global denken*" ist für viele das Gebot der Stunde und der Schlüssel für so gut wie alles.
Ein Hauch von Kritik an der Überhand nehmenden Verwendung des Begriffs „*Globalisierung*" ist immerhin bereits zu verspüren gewesen:

- „*... und damit rund eineinhalb Jahrzehnte bevor* ***der Globalisierungsbegriff seinen*** *um das Jahr 2005 kulminierenden* ***multilingualen Steilflug begann***." (FAZ, , Thomas Speckmann, Rezension, 1.8.2023, S. 6).

Der „*multilinguale Steilflug*" wird demnach etwas argwöhnisch beäugt – immerhin.

„*Global*" – das bedeutet lexikographisch zum einen „*weltumfassend*", zum anderen aber auch, die Welt gar nicht mitmeinend, „*umfassend, gesamt*", wie in „*ein globales Wissen*", also ein enzyklopädisches, sowie „*nicht ins Detail gehend, im Ungefähren bleibend*", auch „*pauschal*", wenn etwa gesagt wird, dass nur eine „*globale Vorstellung von etwas*" vorliege.
Die deutschen Wörter eröffnen bereits eine Vielfalt von Anwendungen ohne den Rückgriff auf „*global*". Indes, damit sich begnügen, darauf wollen sich die vielen „*global players*" und jene, die dazugehören möchten, nicht einlassen.
Das führt dann dazu, dass „*global*" und „*Globalisierung*" sich großer Beliebtheit erfreuen, völlig unabhängig davon, ob die genannten Bedeutungen auch nur ansatzweise getroffen werden. Aber das Vorkommen dieser Wörter, das ist die nicht gänzlich fehlgehende Erwartung, könnte einem Satz mehr Glanz geben, als sein Inhalt verdient.
Der folgende Satz mag als gutes Beispiel dienen:

- „*... somit hilft Umweltschutz* der ***globalen Gesundheit***."

Er stand in einer vornehmlich zu Werbezwecken verfassten Beilage der FAZ vom 12. November 2022.

Was ist eine „*globale Gesundheit*“ anderes als eine hohle Phrase? War gemeint: „*... somit hilft Umweltschutz global der Gesundheit*“? Das hätte man ja noch durchwinken können. Auf eine „*weltumfassende Gesundheit*“ hatte man gewiss nicht zielen wollen.
Und was ist unter „***Globalsteuern***“ zu verstehen, die in der FAZ vom 1. August 2023 auf Seite 17 erwähnt wurden? Hätte das nicht etwas differenzierter dargestellt und erläutert werden können?
Als Untertitel einer Rezension mit der bezeichnenden Überschrift >Kreative Krisen<, verfasst von dem Wissenschaftler Stefan Kolev, fungierte der Satz

- „***Wie sich die Globalisierung ständig neu erfindet***.“ (FAZ, 19.12.2022, S. 16).

Einmal abgesehen davon, dass der Satz ganz unbeabsichtigt eine Bestätigung der soeben erfolgten Ausführungen liefert, wird zu fragen sein, ob die „*Globalisierung*“ das wirklich kann, „*sich ständig neu erfinden*“; sie ist wohl vornehmlich als Objekt zu verstehen, nicht als Subjekt, also selbst agierendes Etwas. Sicher ist hingegen, dass der Begriff ständig neu in Texten auftaucht, obwohl „*weltweite Verflechtung*“ oder ebensolche Verbreitung der Aussageabsicht entsprechen würden. Nicht nur nachrichtlich: Der DUDEN kennt zwar das Adjektiv „*global*“, nicht aber das Hauptwort „*Globalisierung*“. Wie schön also, dass wir als inzwischen allesamt „*global players*“ unseren bisher recht dürftigen Wortschatz haben erweitern dürfen.

Graffiti

Vor ein paar Jahren gab ich einer noch unveröffentlichten Glosse die Überschrift
„Wie Graffitis zu Traumatas werden können.“ Unter anderem führte ich aus:
„Die geradezu alltägliche Begegnung mit Sätzen wie „*Mein Arzt hat mir ein neues Antibiotika verschrieben*“ oder „*Bei dem Sportler ist ein Anabolika nachgewiesen worden*“ oder „*Sie hat über Internas geplaudert*“ oder „*Die Banker sind an zusätzlichen Bonis interessiert*“ oder „*Ein Mafiosi ist verhaftet worden*“ soll hier lediglich erwähnt werden.“
Solche Fehlleistungen sind nichts anderes als der Versuch, mit Leuten, die in ihrem Imponiergehabe unablässig, auf jeden Fall lässig, mit Fachausdrücken Eindruck schinden wollen, wenigstens annäherungsweise mitzuhalten. Dass das nicht oder nur selten gutgehen kann, dürfte eine Binsenweisheit sein.

Ganz anders verhält es sich aber bei Redakteuren, die doch gern für sich in Anspruch nehmen, zur schreibenden Zunft und damit zum Dunstkreis der Intellektuellen zu zählen.
Nehmen wir deshalb ihren Anspruch ernst und sie beim Wort!
Auf der Textseite 177 des Mitteldeutschen Rundfunks (MDR), also immerhin einer öffentlich-rechtlichen Sendeanstalt mit, sollte man meinen dürfen, gewissen Verpflichtungen gegenüber dem Volk und seiner Sprache, stand am 01. Juni 2012 zu lesen:

- *„Wie die Polizei mitteilte, entdeckte eine Streife frische **Graffitis** an den Bahnhofswänden.“*

Lehrkräfte, die in ihrem Unterricht gerade betont haben, dass die Einzahl *Graffito* und die Mehrzahl *Graffiti* lautet, werden sich außerordentlich unterstützt fühlen. Sehr beliebt ist inzwischen das Verb *„konterkarieren“*, und das wird ihnen in den Sinn kommen, wenn sie bedenken, welche Wertschätzung ihr pädagogisches Bemühen durch solchen sprachlichen Unfug erfährt.
Und im übrigen: Hatte tatsächlich die Polizei von *„Graffitis“* gesprochen? Ist es nicht doch die MDR-Redaktion, der ein fahrlässiger Umgang mit Fremdwörtern angekreidet werden muss? Immerhin sehr raffiniert verpackt, eigene Urheberschaft gegebenenfalls vernebelnd?
Es ging dann munter so fort. Einige Belege gefällig?

- ***„Rechte Graffitis übersprüht.“*** (ARD, Texttafel 144, 14.11.2016).
- *„... wurden **Graffitis** mit den Aufschriften >Es lebe Merah< und >Rache< **entdeckt**.“* (FAZ, Michaela Wiegel, 27.3.2012, S. 4).
- *„... **mit mehreren Graffitis** beschmiert.“* (NDR, Texttafel165, 22.12.2019).
- *„Draußen lag ein Hauch von Schnee, an Schallschutzzäunen **entlang der Strecke glänzten Graffitis**.“* (FAZ, Freddy Langer, 27.4.23, S. R3).
- *„**Einatz gegen Graffitis gefordert**.“* (NDR, Texttafel 172, 15.8.2023).

Die FAZ ist hier, gewiss gemein, zwischen Texttafelredaktionen gesetzt worden. Aber wenn ein leitender Redakteur wie Freddy Langer sich bei den Sprachkünstlern einreiht, und er tut es gern, dann muss er es aushalten, hier vorgeführt zu werden.

Dass etliche Sprachkünstler tatsächlich meinen, der Singular laute *„Graffiti“* und der Plural somit überaus logisch *„Graffitis“*, lassen die folgenden Zitate mühelos erkennen:

- *„Unbekannte haben die Dresdner Frauenkirche **mit einem Graffiti** mit mutmaßliche**n** Bezug zur Bombardierung der Stadt im 2. Weltkrieg besprüht.“* (ARD, Texttafel 143, 9.11.2017).

Der angezeigte Kasusfehler spricht Bände, nicht wahr? Es handelt sich um Alltagsware!

- *„Zum Jubiläum **das langersehnte Graffiti**.“*

Das war eine Überschrift im *Marktspiegel,* einem Wochenblättchen für Burgdorf und Uetze, am 15. August 2018, S. 4. Doch wohl in pädagogischer Absicht, damit es niemand übersehe. Dass im Text *„im Bayrischen Wald“* stand, rundet die Fehlleistung ab.

- *„Darauf ist **ein Graffiti** >Jeder hat Kraft< zu lesen.“* (ARD, Texttafel 137, 30.10.2019).
- *„Sie hätten **ein Graffiti**, ein Banner sowie Plakate angebracht.“ (*MDR, Texttafel 137, 26.1.2021).

Diese Fehlleistungen fanden dann ihre Krönung, als der Vorsitzende eines Landesverbandes des Deutschen Philogenverbandes – gönnen wir ihm ausnahmsweise die Anonymität, die Blamage ist auch so schon enorm – mit ***„das erste Graffiti“*** und ***„mit den Graffitis“*** als Schulleiter mit Doktortitel, der er ist, seinen Lehramtskollegen und -kolleginnen unüberbietbar zum Vorbild gereichte. Quelle ist seine Verbandszeitschrift, Ausgabe 1/2023, S. 22. Welche? Darf man an das Bilbelwort *„Suchet und ihr werdet finden“* erinnern?

Fürwahr, es ist viel Kraft erforderlich, diese Sprache zu verkraften! Wird man nicht zwangsläufig daran erinnert, dass *„Graffiti“* zumeist elende Wandschmierereien sind, Sachbeschädigungen zudem, die auch entsprechend bezeichnet werden sollten und nicht als *„Graffitis“* einen Anstrich erhalten dürften, der sie beinahe harmlos macht. Insoweit können *„Graffitis“* zu Traumatas werden!

In den Griff bekommen

Ja, *„in den Griff bekommen“* ist ein alltäglich gebrauchter und sprachlich nicht zu beanstandender Ausdruck. Aber das ist auch sein Problem: Er wird inzwischen im Übermaß eingesetzt. Ist etwas zu meistern, soll etwas bewältigt oder bewerkstelligt werden, soll man mit etwas fertig werden oder zurecht kommen, soll man etwas beherrschen oder kontrollieren können, dann wird zu „*in den Griff bekommen*“ im wahrsten Sinne des Wortes gegriffen. Die Gefahr, dass man dabei im Ungefähren bleibt, die eindeutige Aussage also schuldig bleibt, liegt auf der Hand. Das folgende Zitat vermag das exemplarisch aufzuzeigen:

- „*Das alles könnte schön sein, oder zumindest halb so schlimm,* ***wenn es gelänge, die schädlichen Nebenwirkungen besser in den Griff zu bekommen***.“ (FAZ, Johannes Pennekamp, 12.8.2022, S. 15).

Was sollte da präzise gesagt sein? Sollten die Nebenwirkungen minimiert, auf ein erträgliches Maß reduziert werden? Sollten sie völlig ausgeschaltet werden? Sollten sie medizinisch (oder politisch?) unter Kontrolle sein? Beherrschbar? Zumutbar?
So alltäglich und standardsprachlich legitimiert die Phrase „*in den Griff bekommen*“ auch sein mag, durch ihren zu häufigen und vor allem zu vagen Gebrauch wird sie leider zu einer Leerformel, die praktisch beliebige Deutungen zulässt. Und damit wird sie dann tatsächlich zu einer bloßen Phrase, einer schlimmen zudem.

Hammer

„***Das ist ein Hammer!***“ Jeder von uns wird diesem Ausruf schon begegnet sein oder ihn sogar selbst artikuliert haben, sobald etwas Außergewöhnliches vorgefallen war, etwas kaum Vorstellbares sich ereignet hatte, Unerwartetes eingetreten war. Auch der Gedanke an den redensartlichen Vorschlaghammer liegt nahe, der, mit Wucht eingesetzt, einer Betäubung nicht unähnlich, etwas als eigentlich nicht glaubhaft, ja als unglaubwürdig erscheinen lässt. Der „*Hammer*“ als eine Art Keule! So weit so vertraut und unaufregend.
Für den in der Werbung eingesetzten „***Preishammer***“ gilt das eher nicht, soll doch mit ihm auf etwas Positives hingewiesen werden, eine geradezu unvorstellbare Preissenkung des besonderen Ausmaßes. Er ist Massenware, soll hier aber ebenfalls nicht weiter betrachtet werden.[57] Doch damit hätten wir erneut die Rechnung ohne die Politik und die mit ihr verbundenen Medien gemacht. Dort nämlich hat der „*Hammer*“ eine neue, eine ganz andere Wertschätzung erfahren. Wertschätzung allerdings nur in dem Sinne, dass mit „*Hammer*“ nun wieder der negative Unterton vorherrscht. Das kam besonders deutlich zum Ausdruck, als die Bundesregierung, die >Ampel<, mit dem verkürzt „*Heizungsgesetz*“ genannten, völlig verkorksten Gesetzgebungsvorhaben Angst und Schrecken im Wahlvolk auslöste. Man empfand, davon waren viele überzeugt, das Vorhaben als

[57] Verwiesen sei auf das Stichwort „*Knaller*“.

„***Hammerschlag***“. Die parlamentarische Opposition ohnehin. Und flugs waren die Medien sprachkreativ mit dem „***Heizungshammer***“ zur Stelle, dem die Bürger ausgesetzt seien. Seinen vorläufigen Höhepunkt erklomm dieses Modewort wahrscheinlich im folgenden Satz:

- *„Nach dem >**Heizungshammer**< hat sich die Ampel wohlweislich einen >**Wasserstoffhammer**< erspart.“* (FAZ, Christian Geinitz, 27.7.2023, S. 15).

Da fragt man sich, Unheil ahnend, besorgt, wie viele „*Hammer*“ (oder „*Hämmer*“?) es denn zukünftig geben wird. Nachdem man entdeckt hat, dass sich an so gut wie jedes Hauptwort die Vokabel Hammer anhängen lässt, dürften alle Schleusen geöffnet sein.
Es wird demnach Zeit, sich noch etwas anderes zu fragen: Wie behämmert soll es weitergehen? [58]

Handlungsbedarf

Es ist wirklich so, wie ich es hier feststelle: Der DUDEN, immerhin ein sechsbändiges Großlexikon, enthält den Begriff „*Handlungsbedarf*“ nicht! Man findet dort mehrere Komposita mit „*Handlung*“ als Stammwort, aber keinen „*Handlungsbedarf*“.
Also folgern wir messerscharf, dass es sich um eine Wortneubildung auf dem Felde der Politik handelt, denn nirgendwo wird inzwischen mehr „*Handlungsbedarf*“ angemeldet als – eben, in der Politik!
Tut sich ein Defizit auf, sind Mängel offenbar geworden, sind Ergänzungen notwendig, ist ein neues Problem aufgetaucht – sofort wird Alarm geschlagen: Es bestehe, zumeist dringender, „*Handlungsbedarf*“.
Dass der Begriff der Präzisierung bedarf, soll er über den Charakter einer Floskel hinauskommen, bleibt unbedacht. Noch dazu in den meisten Fällen absichtsvoll. Wie soll man gleich wissen, wohin der politische Hase einmal laufen wird? Aber „*Handlungsbedarf*“ anmelden, das zeugt von Tatkraft und sichert Schlagzeilen. Und man kann darauf zurückkommen, wenn es sich anbietet. Oder auch klammheimlich abtauchen, wenn es nicht mehr angezeigt ist, aus „*Handlungsbedarf*“ ein konkretes Vorhaben zu machen. Phrasentypischer geht es wahrscheinlich nicht!
Eigentlich schade, dass die deutsche Sprache in diesem Falle nicht auf dem Stand von 1977 hat verharren können, als „*Handlungsbedarf*“ noch nicht der Erwähnung wert war.

---

[58] Erinnert sei an den „Wendehammer“, der nicht nur manche Bauleitplanung ziert, sondern auch mit der berühmt gewordenen „Zeitenwende“in Verbindung gebracht werden muss.

Highlight

Im sogenannten >Showbusiness<, mit dem Sport als einem seiner „*Highlights*“, ist „*highlight*“ zu einer Allerweltsvokabel aufgestiegen. Was wunder, denn besonders dort ist alle Welt des Englischen mächtig, fließend, natürlich, auch wenn noch vieles im Fluss ist.
Was wird lexikographisch unter „*Highlight*“ verstanden? Ganz simpel ein Höhepunkt oder ein herausragendes Ereignis. Na also! Diese knappe Auswahl lässt genügend Spielraum für Differenzierungen. Wie bitte? Sind das nicht öde deutsche Vokabeln? Diese Frage muss doch mal gestellt werden. Weltläufigkeit lässt sich damit nicht nachweisen, weiß Gott nicht.
„*Highlight*“ – diesen sprachlichen Glanz lassen sich Journalisten, die vom Genre Sport zuvörderst, selbstredend nicht entgehen:

- „***Diese Europameisterschaft war ein Highlight***.“ (FAZ, Marc Heinrich, 1.8.2022, S.23).

Nach diesem Strickmuster sind Hunderte von Sätzen gebaut.
In der mit dröhnenden Wörtern gespickten Sprache der Werbung – wenn man sie großzügig überhaupt noch als Sprache begreifen will – kommt kein Prospekt mehr ins Haus, in dem nicht Woche für Woche „*Highlights*“ angedient werden. Ein Beispiel aus dem Lidl-Prospekt 26/2023 stehe hier für für fast grenzenlos viele:

- „***Preis-Highlight der Woche***“

Unter einem „*Highlight*“ macht man es nicht mehr, sprachlich gleich gar nicht. Höhepunkte und herausragende Ereignisse mag es ja gegeben haben, aber das liegt doch weit zurück! Glanzpunkte erst recht. Wer sprachlich glänzen will, weiß längst oder vermutet, dass „*Highlight*“ zum Glanz verhilft, Floskel hin, sprachliche Marotte her.

Hinterfragen

Es muss erneut betont werden, dass der DUDEN das zur floskelhaften Verwendung aufgestiegene Verb „*hinterfragen*“ überhaupt nicht führt, vom MS ganz zu schweigen. Wir haben es also mit einer Wortbildung der jüngsten Vergangenheit zu tun, die sich wuchernd im Wortschatz eingenistet hat und nun, floskeltypisch, auf sehr verschiedene Sachverhalte bezogen ohne eindeutigen Inhalt zur Anwendung kommt. Der Phrase sind damit Tür und Tor geöffnet. Mit einer sehr kurzen Nachricht kann der Beweis für dieses Urteil angetreten werden:

- *„**Habeck hinterfragt Priorisierung**"* (ARD, Texttafel100, 12.7.2022).

Wer soll sich darauf auf den ersten Blick einen Reim machen? *„Priorisierung"* ist schon rätselhaft genug. Und die wird *„hinterfragt"*. Im Text kommt es dann annäherungsweise zur Aufhellung: Habeck habe die Priorisierung, welche auch immer, *„... infrage gestellt"*! Er hat also Zweifel an ihrer Berechtigung angemeldet.
Damit sind wir dem Verb *„hinterfragen"* auf der Spur: Infrage stellen, in Zweifel ziehen, nicht für bare Münze nehmen, so in etwa müssen wir *„hinterfragen"* verstehen. Es war also gut, dass wir die scheinbare Selbstverständlichkeit der häufigen Nutzung des Verbs *„hinterfragen"* hinterfragt haben. Und fortan können wir die jetzt folgenden Sätze auch besser verstehen, immer im Hinterkopf behaltend, wie *„hinterfragen"* ersetzt werden könnte:

- *„Wer vernünftig an der Transformation verdienen will, muss ... **strategische Entscheidungen hinterfragen**."* (FAZ, Philipp Krohn, 6.8.2022, S. 25).
- *„Die deutsch-chinesischen **Beziehungen müssen immer wieder kritisch hinterfragt werden**."* (Bundesministerin Stark-Watzinger (FDP) laut ARD, Texttafel 138, 11.10.2022).
- *„**Die politische Zukunft** des* (jap.) *Ministerpräsidenten ... **wird vermehrt hinterfragt**."* (FAZ, Patrick Welter, 22.11.2022, S. 6).
- *„Es ist wichtig, **sich kritisch zu hinterfragen**, **selbst zu reflektieren**. Dann brauchst **du** passende Mitarbeiter, die einem auch sagen, wenn etwas nicht funktioniert. Ich schätze **belastbare Beziehungen**."*

So sprach Bundestrainerin Martina Voss-Tecklenburg (Sparte Frauenfußball) in einem FAZ-Interview, das am 27.Dezember 2022 auf Seite 28 erschien. Das ganze Interview steckt tief im Phrasensumpf, der zitierte Satz hat paradigmatische Aussagekraft. Es entbehrt auch nicht einer fast zwingenden Logik, dass sie die Du-Anrede wählte. Außerdem sagte sie, sie wollte die >***coolste Oma ever***< sein. Aber bitte sehr. Möge sie das nicht eines fernen Tages hinterfragen!

- *„Dazu gehört anfangs, **sein eigenes Verhalten im digitalen Raum zu hinterfragen**."*

Dieser Satz ist so phrasengesättigt, dass man, geht es einem um die Trockenlegung des Phrasensumpfes, für ihn besonders dankbar sein muss. Ihn lieferte die FAZ in Person von Martin Gropp am 18. März 2023 auf Seite 17.

- „***Lauterbach hinterfragt Corona-Maßnahmen.***“ (FAZ, 11.2.2023, S. 5).

Im Text stand, er habe „*abermals Fehler im Umgang mit der Corona-Pandemie zugegeben.*“
Wie erfreulich, dass „*hinterfragen*“ solche Ergebnisse zeitigt. Das entzieht der Kritik an der phrasenhaften Verwendung von „*hinterfragen*“ fast den Boden – fast!

Hybrid

Werden zwei verschiedene Zellen, Substanzen, Elemente, Organe etc. miteinander verbunden,
entsteht etwas Hybrides. Im biologischen Bereich ist dann von Bastarden die Rede, etwas allgemeiner von Kreuzungen. Weniger naturwissenschaftlich-medizinisch gesprochen besagt „*hybrid*“ auch, dass etwas „*aus Verschiedenem zusammengesetzt*“ sei, „*gemischt*“, dass „*Mischbildungen*“ vorliegen, zum Beispiel im sprachlichen Bereich. Selbst „*Zwitterbildungen*“ im technischen Feld werden als „*hybrid*“ bezeichnet.
Um diese Bedeutung von „*hybrid*“ soll es uns nun gehen, nicht um „*hybrid*“ als von „*Hybris*“, also Hochmut, abgeleitetes Adjektiv.
In wissenschaftlicher Fachsprache ist „*hybrid*“ seit langem ein vertrautes Wort. In jüngster Vergangenheit hat es den engen Rahmen aber sprengen und sich ein weites Anwendungsfeld erobern können. Die Politik hat kräftig dazu beigetragen, und die Medienleute haben natürlich fast gierig darauf gewartet, mit einer für viele völlig neuen Vokabel rhetorisch zu glänzen. Bekanntlich tun sie nichts lieber als das, sind sie doch zu sprachlichen Meisterwerken der schreibenden Zunft verpflichtet. Zünftig eben.
Seitdem gibt es kaum noch eine politische Nachrichtensendung, kaum noch ein politisches Interview, kaum noch eine Gazette, die sprachlich etwas von sich hermachen will, in denen das Adjektiv „*hybrid*“ nicht bemüht wird. Und das in Anwendungen auf so gut wie allen Politikfeldern. Also denn:

- „*Die CDU wolle zudem ein **Recht auf hybride Sitzungen ab der Kreisverbandsebene** einführen, damit ....*“ (FAZ, dpa, 12.7.2022, S. 4).

Frage bitte niemand, was „*hybride Sitzungen*“ genau sein sollen. Man könnte hier flapsig sagen: Auf der Richterskala nach oben offen.

- „***Hybride Kriegsführung**, direkte Einmischung*“ (FAZ, Überschrift, 20.8.2022, S. 8).

Gilt hier: Dito?

- *„Sie sollen den sozialen Frieden im Land bewahren, den Putin mit seiner* ***hybriden Kriegsführung*** *aushöhlen will.“* (FAZ, Nikolas Busse, 5.9.2022, S. 1).

Es zeichnet sich also eine Vorliebe für einen neuen Terminus ab! Lediglich nachrichtlich: Früher kannte man nur den Begriff *„Kriegführung“*, im Zeitalter des Fugen -s- ist auch das Vergangenheit.

- *„Angesichts der* ***Erfolge der hybriden Gegenoffensive*** *sieht Kiew sogar die Möglichkeit, Territorium zurückzugewinnen.“* (FAZ, Markus Wehner, 6.9.2022, S. 8).

Wenig überraschend, dass sodann in dem Text vom *„Narrativ einer Sonderoperation“* gedröhnt wurde.[59]

- ***„Hybride Angriffe“*** (Überschrift in der FAZ am 10.10.2022 auf Seite 8).
- *„SPD fordert Maßnahmen gegen* ***hybride Taktik****“*. (FAZ, Überschrift, 24.12.2022, S.1).

Im Text hieß es: *„Der SPD-Politiker Nils Schmid sagte, es sei notwendig,* ***der hybriden Kriegsführung*** *Russlands entgegenzuwirken.“*

- ***„Instrument der sogenannten hybriden Kriegsführung“*** (FAZ, 13.1.2023, S. 15).

Das interessante an dieser Meldung scheint mir die Verwendung der distanzierenden Vokabel *„sogenannten“* zu sein. Hat man bei der FAZ gemerkt, dass die *„hybride Kriegsführung“* wohl doch nicht der journalistischen Weisheit letzter Schluss ist?

- *„Moldaus Ministerpräsident .... über* ***hybride Bedrohungen durch Russland****.“* (FAZ, 12.4.2023, S. 2).
- ***„Russland führt seit Jahren einen hybriden Krieg****.“* (FAZ, Einführung zu einer Rezension, 18.4.2023, S. 6).

Dass ausgerechnet im Kampf gegen den Klimawandel plötzlich ***„Hybridantriebe“*** und ***„Hybridheizungen“*** nicht nur als technische Favoriten, sondern auch als sprachliche Günstlinge die Nachrichten beherrschen, löst

[59] *„Narrativ“* hat geradezu zwangsläufig in diesem Glossar den Rang eines Stichworts erhalten!

kaum noch Aufmerksamkeit aus. Das darf wohl auch auf „***hybride Arbeitswelt***“ und „***hybride Arbeitsumgebung***“ bezogen werden, zwei modernistische Plappereien, die ein >Verlagsspezial< zieren sollten, das der FAZ vom 24. August 2023 beilag. Gemeint war die Ermöglichung flexiblen Arbeitens auch außerhalb des Firmenbüros.
Manche Manien, werden sich, so darf man immerhin hoffen, sehr bald als abgenutzt erweisen, beinahe als Blindgänger, als Rohrkrepierer; das zumal bei so viel „*hybrider Kriegsführung*“.

Doch was ist das alles gegen die nun folgende Ankündigung, die aus der Sendung >Hallo Niedersachsen< des NDR am 24. Januar 2023 in immer wieder erschreckender Erinnerung geblieben ist, es werde einen „***Hybrid-Gottesdienst***“ geben.
Noch einmal sei gefragt: Geht’s noch? Man kommt gar nicht umhin, sich des Adjektivs „*hybrid*“ in der Bedeutung „*hochmütig, vermessen*“ zu erinnern. Hoffentlich greift hier die Volksweisheit, dass Hochmut vor dem Fall komme. Oder hat der Fall bereits stattgefunden? Viel tiefer können Theologie und Medien, hier unselig vereint, eigentlich gar nicht mehr fallen. Oder lag einfach sprachliche Verblödung vor? Es soll ja vorkommen, dass Hochmut und Verblödung eine unheilige Verbindung eingehen.

Hype

So, wie das Modewort „*Hype*“ heute salopp gebraucht wird, dürfte „*großer Rummel*“ die zutreffendste deutsche Entsprechung sein. Dass es jüngst aus dem Englischen übernommen worden ist – der DUDEN kennt nur „*hyper*“, keinen „*Hype*“ - werden wohl die meisten Liebhaber der zur Floskel verkommenen Vokabel gerade noch ahnen, die Ableitung vom griechischen >*hyper*< im Sinne von „*übermäßig, über etwas hinausgehend*“, zumeist in Wortzusammensetzungen vorangestellt, siehe „*hyperaktiv*“, werden sie eher nicht mehr vermuten. Gewiss nicht, dass neben „*künstliche, übertriebene Aufwertung oder Präsentation*“ von z.B. Modetrends unter „*Hype*“ auch eine „*bewusst inszenierte Täuschung*“, also ein Betrug, vornehmlich in der Werbebranche, zu verstehen ist.
Das alles hält aber inzwischen kaum noch jemanden davon ab, selbst in öffentlichen Stellungnahmen, also nicht nur kumpelhaft untereinander, mit „*Hype*“ Eindruck zu schinden – oder es jedenfalls zu versuchen. Das wundersam entstandene Verb „***hypen***“ ist sodann die Krönung des verbalen Hypes, wie wir ihn erleben – und das bis in die sprachlich ach so seriöse FAZ hinein, die inzwischen jeden verbalen Rummel mitmacht oder ihn sogar befeuert.
Die folgenden Zitate sprechen wohl eine eindeutige Sprache:

- „*Alexander* ***Zverev hält den Hype*** *in Paris um Carlos Alvarez* ***für überzogen***." (FAZ, 31.5.2022, S. 27, Text unter einem Foto).

Muss man Zverev (oder doch den Redakteur?) darauf aufmerksam machen, dass das Überzogene ja gerade einen „*Hype*" ausmacht, seine Aussage also vermuten lässt, dass er „*Hype*", weil gerade ein Renner, anpassungswillig, trendy also, benutzt hat, ohne den Begriff wirklich zu kennen?
Die FAZ (21.7.2022, S.1) zitierte Brigitte Zypries, immerhin einst Bundesjustizministerin, zum Parteiausschlussverfahren gegen Exbundeskanzler Gerhard Schröder, die 17 SPD-Gliederungen, die es veranlasst hatten, seien auf eine

- „>***gehypte Diskussion*** reingefallen".[60]

Sprache des Jargons bis in die politische Elite hinein. Mehr Vorbild geht nicht!

- „*Zumindest sind viele Sozialdemokraten genervt davon, ständig danach gefragt zu werden, warum die Kommunikation des grünen Ministers so toll, die des Bundeskanzlers aber so schlecht sei.* ***Der Hype um Habeck*** *werde von vielen Journalisten befeuert, die eine besondere Nähe zu den Grünen hätten.*" (FAZ, Eckart Lohse und Markus Wehner, 30.8.2022, S. 2).

Recht haben sie, die vielen Sozialdemokraten, aber den Rummel oder Wirbel um das Modewort „*Hype*" haben sie wohl selbst „*befeuert*" – wenn wir der indirekten Rede der Journalisten vertrauen dürfen.

- „***Der Hype um seine Person*** *wird für Habeck zunehmend gefährlich.*" (FAZ, H. Bubrowski u. M. Wehner, 9.9.2022, S. 3).
- „*Habeck weiß, dass* ***der Erfolg seines Kommunikationsstils*** *auch eine Schattenseite hat. Denn er hat damit, gerade in der Abgrenzung zu Scholz,* ***einen Hype um seine Person erzeugt***." (FAZ, koll., 22.9.2022, S. 3).

Wir können also sicher sein, dass „*Hype*" in der politischen Redaktion der FAZ angekommen ist und dort geschätzt wird. Das nächste Zitat unterstreicht, dass das so sprachsensible Feuilleton sich eingeklinkt hat:

---

60 Den Hinweis, dass Frau Zypries zur >Hannover-Connection> unseres Altkanzlers Gerhard Schröder gehört€, kann ich mir nicht verkneifen.

- *„**der königliche Hype** der vergangenen Tage.*“ (FAZ, 23.9.2022, S.12).

Sprachsensibel? Eher nicht, denn *„der königliche Hype*“ löst unmittelbar Fragen aus: Was ist an einem *„Hype*“ königlich? Hatte irgendein König einen *„Hype*“ zu verantworten? Ihn ausgelöst? War ein König Objekt und somit Opfer eines *„Hypes*“?
Wenn solche Fragen gestellt werden müssen, damit der Inhalt einer Aussage halbwegs korrekt erschlossen werden kann, liegt der Verdacht nahe, dass Phrasen gedroschen worden sind.
Gerade im Zusammenhang mit dem Medienstar Habeck dürfte, wenigstens seinerzeit, eine Rolle gespielt haben, dass *„Rummel*“ und *„Wirbel*“, aber auch *„bewusst-inszenierte Täuschung*“, unter allen Umständen zu vermeiden waren. Lieblinge, auch solche auf Zeit, rückt man nicht in die Nähe eines Rummels, schon gar nicht in die einer bewussten Täuschung. Also wurde kräftig drauflos gehypt. Geht Schönfärberei eleganter?
Versuche hat es immer wieder gegeben, mindestens andeutungsweise:

- *„Vor zwölf Jahren gelang dem E-Reader in Deutschland der Durchbruch. **Damals sahen viele Skeptiker darin nur einen Hype**. Doch es kam anders.*“ (FAZ, 1.4.2023, S. 20).
- ***„Der Hype um Wärmepumpen treibt Anlegergeld in die Aktien der Hersteller**.*“ (FAZ, Daniel Mohr, 5.4.2023, S. 23).
- ***„Hype um Flugtaxis***“ lautete eine Überschrift. Im Text folgte der Satz: ***„Vieles am Hype um Flugtaxis war überzogen**.*“ (FAZ, Timo Kotowski, 6.4.2023, S. 30).

Den Phrasenspuk, in dem *„Hype*“ und *„hypen*“ mit *„Typ*“ und *„cool*“ und *„toll*“ und natürlich vielen anderen Hohlwörtern unselig versumpft ist, hat, so scheint mir, ein Sportler – ja, ein Sportler! - aufgedeckt, als er von sich sagte:

- ***„Ich bin nicht der Typ, der sich von einem Hype tragen lässt, der es cool findet, wenn alle schreiben, wie toll man ist**.*“

Dieser Sportler ist der Handballnationalspieler Juri Knorr. Zitiert hat ihn die FAZ am 8.März 2023 auf Seite 27. Falls ich Sie richtig verstanden habe, Herr Knorr – Chapeau!

Identität und identitär

Der deutsche Basketballnationalspieler Johannes Voigtmann formulierte in einem FAZ-Interview (erschienen am 1.September 2022 auf Seite 28) einen bemerkenswerten Satz, der über einer gerade grassierenden Ideologie als Leitmotiv prangen könnte:

- „***Wir müssen uns unserer Identität bewusst sein***."

Ob ihm bewusst war, dass er der Identitätsideologie, der des identitären Bewusstseins als Fixpunkt jeglichen Handelns und Urteilens, mit dem ideologietypischen Anspruch auf Geltungsdominanz, zu Diensten war, bleibe dahingestellt. Für die Ideologen der identitären Bewegung hatte er das Hohelied gesungen: Auf die Identität kommt es an, auf nichts sonst im Vergleich dazu. Was nicht der Identität sei es eines Individuums, sei es einer Gruppe, sei es einer Ethnie dient, sie fördert, sie schützt, ist verwerflich. So geht das Lied der Identitären. Jedenfalls so in etwa.
Dass selbst der WAHRIG 2004 das Wort „*identitär*" nicht kennt, von meinem Schreibprogramm ganz zu schweigen, das muss niemanden beunruhigen. Ideologien kommen stets mit einem eigenen Vokabular daher, zumeist mit die Sprache und damit die Sprachteilnehmer manipulierender Zielsetzung. „*Identität*" also hat geachtet zu werden, sich „*identitär*" zu geben ist das gesinnungsethische Gebot der Gutwilligen in unangreifbarer Weltverbesserungsabsicht.
So erklären sich dann auch die entsprechenden Willensbekundungen mit dem einschlägigen Vokabular:

- „***Wir wollen unsere Identität erweitern***."

Das verkündete der seinerzeitige PDS-Bundesgeschäftsführer Dietmar Bartsch. Zitiert wurde er in Das Parlament, Nr. 19/2006, S.18. Die Kombination von „*Identität*" und „*erweitern*" gibt dem programmatischen Satz eine besonders pikante Note.
Den Leserbrief eines Studenten der Uni Tübingen (FAZ, 12.7.2022, S. 7) dominierte die Forderung nach der „***Identitätsstiftende*(n) *Universität***", die sich durch ihre „***identitätsstiftende Funktion***" auszeichne.
Der bereits zitierte Johannes Voigtmann betonte:

- „***Wir brauchen eine Identität*** ... *Dann kann ein Team sein Potenzial ausspielen.*"

Was wollte er sagen? Vielleicht: Wir müssen klären, wer wir sein wollen? Oder was?
Dass der ukrainische Kulturminister Olexandr Tkatchenko in einem FAZ-Interview (19.9.2022, S. 13) seine Leser beschwor, „***Putin will unsere Identität vernichten***", ist in jeder Beziehung begreifbar; er dürfte einer der

ganz wenigen sein, die zeitgenössisch „*Identität*“ einigermaßen ideologiefrei verwendet haben. Diese Ausnahmestellung wird offenkundig bestätigt durch die Wertung, die Grünen in NRW ließen sich von „***identitätspolitischen Glaubenssätzen***“, also von einer Ideologie leiten (FAZ, 27.9.2022, S. 8).
Den Nachweis geführt zu haben, dass „*Identität*“ und „*identitär*“ im Phrasendrusch willkommen sind, das Verdienst kommt, keineswegs überraschend, vielmehr bezeichnender Weise, einer publikationseifrigen Politikwissenschaftlerin zu:

- „***Identitätspolitiken*** *sind seit einiger Zeit* ***in den Fokus*** *der öffentlichen Debatte gerückt.*“

Der Satz ist nachzulesen bei Ulrike Ackermann, *Die neue Schweigespirale*, S. 8.
Im selben Buch ist dann auch phrasendreschend eine „***identitäre Agenda***“ geradezu unverzichtbar. Neusprech pur!
Der ist längst auch im Lesepublikum angekommen. In einem Leserbrief (FAZ, 13.11.2022, S. 7) ist „***die heutige Identitätspolitik***“ offenbar als ein ganz normaler Sachverhalt wahrgenommen worden. Gar nicht selten ist von der „***Diversitäts- und Identitätspolitik***“ in einem Atemzug die Rede, so in einem Aufsatz zweier Professoren in der FAZ am 16. November 2022 auf Seite N4, als sei das eine Einheit.
Im Sportjournalismus ist „*Identität*“ zu einem Muss aufgestiegen, Erfolge werden als Ergebnis gesicherter „*Identität*“ gefeiert. Wo sie nicht hergestellt ist, droht sportliche Pleite. So erklärt sich dann auch der folgende Satz:

- „*Langsam* ***findet der Verein zu seiner Identität zurück***.“ (FAZ, Fadi Keblawi, 5.4.2023, S. 28).

Gemeint war der 1. FC Nürnberg, von dem wir natürlich gern gewusst hätten, was seine „*Identität*“ ausgemacht hat, zu der er also nun, wenngleich langsam, zurückfinde.

Ist das alles bereits Phrase im Überfluss – eine Steigerung ist immer möglich. Man muss nur „*Identität*“ durch die inzwischen in den Alltag eingewanderte wisenschaftliche Abkürzung DNA ersetzen. In der Politik ist das gang und gäbe geworden mit Sätzen wie „*Das macht unsere DNA aus*“ oder „*Das gehört nicht zu unserer DNA*.“ Man hat etwas aufgeschnappt, was für geistige Hochstapelei geeignet erscheint, und beginnt umgehend damit, es in sein Blasendeutsch aufzunehmen.

Kehren wir zum Ausgangspunkt dieses Textes zurück:
In einem Beitrag über die >Hamburg Towers<, eine Basketballmannschaft der Bundesliga, lautete die Überschrift „***Auf der Suche nach Identität***“ (FAZ, 8.11.2022, S. 27).
Der Kreis hat sich geschlossen. Dem deutschen Basketball und natürlich auch der FAZ sei Dank gesagt! Hoffentlich geht beiden nicht eines Tages die Identität verloren.

Ikone

Von einem *Ikonenspuk* zu sprechen, dürfte nicht zu weit hergeholt sein. Ich gab schon vor ein paar Jahren einer Glosse genau diese Überschrift[61], weil nicht mehr zu übersehen war, dass es allerorten, vornehmlich aber in allen Sportarten, in den meisten Vereinen bis in untere Ligen hinunter und vor allem im Showgeschäft vor Ikonen nur so wimmelte.
Halten wir einen Augenblick inne und besinnen wir uns darauf, was eine „*Ikone*“ ursprünglich war. „*Ikonen*“, so lernte man vorzeiten, seien überwiegend wertvolle, für viele auch verehrungswürdige >Kultbilder der Ostkirche< mit einem hohen Rang in der Malerei, vor allem in der Ikonographie. Der DUDEN gibt folgende Auskunft: „*Formal streng an die Überlieferung gebundenes Kultbild der orthodoxen Kirche mit der Darstellung heiliger Personen oder ihrer Geschichte.*“ Hält man sich an diese überzeugende Definition, muss man sich die Augen reiben oder an den Ohren zwicken, wenn einem in unseren Tagen in fast allen Lebensbereichen „*Ikonen*“ zur ehrfürchtigen, mindestens aber bewundernden Begegnung angedient werden. Vorzugsweise geschieht das, wen wundert es, im Sport mit seinen modernen Tempeln der Helden- und Heiligenverehrung, den Stadien, Arenen und (Moto)Dromen. Gerade letztere sind ja auch orthographisch nicht weit entfernt von den Domen, wo religiöse Kultbilder ihren angemessenen Ort haben. Warum also sollten überall dort keine zeitgenössischen „*Ikonen*“ vorkommen, wird mancher treuherzig fragen.
Gewiss, die Sprachgeschichte liefert zahlreiche Beispiele der Übertragung eines Begriffs von einem Lebensbereich in einen völlig anderen, wobei ein Bedeutungswandel damit einhergehen kann. Das eben macht schließlich den nicht grundsätzlich zu beklagenden Sprachwandel aus.
Aber mit dem nunmehr fast flächendeckend auftauchenden Einsatz des Wortes „*Ikone*“ in überwiegend höchst profanen, trivialen und banalen Aussagen über diese oder jene vorübergehend oder vielleicht auch längere Zeit umjubelte, bestaunte, in ihrem zumeist fragwürdigen Aufstieg zu Ruhmeshöhen zum Nacheifern einladende Sport- oder sonstige Größe hat es seine besondere Bewandtnis. Die, nennen wir sie einmal so, Ikonisierung

[61] „Lesefrüchte“ Seite 231.

unserer Lebenswelt mit ihrer Helden- und Heiligenverehrung fern allem Sakralen ist offenbar die verschämte Kompensation des voranschreitenden Verlusts aller Religiosität, also des Prozesses, den man Säkularisierung nennt. Es scheint so, dass die Menschen, die in hellen Scharen statt in die Kirchen in die Tempel des Sports und des Showbusiness pilgern, noch oder sogar dringlichst den Halt an Schlüsselbegriffen des ansonsten Abgeschüttelten, des Beiseitegeschobenen benötigen. „*Ikonen*“ sind da höchst willkommen. Der überkommene Begriff ist zwar entkernt, es hat wie kaum woanders eine „*semantische Entleerung*“ stattgefunden, aber im Zeitalter der Oberflächlichkeiten, des Etikettenschwindels und der Scheinwelten, die man schönfärberisch virtuelle zu nennen sich angewöhnt hat, scheint er vielen umso angebrachter zu sein. Also haben wir „*Ikonen*“ allerorten in allen nur denkbaren Gestalten.

Sehr früh auf dem Weg der Ikonisierung begegnete man der „***ZDF-Ikone Petra Gerster***“.

Gewiss, sie mochte mit ihrem Lärvchen für die Ikonenmalerei interessant gewesen sein. Für eine Verehrung ihrer sprachlichen Leistungen gab es wenig Grund. Man danke an „*nahe des Bahnhofs*“ und „*nahe des Flughafens*“ aus ihrem Munde, und das keineswegs selten, sondern regelmäßig. Beim ZDF ließ man ihr, der Ikone, das natürlich durchgehen und weitere Fehlleistungen, wie zum Beispiel „*Stammzell**en**forschung*“ selbstverständlich auch. „*Ikonen*“ korrigiert man nicht, die verehrt man; alles andere wäre Mobbing.

Fortan nahm der Ikonenspuk seinen Lauf, durch nichts mehr zu bremsen.

Eine grobe Sortierung nach Lebensbereichen sei erlaubt.

Beginnen wir mit dem Sport:

- „*Da war einerseits der als Fait accompli gemeldete Transfer der Dortmunder* ***Borussen-Ikone Mario Götze*** *zum FC Bayern München, den ... einfädelte.*“ (FAZ, Roland Zorn, 27.4.2013, S. 18).

Nur nachrichtlich: Dieser zur „*Ikone*“ hochgejubelte Fußballspieler war damals gerade einmal 21 Jahre alt! Seine Zeit bei „*den Bayern*“ gedieh dann zur Entzauberung eines viel zu früh in den Sporthimmel gehievten „*Talents*“. Die Borussen hingegen fanden bald in ikonographischer Seligkeit Ersatz, indem Marco Reus zur „***BVB-Ikone***“ erkoren wurde. Ohne eine Ikone im Verein geht halt nichts mehr. Dass dieser Marco Reus jahrelang ohne amtlichen Führerschein ein Auto gesteuert hat, was tut’s zur Sache.

- „*Ein Superstar gibt sich die Ehre:* ***Schwimm-Ikone Michael Phelps*** *wird...*“ (ARD, Texttafel 238, 13.10.2011).

Ja, er war ein überragender Schwimmer, dieser Michael Phelps. Aber er räumte auch ein, außer schwimmen nichts zu können. Und straffällig wurde er schließlich auch noch. Ganz „*Ikone*"?
Als der einstige finnische Skisprungstar Matti Nykänen am 4. Februar 2019 relativ jung verstarb, im Alltag nach dem aktiven Sport nicht zuletzt wegen maßlosen Alkoholkonsums grenzenlos gescheitert, nannte die ARD-Sportredaktion ihn zunächst eine „*Ikone*"! Sie muss auf den totalen sprachlichen Missgriff aufmerksam gemacht worden sein, denn sie korrigierte sich und machte aus der „*Ikone*", immerhin, ein „*Idol*", also nicht ganz so sakral unterlegt. Beim MDR firmierte Nykänen übrigens als „*Skisprung-Legende*"![62]

- „***Rostocks Klubikone Heinsch gestorben***." (ARD, Texttafel 207, 16.7.2022).

Das scheint überhaupt eine Konstante der Ikonisierung von Sportlern zu sein: Spätestens sobald sie gestorben sind, werden sie zu „*Ikonen*" hochgejubelt. Das gilt aber nicht für den Fußballer, um den es nun geht:

- „***Ikone in Santos beerdigt***." (ARD, Texttafel 201, 4.1.2023).

Verstorben war Pele! Der große Pele! Wenn es jemals einen Fußballspieler gegeben hat, der einen ikonennahen Rang verdient hat, dann er! Ohne den Ikonenspuk, der uns sonst die Haare zu Berge stehen lässt:

- „*Sein Traum, **die englische Fußballikone*** (gemeint: Manchester United!) ***zu kaufen**, stößt auf Widerstand.*"

Die Meldung der ARD stammt aus dem Jahre 2022, das genaue Datum steht leider nicht zur Verfügung. Kommentieren lässt sie sich allemal dennoch: Gewiss, gewiss, erstklassige Ikonen hatten immer schon ihren noblen Preis, zumal, wenn mehrere Bieter auftraten. Aber was macht einen Sportverein, der inzwischen nichts anderes ist als ein hochkapitalistisches Unternehmen schon jenseits der Grenze zum Showbusiness, zu einer „*Ikone*"? Womit wir bei der schnöden Ökonomie angekommen sind. Die mit Fragen der Wirtschaft befassten Journalisten lassen sich, was „*Ikonen*" anbelangt, natürlich nicht zweimal einladen:

- „*Thyssen-Krupp ist **eine Ikone der deutschen Industriegeschichte***." (FAZ, Helmut Bünder, 19.11.2015, S. 22).

[62] Auf das Stichwort „*Legende*" sei verwiesen.

Darf man das angesichts der Vorgeschichte der fusionierten Firmen eventuell auch anders einschätzen? Oder war die „*dicke Berta*“ so etwas wie eine „*Ikone*“ der Artillerie?
Sprachlich hätte ein wenig abgerüstet werden sollen, gerade im Zusammenhang mit Thyssen-Krupp.

- „***Italiens Ikone Ferrari*** *mutiert zum Geldlieferanten.*“ (FAZ, Tobias Piller, 5.1.2016, S. 22).

Na ja, Geld stinkt bekanntlich nicht – oder es heißt, es sei so. Was ausgerechnet Ferrari Eigenschaften einer Ikone verschafft, bleibt leider ungesagt. Aber eine Bereicherung des Ikonenspuks darf getrost festgestellt werden.

- „**Die *Sportwagenikone 911 mit Verbrennungsmotor***“ (FAZ, koll., 29.10.2022, S. 21).

Wirklich, eine „*Ikone*“ mit „*Verbrennungsmotor*“? Das geht aber gar nicht, wo doch dem „*Verbrenner*“ der Garaus gemacht werden soll, und das zügigst!

- „*Das GSW-Hochhaus ... ist* ***eine der wenigen Berliner Architekturikonen*** *der Nachwendezeit.*“ (FAZ, Text unter einem Foto, 8.7.2022, S. 12).

Was lernen wir bei genauem Lesen? In Berlin gibt es zwar wenige, aber, das ist doch logisch, immerhin mehr als eine „*Architekturikone*“. Darauf muss man erst einmal von allein kommen!

- „***Das Wiener Sacher ist eine Hotel-Ikone***.“ (FAZ, Michaela Seiser, 21.11.2022, S. 25).

Das mag so sein. Wer weiß schon, wie viele Ikonen da bereits genächtigt haben.

- „***Pop-Ikone wird urbanes Zentrum***“.

So lautete eine Überschrift in der FAZ am13.Oktober 2022 auf S. 25. Gemeint war die umgebaute Battersea Power Station in London, ein altes Kohlekraftwerk, das also zwischenzeitlich zur „*Pop-Ikone*“ aufgestiegen war. Sehr viel profaner kann ein Gebäude kaum sein, das zur „*Ikone*“ fast schon (schein)sakralisiert worden ist.

Damit haben wir einen fast nahtlosen Übergang zum Showgeschäft, einem idealen Ort für das Lustwandeln von Ikonen:

- *„Die Partei >Italia sovrana e popolare< ... stellte* ***die Ikone des italienischen Kinos*** *im Einzelwahlkreis Latina südlich von Rom auf."* (FAZ, rüb., 16.8.2022, S. 7).

Gemeint war tatsächlich die 95jährige Gina Lollobrigida! Die könnte man sich fürwahr als *„Ikone"* vorstellen, wenn ..., ja wenn... Also lassen wir das. Dass auch Männer längst zu *„Ikonen"* erhoben werden können, haben wir im Lebensbereich Sport nachgewiesen. Was dort recht ist, das ist dem Showgeschäft natürlich billig – wenngleich zumeist zu billig:

- *„Die britische* ***Pop-Ikone****"*

tauchte ausgerechnet bei der FAZ am 23.August 2022 auf Seite 25 auf. Und wer war gemeint? David Bowie! Ist unter meinen Leserinnen und Lesern immer noch jemand überrascht?

Bleibt noch die Politik im engeren Sinne:

- *„Hillary Clinton feiere sich als eine* ***„Ikone der Frauenbewegung****"*,

hieß es in der FAZ am 9.Juni 2016 auf Seite 2. Am 16.6.2016 war auf Seite 3 dann von ihr als der ***„Freiheitsikone"*** die Rede. Man fragte sich, ob da eine Realsatire ins Haus geliefert worden war. Falls nicht, wofür allerdings kaum etwas spricht, dann ganz sicher mit der folgenden Meldung:

- *„Im Kampfmodus: Lauren Boenert,* ***die Ikone der extremen amerikanischen Rechten****, hat stets den Finger am Abzug."* (FAZ, Text über einem Foto am 9.1.2023 auf S. 9).

Man fragt sich nun nicht mehr, ob der Blödsinn, für den das an sich sinntiefe Wort *„Ikone"* vergewaltigt wird, noch gesteigert werden kann. Die FAZ sollte die Antwort geben, nur sie!
Obwohl die These von der fortschreitenden Säkularisierung aller Lebensbereiche durch die Massenhaftigkeit der Ikonisierungen mehr als bestätigt wird – darf man nicht mehr erwarten, dass diesem Ikonenspuk angesichts solcher Beispiele endlich der Garaus gemacht wird?
Oder scheitert das daran, dass Ikonen des Sports und solche in vielen anderen Lebensbereichen halt kommen und gehen, tendenziell aber immer zahlreicher werden?

Da kommt es wohl auf eine noch so fragwürdige Ikone mehr oder weniger gar nicht mehr an.
Wenn der Überblick verloren geht, sind Einblicke und Durchblicke nicht zu erwarten.
Es gibt nur noch trübe Aussichten.

Image

Dieses zutiefst englische Wort, von dem die Deutschen bereits seit einiger Zeit so tun, als sei es ein deutsches, ohne eine klare Vorstellung davon zu haben, was sie unter „*Image*“ wirklich verstehen oder verstanden wissen wollen, hat das lateinische Wort >imago< als Wurzel, das ganz bieder „*Bild*“ bedeutete.[63] Inhaltlich gar nicht weit davon entfernt sind auch „*Ansehen*“ und, ganz schlicht, „*Ruf*“ zunehmend ein angemessenes Verständnis, nämlich im Sinne der „*Vorstellung von einer Persönlichkeit in der Öffentlichkeit*“, ob positiv oder negativ, ist dabei unerheblich. Eher ins Poetisch-Bildliche hinein reicht dann überdies der Gebrauch von „*Image*“ für „*Vorbild, Leitbild*“. Der soll hier allerdings ausgespart bleiben.
Warum aber, so fragen sich offenbar viele Medienleute, soll ich mich mit Bild, Ansehen oder Ruf begnügen, wenn mir das eindrucksvollere Wort „*Image*“ zur Verfügung steht. Mindestens Halbbildung kann damit bezeugt werden:

- „***Hände weg vom grünen Image***“. (FAZ, Überschrift, 27.8.2022, S. 8).
- „*Vor der Wahl in Niedersachsen* **steht das Image** (der Grünen) ***auf dem Spiel***.“ (FAZ, red. Einleitung, 30.8.2022, S. 4).
- „*Im Geiste des Stakeholder-Kapitalismus* ***kann etwa auch ein gutes Image hohe Investitionen wert sein***.“ (FAZ, Sven Astheimer, 31.8.2022, S.15).
- „***Schlecht fürs Image*** – *gut für die Gewinner*“ (FAZ, Überschrift, 14.9.2022, S. 4).
- „*Was ein Unternehmen in Zeiten von finanziellen Schieflagen absolut nicht gebrauchen kann, ist* ***eine negative Imagepflege***.“ (FAZ, Michaela Seiser, 20.10.2022, S. 22).

Die „*negative Pflege*“ gibt dem Satz eine besonders elegante Sprachnote!

- „*Das Land hat* ***ein falsches Image*** – *schuld daran ist die Stadt.*“ (FAZ, 9.1.2023, S. 11).

---

63 Der Anglist in mir kommt hier einfach nicht an der Versuchung vorbei anzumerken, dass die vielen „*Image*“-Liebhaber das Wort verhunzen, indem sie die quetschende Aussprache „*immitsch*“ wählen, ganz und gar unenglisch. Leider lässt das Schreibprogramm die korrekte phonetische Umschrift nicht zu. Gute zweisprachige Wörterbücher geben aber Auskunft.

Dann wird es aber höchste Zeit, dass das Land ein richtiges Image bekommt.
Was die Sprache der FAZ anbelangt: Bei so viel „*Image*" hat sich schnell ein klares Image vor das geistige Auge gestellt. Das Bild ist eindeutig! Helfen wird nur noch eine positive Imagepflege. Die allerdings muss die Redaktion selbst leisten. Der einst gute Ruf könnte sonst schnell dahin sein.

Implementieren

Schon die erste Begegnung mit diesem Verb lässt erkennen, was seinen besonderen Reiz ausmacht: Es eignet sich vorzüglich als Blendwerk. Und als solches wird es mit wachsender Begeisterung vornehmlich in der Politik, aber auch in Wirtschaft und Wissenschaft geschätzt und eingesetzt.
Und das, obwohl aussagestarke deutsche Verben zur Verfügung stehen: durchführen, verwirklichen, vollenden, erfüllen (z. B. eines Vertrages), aber auch der schöne Ausdruck „*ins Werk setzen*". Damit sich zu begnügen, das setzt allerdings etwas Bereitschaft zum Verzicht voraus, Verzicht auf Imponiergehabe zuvörderst.
Aufschlussreich ist erneut, dass der DUDEN das Verb nicht führt und auch der MS, der in seinem englisch-deutschen Teil das Verb >*to implement*< und das Hauptwort >*implementation*< mit Übersetzungen ins Deutsche versieht, allerdings ohne „*implementieren*"!, im deutsch-englischen Teil lediglich das Nomen „*Implement*" aufweist, das dort mit „*Ergänzung, Vollendung*" erläutert wird. Von „*implementieren*" auch wieder noch keine Spur, anders als bei meinem Schreibprogramm, das wie selbstverständlich das Verb akzeptiert.
Also haben wir es wieder mit einer modern gewordenen Übernahme aus dem Englischen zu tun, die zwar grundsätzlich betrachtet der deutschen Sprache nicht schadet, die aber keinen unmittelbaren Bedarf hat decken müssen - es sei denn, das Wort sollte helfen, das Bedürfnis zu befriedigen, mit einem alles andere als bereits klar definierten Verb auf dessen selbstgewissen Verwender aufmerksam zu machen, ohne dass dieser hat offenbaren müssen, was er denn vorhabe.

Inklusion und inklusiv

In der Bildungs- und in der Sozialpolitik ist „*Inklusion*" das Gebot der Stunde. Mit ihr werden das Nonplusultra der sozialen Gerechtigkeit und so etwas wie eine pädagogische Glückseligkeit für alle verbunden – selbstredend auch für die, die der „*Inklusion*" gar nicht bedürfen oder ihr inhaltlich sogar ablehnend gegenüberstehen. Nun denn.

Hier soll es lediglich um den wuchernden Gebrauch von „*Inklusion*“ und „*inklusiv*“ gehen, wenngleich nie vergessen werden sollte, dass dessen eigentlicher Auslöser eine gesinnungsethisch bestimmte Ideologie ist, die proklamiert, dass mit „*Inklusion*“ die Lösung für so gut wie alles bereitgestellt werde. Wie bei ideologiegeleiteten Begriffen zwangsläufig, sind „*Inklusion*“ und „*inklusiv*“ bestens geeignet, Forderungen, Programme, Ziele im Ungefähren zu lassen, sie zu vernebeln, um gegebenenfalls die situativ vorteilhafteste argumentative Wendung zu vollziehen, gesichtswahrend, den Vorwurf der Fehleinschätzung von sich weisend, geradezu von sich abprallen lassend.
Wie bestellt lieferte bezeichnenderweise der Behindertenbeauftragte der Bundesregierung, Herr Dusel, eine dieses harsche Urteil bekräftigende Verwendung von „*inklusiv*“:

- „*Es braucht* ***inklusiven Bevölkerungsschutz****.*“ (ARD, Texttafel (?), 20.7.2022).

Er wollte auf die Gefahren in der vorherrschenden Hitzewelle gerade für Behinderte aufmerksam machen. Löblich. Aber was genau meinte er mit dem „*inklusiven Bevölkerungsschutz*“? Meinte er umfassende, alle Menschen erfassende Schutzmaßnahmen?
Wenn ja, wird man doch wohl fragen dürfen, ob wirklich alle Menschen dieses Schutzes bedurften? Und ob sie ihn wollten. Meinte er, als Behindertenbeauftragter, die Behinderten sollten besonders bedacht werden? Sie sollten, weil extrem gefährdet, vorrangig geschützt werden, also prioritär? Und wenn ja, dann wie konkret?
Mit der anspruchsvollen Vokabel ist also viel angedeutet, aber nichts präzise gesagt. Wie bei Phrasen und Floskeln üblich. Über eine Leerformel, die praktisch beinahe jede beliebige Deutung zulässt, ist der Behindertenbeauftragte leider nicht hinausgekommen, ausgerechnet er, der Behindertenbeauftragte. Bitter schade!

Innovation und innovativ

Wurzel dieser zu inflationärer Verwendung aufgestiegenen Wörter sind das lateinischen Eigenschaftswort >*novus*<, neu, und das Hauptwort >*innovatio*<, Erneuerung. Mit „*innovativ*“ sind dann „*erneuernd, Erneuerung erstrebend, einfallsreich*“ gemeint, also durchaus deutsche Vokabeln, die nicht völlig Identisches beschreiben. Genau das aber macht „*innovativ*“ und „*Innovation*“ gerade für Politiker und Manager so attraktiv: Man kann sprachlich glänzen, ohne inhaltlich eindeutig festgelegt zu sein.

Eine durch *„innovativ“* aufgehübschte Sprechblase lieferte ausgerechnet unsere Wissenschaftsministerin Stark-Watzinger, als sie sich am 2. Februar 2023 in der ARD-Tagesschau, genau dort!, für ***„innovative Forschung“*** stark machte. Kann es sein, dass der für Forschung zuständigen Wissenschaftsministerin bisher entgangen ist, dass *„Forschung“* nur dann Forschung ist, wenn sie *„innovativ“* ist, also zu neuen Erkenntnissen führt? Der Pleonasmus, die tautologische Fügung, kann also entweder als (erwartete) Antwort auf die soeben gestellte Frage begriffen werden oder als Beleg für das Blasendeutsch, das die Politikerkaste – nein, nicht auszeichnet, sondern längst beschämt. Sie forderte dann auch, ganz konsequent, ***„Innovationsklauseln“***, z. B. im Bildungswesen. Besonders die Lehrkräfte warten wohl immer noch darauf, klipp und klar zu erfahren, worauf sie sich werden einlassen müssen.
Eine Praline der Sprachkunst, dargeboten als Sprechblase, lieferte die ansonsten von mir fachlich sehr geschätzte FAZ-Redakteurin Heike Göbel, als sie am 9. Februar 2023 auf Seite 15 mitteilte, es bestehe die Gefahr, ***„preiswerte Innovationen auszubremsen“***.[64]
Die FAZ hat es überhaupt mit dem schmückenden Adjektiv *„innovativ“*. Am 30. August 2022 berichtete sie auf Seite 21, also in ihrem Wirtschaftsteil, den ausgerechnet Heike Göbel leitet:

- *„**Nahe des** Frankfurter Flughafens werden in britischer Tradition **Innovationen entwickelt**.“*

„Innovationen“ werden dort *„entwickelt“*. Überzeugend ist diese Wortkombination fürwahr nicht, aber sie kommt überzeugend daher, nicht wahr? Und zudem *„**nahe des** Flughafens“*! Da wird wohl die bereits zitierte ZDF-Ikone Petra Gerster Vorbild gewesen sein. Machen wir's kurz: **Nahe dem** Flughafen.

- ***„Innovative Software“*** (FAZ, 26.9.2022, S. 21) und *„Club der >**innovativen Länder**<“* (FAZ, 15.2.2023, S. 17),

diese Zitate seien in Stellvertreterfunktion für massenhaft auftauchende Verwendungen von *„innovativ“* als irgendwie schmückendes, jedenfalls in unseren Tagen unvermeidbar gewordenes Attribut, wenn auf etwas Neues, etwas Vorangebrachtes, Fortentwickeltes, etwas auf einer Wunschliste Stehendes aufmerksam gemacht werden soll.
Begnügen wir uns damit, das eine innovative Sprache zu nennen. Ihr wird es hoffentlich so ergehen wie zahlreichen bejubelten Innovationen: Eines

[64] Die Ausführungen zum Stichwort *„ausbremsen“* könnten hier hilfreich sein.

Tages wird das Neue das Alte sein, abgelöst von weiteren Innovationen. Sprachwandel nennt man das bekanntlich.

Investiert sein

Das verwendete Stichwort in zuverlässigen Nachschlagewerken wie DUDEN, WFL oder MS zu suchen, wird zeitaufwendig sein – und vergebliches Bemühen. Was also tun?
Versuchen wir es über alltägliche persönliche Erfahrungen: Es wird kaum jemanden geben, der (oder die) nicht irgendwann irgendetwas irgendwie investiert hat. Wenn schon nicht mangels Masse einen größeren Geldbetrag zwecks Erzielen von Kapitalerträgen so doch Vertrauen und auf jeden Fall Zeit. Man **hat** investiert. Was man investiert hat, wird Investition genannt. Jedenfalls bis vor kurzem war das so. Neuerdings wird hochtrabender von einem „*Investment*" schwadroniert, man bedient sich also, weltmännisch wie man aufzutreten bemüht ist, der englischen Entsprechung.[65] Man – das sind in erster Linie mittlerweile selbst nachrangig beschäftigte Mitarbeiter von Geldinstituten jedweder Ausgabe. Ob da wohl ein Kompensationsbedürfnis befriedigt wird? Oder gibt es gar eine Ansage von ganz oben, sich dieses Begriffs zu bedienen, um die „*Investments*" abzuheben von Investitionen, die keinen sofort messbaren Kapitalertrag abwerfen? Ob allerdings alle „*Investments*" das schaffen? Zweifel sind angebracht.
Man **hat** also investiert, was genau, darauf kommt es jetzt nicht an. Wie bereits gesagt, bis vor kurzem. Mit dem Investieren war grammatisch etwas Aktivisches verbunden. Plötzlich aber hieß es, man **sei** investiert. Grammatisch liegt, mindestens gedanklich, nunmehr eine Passivkonstruktion vor, man ist zum Objekt von „*Investments*" geworden, wo man doch vorher deren Subjekt war. Kurios, nicht wahr? Was Sprache nicht alles zu leisten vermag, wenn man sie nur entsprechend traktiert! Geht es überzeugender als in diesem von der FAZ gelieferten Beispiel?

- „***Investiert ist er nicht mehr*** *– er hat neue Ziele.*" (FAZ, 1.8.2023, S. 23).

Da hat also jemand irgendwann irgendetwas investiert, er hat ganz aktiv und hoffnungsfroh, dürfen wir vermuten, ein „*Investment*" getätigt Und dann ist er ausgestiegen? Hat sein „*Investment*" vielleicht oder sogar wahrscheinlich verhökert? Und ist umgestiegen zu neuen Ufern? So jedenfalls sollen wir die Nachricht verstehen. Man kommt hinter jede Sprachmarotte, das ja. Man muss nur genug Gehirnschmalz investiert haben. Dann kann

65 Dass „*investieren*" auch „*in ein Amt einführen*" bedeuten kann, bleibt unberücksichtigt. Das zugehörige Substantiv ist „*Investitur*". Erinnert sei an den mittelalterlichen „*Investiturstreit*".

man getrost von sich sagen: Wie erfreulich, dass man auf dem Gebiet einigermaßen gut investiert ist. Aber auch getröstet?

Klare Kante

Der SPD-Politiker Franz Müntefering, unter Genossen (und Genossinnen!) einfach liebe- und respektvoll „*Münte*", war ein Mann aus dem Volke und für das Volk, ein Mann des Volkes. Er schaute dem Volke nicht nur aufs Maul, er sprach wie das – hier ausschließlich positiv verstanden – gemeine Volk, also der oft bemühte Durchschnittsbürger – auch als Otto Normalverbraucher bekannt. Er war durch und durch Sauerländer. Darauf war er stolz. Völlig zu recht. Er sprach sprechblasenfrei.
Was wunder also, dass wir ihm das Sprachbild der „***klaren Kante***" verdanken – ob von ihm selbst geschaffen oder von ihm lediglich populär gemacht, ist zweitrangig. Er sagte später zudem auch, die Realität treffend, Opposition sei „*Mist*". Dieser Politikertyp scheint ausgestorben zu sein. Oder richtiger: Er ist es. Umso mehr hat es Franz Müntefering verdient, in einem Buch, das der „*Trockenlegung des Phrasensumpfes*" gewidmet ist, gewürdigt zu werden.
Möglicherweise fiel ihm das Bild der „*klaren Kante*" ein, weil er sich dessen bewusst war, dass er durchaus kantig war – eben auch in seiner Sprache. Hülsenfrüchte wird er geschätzt haben, Worthülsen waren ihm ein Greuel.
Mit seiner „*klaren Kante*", die inhaltlich durchaus geeignet war, dass er bei seinen Genossen, bei politischen Gegnern und auch in den Medien aneckte, hat er sogar sprachlich Karriere gemacht und, so ist zu hoffen, eine gute Tradition begründet.
Doch wohl in Erinnerung an ihn titelte die FAZ am 10.Oktober 2022 auf Seite 5:

- „***Klare Kante***".

Chapeau, Herr Müntefering!

Klatsche, klatschen und abklatschen

War und ist etwas einen Beifall wert, dann wurde und wird traditionell geklatscht. Neuerdings selbst während eines Gottesdienstes. Und das, obwohl ein etwas (zu?) flinker Spruch ermahnt: „*Paulus schrieb an die Apachen: Ihr sollt nicht in der Kirche klatschen*".
Um dieses Verb „*klatschen*" geht es hier jedoch nicht.

Mit Bedacht ist das Hauptwort „*Klatsche*“ an den Anfang gestellt worden. Das sollte auf keinen Fall mit dem Wort „*Klatsch*“ und seiner Verwendung für „*übles, gehässiges Gerede*“ oder auch „*Tratsch*“ verwechselt werden – mit den Ableitungen „*Klatschbase, Klatschblatt, Klatschspalte, Klatschtante oder Klatschsucht*“, um nur die wichtigsten zu nennen. Unter „*Klatsche*“ sei bitte auch nicht der „*Stiel mit elastischem Blatt zum Schlagen*“ verstanden, also zum Beispiel die „*Fliegenklatsche*“, jedenfalls nicht direkt, wie noch erkannt werden wird. Erst recht nicht gemeint ist die einst zum Jugendjargon zu zählende Version für „*Petze*“.
Wer „*Klatsche*“ so oder so ähnlich hat verstehen und verwenden wollen, wird sich nachsagen lassen müssen, er (und natürlich auch sie) sei von vorgestern, ganz wie der DUDEN. Und dem ist so! Der DUDEN jedenfalls kennt den im Soziolekt des Sports und dem der Jugend zur Blüte gekommenen Gebrauch von „*Klatsche*“ für „*Abfuhr; verheerende Niederlage*“ nicht. Sobald also ein hoher, zumeist auch noch unerwartet hoher, also im Sportjargon haushoher Sieg zu vermelden ist, wird von sportseligen Redakteuren die „*Klatsche*“ posaunt, die eine Mannschaft oder auch ein Einzelsportler erhalten habe.
Sprachgewaltig – man beachte die Nähe des Adjektivs zum Hauptwort Gewalt! – ist dann das Verb „*klatschen*“ kreiert worden:

- „***Clevere Wölfe klatschen Hertha***“ (ARD, Texttafel 100, 26.8.2019).

Für dem Fußball etwas Fernstehende: Der VfL Wolfsburg („*Die Wölfe*“) besiegte Hertha BSC Berlin unerwartet deutlich, „*Hertha*“ erhielt eine „*Klatsche*“. Beinahe so tödlich wie die Fliege von der nach ihr benannten Klatsche. Ob die wohl doch Pate gestanden hat? Clever, nicht wahr?

- „*Hockey:* ***Klatsche für den DHB***“ (ARD, Texttafel 241, 14.3.2023).

Was lag vor? Die deutsche Hockeynationalmannschaft hatte in Indien, beim „*Rekordolympiasieger*“, wie es, enzyklopädisches Sportwissen anzeigend, hieß, überraschend eindeutig 3:6 verloren. Na und? Kann doch passieren! Was also soll der Spuk mit der „*Klatsche*“?

„*Abklatschen*“ ist sozusagen ein Abklatsch von „*klatschen*“. Es ist ein Tun, ein fast schon ritualisiertes Verhalten vornehmlich im Sport, das man auch als eine Manie begreifen kann. Die Wintersportarten scheinen dabei die Speerspitze zu bilden. Sobald, zum Beispiel beim Skispringen, ein Sprung halbwegs gelungen ist, erfolgt das „*Abklatschen*“ unter den Betreuern und den Mannschaftskollegen. Sie nennen es auch so. Manchmal fragt man sich, ob da jemand „*eine Klatsche*“ hat. So pflegte meine Generation in ihrer Jugend zu urteilen, wenn der Verdacht aufkam, jemandes Verhalten sei einigermaßen seltsam. Manche sagten auch „*bekloppt*“. Dieses Verständnis von „*Klatsche*“ ist gottlob aus der Mode gekommen. Dürfen wir hoffen, dass das dem besonders im Sport zur Marotte gediehenen Gebrauch von „*Klatsche*“ recht bald auch so ergehen wird?

Klientel

Stellen wir zunächst klar: Der Singular lautet „***die** Klientel*“, der Plural „*die Klientel**en***“.

Mit dem Begriff „*Klientel*“ wird in der Politik und in den Medien nur so um sich geworfen, ohne dass beachtet wird, was soeben klargestellt worden ist. Viele derjenigen, die meinen ohne „*Klientel*“ partout nicht auskommen zu können, gehen, wie weiter unten nachgewiesen wird, von der falschen Annahme aus, „*die Klientel*“ sei Plural von Singular „*das Klientel*“.

Damit liefern sie, ungewollt zwar, auf unübertreffliche Weise den Beleg dafür, dass um des sprachlichen Imponiergehabes willen Phrasendrescherei sehr häufig mit grammatischer Dürftigkeit einhergeht. Oder sogar: Diese zur Voraussetzung hat?

Was ist unter einer „*Klientel*“ zu verstehen? Wurzel ist das lateinische Wort >*cliens*<, im Genitiv >*clientis*<, im Plural >*clientes*<. Es bezeichnete den Schutzbefohlenen, den Hörigen. Eine „*Klientel*“ ist demnach ursprünglich eine Schutzverwandtschaft oder die Gesamtheit der Hörigen in Abhängigkeit von einem Schutzherrn, z. B. im deutschen Mittelalter von einem Grundherrn.

Viel vertrauter als „*Klientel*“ ist heutzutage selbstverständlich das Wort „*Klient*“, Mehrzahl „*Klienten*“. Damit wird eigentlich ein von einem Rechtsanwalt Beratener, Vertretener, dessen Kunde sozusagen, bezeichnet, aber der Begriff wird inzwischen auch in anderen Lebensbereichen entsprechend angewandt, etwa auf die Steuerberatung bezogen, aber auch auf dem Felde der Medizin als Ersatz für „*Patienten*“.

Interessant ist nun, dass in der Politik und in den mit ihr verbundenen Medien nicht das sonst geläufigere „*Klient*“, sondern das offenbar mehr Bildung und mehr Bedeutung signalisierende „*Klientel*“ eindeutig den Vorzug erhält. Die „***Wählerklientel***“ steht dabei aus zumeist durchschaubaren Gründen in der besonderen Gunst.

So erklärt sich wohl auch die Überschrift, die ein Leserbrief in der FAZ vom 29.Augusr 2022, abgedruckt auf Seite 5, erhielt: „***Soll die Wählerklientel beruhigt werden?***“. Dagegen wäre wenig einzuwenden, wenn nicht im Leserbrief selbst von der „*Wählerschaft*“ die Rede wäre.

Warum, um alles in der Welt, wurde die Überschrift durch „*Wählerklientel*“ aufgemotzt, wo doch im Grunde ein Zitat vorliegt?

Immerhin: Es hieß grammatisch korrekt *„**die** Wählerklientel*“ – dabei großzügig unterstellt, der Begriff ist als Singular eingesetzt worden.
Bei der FAZ ist das nämlich alles andere als eine Selbstverständlichkeit. In Serie findet man mittlerweile Sätze wie die folgenden:

- *„Schneiderateliers, Coiffeure und Cafes umwerben **das Klientel**.“* (FAZ, Sven Weniger, 29.6.2010, S. R3).
- *„Doch ist es wirklich so, dass ausgerechnet er... **dieses Klientel** nicht auch angesprochen hat?*“ (FAZ, kum., 25.9.2018, S. 8)
- *„Wie die **Quadratur** des Kreises scheint der Versuch, **das ureigene Klientel** in den ärmeren Vierteln des Nordens zu bedienen und zugleich offen zu sein für...*“. (FAZ, Julian Staib, das Datum ist nicht mehr präsent).
- *„Ein tiefer Riss geht durch Labour: **Das klassische Klientel** am unteren Ende der Gesellschaft will von der EU nichts mehr wissen, während...*“ (FAZ, Jochen Buchsteiner, 16.1.2017, S. 5.
- *„Kretschmann interessiere sich – ähnlich wie Salomon – nicht für **das >grüne Klientel**<.*“ (FAZ, rso., 9.5.2018, S. 4).
- “*… aber solchen Projekten sind mit Blick auf **ihr eher wohlhabendes Klientel** Grenzen gesetzt.*“ (FAZ, Helene Bubrowski und Markus Wehner, 26.5.2021, S. 3).
- *„Anstatt **ihr traditionelles Wählerklientel** permanent zu beackern, verharrt die SPD darin...*“ (FAZ, Jasper von Altenbockum, 8.6.2021, S.1).

Wählerschaft, Kundschaft, Gefolgschaft – das wären neben noch einfacheren Wörtern (Personenkreis etwa) Möglichkeiten gewesen, sich nicht in grammatischer Hinsicht zu blamieren. Frage: Nimmt man das bei der FAZ als Preis für das verbale Blendwerk achselzuckend hin? Gibt es nicht gelegentlich Redaktionskonferenzen, in denen eine kurze Belehrung in allgemeiner Ansprache, also das schreckliche „*Mobbing*“ vermeidend, hätte stattfinden können?
Wird es die FAZ etwas entlasten oder wird es gar mit „Na bitte“ abgetan, wenn andere kleine vom Imponiergehabe befallene Sünderlein in Stellvertreterfunktion herangezogen werden?

- *Es sei für die griechischen Regierungen immer schon schwierig gewesen, „**die Renten ihres Klientels zu kürzen**.“*

So war eine ARD-Korrespondentin in der Tagesschau, genau dort, am 19.Februar 2012 zu vernehmen.

- „***Ein Teil des sozialdemokratischen Klientels*** *scheint Peer Steinbrück regelrecht zu meiden.*“ (Märkische Allgemeine, Potsdam, laut FAZ, 6.11.2012, S. 2).

Der Verfasser dieses Buches ist seit 1964 Abonnent der FAZ. Er gehört also treu zu ihrer „*Stammklientel*“. Sprachlich gut vertreten oder gar beraten fühlt er sich allerdings zunehmend weniger. Das erst recht nicht, wenn er sich dem bombastischen, aufschneiderischen Ausdruck
„***Klientelistische Netzwerke***“, gemeint in Brasilien (FAZ, Daniel Deckers, 30.8.2022, S. 8), ausgesetzt sieht. Sind angesichts der aufgeblasenen und, wie nachgewiesen, häufig grammatisch falschen Verwendung von „*Klientel*“ nicht auch in Deutschlands Medien „*klientelistische Netzwerke*“ am Werk, allerdings ein wenig anders als von Daniel Deckers angedeutet? Dafür spricht wohl folgendes Zitat:

- „***klientelistische, interventionistische Staatswirtschaft***“.

Es stammt aus einem Aufsatz der Ökonomen Jochen Andritzky und Nils Hesse, den die FAZ am 18. Juli 2023 auf Seite 16 brachte.
Darf man die sprachlichen Produkte solcher Netzwerke Machwerke nennen?

Klimaschutz – Klimaförderung – Klimawandel...

Inhaltsstärker und sprachlich prägnanter, als es der Leserbriefschreiber Wolfgang Illauer aus Neusäss-Westheim vermocht hat (FAZ, 28.6.2022, S. 6), kann man den Spuk nicht entlarven, der mit allen Begriffen, denen affekt- und effektgierig „*Klima*“ als Wortbestandteil zu dienen hat, betrieben wird:
„*Unzählige Male wird dieses Wort* (nämlich „***Klimaschutz***“) *in allen Medien jeden Tag gebraucht. Es gehört inzwischen zu unserem Alltagswortschatz und bezeichnet eines der hehrsten Ziele der gegenwärtigen Regierungen, vor allem der deutschen Regierung.*
Aber ist es denn niemandem bewusst, dass ***das Wort Klimaschutz absurden Unsinn zum Ausdruck bringt****? Muss nicht, wenn das Klima geschützt werden soll, Schaden vom Klima abgewendet werden? Welcher Schaden? Ein >Wandel<? Aber das Klima wandelt sich seit Millionen Jahren. Temperaturerhöhung? Aber Temperaturschwankungen gibt es seit Millionen Jahren. Ansteigen des Meeresspiegels? Als ob das Klima davon einen Schaden hätte. Unwetter, Tornados, Starkregen und so weiter? Dem Klima schadet all das nicht im Geringsten, auch Erdbeben, Vulkanausbrüche, Meteoriteneinschläge steckt es gelassen weg, und es existiert weiter in ewigem*

Wechsel und vielfältigen Erscheinungsformen. Das ist seine Natur. Die Schlussfolgerung daraus (eigentlich selbstverständlich, aber ***Leute, die brav und gedankenlos das Wort Klimaschutz gebrauchen, müssen darauf hingewiesen werden): Nicht das Klima muss geschützt werden****, genauer: vor gewissen Klimaänderungen, die ihm unangenehm werden könnten.* ***Der Gebrauch des Wortes >Klimaschutz<*** *im Sinne >Schutz des Menschen vor Klimaänderungen, die ihm schaden würden<,* ***das ist schlampiger, sinnwidriger Wortgebrauch in höchstem Grad. Das ist schier unfassbar, dass ein solch peinlich falscher Begriff vielmillionenfach voller Inbrunst und Ehrfurcht nachgesprochen wird****.*“

Höchste Hochachtung! Mit einer winzigen Korrektur: Wohl eher nachgeplappert als nachgesprochen, denn die FAZ-Redaktion traf den Nagel auf den Kopf, als sie dem Leserbrief die Überschrift „*Voller Inbrunst peinlicher Unsinn*“ verpasste.

Wenn es um das „*Klima*“ geht, jagt inzwischen eine Worthülse die andere in absurdester Aussage, ohne dass daran Linguisten und Feuilletonisten, die sonst immer schnell auf dem Plan sind, wenn irgendetwas Skurriles süffisant zu brandmarken ist, irgendwo irgendwie Kritik geübt hätten. Als Beispiel diene:

- „*Endlich setzt die Bundesregierung es auch offiziell um: Wer ein neues Haus baut, braucht* ***keine staatliche Klimaförderung***“. (FAZ, 12.8.2022, S. 18).

Wie FAZ-Leser Illauer überzeugend betont hat, ist „*Klimaschutz*“ bereits „*peinlicher Unsinn*“. Als was aber soll man „*Klimaförderung*“ einstufen? Als Unsinn im Quadrat?

Und wie die nun folgende aktionistische Begriffsschöpfung?

- „*Gaspreisdeckel für den* **Klima-Umbau** *nutzen*“.

Das war die Überschrift(!) eines Beitrags zweier „***Klimaaktivisten***“ – so wurden sie bezeichnet, genau so! – in der FAZ-Kolumne >Fremde Federn< am 8. Oktober 2022 auf Seite 8. Geht es sprachlich verheerender? Vielleicht doch. Bei den Texttafeln der ARD wird man immer fündig: Am 14. Januar 2023 tauchten auf Texttafel 106 „***Klima-Demonstrierende***“ auf. Selbstredend für einen „***effektiven Klimaschutz***“ demonstrierend.

Bundesbauministerin Klara Geywitz wurde von der FAZ am 12. August 2022 auf Seite 18 mit dem Loblied, eine Art Selbstbeweihräucherung, zitiert:

- *„Hier werden ab Ende 2022 jährlich **klimaneutral** bis zu 20 000 Wohnungen seriell mit Holz gefertigt.“*

„Klimaneutral“, eines der Modewörter, die als Worthülsen nicht mehr zu überbieten sind, aber ständig im Munde geführt werden. Oder doch?

- *„Bremen beschließt **Klimapaket**“*. (NDR, Texttafel 120, 23.3.2023).
- *„Erneut **Klimablockaden** in Berlin“* (ZDF, Texttafel 100, 14.7.2023).

Ist das Klima blockiert worden? Oder hat das Klima selbst blockiert, bockig, wie es sein kann? Oder was?

- ***„Bäume im Klimastress“*** (FAZ, Überschrift einer Rezension, 31.7.2023, S. 16).

Immer öfter werden ***„klimafreundliche Techniken“*** beschworen (FAZ, 6.7.2023, S. 17), ohne dass geklärt wäre, was darunter genau zu verstehen sei.
Diese Modebegriffe gleichen leerem Stroh, das ohne Ertrag immer wieder gedroschen wird. Was wirklich gemeint ist oder gemeint sein könnte, bleibt kaschiert. Gern hätten wir gewusst, was Frau Ministerin unter dem Wort ***„klimaneutral“*** zu verstehen vorgibt. Ob sie es selbst weiß? Und was in einem ***„Klimapaket“*** verpackt sein soll. Beruhigungslutscher?
Angesichts so viel Phrasendrusch sollte sich niemand wundern, dass allmählich ein ***„Klima der Angst“*** aufgebaut wird. Allerdings ganz anders, als die selbsternannten ***„Klimaschützer“*** sich das vorstellen können, die angeblich ***„den Klimawandel entschärfen“*** wollen, wie die FAZ am 21. März 2023 titelte. Also ihm die Schärfe nehmen? Bei so viel sprachlicher Unschärfe wird man schnell des Themas *„Klimaschutz“* überdrüssig, trotz aller Aufgeschlossenheit für das an sich ja nicht völlig fehlgehende und fehlgeleitete Anliegen.
Es ist wohl so, wie die FAZ titelte:

- ***„Die Klimapolitik stößt in Deutschland an Grenzen.“*** (FAZ, 29.7.2023, S. 25).

In der mit ihr verbundenen Begriffswelt sind die Grenzen des Erträglichen längst überschritten worden.

Knaller – Kracher – Knüller – Hammer

Die genannten vier Wörter und einige ganz ähnliche, hier aber vernachlässigte haben gemeinsam, dass sie im Sportrummel und in der Werbebranche untersten Niveaus gleichermaßen beliebt sind. Die reißerische, im Grunde aggressive Wortwahl könnte man als das abtun, was sie ist: Sprachmüll, käme sie einem nicht jeden Tag auf Texttafeln sowie auf Parkplätzen und in Geschäften vors Auge und jede Woche ins Haus über die bar jeden sprachlichen Feingefühls zusammengeschusterten Werbeblättchen, zumeist gepaart mit dem aufdringlich-vereinnahmenden Duzen. Das ist so unerträglich, dass dieser Sprachmüll hier nur mit ganz wenigen Belegen vertreten sein soll:

- „***Deine Knaller der Woche***“ (Rewe-Prospekt Oktober 2022).

Dort stand auch „***Knaller Preis***“, genau in dieser Schreibweise!

- „***Hammerlose für deutsche Teams***“ (ARD, Texttafel 100, 7.11.2022).
- „***WM-Kracher*** England – Frankreich“ (ARD, Texttafel 100, 10.12.2022).
- „*DHB-Pokal*: ***Kracher Kiel – Magdeburg***“ (ARD, Texttafel 100, 23.12.2022).
- „***Kracher zum Auftakt***“ (der Champions League). (ARD, Texttafel 200. 14.2.2023).
- „***Vorfreude auf Kracher gegen ManCity***“ (ARD, Texttafel 207, 13.3.2023).

Gemeint waren Fußball- bzw. Handballspiele. Dass es dort häufig zum Krach kommt, zu Ausschreitungen, Krawallen, Randalen, das ist bereits eine beklagenswerte Tatsache. Muss die ohnehin vorhandene aggressive Stimmung vor sensationsgierig aufgebauschten Begegnungen, denen zumeist auch eine besondere Note angedichtet wird, mit „*Kracher*“ zusätzlich vergiftet werden?

Wenn irgendwo ein Sonderangebot erfolgt oder auch nur auf einen reduzierten Preis hingewiesen wird, wird mit dem etwas Sensationelles signalisierenden Wort „***Knüller***“ Effekthascherei betrieben. In fast allen Fällen bleibt aber ungesagt, was den „*Knüller*“ denn nun ausmache. Gleiches gilt für den „***Preishammer***“. Man wird davon tatsächlich erschlagen.

Wo es so viele „*Kracher*“, „*Knaller*“ und „*Hämmer*“ gibt, muss man sich behämmert vorkommen.

Knacken und knackig

Nein, um Nüsse oder Gezweig und dergleichen soll es hier nicht gehen. Auch nicht um die >Knackwurst<. Wir bleiben nämlich beim Sport und bei der Werbung, wo die beiden Wörter floskelhaft und jargontypisch Konjunktur haben.
Ist zu melden, dass ein Rekord gebrochen wurde, eine bisherige Höchstleistung übertroffen worden ist, dann ist, das erfahren wir im Zeitalter der Sucht nach Höchstleistungen beinahe jeden Tag, eine „***Marke geknackt***“ worden. Das geschieht so penetrant, dass man, einer gängigen Redensart der eigenen Jugend sich erinnernd, einfach fragen muss, ob diejenigen, die dauernd „*geknackte Rekorde*“ bejubeln, nicht vielleicht doch etwas beknackt sind. Das zumal, weil, auch abseits des Sports, fortwährend irgendwo eine „***Norm geknackt***“ wird. Sie, zum Beispiel als eine Art Eintrittskarte zu einem hochkarätigen Wettbewerb, lediglich zu erfüllen, ist eben außerhalb des schrecklichen Jargons. Aber wen wundert’s? Mit dem Beachten von Normen hat man es ohnehin nicht mehr.

Mit „*knackig*“ verhält es sich ganz ähnlich. Dabei, daran sei erinnert, erfuhr „*knackig*“ einst ausschließlich sinnvolle sprachliche Verwendungen. „*Knackiges*“ frisches Gemüse wurde auch so bezeichnet, knusprige Kekse ebenso, und ein attraktives Mädchen wurde schnell mal eben etwas flapsig, aber mit Wertschätzung als „*knackig*“ gepriesen, was damals noch nicht als sexistisch empfunden wurde und schon gar nicht so verstanden werden sollte. Vortreffliches, Hervorragendes konnte als „*knackig*“ gelobt werden, manches auch als „*knackig*“ ausgedrückt.
Dieser Gebrauch von „*knackig*“ ist, so scheint es, aus der Mode gekommen und durch eine eher sinnfreie, floskelhafte Verwendung verdrängt worden, häufig in der Phrase „***kurz und knackig***“ als Ersatz für die nicht mehr geläufige Redensart „*kurz und bündig*“. Am 20. Dezember 2022 blendete die ARD, gedacht als Hinweis auf den folgenden Beitrag, tatsächlich „*kurz und knackig*“ ein. Was von den Linguisten wertneutral als >Phrase< bezeichnet wird, ist nun realiter zur Phrase verkommen.

Kommunizieren – kommunikativ – Kommunikation

Als Wurzel der hier behandelten Wörter darf das lateinische >*communis*< in der Bedeutung „*allen gemeinsam*“ angenommen werden, mit dem das Verb >*communicare*<, deutsch „*kommunizieren*“, eng verwandt ist, das zum einen mit „*in enger Beziehung stehen*“ sinntreffend übersetzt sein dürfte, man denke an die >kommunizierenden Röhren<, zum anderen aber auch, und für uns entscheidend, mit „*sich verständigen, miteinander*

sprechen“. Dass in der Katholischen Kirche „*kommunizieren*“ der Fachbegriff für „*das Abendmahl empfangen, zur Kommunion gehen*“ ist, sei lediglich erwähnt, da es im weiteren Text keine Rolle spielt.
Das erste Mal besondere Aufmerksamkeit für den phrasenhaften, letzten Endes die Aussageabsicht verfehlenden Gebrauch des zum Modewort aufgestiegenen, vorher eigentlich nur in wissenschaftlichen Texten, in ehrgeizigen Feuilletonbeiträgen und in Gesprächen, Verzeihung, in der „*Kommunikation*“ sich Bildung attestierender Kreise verwendeten Adjektivs „*kommunikativ*“ löste bei mir eine Einladung aus, die ich 2007 von der Sparkasse Hannover erhielt. In der stand, offenbar in der Absicht, besondere Herzlichkeit zum Ausdruck zu bringen, vor der Schlussformel folgender Satz:

- „***Wir freuen uns auf einen kommunikativen Abend mit Ihnen***.“

Ich bekenne, ich musste herzhaft lachen. Das hatte ich ja bisher nicht gewusst, nicht einmal für möglich gehalten, dass es einen „*kommunikativen Abend*“ geben könne. Ich ging in mich, ganz beeindruckt von der Einladung, und fand heraus, was hatte gesagt werden sollen: Dass nämlich die Vertreter der Sparkasse sich freuten, mit mir, zwar etwas ungewöhnlich an einem Abend, zu „*kommunizieren*“, mit mir eine (wahrscheinlich) angenehme „*Kommunikation*“ zu führen. Also im Klartext: Man freue sich auf ein gutes Gespräch, vielleicht auch auf einen regen Gedankenaustausch. War das, bei einer Sparkasse ja grundsätzlich durchaus verständlich, rhetorisch zu billig? Roch das zu sehr nach Discounter? Davon verstehen Banker schließlich eine ganze Menge – vom Discounting! Doch das ist ein anderes Thema.

Für mich war das der Beginn einer sehr aufmerksamen Beobachtung des immer seuchenhafter werdenden Gebrauchs unserer drei Schlüsselbegriffe – mit „*kommunizieren*“ und „*kommunikativ*“ in sich ständig ausdehnender Anwendungsbreite. Wer heutzutage nicht „*kommuniziert*“ oder das Wort, überwiegend eindruckheischend, mindestens bei jeder sich bietenden oder dafür gehaltenen Gelegenheit im Munde führt, statt einfach zu sprechen, mitzuteilen, bekanntzugeben, zu verlautbaren, zu veröffentlichen, öffentlich zu vertreten, zu erläutern oder zu erklären, der beweist, dass er im Grunde nicht kommunikationsfähig ist. Damit haftet ihm einer der größten denkbaren Makel an. Und wer nicht „*kommunikativ*“ als Bestandteil seines Standardwortschatzes ausweist, dem ist halt auch nicht zu helfen, dem gleich gar nicht.

In *„Deutsche Sprachwelt“*, einer der Sprachpflege verpflichteten Vierteljahresschrift, ist außergewöhnlich treffsicher der Begriff *„Kultworte“* eingeführt worden. Sie seien *„Großmeister der Verwirrung“*.[66] Der Begriff *„Kommunikation”* wird dort eingereiht. Zu ihm kommt der jüngst verstorbene Sprachkritiker Wolf Schneider zu Wort: *„Kommunikation“* sei ein *„Schlüsselwort der Gegenwart, dubiose Allerwelts-Vokabel für nützlichen Austausch, hohles Geschwätz und zudringliche Berieselung“*, es schillere irritierend.
Dieses messerscharfe, beinahe vernichtende Urteil möge als Richtschnur für die Bewertung der nun folgenden Sätze dienen:

- *„**Das wird von den Betreffenden** aber nicht im Sinne einer politischen Kehrtwende verstanden, sondern **in protzigem Beharren darauf kommuniziert**, sie seien die letzten Verteidiger der individuellen Freiheit...“*

So urteilte Professor Dr. Herfried Münkler in einer Rezension (FAZ, 22.11.2022, S. 10).
Mir scheint, Herr Professor, das ist ein etwas protziges Beharren auf einem geschwollenen Schreibstil, der dem Zweck dienen soll, wissenschaftliche Distanz zu betonen. Wäre es nicht um der Klarheit der Aussage willen wissenschaftlich redlicher gewesen, ungefähr so zu formulieren: *„Die Betreffenden verstehen das aber nicht im Sinne einer politischen Kehrtwende, sondern sie beharren protzig darauf, sie seien...“*? Hätte das der beabsichtigten Kommunikation mit den Lesern nicht vielleicht doch stärker gedient als das pseudowissenschaftliche Geschwurbel, mit dem sich anzufreunden so manchem zuwider ist?

- *„Wenn der Fortschrittsbericht* (zur Nachhaltigkeit als Geschäftsmodell) *nicht überzeugt, werden wir das Engagement beenden müssen. **Das ist klar kommuniziert**.“*

Das faselte Commerzbankchef Manfred Knof in einem FAZ-Interview am 2. Juli 2022 auf Seite 24. Was wollte er mit *„kommuniziert“* sagen? Dass die Position der Commerzbank eindeutig *zum Ausdruck gebracht* worden sei. Er meinte *„klar“*! Nur, *„klar kommuniziert“* war es eben mitnichten!

- *„**Die Bundesregierung sollte** ihre mittel- und langfristigen Erwartungen und Ziele verdeutlichen und **besser kommunizieren, auf was sie sich vorbereitet**.“* (FAZ, Beitrag eines wiss. Autorenkollektivs, 14.7.2022, S. 8).

---

66 Deutsche Sprachwelt, Nr. 88/2022, Seite 11.

Hätten *mitteilen* oder hier besser noch *erklären* nicht ausgereicht? Zudem: Ist *„und besser kommunizieren“* nicht völlig überflüssig? Ist die elende Phrase nicht ein tautologisches Füllsel, wissenschaftliche Könnerschaft und sprachlichen Glanz vorspiegelnd?

- *„**Mit** (XY) **hat sich der ... Klub einen kommunikativen Trainer gesichert**.“* (FAZ, Christian Otto, 3.8.2022, S. 27).

Wie wir die Spezies kennen, um die es hier geht, wird auf die rhetorischen Fähigkeiten abgestellt, die sich zumeist in der Beherrschung von einschlägig geschundenen Worthülsen und Sprechblasen bemerkbar machen und gemeinhin als Geschwätzigkeit einzustufen sind, die über einen erbärmlichen Jargon nicht hinauskommt. Für Sportjournalisten sind sie aber kongenial *„kommunikativ“* begabt, das sei zugestanden.
Geschätzt sind neuerdings auch Spieler, die kommunikativ mithalten können. Über einen Torwart hieß es, er sei jemand,

- *„**der uns mit seiner kommunikativen Art gut tun wird**.“* (NDR, Texttafel 202, 26.6.2023. Zitiert wird ein Funktionär von Holstein Kiel).
- *„Nach der Liquidation der gemeinsamen Kanzlei ... **kommunizierten sie über ihre Anwälte.**“* (FAZ, mj., 13.9.2022, S. 19).

Verhandelten sie, verkehrten sie, lösten sie die anstehenden Fragen über ihre Anwälte? Oder schwätzten die nur miteinander?

- *„..., anstatt solche **Ankündigungen über die Presse zu kommunizieren**.“*

Zitiert wird der NRW-Finanzminister Optendrenk (FAZ, mas., 6.10.2022, S. 15).
Warum überhaupt schwulstig *„solche Ankündigungen über die Presse zu kommunizieren“* statt einfach *„solches über die Presse anzukündigen“*? Hätte das schlichte Verb mitteilen nicht ausgereicht?

- „(Sie) ***kommuniziert auf Augenhöhe***“.

Mit dieser Bewertung wollte eine Fußballspielerin eine Schiedsrichterin loben. Und selbst sprachlich glänzen? Sie wurde von der FAZ am 6. Oktober 20 22 auf Seite 27 zitiert, offenbar gezielt ob so viel rhetorischer Eleganz. Doch: Was meinte die sprachbegabte Spielerin wirklich?

Von Boris Pistorius, damals noch niedersächsischer Innenminister, hieß es beim NDR auf Texttafel 122 am 10.Dezember 2022, er fordere einen „*Kulturwandel bei Polizei*",

- „***das müsse in der Polizei offen kommuniziert werden***."

Hat Pistorius „*kommuniziert*" selbst benutzt? Bei einem Politiker wäre das keine Überraschung, zumal sein Ministerpräsident Stefan Weil ihm in der Tageschau am 17. Januar 2023 bescheinigte:

- „***Boris Pistorius kann sehr gut kommunizieren***".

Oder war es doch der Texttafelredakteur des NDR, der sich bestätigen wollte, gut kommunizieren zu können? Wenigstens das.
Wie zum Beispiel schon der Fußballtrainer Domenico Tedesco, damals gewohnt kurzzeitig bei Schalke 04 engagiert, laut Texttafel der ARD am 5.Februar 2019:

- „***Das haben wir kommuniziert und besprochen***."

Leider hat er nicht befragt werden können, welchen Unterschied er zwischen „*kommuniziert*" und „*besprochen*" hat sehen wollen. Wenn es einen gab, hätte das „*Besprechen*" dem „*Kommunizieren*" doch wohl vorausgehen müssen? Oder ist es, wofür ja einiges spricht, im Sport üblich geworden, etwas erst zu „*kommunizieren*" und dann zu besprechen? Also eine oft sehr triviale oder banale Meldung hinauszuposaunen, bevor der Sachverhalt überhaupt besprochen, geschweige denn gründlich erörtert worden ist?

- „*Die Portfolio-Prüfung läuft.* ***Das ist klar kommuniziert worden***."

So tönte Gregor Peter Schmitz, Chefredakteur des >Stern<, in einem FAZ-Interview, das am 12. Oktober 2022 auf Seite 13 zu lesen war. Es wurde also schon wieder etwas „*klar kommuniziert*", aber was an wen gerichtet und mit welchem Anliegen oder gar Ergebnis, das bleibt natürlich im Unklaren. Warum? Weil es das soll. Wie großartig, dass das „*Trugwort*" „*kommunizieren*" zur Verfügung stand.

- „***Die Lage wurde nicht öffentlich kommuniziert***." (MDR, Texttafel 130, 19.2.2023).

Das ist Blasendeutsch vom Feinsten, MDR-spezifisch allerdings. Es sollte wohl gesagt werden, dass „*die Lage*" nicht öffentlich dargestellt, beschrieben, erläutert oder erörtert worden sei, oder sogar, dass „*die Lage*" der

Öffentlichkeit verschwiegen worden sei, ihr vorenthalten. Des Vertuschens wegen? Wurde eine Wertung angedeutet, ohne dass sie angesichts ihres vagen Inhalts angreifbar werden konnte? Sollte eine Nebelkerze gezündet werden, um nicht sagen zu müssen, was man in Wirklichkeit im Hinterkopf hatte?
Diese Vermutung wird sehr gut durch die folgenden Meldungen gestützt:

- *„**Die Kommunikation war holprig**, aber die Sachlage ist klar: Das Budget ist ausgeschöpft.*“ (FAZ, loe., 30.8.2022, S. 15).
- *„Doch **die scheibchenweise Kommunikation** verstärkt die ohnehin große Verunsicherung im Land, wie teuer oder kalt dieser Winter wird.*“ (FAZ, Julia Löhr, 5.8.2022, S. 15).

Wir sehen, auch in der FAZ liebt man das Modewort „*Kommunikation*“, das „*Trugwort*“, wie Wolf Schneider es nannte. Bei einer klaren Sachlage der geschilderten Art ist eine holprige Kommunikation gewiss Ausweis rhetorischer Meisterschaft in der Kunst des Um-den-heißen-Brei-Redens, je scheibchenweiser, desto besser. Allerdings: Die „*scheibchenweise Kommunikation*“ hätte durch die „*scheibchenweise erfolgende Kommunikation*“ ersetzt werden müssen. Das immerhin.
Bleiben wir bei der FAZ:

- *„Gerade wird ja behauptet, ... die Ampelregierung habe **nur ein Kommunikationsproblem**.*“ (FAZ, Mona Jaeger, 1.9.2022, S. 8).
- *„Das Spektakel, das der Gesundheitsminister **mit seiner erratischen Kommunikation** inszeniert, wird langsam zum Ärgernis.*“ (FAZ, 5.9.2022, S. 11).

Im Text zitiert die FAZ Minister Lauterbach: >***Meine Kommunikation wirkt***<. Später heißt es: *„Aus wissenschaftlichen Studien zu zitieren und sie nach seinem Gusto zu deuten, das hat der Minister **zu einer eigenen quasiministeriellen Kommunikationslinie ausgebaut**.“*

- *„Habeck weiß, dass **der Erfolg seines Kommunikationsstils** auch eine Schattenseite hat. Denn er hat damit, gerade in der Abgrenzung zu Scholz, einen Hype um seine Person erzeugt.*“ (FAZ, koll., 22.9.2022, S.3).
- *„An diesen Beispielen konnte man wohl **die neue Kommunikationsstrategie** des Vorstandes* (des FC Bayern München)) *beobachten.*“ (FAZ, Christopher Meltzer, 10.9.2022, S. 23).
- *„**mangelnde Kommunikationsbereitschaft** des Bundesfinanzministeriums*“. (FAZ, gel., 11.10.2022, S.19).

- *„Jetzt ist Geduld gefragt* – und ***eine vorausschauende Kommunikation***.“ (FAZ, Corinna Budras, 19.11.2022, S. 21).

Vonnöten sei also Kommunikation mit Sehkraft über den Tag hinaus! Und, das wird uns untergejubelt, wir werden nicht auskommen ohne

- ***„Maschinen, die miteinander kommunizieren***“. (FAZ, 13.9.2022, S. 20).

Von *„kommunizierenden Röhren*“ hatten wir ja im Physikunterricht gehört, nun werden wir uns auf *„kommunizierende Maschinen*“ einstellen müssen.

Ohne zu jedem Begriff Beispielsätze zu zitieren, seien sintflutartig gebräuchlich gewordene Neuschöpfungen genannt:
Kommunikationsberater – Kommunikationsdirektor (statt Pressesprecher!) *- Kommunikationsstil – Kommunikationsstrategie – Kommunikationsverhalten - Kommunikationsbereitschaft - ausgeprägte Kommunikationsfähigkeit* (als Teil von Stellenprofilen) *- Kommunikationskultur – Kommunikationslinie – Kommunikationsproblem – Wert der Kommunikation – kommunikative Fähigkeiten als politische Grundausstattung — klar und offen kommunizieren – erratische Kommunikation – holprige Kommunikation ... .*

Ein paar Auswüchse ausgewachsenen Blasendeutschs seien aber nicht vorenthalten:

- *„**Wir müssen unsere Themen unabhängig von anderen Parteien kommunizieren** und dazu auch stehen.“*

Zitiert wird Sven Schulze, der Vorsitzende der CDU in Sachsen-Anhalt, in der FAZ vom 27. Juni 23 auf Seite 1.

- *„Die Linie war eigentlich, **erst mal gar nichts zu kommunizieren, bis man wusste, wie man sich positionieren wollte.***“ (FAZ, koll., 7.7.2023, S. 3. Dort auch *„Kommunikationsstrategie*“!)

„Kommunizieren“ und *„positionieren*“ in einem Atemzug, was will man mehr!

- *„**Angemahnt** wird ein **AfS-ferner, dialogischer Gott, der** auch in Fragen von Leben und Tod **mit den Menschen auf Augenhöhe kommuniziert.***“ (FAZ, Christian Geyer, 27.7.2023, S. 9).

Hier haben „*angemahnt*" und „*kommuniziert*" in Verbindung mit dem „*dialogischen Gott*" die Aussage feuilletonreif gemacht. Es folgte dann auf gleichem Niveau der Satz

- „*Nur* ***kommunikative Paradiesvögel*** *wie Martin Mosebach können davon unbeeindruckt bleiben.*" Und der allen vertraute Begriff „***Diskursraum***"!

Sind solche Sätze in der FAZ als Belege einer „***neuen Kommunikationsstrategie***" zu verstehen, von der in einem anderen Zusammenhang Jannik Belser in der FAZ vom 27. Juli 2023 auf Seite 17 berichtete?
Ein entsetzter Fan jammerte „***Das ist ein Kommunikationsdesaster in Wacken***" und bezog sich auf das dortige in Regenfluten beinahe ertrunkene Großereignis, einen unüberbietbaren Rummel der Heavy-Metal-Community (FAZ, Überschrift, 3.8.2023, S. 7).
Ebenso entsetzt wird man angesichts des zitierten rhetorischen Rummels mit „*kommunizieren, kommunikativ und Kommunikation*" gar nicht umhin können, von einem „*Kommunikationsdesaster*" der besonderen Art zu sprechen.
Wie bereits betont, nichts als „*Trugwörter*". Und längst nicht vollständig aufgelistet.
Bleibt für mich die spannende Frage: Habe ich das nun halbwegs überzeugend kommuniziert?

Kompetenz

Gediegene Kenntnisse, respektables Wissen, auf das man zurückgreifen beziehungsweise aufbauen konnte – das waren einst bildungspolitische Leitwerte. Man nannte es bescheiden Allgemeinbildung.
Vornehmlich mit dem sehr überzeugt, manchmal allerdings auch eher gequält daherkommenden Argument, darauf komme es letzten Endes gar nicht an, denn im Zeitalter der Informationstechnik stehe das alles schließlich jederzeit abrufbar im Auskunftsort schlechthin zur Verfügung, im Internet, ist „*Kompetenz*" zur Leitidee hochgejubelt worden. „*Kompetenzorientiertes*" Lehren und Lernen ist zum Gebot jedweder Didaktik gediehen. Man müsse nicht mehr wissen, wann was wo und warum mit welchen Folgen geschah oder existiert(e) – es genüge, so die Mär, zu wissen, wie man an die entsprechenden Informationen herankommt, um sich dann die Antworten selbst zusammenzuschustern. Dass das ohne ein gesichertes, fest verankertes Basiswissen gar nicht möglich ist, wird geflissentlich verdrängt.

„Sozialkompetenz", *„Medienkompetenz"*, *„Lösungskompetenz"*, *„Diskurskompetenz"*, das sollen die *„Kernkompetenzen"* sein, die einerseits das moderne Curriculum ausmachen sollen und die andererseits als angeblich wertbeständige, keinem Verfall unterworfene moderne Bildungsinhalte zu erwerben seien, während alles Fachwissen einer Halbwertzeit von nur wenigen Jahren, wenn überhaupt, unterliege, also ohnehin veraltere – und im übrigen ja digitalisiert gespeichert und somit jederzeit für jedermann erreichbar sei.
Vergegenwärtigen wir uns zwischendurch, was *„Kompetenz"* ursprünglich bedeutete: Zum einen *„Zuständigkeit, Befugnis"*, zum Beispiel im Rahmen eines Geschäftsverteilungsplans, wie ihn ein Organigramm widerspiegelt. Darum geht es hier nicht. Zum anderen weisen die zuverlässigen Lexika auf die Bedeutung *„Urteilsfähigkeit"* hin. Die aber setzt, richtig verstanden, sichere Kenntnisse, eindeutiges Wissen, Faktenbeherrschung voraus, will man sich nicht auf brüchigem, morastigem Gelände bewegen. Davon aber wollen die *„Kompetenz"*-Fetischisten Abstand nehmen, gerade davon. Was lehrt das?
Das Gefasel von der *„Kompetenz"* hat sich von dem genuinen Inhalt des Begriffs Kompetenz gelöst – und ihn zur Worthülse inflationiert, also aufgeblasen!

Ganz bezeichnend sprechblasentypisch, aber sprachlich überaus dürftig war eine Anzeige der Fernuniversität Hagen:

- *„Adressaten: Beschäftigte **aus** unterschiedlichen Bereichen **aus** Wirtschaft und Verwaltung, die für ihr berufliches Fortkommen **einen kompetenten Überblick über das betriebswirtschaftliche Basiswissen,** sowie fundierte und vertiefende Einblicke in mehrere Spezialbreiche des betrieblichen Managements benötigen und die mit einem förmlichen Abschluss dokumentieren wollen."* (FAZ, 23.6.2007).

Was ist ein *„kompetenter Überblick"*? Kann ein Überblick überhaupt eine Kompetenz haben? Sichert ein *„Überblick über das betriebswirtschaftliche Basiswissen"* bereits Kompetenz? Sind die *„vertiefende*(n) *Einblicke"* nicht sinnstiftender durch *„vertiefte Einblicke"* analog zu *„fundierte"* zu ersetzen? Was soll das Komma vor *„sowie"*? Ist mit *„die"* etwa *„diese"* gemeint? Der ganze Text, immerhin einer Universität, ist blamabel! Aber offenbar Ausdruck besonderer *„Medienkompetenz"*.
Die uns schon vertraute Professorin Dr. Ulrike Ackermann[67] vermochte auf ***„Diskurskompetenz"*** nicht zu verzichten. Wenn unter *„Diskurs"*, wie Lexika empfehlen, eine *„lebhafte Erörterung"* zu verstehen ist, als was wollte

[67] In „Die neue Schweigespirale", S. 41.

Frau Ackermann „*Diskurskompetenz*“ verstanden wissen? Als mehr denn Geschwätzigkeit? Wenn sie die Fähigkeit (oder anspruchsvoller Qualifikation) zur wissenschaftlichen Auseinandersetzung, zum Streitgespräch, also zum Disputieren, zur Kontroverse im Blick hatte, warum sagte sie das dann nicht?
Doch wenn alle Welt auf „*Kompetenz*“ abgefahren ist, muss man natürlich auf den fahrenden Zug aufspringen und sich als entsprechend kompetent erweisen.

Komplex

Gemeint ist hier ausschließlich das Adjektiv „*komplex*“, nicht das Substantiv „*Komplex*“.
Beginnen wir, weil ein Spitzenpolitiker im Spiel ist, mit einem „*Statement*“, denn mit einer bloßen Aussage oder Stellungnahme wird er sich nicht publizistisch vermarkten lassen wollen. Die FAZ zitierte am 30. August 2022 auf Seite 2 den SPD-Vorsitzenden Lars Klingbeil, die Regierung arbeite „*mit Hochdruck* ***an einer wahnsinnig komplexen Situation***“.
Schon das Arbeiten „*an einer ... Situation*“ wirkt aufgebläht verschleiernd. Was verbirgt sich hinter „*Situation*“? Indes, wer wird das fragen, wo die Regierung, man denke, an ihr „*mit Hochdruck*“ arbeite. Eine arbeitende Regierung, das ist, mit des Kanzlers Wahlkampfmotto sprechend, so sehr jeden Respekt verdienend, dass sich eine Frage nach der konkreten „*Situation*“ als schäbige Mäkelei brandmarken lassen muss. Denn, aufgepasst, sie war ja schließlich „*wahnsinnig komplex*“. In diesem Falle darf die Ehrfurcht vor der Aussage keine Grenze kennen. Gleich gar nicht darf die Kritik „***unterkomplex***“ ausfallen. Mit diesem Vorwurf sind insbesondere Politiker schnell bei der Hand, wenn ihr Vorhaben, ihre Zielsetzung, ihre Gedankenführung irgendwie Widerspruch erfährt. Aber auch Leserbriefschreiber haben längst erkannt, wie scheinbar unangreifbar, weil phrasenhaft, mit „*unterkomplex*“ operiert werden kann:

- „*Was er* ***mit seiner unterkomplexen Betrachtung*** *... anrichtet, scheint* (ihm)*... egal zu sein.*“ (FAZ, Leserbrief, 29.7.2023, S. 12).

Wie haben wir „*komplex*“ zu verstehen? Nicht in der Bedeutung, die dem mathematischen Terminus „*komplexe Zahlen*“ innewohnt, natürlich nicht. Wenn etwas in der Politik als „*komplex*“ bezeichnet oder nur empfunden wird, und das geschieht zuhauf, dann ist das außergewöhnlich Schwierige eines Sachverhalts, einer Herausforderung, eines Vorhabens angesprochen – also etwas spezifisch Politisches! Das sind die Politiker ihrem Selbstwertgefühl denn doch schuldig. Und gesteigert werden kann das normale

Komplexe nur durch etwas „*wahnsinnig*“ Komplexes. Logisch, nicht wahr? Der helle Wahnsinn! Da muss man aufpassen, dass man nicht Komplexe entwickelt. Oder in die inzwischen überall aufgestellte „***Komplexitätsfalle***“ stolpert und sich den Vorwurf einhandelt, „*unterkomplex*“ argumentiert zu haben.

Konsens und konsensual

„*Konsens*“ ist sprachlogisch das Gegenteil von „*Dissens*“. Also ist der Begriff, wie Linguisten sagen, positiv konnotiert. Sollte man meinen. Aber muss man sich nicht an dem urplötzlich auftauchenden, erkennbar abwertenden, ja verdammenden Begriff „***Konsenssoße***“ erinnern?
Weshalb kam es zu der Wortbildung, die kein Lexikon führt? Die Antwort ist relativ einfach: Weil nicht nur mit dem Begriff, sondern auch mit der entsprechend bezeichneten Zielsetzung, also dem beinahe unbedingten Anstreben eines Konsenses bis hin zur programmatischen Selbstverleugnung, Schindluder getrieben wurde.
Klären wir zunächst, was unter „*Konsens*“ zu verstehen ist:
Zum einen Einwilligung, Genehmigung, Zustimmung. Diese Bedeutung bleibt hier unberücksichtigt, ihr Gebrauch gilt als veraltet.
Zum anderen Übereinstimmung gemäß dem lateinischen Nomen >*consensus*<, in der Meinung, in Auffassungen, in Überzeugungen, z.B. in Glaubensfragen.
Obwohl eine lebendige Demokratie sich durch das Austragen und das Ertragen von Konflikten auszeichnet, darauf sogar angewiesen ist, hat sich das Herstellen von „*Konsens*“, auch wenn sehr häufig gar nicht geklärt worden ist, was denn darunter zu verstehen sei, zu einem politischen Ziel erster Ordnung entwickelt. Man könnte es so sagen: Die Demokraten sind konfliktscheu geworden, „*Konsens*“ ist zu einer Art Leitidee aufgestiegen – und damit fast zwangsläufig zu einer Worthülse, im Grunde zu einem der berüchtigten Trugwörter.
Überall wird ein „***Schulkonsens***“ angestrebt, in einigen Bundesländern, siehe NRW, hat er sogar eine gesetzliche Fassung erhalten. Was dabei herausgekommen ist, kann bundesweit bis auf ganz wenige Ausnahmen besichtigt werden: Eine viel beschworene, von etlichen mit Verzückung herbeigesehnte und vielerorts auch schon bejubelte „*Einheitsschule*“ inklusiven Strickmusters, die man allerdings eher als Einheitsbrei verstehen sollte.
Ständig wird ein „***Minimalkonsens***“ beschworen, bei dem niemand weiß, was er beinhalten und zu welchem Behufe er zustande kommen soll.
Zu einer gängigen Formel, die zur Floskel verkommen ist, wenngleich in den meisten Fällen im bejahenden Überschwang, ist „***es herrscht Konsens***“

gediehen. Geflissentlich übersehen oder bewusst verschwiegen wird dabei, dass man sich auf den kleinsten gemeinsamen Nenner
hat verständigen können – und häufig nur bis zu einem schnellen Ende, bei dem es dann an- und wehklagend heißt, der „***Konsens***“ sei „***aufgekündigt***“ worden, natürlich stets von dem bösen einstigen „***Konsenspartner***“. Wer gut dastehen will, signalisiert „***Konsensbereitschaft***“, strebt eine „***konsensuale***“ Lösung an[68] oder faselt, es sei „***ein konsensualer Beschluss***“ zustande gekommen – wie es der damalige Regierende Bürgermeister Berlins, Klaus Wowereit, am 1. November 2012 in der ARD-Tagesschau im Hinblick auf das Flughafenprojekt in Schönefeld tat, von dem wir inzwischen wissen, in welches finanzielle und technische Desaster es geführt wurde, allem Konsens zum Trotz. Schon einige Jahre zuvor, genauer am 19. Dezember 2009, hatte der Deutschlandfunk, ein Ausbund an sprachlicher Eleganz, berichtet, „***dass man sich auf einen Konsens geeinigt hat***“. Lag also eine *konsensuale Einigung* vor? Ist das auch Schwachsinn, beim Deutschlandfunk hat es doch Methode!

Der Vorwurf der „***Konsenssoße***“ ist drastisch, gewiss. Wenn er jedoch getragen ist von dem Eindruck, dass die inflationäre Verwendung von „*Konsens*“ eine völlig unsinnige Wässerung des Phrasensumpfes darstelle, indem er verwässere, was eindeutig konfliktbereit vertreten und verantwortet werden sollte, wird der Vorwurf verdienstvoll erhoben. Insoweit sollte Konsens hergestellt sein.

Kontingenz und kontingent

Diese beiden Wörter waren bis in unsere jüngste Vergangenheit hinein den Geisteswissenschaften, in Sonderheit der Philosophie vorbehalten. Das hat sich inzwischen, im Zeitalter der verbalen Aufschneiderei, geändert. Feuilletonisten haben sich der Begriffe bemächtigt, nachdem sie erkannt haben, wie sehr mit ihnen Eindruck geschunden werden kann, wie vortrefflich sie sich eignen, einfache Sachverhalte mit scheinbarer sprachlicher Eleganz zu vernebeln.

Was bedeuten sie? Mit „*kontingent*“, einem Adjektiv, das mein Schreibprogramm gar nicht zu kennen angibt, ist eine Beschaffenheit oder ein Sachverhalt gemeint, der nicht zwingend so sein muss, wie sie oder er zu sein scheint oder vorgibt. Es gelte mitzudenken, dass „*Kontingenz*“ vorliege, dass, wie der DUDEN lehrt, die Möglichkeit bestehe, „*dass eine Sache anders beschaffen sein könnte, als sie tatsächlich ist.*“

Das eröffnet nun die Möglichkeit, neben den (Pseudo-)Wissenschaftlern vornehmlich den Feuilletonisten und zunehmend den Politikern mit den Medienleuten in ihrem Gefolge, etwas als „*kontingent*“ zu bezeichnen –

---

[68] Der DUDEN kennt nur das Ajektiv bzw. Adverb konsensuell. Das sollte zu denken geben!

denn man kann ja nie wissen, wie etwas ausgeht, das man gerade anpreist und das sich als >Flop< herausstellen könnte. Wer will sich das schon nachsagen lassen. Da ist es gut, eine Vokabel zur Verfügung zun haben, die von vornherein darauf verweist, dass mit Unsicherheiten zu rechnen ist. Geht etwas so aus, ist es gut und man lag richtig, geht es anders aus, ist es auch gut und man lag mindestens nicht falsch.
Wer lässt sich im Phrasensumpf diese Chance schon entgehen?

Konzertiert

Dieses Adjektiv, das nur attributiv verwendet werden darf, ist natürlich eng verwandt mit dem Nomen Konzert und dem Verb konzertieren, also musizieren im Sinne von *„ein Konzert geben“*. Es hat aber einen eigenen Bedeutungsweg eingeschlagen und wird, zumeist bildungssprachlich und in politischen Zusammenhängen, seit einiger Zeit seinen Synonyma *„verabredet, aufeinander abgestimmt, übereinstimmend“*, die der DUDEN nennt, vorgezogen. Eine besondere Beliebtheit mit echtem Nachhaltigkeitswert erfuhr die ***„Konzertierte Aktion“***, mit der Wirtschaftsminister Karl Schiller Ende der 1960er Jahre die Tarifparteien und den Staat zur Zusammenarbeit bei zum Teil sehr unterschiedlichen Interessen an einen Runden Tisch holte – ohne dass ein solcher damals bereits in aller Munde war. Es handelte sich um eine wirtschaftspolitische Neuerung ersten Grades. Der damit einhergehende, als äußerst gelungen zu bewertende Begriff *„Konzertierte Aktion“* hätte es verdient gehabt, eine Sonderstellung zu erfahren und nicht sodann, zum Teil nicht frei von angeberischen Posen, auf alle möglichen irgendwie auf Interessenausgleich bedachte Aktionen übertragen zu werden – und zur Phrase zu verkommen.
Einen bezeichnenden, im Grunde sehr traurigen, vermutlich aber nur vorläufigen Tiefpunkt dieser unverdienten Entwicklung dürfte das Wort *„konzertiert“* mit der Übernahme in den Sportjournalismus ausgerechnet durch die FAZ (Marc Heinrich, 1.8.2022, S. 23) erreicht haben:

- *„Nun, da die EM schöne Geschichte ist ... , **sind DFB und Klubs konzertiert am Zug**.“*

Was hat uns mit poetischem Ehrgeiz gesagt werden sollen? Wahrscheinlich etwas ganz Prosaisches: DFB und Klubs sind nun (nach der Blamage der Nationalelf) *gemeinsam gefordert*, einen Weg aus der Krise zu finden. Sie *„sind... konzertiert am Zug“* ist jedenfalls aufgeblasener sprachlicher Unfug, denn *„konzertiert“* ist, es sei wiederholt, ausschließlich Adjektiv und darf nur attributiv gebraucht werden. In dem zitierten Satz hätte

„konzertierend“ grammatisch halbwegs akzeptabel sein können. Aber auch nur halbwegs!

Kreativität und kreativ

In den letzten Jahrzehnten haben die beiden Wörter einen erheblichen Teil der Wegstrecke vom Fremdwort zum Lehnwort zurückgelegt. Damit soll hier gemeint sein, dass sie als Teil unseres Wortschatzes begriffen werden, dessen sich zu bedienen als selbstverständlich erscheint, als mühelos zudem. Dagegen ist nichts einzuwenden. Bedenklich wird aber der zunehmend sorglose Umgang mit den beiden Wörtern, der zur Folge hat, dass sie in Politik und Medien gefallsüchtig zum Einsatz kommen, wo einfache Sachverhalte auch durch einfaches deutsches Vokabular zum Ausdruck kommen könnten – als da sind *Einfallsreichtum, schöpferische Kraft* einerseits und *einfallsreich* und *schöpferisch* andererseits. Erneut muss vermutet werden, dass die persönliche Zumessung sprachlicher Meisterschaft dabei eine nicht geringe Rolle spielt – oder das Anliegen, entsprechend bewertet zu werden. Der folgende Satz jedenfalls verleitet dazu:

- ***„Das Sportgeschäft lebt von Innovation und Kreativität** – und nicht nur von nackten Zahlen.*“ (FAZ, Ilka Kopplin, 30.8.2022, S. 15).

Es ist die das Blasendeutsch kennzeichnende, im Kern tautologische Kombination von *„Innovation und Kreativität“*, die den Verdacht ausgelöst hat. Mit dem bescheidenen Wort *Einfallsreichtum* für die beiden Prunkwörter wäre der Satz nicht aussageärmer, wohl aber aussageklarer gewesen, eindeutig zu verstehen auch von denjenigen, die es mit *„Innovation und Kreativität“* inhaltlich nicht so einfach haben – die aber relativ leicht durch Wortgeklingel zu imponieren sind, worauf es dem Journalisten hier wohl in erster Linie ankam.
Lag dem nächsten Beispielsatz ein edleres Motiv zugrunde?

- *„Bekanntlich ist **die Ampel durchaus kreativ im Umgang mit der Schuldenbremse**.*“ (FAZ, Heike Göbel, 1.9.2022, S. 15).

Vielleicht. Mit *„durchaus kreativ“* kommt nämlich eine wahrscheinlich beabsichtigte ironische Note in die Aussage, mit der Aufmerksamkeit erzielt werden sollte. So weit so anerkennenswert. Dennoch: Es genügt, einfallsreich oder schöpferisch zu sein, es muss nicht immer auf *„kreativ“* hinauslaufen.

Krimi

Die sogenannten *Krimi-Serien* erfüllen ihren Hauptzweck, mit verhältnismäßig wenig geistigem Aufwand bei gleichzeitiger billigster Effekthascherei als Lückenbüßer für programmatische Leere, allerdings im Wettstreit mit den intellektuell dürftigsten Quizsendungen[69] und den Schwatzbuden ähnelnden „*Talks*", zu dienen, mit sich verstärkender Penetranz bis zum Überdruss. Mit ihnen wollen wir hier nichts weiter zu tun haben.
Allerdings kommt man wohl nicht um die Erkenntnis herum, dass die massenhaft gesendeten „*Krimis*" ganz wesentlich dazu beigetragen haben, das Anhängsel „*-krimi*" modernistisch phrasenhaft zu verwenden. Wann immer irgendwo etwas nicht spannungsfrei, nicht unumstritten, nicht sofort lösungssicher vonstatten geht, wird dem Geschehen „*-krimi*" angedichtet, um etwas spannungsgeladen selbst dann erscheinen zu lassen, wenn unglückliche Umstände, einfaches Versagen, schlichte Pannen, allzumenschliche Unzulänglichkeiten oder auf Fahrlässigkeit zurückzuführende Korrekturnotwendigkeiten die auslösenden Faktoren waren.
So verhielt es sich vermutlich auch bezogen auf endgültige Auszählungen im Rahmen der Wahl zum Berliner Abgeordnetenhaus:

- „***Gewissheit nach tagelangem Auszählungskrimi***: ..." (ARD, Texttafel 104, 12.11.2022).

Es ist ja nicht zu leugnen, dass das endgültige Wahlergebnis gegenüber dem zunächst bekannt gegebenen wegen äußerst knapper Abstände gravierende politische Auswirkungen hätte haben können. Was aber berechtigte dazu, den für Wahlen dieser Größenordnung nicht seltenen Zwang zum (mehrfachen) Nachzählen zum „*Auszählungskrimi*" aufzudröhnen?[70]
Muss unbedingt dem Sprachgetöse nachgeeifert werden, das den Jargon des Sports so unerträglich macht? Sobald ein Spiel oder ein anderer Wettbewerb nach spannendem Hin und Her in letzter Sekunde entschieden worden ist, kommt garantiert das Wortanhängsel *-krimi* zum Zuge, damit unter allen Umständen der Nervenkitzel seine Wirkung erzielen kann.
„***Elfmeterkrimi***" mag als Beispiel ausreichen.
Sprache im Dienste des Aufbauschens, der Gier nach dem Sensationellen, des Wahns, erst im Wirbel irgendeines Faszinosums sei man gut aufgehoben, sei man ganz bei sich – auch darin offenbart sich Sprachwandel. Ist es

---

[69] In der Quizsendung >*Wer weiß denn so was?*< wurde tatsächlich das Wort „*Tol**l**patsch*" statt korrekt To**l**patsch eingeblendet. Darf man zurückfragen: Wer weiß denn auch so was? Ich empfehle, das Stichwort „*toll*" aufzurufen.

[70] Das war kein Einzelfall. Am 2. April 2023 war auf Texttafel 100 der ARD zu lesen: „Wahl-Krimi in Finnland".

der, den unsere Sprache dringend benötigt? Spielt sich dort vielleicht sogar ein Krimi ab?

Kultur

So viel Kultur wie heute war nie! Und das, obwohl seit einiger Zeit sehr vehement und nicht von ungefähr ein erheblicher Kulturverlust beklagt wird. Worin der sich äußere, muss hier nicht untersucht werden. Begnügen wir uns damit, den Publizisten Wolfgang Herles als Person unseres Vertrauens zu bemühen, der die *„**verblassende Bedeutung der Schriftkultur**“* beklagte.[71] Dieser Befund wird ergänzt durch Urteile von Leserbriefschreibern, es sei ein *„**Niedergang der Fernsehkultur**“* beziehungsweise eine *„**Kulturgutdemontage**“* zu beobachten.[72]
Es ist aber eine der Absurditäten, mit denen wir es zu tun haben: Wohl selten zuvor ist gegenläufig zum behaupteten (und allem Anschein nach auch eingetretenen) Kulturverlust das Wort *„Kultur“* so häufig und auch so abseits seiner ursprünglichen Bedeutung verwendet worden wie derzeit. Liegt gar eine dialektische Beziehung vor?
Vergegenwärtigen wir uns so knapp wie möglich, was in dem Begriff *„Kultur“* originär verborgen ist: Das *„Kultivieren“*, das Urbarmachen, ursprünglich des Bodens, des Ackers. Das Wort *„Agrikultur“* ist ein sehr sinntiefer Beleg. Im Hintergrund steht das lateinische Verb >*colere*<, das mit *pflegen* gut übersetzt ist. Also ist *„Agrikultur“* nichts anderes als Ackerpflege, und jede nach und nach so bezeichnete Kultur muss als Pflege verstanden werden, Sprachkultur demnach als Sprachpflege.

Nun fällt auf, dass *„Kultur“* inflationär in Zusammensetzungen vorkommt. Dabei wird *„Kultur“* in *„Kulturen“* zerlegt, noch dazu in zum Teil diese Kennzeichnung überhaupt nicht verdienenden Zusammenhängen. *„Kultur“* ist zum Anhängsel von allem und jedem geworden. Das Ergebnis ist eine Blähsprache, die ihresgleichen sucht. Wen wundert es da noch, dass der Begriff *„**postmoderne Palaverkultur**“* unsere häufig kulturlose Gegenwart beschreiben soll – und wohl auch richtig beschreibt.
Es folgt eine Aufreihung von Sätzen, die wie wenige andere bestätigen dürften, dass der bereits von Karl Kraus beklagte *„Phrasensumpf“* dringlichst der Trockenlegung bedarf – und das, obwohl die *„Kultur“*-Orgie erst jüngeren Datums ist, Kraus bestätigend, wenngleich er sie wahrscheinlich nicht einmal geahnt hat:

---

71 Wolfgang Herles, a. a. O., S. 223.

72 FAZ, 24.8.2022, S. 18 bzw. 26.8.2022, S. 29. Ob der Begriff „Fernsehkultur“ überhaupt noch gerechtfertigt ist (oder jemals war), bleibe dahingestellt.

- *„Wir müssen* ***von der Zuständigkeitskultur zur Lösungskultur wechseln****. Dann werden wir auch wieder mehr Interesse der Bürger an der Demokratie bekommen.“*

So war Henriette Reker, Oberbürgermeisterin von Köln, laut *Profil* (Jan./Feb. 2016, S. 42) zu vernehmen. Blabla auf höchstem Niveau, das sei eingeräumt.

- *„>****Unsere Führungskultur*** *hat an vielen Stellen des Unternehmens versagt<, gestand Hiesinger ein.... Man muss aber auch fragen,* ***wer die Kultur von Thyssen-Krupp prägt****.“* (FAZ, Holger Steltzner, 12.12.2012, S. 9).

Hiesinger war seinerzeit Vorstandsvorsitzender von Thyssen-Krupp. Er schrieb sich also *„Führungskultur“* zu, wenngleich eine, die *„versagt“* habe. Was er darunter verstanden hat, wird allerdings sein Geheimnis bleiben, genauso wie *„die Kultur von Thyssen-Krupp“*, die der FAZ-Mitherausgeber Steltzner immerhin als existent vermutete mit der höflichen Nachfrage, wer sie denn *„prägte“*. Geht *„postmoderne Palaverkultur“* überzeugender?

- *„Das ist nicht der einzige, aber ein wichtiger Grund, warum sich in Britannien eine (Jugend-)****Kultur der Gesetzlosigkeit*** *hat ausbreiten können...“* (FAZ, Klaus-Dieter Frankenberger, 11.8.2011, S.1).

„Gesetzlosigkeit“ überhaupt *„Kultur“* zuzuschreiben, das spricht für eine verbale Entgleisung erster Ordnung. Der Phrasensumpf ist zum Morast fortentwickelt worden. Die erbärmliche Begrifflichkeit erhielt, welch ein Zufall, am selben Abend eine kaum noch für möglich gehaltene Steigerung, als in der ARD-Tagesschau ausgerechnet der britische Premierminister David Cameron zitiert wurde, es herrsche eine ***„Kultur der Angst“***.
Doch auch die ließ sich noch steigern. Im Sportjournalismus gibt es da keine Grenzen. Bezeichnender Weise im Zusammenhang mit dem Erzübel des Sports, dem Doping, berichtete die ARD-Redaktion, ein Ausbund im Phrasensumpf, wie wir längst wissen, am 9. November 2015 auf Texttafel 206 über

- *„... eine* ***tief verwurzelte Betrugskultur****.“*

Einmal ist bekanntlich keinmal. Also wurde nachgelegt:

- *„Die **Betrugskultur** zu entwurzeln, wird Jahrzehnte dauern.*“ (ARD, Texttafel 230, 26.11.2015).

Zitiert wurde Günter Younger, ein Münchner Polizist, als *„Mitglied der unabhängigen Kommission der Welt-Anti-Doping-Agentur (WADA)“.*
Wie gesagt: So viel *„Kultur*“ war nie! Diese Sprachkultur – wir nennen sie aus praktischen Gründen hier so, obwohl sie eigentlich keine ist - zu *„entwurzeln*“, wird gewiss mehrere Jahrzehnte dauern!
„Fehlende Fehlerkultur“, *„Aktienkultur*“, *„Kultur der Einsatzbereitschaft*“ (gemeint der Bundeswehr!), *„Verdachtskultur*“ und (welche elegante Variation!) *„Kultur des Verdachts*“, *„Jammerlappenkultur*“, *„Kultur der Verantwortungslosigkeit*“, *„Verbotskultur*“, *„Kultur des Schweigens*“*„Reparaturkultur*“ und *„Kultur des Reparierens*“ (die wolle Bundesumweltministerin Steffi Lemke laut FAZ vom 11. Juli 2023, Seite 17, durchsetzen. Sie wolle zudem *„Repaircafes*“ stärken durch ein *„Reparaturgesetz*“!), *„Kultur der Straflosigkeit*“, *„Kultur der Empörung*“, *„Kultur des Wegsehens*“, *„Teure Wegwerfkultur*“ (FAZ, Überschrift, 27.5.2019, S. 22), *„Fernsehkultur*“ (ausgerechnet die!), *„teure Fehlerkultur*“, *„Antikorruptionskultur*“, *„im Internet herrschende Aufmerksamkeitskultur*“, *„Duz-Kultur*“ und, kaum zu glauben, aber bittere Wirklichkeit, *„Fankultur*“– tatsächlich und allüberall, wo Fans in ihrer unendlichen, mindestens an jedem Wochenende zu bewundernden Friedfertigkeit auftreten.
Diese extrem lückenhafte und bewusst ungeordnete Sammlung, in der ausnahmsweise fast immer auf präzise Quellenangaben verzichtet worden ist, mag genügen, die überwiegend groteske Kombination von *„Kultur*“ mit so gut wie jedem Hauptwort ad absurdum zu führen. Es sei daran erinnert, dass *„Kultur*“ originär Pflege bedeutete im Sinne der Fruchtbarmachung. Ich empfehle, in der obigen Sammlung *„Kultur*“ durch Pflege zu ersetzen! Lässt sich ein Entsetzen dann immer noch vermeiden? Wenn ja, dann angesichts folgender Meldung gewiss nicht:

- *„Da* (gemeint: vor dem Hintergrund stark angestiegener Messerattacken) *kann man nachvollziehen, dass die Gewerkschaft der **Polizei von einer Messerkultur spricht, die hierzulande entsteht**.*“

Wie weit muss man in den Phrasensumpf versunken sein, um nun auch noch von einer *„Messerkultur*“ zu schwadronieren, ausgerechnet in der Polizei? Hätte es nicht der Respekt vor den Opfern der schrecklichen Messerattacken geboten, sich sprachlich etwas kultivierter zu äußern?
Es bleibt eine erfreuliche Reaktion zu erwähnen: Auf die Mitteilung, es herrsche *„in ganzen Unternehmen eine **Duz-Kultur***“ folgte von der FAZ-

Redakteurin Ursula Kals am 15. Oktober 2022 auf Seite 29 der Kommentar: „*Lasst das Gekumpele doch einfach weg.*“

Daran lässt sich anknüpfen: Lasst die „*Kultur*“ doch einfach weg. Dann hätten wir mehr Kultur und weniger Unkultur. Diesen „*Kulturwandel*“ hat unsere Sprache, unser vornehmstes Kulturgut, bitter nötig! Die „*Kulturgutdemontage*“ ist hinreichend beklagt worden, wie zum Beispiel vom bereits zitierten Leserbriefschreiber (FAZ, 26.8.2022, S. 29), der betonte, er empfinde „*die gezielte, nicht regelkonforme sprachliche Verkrüppelung des Kulturguts deutsche Sprache*“ als „*Diskriminierung*“. Er dürfte einverstanden sein: Sie, die deutsche Sprache, verdient eine „*Kultur des Respekts*“ ohne die zur Manie verkommene massenhafte Verwendung des sinnentleerten Wortes „*Kultur*“.

Label

Viele werden (sich) schon einmal die Frage gestellt haben: Ein „*Label*“, was ist das eigentlich?

Jugendliche Musikbegeisterte wissen es natürlich – ein „*Label*“ ist für sie eine (einst vor allem Schallplatten vertreibende) Firma, „*die den Vertrieb sowie das Marketing von Musikgruppen betreibt*“. Aber diese Antwort reicht bei weitem nicht mehr aus, um die modernistische Verwendung von „*Label*“ zu begreifen. Jede Marken- oder Firmenbezeichnung auf einem Etikett, auf einem Aufklebeschild wird heute zum „*Label*“ hochphantasiert – mehr noch, jedes politische Vorhaben von einigem ideologischen Gehalt erhält ein „*Label*“ angedichtet, zum Beispiel vorzugsweise das „*grüne Label*“, aber auch das „*Label >Nachhaltigkeit<*“, wie ein Leserbriefschreiber (FAZ, 31.12.2022, S. 31) kritisch anmerkte.

Zum Missbrauch mit dem „*grünen Label*“ gab es jüngst einen sehr erhellenden Bericht in der FAZ vom 21. Januar 2023 auf Seite 19: Waren seien „*ohne belastbare Belege*“ als „*grün*“ vermarktet worden, als „*klimaneutral*“. Es liege „*greenwashing*“ vor. Die EU-Abgeordnete Anna Cavazzini von den Grünen habe gefordert, „***den Dschungel aus nichtssagenden oder halbwahren grünen Labels und Werbeversprechen*** (zu) ***lüften***.“

Damit hat sie, obwohl vermutlich nicht in diese Richtung zielend, den Nagel auf den Kopf getroffen: Es ist „*ein Dschungel aus nichtssagenden oder halbwahren grünen Labels und Werbeversprechen*“ zu beklagen und damit nichts anderes als ein Phrasensumpf, der schließlich durch nichtssagende und halbwahre Begriffe ständig gewässert wird.

Gewiss auch, mindestens etwas, anders verstanden werden wollte ihr Fraktionskollege Michael Bloss, den die FAZ zur EU-Energiepolitik wenig später, am 14. Februar 2023 auf Seite 17, mit der Aussage zitierte: „***Der***

Labelbetrug geht weiter". Also der nicht nur inhaltliche, sondern auch sprachliche Etikettenschwindel.
Man erinnerte sich in der Situation dankbar an die Überschrift eines Beitrags von Julia Löhr in der FAZ vom 8. Juni 2022 auf Seite 15: „***Ein überflüssiges Label***". Auch sie wird es nicht ganz so gemeint haben, wie wir es hier aufnehmen: „*Label*" ist völlig überflüssige verbale Aufschneiderei – Etikettenschwindel pur. „*Labelbetrug*" eben! Und damit leider Betrug an unserer Sprache, denn sie wird um ihre eigentliche Funktion der unzweideutigen Verständigung betrogen.

Legende

Was über die insbesondere im Sport, aber auch im sogenannten Showbusiness massenhafte Verwendung des Begriffs „*Ikone*" gesagt worden ist, gilt ohne grundsätzlichen Unterschied auch für die Stilisierung von Berühmtheiten, Bewunderten, Vergötterten zu „*Legenden*": Dieses einst dem sakralen, religiösen und auch (fach)wissenschaftlichen – man denke an „*Dolchstoßlegende*" oder auch an die „*Legende*" als aufklärender Text, eigentlich als Lesehilfe, zu auf Abbildungen, Karten o.ä. verwendeten Zeichen oder Farben – Sprachgebrauch vorbehaltene Wort ist im Zuge der allgemeinen Säkularisierung, der Profanierung so gut wie aller Lebensbereiche, in seinem Gehalt mitsäkularisiert worden. War eine „*Legende*" einst als kurze, erbauliche Erzählung über Leben und Tod oder auch und vor allem das Martyrium von Heiligen verstanden worden, die sodann häufig der Ikonographie als Vorlage diente, wird der Begriff heute phrasenhaft eingesetzt, sobald jemand zur kultischen Verehrung geeignet erscheint, die man auch eine verweltlichte Anbetung nennen könnte, nachdem das Beten im religiösen Verständnis kaum noch praktiziert wird. Sportgrößen und Stars des Showbusiness, manchmal bereits Sternchen, die sich dann als Sternschnuppen erweisen, werden mindestens zu Halbgöttern, zuweilen auch zu einem „*Fußballgott*" – man denke an Helmut Rahn selig, dem bereits 1954 genau dieser Status angedröhnt wurde – stilisiert. Ein vielsagendes und damit auch erschreckendes Beispiel dafür lieferte ausgerechnet die FAZ, als sie über

- „***die fußballgöttliche Angriffsreihe** Mbappe, Messi und Neymar*"

bei Paris St. Germain berichtete (Peter Heß, 10.3.2023, S. 32).
Das gilt für lebende und für verstorbene Idole gleichermaßen oder für letztere in besonderem Maße als eine moderne Form der Heiligsprechung. Stellvertretend für viele andere ganz ähnlich gebaute Sätze sei angeführt:

- *„**Fußball-Legende Seeler ist tot**.“* (NDR, Texttafel 100, 21.7.2022).

„Clublegenden“ sind Massenware, ohne dass man genau erfährt, was als das besonders Verdienstvolle dieser *„Legenden“* zu gelten habe.
Über den gewiss exzellenten Timo Boll hieß es unter der Überschrift *„Glücksspiel mit Boll“*, *„**Tischtennis-Legende** wendet frühes Aus ab.“* (FAZ, 19.8.2022, S. 28), der Sänger David Bowie wurde als ***„Rock-Legende“*** gefeiert (FAZ, 18.9.2022, S. 14). Die FAZ ist also, aber wen wundert es noch, am Stricken von Legenden eifrigst beteiligt, ganz sprachsensibel – mithin FAZ-spezifisch. Dass der DUDEN eine *„Legende“* auch als etwas definiert, *„was von jemandem erzählt, angenommen, behauptet wird, aber nicht den Tatsachen entspricht“*, interessiert dann kaum noch, auch wenn das eine nicht geringe pikante Note mitschwingen lässt. Hauptsache, man ist an *„Legendenbildungen“* beteiligt (gewesen). Das hat etwas *„Legendäres“* im Gepäck und wird allein deshalb bereits als Wert empfunden.

Level

„Niveau“ ist vielen in Politik, Wirtschaft, Kultur und Sport und den sie begleitenden Medien als Ersatz für *„Ebene“*, *„Stufe“* oder für (geistigen) *„Rang“*, zum Beispiel den Bildungsgrad anzeigend, nicht mehr fremdländisch genug, überhaupt nicht ausreichend anspruchsvoll. Man hat aber flugs einen Ausweg aus der Klemme gefunden: Das Englische bietet das Wort >level< an in vorher kaum geahnter Verwendungsbreite, für alle genannten deutschen Wörter irgendwie, wenn auch nicht in der entsprechenden Genauigkeit einsetzbar. Man bewegt sich von Stund an auf hohem sprachlichen Level und schreitet von Level zu Level, nicht selten vom Level, der erklommenen sprachlichen Höhe, ganz berauscht. Im Sport heißt es dann fast wörtlich, es sei noch nicht *„das erstrebte Level“* erreicht worden, obwohl man doch hart trainiert habe. Manchen Spielern oder Mannschaften wird ehrfürchtig angedichtet, sie spielten *„auf einem anderen Level“*. Für die Wirtschaft, in Sonderheit ihre Manager, und für die Politik gilt Entsprechendes. Und das Fußvolk beginnt, sich daran zu gewöhnen, wenngleich auf deutlich niedrigerem Level.
Dann überrascht auch folgende Überschrift nicht mehr:

- ***„Schulden auf Rekordlevel“*** (FAZ, 12.7.23, S. 25).

Könnte das manchen Leser verleiten zu meinen: Was bekümmern mich die Schulden, wenn sie doch *„auf Rekordlevel“* angekommen sind. Irgedetwas Positives wird doch wohl in dem so überzeugenden, beinahe anheimelnden Edelsubstantiv *„Rekordlevel“* verborgen sein. Auch wenn ich noch nicht auf dem sprachlichen Level bin, ich werde mir Mühe geben, es zu erreichen und dann dahinterkommen. Und wenn nicht, dann eben nicht. Dann war das nicht mein Level.

Liefern und abliefern

Wir bekommen es jetzt erneut mit ganz harmlosen Verben zu tun – aber nur scheinbar. Im modernistischen Sprachgebrauch bedeuten sie nämlich keineswegs, was der DUDEN an Definitionen bereithält:

1. *„bestellte oder gekaufte Ware dem Empfänger bringen, zustellen, aushändigen"*,
2. *„hergeben, hervorbringen"*, wie in *„Die Biene liefert Honig"*,
3. *„beibringen, vorlegen, geben"*, wie in *„den Beweis liefern"*,
4. *„verraten, ausliefern"* wie in *„jemanden jemandem in die Hände liefern"*,
5. *„miteinander austragen"* wie in *„sich einen Kampf, eine Schlacht liefern"*.

„Liefern" ist, nun alles Mögliche im Gepäck habend, zu einem Schlüsselverb der politischen Auseinandersetzungen geworden. Gemeint ist häufig, dass ein Konzept entwickelt werden soll, ein Plan vorzulegen ist, konkrete Maßnahmen zur Beschlussfassungsreife gebracht sein sollen, etwas Handfestes, Messbares bereits auf die Schiene gesetzt worden ist und ähnliches mehr. Politiker haben, wollen sie als erfolgreich gelten, zu *„liefern"*, einer Erwartungshaltung zu entsprechen. Wer nicht *„liefert"*, hat, so häufig das (vor)schnelle Urteil, kläglich versagt. Es wird also nun ständig *„geliefert"*, auch *„abgeliefert"*, und es wird ebenso ständig gefordert, nun endlich *„zu liefern"*:

- *„Bis zum Beginn der Kabinettsklausur* ***sollte Robert Habeck liefern****, so hatten es dem grünen Bundeswirtschaftsminister seine Koalitionspartner aufgetragen.* ***Und Habeck lieferte*** *– zumindest ein bisschen."* (FAZ, Gustav Theile und Julia Löhr, 31.8.2022, S. 16).

Hauptsache, es wurde *„geliefert"*, wenn auch nur *„ein bisschen"*. Was Habeck tatsächlich im Gepäck hatte, ist dann mehr Neben- als Hauptsache. Man kann ja nachliefern! Und, das versteht sich, nachfordern. Politik, so scheint es, ist zum Lieferdienst verkommen:

- ***„Paus muss liefern"***,

so lautete denn auch eine Überschrift in der FAZ vom 20. März 2023. Polit- und Medienjargon in trauter Zweisamkeit. Man befruchtet sich gegenseitig.

Beim Sport wird schon seit längerem „*geliefert*“. Sätze wie „***Er hat eine solide Leistung abgeliefert***“ sind dort Massenware. Wer der Empfänger der Lieferung gewesen sein soll, bleibt zumeist ungesagt, aber wahrscheinlich muss man das ja auch nicht wissen.
Der bereits ob seiner Sprachkunst zitierte Fußballtrainer Daniel Farke wusste mit folgendem Satz zu glänzen:

- „***Meine Mannschaften ... haben immer auch in den Bereichen Laufumfang und Intensität mit am meisten abgeliefert***.“ (FAZ-Interview, 27.8.2022, S. 31).

Sie haben also auch im Bereich „*Intensität mit am meisten abgeliefert*“. Da stellen sich Fragen: Was verstand Herr Farke unter „*Intensität*“? Was wurde „*abgeliefert*“? An wen und bei welcher Gelegenheit mit welchem Ergebnis?
Das Eigenlob sei ihm nachgesehen. Die protzige und wohl gerade deshalb ziemlich sinnleere Sprache verdient diese Nachsicht nicht. Da muss nachgeliefert werden!

Limit

„*Das ist das Limit*“ ist zu einem vertrauten Satz geworden. Damit soll gemeinhin gesagt werden, dass es eine Grenze gibt, die unter keinen Umständen überschritten werden darf. Doch warum dann „*Limit*“ statt Grenze? Hat das vom lateinischen Wort >*limes*< abgeleitete „*Limit*“ mehr Aussagekraft? Hat es eine größere Durchschlagskraft? Mehr Gewicht? Macht es mehr Eindruck? Das ist zumeist die Hoffnung, und deshalb wird es eingesetzt.
Im Sport allemal, denn wo kommt es mehr auf billigen Beifall an als dort? „*Wir sind bis ans Limit gegangen*“ oder „*Wir waren am Limit*“ sind solche floskelhaften Sätze des Eigenlobs oder der Erklärung, warum eine Niederlage trotz allen Einsatzes nicht hat verhindert werden können. Wer nicht „*ans Limit gegangen*“ ist, ist sich und (vor allem!) anderen etwas schuldig geblieben - ein ganz und gar unsportliches Verhalten.
Um einer drohenden Niederlage die Schärfe zu nehmen und um gegebenenfalls die eigene Haut zu retten, greift man raffiniert, vorbeugend, denn man kann ja nie wissen, was auf einen zukommt, zu der volltönenden Aussage

- „***Es ist klar, dass jeder gegen uns am Limit spielt.***“

So ließ sich die uns schon ob ihrer Sprachkunst vertraute Bundestrainerin Martina Voss-Tecklenburg in der ARD-Tagesschau am 3. August 2023 vernehmen. Wenn das ein Lob für andere hatte sein sollen – es klang mehr nach eigener Absicherung.
Selbst in der Politik, in der Wirtschaft und in den Medien, mittlerweile ebenfalls Orte vermeintlich geforderter Höchstleistungen, ist das „*Limit*" längst auch das Maß aller Bemühungen. Dabei dürfte mitschwingen, dass das biedere Wort Grenze – angeblich urdeutsch, in Wirklichkeit slawischen Ursprungs[73] - Politikern, Wirtschaftsbossen und Medienschaffenden nicht ganz geheuer ist, weil sie daran erinnert werden könnten oder sogar sich daran erinnert fühlen, wie sehr sie Grenzen ihres Tuns unterworfen sind und eigentlich auch Grenzen ihrer Bedeutung und ihrer Vergütung. Das sehr viel elegantere Wort „*Limit*" bietet sich als Verdrängungsmechanismus geradezu an. So ist denn „*Limit*" eine beliebte Worthülse geworden, nimmermüde eingesetzt, wann immer lediglich irgendwie Grenzen sowie Be- und Einschränkungen zu bedenken sind.
Die FAZ zitierte am 16. September 2022 auf Seite 4 den Landkreistag mit der Aussage

- *„... **dass die ... dezentralen Unterkünfte an ihr Limit kämen**."*

Gemeint war also, dass die dezentralen Unterbringungsmöglichkeiten ausgeschöpft seien, dass die Grenze sehr bald erreicht sei. Wobei sprachkritisch noch anzumerken bleibt, dass nicht die „*dezentralen Unterkünfte*" gemeint waren, die „*an ihr Limit*" zu kommen drohten, sondern die Landkreise als die mit der Unterbringungspflicht betrauten Institutionen bei der Bereitstellung ebenjener „*dezentralen Unterkünfte*". Aber der schöne Begriff „*Limit*" überstrahlt natürlich den Mangel an Logik.
Für den folgenden Beispielsatz gilt das selbstverständlich nicht, das nicht:

- *„Die Kommunen seien **mit der Unterbringung von Asylbewerbern >am Limit<**, sagte Nordrhein-Westfalens Ministerpräsident Hendrik Wüst (CDU)."* (FAZ, mwe. 5.8.2023, S. 4).

Aber „*am Limit*" musste auch hier bemüht werden.
Sätze wie der folgende sind inzwischen Massenware:

- *„**Die Bahn ist am Limit**"* (WamS, 18.9.2022, S. 18).

---

73 Die Herkunftswörter sind – polnisch – granica und – tschechisch – hranica. Vergleiche dazu Markus Weilandt, Entgrenzung – ein Kennzeichen unserer Zeit, Mitteldeutscher Verlag, Halle 2014.

Gemeint war wohl: Die Bahn ist überfordert, sie hat die Grenzen ihrer Leistungsfähigkeit wenn nicht bereits überschritten, so doch erreicht. Das wäre eine ehrliche, passgenaue Tatsachenbeschreibung gewesen. „*Die Bahn ist am Limit*" ist gezielte Schönfärberei, ein Kreisen um den heißen Brei. Ein wenig nach „*Wasch mir den Pelz, aber mach mich nicht nass*" klingend. „*Limit*" darf damit getrost als eines der besagten „*Trugwörter*" geführt werden.

Mainstream

Es dürfte einiges Erstaunen auslösen, dass „*Mainstream*" ursprünglich als ein Fachbegriff des Jazz lediglich einer entsprechend interessierten Minderheit vertraut gewesen ist. Der dort verwendete Inhalt wurde dann mehr und mehr verallgemeinernd eingesetzt, auf eine „*Hauptrichtung, Hauptströmung*" in unterschiedlichsten Lebensbereichen aufmerksam machend oder Bezug nehmend, um sich schließlich in der Bedeutung „*Durchschnitt*", gelegentlich sogar „*Durchschnittsware*", als ziemlich nichtssagendes, sehr oberflächlich zum Zuge kommendes Allerweltswort einzunisten, das vermeiden hilft, sich auf einen Personenkreis festzulegen. Die Voraussetzungen, Teil des Phrasensumpfes zu werden, sind damit bestens erfüllt, wie der folgende Satz wohl zu belegen vermag:

- ***„Der Mainstream nimmt den Krieg hin."***

So lautete die Überschrift zu einem Leserbrief, den die FAZ am 3. August 2022 auf Seite 5 veröffentlichte. Sie dürfte das Produkt der schlussredaktionellen Arbeit sein. „*Mainstream*" – das mögen jene sein oder auch jene anderen, dieser zum biederen Durchschnitt erklärte Bevölkerungsteil oder vielleicht doch ein ganz anderer, aber selbstredend auch eher einfach gestrickter – jedenfalls sich selbst ausschließend, denn man ist nicht „*Mainstream*" sondern, aber ja, Elite. Dass mit „*Mainstream*" tatsächlich eine ausschlaggebende Gruppierung in Anlehnung an das englische Wort >*main*< („*of greater size, importance, or influence than all others*") gemeint war, darf man bezweifeln. Aber wer oder was dann? Sollen der Phantasie alle Tore geöffnet sein? Offenbar ja. Demnach haben wir es mit einer geradezu klassischen Floskel zu tun, mit einer Worthülse, einer Leerformel, die praktisch jede beliebige Deutung zulässt. Zudem eignet sie sich vortrefflich, allen sprachlich etwas Zurückgebliebenen vor Augen zu führen, wie fließend man das Englische beherrscht. Diesen klitzekleinen Nebeneffekt darf man sich wirklich nicht entgehen lassen.

Mantra

Ein etwas längeres Zitat dürfte geeignet sein, den phrasenhaften Gebrauch des in seinem wirklichen Gehalt wahrscheinlich nur sehr wenigen Deutschen vertrauten Begriffs „*Mantra*“ aufzuzeigen:

- „*Ein gutes halbes Jahr hat der Kreml* ***stur an der Behauptung festgehalten, in seinem Krieg gegen die Ukraine laufe alles nach Plan***. ***Weder die Niederlage*** *im Kampf um Kiew im Frühjahr* ***noch das Stocken der Offensive*** *im Donbass im Sommer* ***konnten an diesem Mantra etwas ändern***.“ (FAZ, Reinhard Veser, 10.10.2022, S. 1).

Das sture Festhalten an einer Behauptung, die sich mindestens als fragwürdig herausgestellt hat, wird hier also als „*Mantra*“ bezeichnet, eher abqualifiziert. Fragen wir das WAHRIG-Fremdwörterlexikon, erfahren wir, dass unter einem „*Mantra*“ zum einen ein „*geheimnisvolles, magisches Wort*“, zum anderen „*heilige Texte*“, besonders „*Hymnen des Veda*“ (im Sanskrit) zu verstehen seien. Dann hat der Begriff einen sehr langen Weg hinter sich gebracht, noch dazu einen außergewöhnlich eigenwilligen zu einem Missbrauch für angeberische Zwecke. Was, muss doch wohl gefragt werden dürfen, war an der stur wiederholten Behauptung des Kreml, „*in seinem Krieg gegen die Ukraine laufe alles nach Plan*“, wirklich „*geheimnisvoll*“ oder gar „*magisch*“? Was war an dem Text „*heilig*“? Er war bodenlos verlogen. Doch gerade das machte ihn zum „*Mantra*“?
War sich der Redakteur so sicher, mit „*Mantra*“ seine These einigermaßen treffsicher zum Ausdruck gebracht zu haben? Oder folgte er lediglich einer Mode? Wollte er mit von der Partie sein beim Wortgeklingel mit einer Worthülse, hier tatsächlich mit einem veritablen Trugwort, das nur noch dem Sprachprotz zu dienen hatte? Waren ihm „*Lügengebäude*“ oder ein ähnlicher die Sachlage treffender Begriff zu wenig wichtigtuerisch?
War es bei Frau Dr. h.c. Heike Schmoll, Redakteurin der FAZ für Bildungspolitik, Religionsangelegenheiten und ähnlich Kulturelles, anders, als sie bei einem Interview, das sie führte, in eine Frage den Satz einbaute:

- „***Das ist das Mantra, das die Parteien in unterschiedlicher Fassung vor sich hertragen***: ***>Leistung muss sich wieder lohnen<***“ (FAZ, 27.4.2023, S. 6)?

Hatte sie, die Wendung „*vor sich hertragen*“ lässt das vermuten, „*das Mantra*“ mit einer „*Monstranz*“ verwechselt? Kann ja passieren!
Nachrichtlich: Das Schreibprogramm meines Rechners will das Wort „*Mantra*“ nicht kennen.

Recht so! Wer braucht es wirklich alltäglich?

Mega

Im Zeitalter der Rekordsucht, der Superlative, der Entgrenzung, der Maßlosigkeit, der Verehrung von Stars jedweder Provenienz – zumal der „*absoluten*", unter denen machte es Starsportredakteur Gerhard Delling nie! - ist „*mega*" zu einer der beliebtesten Vorsilben aufgestiegen, auch wenn so gut wie niemand weiß, dass das altgriechische Adjektiv „*megas*" das Ausgangswort ist und schlicht „groß" bedeutete.
Die Verwendung von „*mega*" in der Physik, in der Datenverarbeitung oder in anderen Wissenschaftsdisziplinen interessiert hier nicht weiter. „*Megabyte*", „*Megahertz*", „*Megalith*", „*Megawatt*" etc. sind weltweit anerkannte und einschlägig vertraute Fachtermini.
Uns geht es um einen Satz wie: „***Er ist der absolute Megastar***." Ihn verdanken wir – ja dankbar sollten wir sein - ebenjenem Gerhard Delling. Dass es dann seit Jahren jede Woche bis in unsere Tage hinein diese absoluten Megastars in großer Zahl gegeben hat und mit absoluter Gewissheit bis weit in die Zukunft geben wird, das ist nicht mehr als einfache sprachliche Logik: „*Mega*" ist in, absolut!
Was immer ein wenig herausragt, was „*super*" ist, wer immer irgendwie von sich reden macht durch Rekorde oder auch nur Rekordverdächtiges, wer gerade, wenn auch lediglich sternschnuppengleich, verehrungsgierig in den Medien Konjunktur hat, wird durch die Vorsilbe „*mega*" ausgezeichnet und zum „*Megastar*" erhoben – im Sport und im Showgeschäft ohnehin, aber neuerdings selbst in der Wirtschaft und in der Politik.
Und dann gibt es sie, die „*Megatrends*", die „*Megaprojekte*", die „*Mega-Lose*", den „*Mega-Großmarkt*"(!)[74], die „*Megakonzerte*", die „*Megaangebote*" und dergleichen mehr, nach oben offen auf der Mega-Skala!
Werden Jugendliche befragt, wie ihn etwas gefallen habe oder was sie von etwas hielten, lautet die Antwort, so sie denn positiv ausfallen soll, kurz und knackig „*mega*". Betrachten sie hingegen etwas als vorvorgestrig, dann ist es „*mega out*".
Man spart sich ein ganzes Heer von differenzierenden und somit selbstredend völlig überflüssigen Adjektiven. Da will man sich gern einreihen: Das ist doch „*mega*"!

---

[74] Die FAZ berichtete am 1. August 2023 auf Seite 17 tatsächlich über einen „Mega-Großmarkt in London". Da scheint klassische Bildung durch!

Message

Wer sich auf internationalem Parkett bewegt wie unsere sprachgewaltige, artikulationsstarke Außenministerin Annalena Baerbock, kommt natürlich nicht umhin, sich polyglott zu geben und mal eben, ganz zufällig beiläufig, den unter Diplomaten hochgehandelten Begriff „*message*“ – nicht zu verwechseln mit „*Massage*“! – einzuschleusen. Sie tat das extrem routiniert, als sie zum >G20-Gipfel< in Indien in der Tagesschau der ARD am 2. März 2023 tönte: „***Die eindeutige Message*** *war...*“.
Das mag ja unter ihresgleichen eine „*eindeutige Message*“ - also Botschaft, Nachricht, Mitteilung – gewesen sein, aber ebenso eindeutig dürfte feststehen, dass unter den Millionen von Zuschauern der Tagesschau ein paar Millionen eindeutig nicht gleich begriffen haben, was mit der „*eindeutigen Message*“ hatte gesagt werden sollen. Echte Diplomatie also! Man muss auch diplomatisch geschickt etwas im Unklaren lassen (können), wenn man in die Garde der Spitzendiplomaten aufgestiegen ist.
Doch ist „*message*“ längst kein ausschließlich der Diplomatie vorbehaltener Begriff mehr.
Wer etwas auf sich hält, weiß stets mit einer „*message*“ auf sich aufmerksam zu machen.
Allzu häufig geschieht das allerdings mit der eher peinlichen Aussprache „*messi**tsch***“, als sei die Phonetik, also die Aussprache, eines nur mal so aus dem Englischen übernommenen Modeworts eine Belanglosigkeit. Immerhin habe ich mit dem Urteil wohl auch eine Message verbunden. Ob sie (und bei wem) ankommen wird?

Mission

Bis in die jüngste Vergangenheit hinein war der Begriff Mission in erster Linie als ein kirchlich-religiöser zu verstehen. Zurückgehend auf lat. >*missio*< in der Bedeutung Sendung, Entsendung war unter Mission die Tätigkeit eines Missionars gemeint, eines zur Bekehrung nicht christlicher Völker zum christlichen Glauben ausgesandten Geistlichen, zumeist eines Ordenspriesters. Missionsstationen und Missionsschwestern waren vertraute Wörter. Die >*missio canonica*< war und ist zudem in der Katholischen Kirche die kirchenamtliche Befugnis zum Erteilen des Religionsunterrichts. Immer ist ein ernster, feierlicher Auftrag, eine Sendung, eine Vollmacht, manchmal auch nur eine Aufgabe in kirchlichen Zusmmenhängen mitzudenken gewesen. Das gilt, wenngleich eher indirekt, auch für die „*Innere Mission*“, ein Sozialwerk der Evangelischen Kirchen.
Im weltlichen Anwendungsbereich kommt der Begriff Mission vornehmlich in diplomatischen Bezügen vor. Mit ihm wird eine Gesandtschaft

bezeichnet, eine „*zu besonderen Aufgaben ins Ausland entsandte Gruppe von Personen*". Zu denken ist an eine „*diplomatische Mission*" oder, damit verwandt, an die „*Mission bei den Olympischen Spiuelen*", aber auch an eine „*geheime Mission*".[75] In der Sprache des Militärs und der Geheimdienste ist häufig von einer „*heiklen Mission*" die Rede.
Was also über einen langen Zeitraum hinweg vorrangig einen kirchlichen und, weniger verbreitet, einen diplomatischen und militärischen Bezug hatte, ist inzwischen fast vollständig säkularisiert und auf fast alle Lebensbereiche ausgeweitet worden. Dabei spielt die Anlehnung an die englische Praxis wieder einmal eine entscheidende Rolle. Das äußert sich denn auch darin, dass häufig die Aussprache >mischn< bevorzugt wird, nicht zuletzt in Managerkreisen. Politiker und eben jene Manager fühlen sich häufig von einer „*Mission*" erfüllt, zuweilen sogar geradezu getrieben, jedenfalls ihr verpflichtet. Wann immer von einem Auftrag gesprochen werden sollte, von einer Herausforderung, auf die reagiert werden muss, wird marottenhaft zur „*Mission*" hochgestapelt. So auch beispielhaft und beispielgebend:

- ***„Wir haben die Mission, die Welt mit Wasserstoff besser zu machen***",

Das sagte ganz bescheiden der Chef des Unternehmens Enapter, ein Herr Schmidt, im Gespräch mit der FAZ (5.7.2023, S. 20).
Im Zusammenhang mit dem Krieg in der Ukraine ist immer wieder hochtrabend von „*Ausbildungsmissionen*" gesprochen worden, wenn es sich um Vorhaben oder Maßnahmen gehandelt hat, mit denen Soldaten in den Umgang mit bestimmten Waffen(systemen) eingewiesen werden sollten – um Training also.
Nicht nur gelegentlich schleicht sich das Gefühl ein, dass zwar die missionierenden Geistlichen immer weniger werden, die Missionare in Politik und Wirtschaft aber ständig zunehmen, noch dazu von missionarischem Eifer erfüllt. Wir werden also doch noch zu einem Volk von Missionaren?

Mitnehmen

Mit dem bereits behandelten Ausdruck *sich austauschen* vermag *mitnehmen* inzwischen ohne Mühe mitzuhalten. Schließlich weist der Siegeszug dieses ebenfalls originär für konkrete Sachverhalte reservierten Verbs unübersehbare Parallelen auf, zumal es auch im Kirchentagsdeutsch beliebt ist. Wo einst etwas oder jemand von A nach B im buchstäblichen Sinne mitgenommen, also materiell-physisch transportiert oder befördert wurde, werden jetzt auch Personen dann *mitgenommen*, wenn sie körperlich dort bleiben (sollen), wo sie sind. Es geht um ihre Ideen, ihr Denken, ihre

[75] WFL, S. 620.

Absichten, ihre Wünsche und dergleichen, sie werden also ideell oder, moderner, virtuell *mitgenommen*. Ein konkretes Ziel der Reise ist damit in den seltensten Fällen verbunden. Wie überhaupt auch *mitnehmen* erkennbar der Funktion zu dienen hat, etwas im Unbestimmten zu halten, gleichzeitig aber Sinnvolles, Erhabenes gar anzudeuten.
Sprachwandel im Dienste des Ungefähren!
Wen wundert es da, dass die genannten und viele auf ähnliche Weise populär gewordene Wörter verwandten Ursprungs und entsprechender Funktion – man denke an *abholen, begleiten, anregen, motivieren, initiieren, innovativ sein, sich einbringen, sich engagieren* - den Politikern nur zu willkommen auf der Zunge liegen, um bei bester Gelegenheit über ihre Lippen ins Ohr der Ahnenden, in den wenigsten Fällen wirklich Wissenden geschickt zu werden. Der folgende Satz möge als das verstanden werden, was er sein soll, ein (nicht ganz) zufällig gewähltes Beispiel:

- ***„Ich freue mich, dass deutsche Lehrer*** **so** ***innovativ sind und ihre Schüler mitnehmen wollen*“.**

So sprach der vormalige niedersächsische Kultusminister Dr. Bernd Althusmann laut PROFIL, Ausgabe März 2012, S. 14, ganz Erziehungswissenschaftler, der er ja laut Promotion ist. Er war gerade dabei, einen Preis zu verleihen an Lehrer, die *„beispiel-, ja vorbildhaft zeigen, wie motivierend Unterricht sein kann.*“ Dass er nicht nur in diesem Falle, sondern ganz generell mit seinen Wortmeldungen einen Sonderpreis für Blähsprache erhalten sollte, darf nicht unerwähnt bleiben. Mit bildungspolitischer Substanz vermochte er allerdings keinen Eindruck zu machen, zu überzeugen gleich gar nicht.
Darf man den Herrn Kultusminister von einst fragen, *wohin* die Lehrer ihre Schüler *mitnehmen* sollten? Und zu welchem Behufe? War der Weg wieder mal das Ziel?
Auf eine Klassenfahrt oder eine Studienreise jedenfalls nicht.
Liegt das vielleicht daran, dass in diesem Falle inzwischen die Schüler ihre Lehrer mitnehmen? Ganz konkret auf einen Weg, der dann tatsächlich zu einem Ziel führt? Mit welchem Ergebnis, ist für die Beteiligten jedoch überwiegend belanglos.

Man hatte es kaum noch für möglich gehalten, aber an der hier behandelten vielsagend-nichtssagenden Verwendung von „*mitnehmen*“ übte eine FAZ-Redakteurin in Person von Katja Gelinsky am 7. Juni 2022 auf Seite 17 Kritik, ganz subtil, versteht sich:

- ***„Bei aller Geschäftigkeit, dem Verbraucher Gutes zu tun, sollten jene, die die Bürger ständig >abholen< und >mitnehmen< wollen, kurz innehalten.“***

Innehalten! Zum Nachdenken? Das wäre immerhin ein erster guter Ansatz. Hatte Katja Gelinsky vielleicht auch die folgende Hofberichterstattung vor Augen gehabt, auf die ihre FAZ, hoffentlich ironisierend, Bezug genommen hatte:

- „*Sie* (die neue Präsidentin des Bundesarbeitsgerichts, Inken Gallner) *hat die* ***einzigartige Gabe, sich in das Wesen der Menschen zu versetzen und diese*** *zu überzeugen und auch* ***mitzunehmen***.“

Zitiert wurde Achim Schunder, Schriftleiter der >Neuen Zeitung für das Arbeitsrecht<, laut FAZ, 26.1.2022, S. 20. Muss man hier nicht erneut fragen, wohin denn die Präsidentin die „*Menschen... mitzunehmen*“ sich anschicken könnte angesichts ihrer gerühmten Begabung?
Adressaten ihres Appells sollte Katja Gelinsky jedenfalls noch zahlreiche vorfinden, sie brauchte nur in ihre FAZ zu schauen:

- „*Die Geschäftsführerin der DFL, Donata Hopfen, will* >***die Klubs früh mitnehmen***<“. (FAZ, 21.9.2022, S. 20).

Gemeint hatte sie, sie wolle die Klubs früh einbinden, zur Mitarbeit gewinnen. Hätte sie es nicht so einfach auch sagen können? Oder wollte sie mit den Klubs auf Reisen gehen, irgendwohin?

Mobilitätswende

Bereits 1982 forderte Helmut Kohl eine „*Wende*“ und gewann angesichts ihrer für viele unübersehbaren Notwendigkeit die folgende Bundestagswahl ganz eindrucksvoll. Seitdem, so scheint es, ist der Begriff auf politischem Gebiet positiv konnotiert – wie Linguisten, denen nun endlich wieder ein wenig die Ehre der Erwähnung gegeben werden muss, zu sagen pflegen. Wieder aus Bundeskanzlermund, diesmal dem des Olaf Scholz, erfuhren wir Ende Februar 2022, ganz sprachsensibel ausgedrückt, wir Deutschen, wenn nicht die Menschheit überhaupt, stünden vor einer „***Zeitenwende***“. Damit ist „*Wende*“ zu einem Anhängsel an alles nur Denkbare geadelt worden, sofern mit ihm, nicht zuletzt aus ideologischen Erwägungen heraus, etwas Positives verbunden sein soll. Was genau, bleibt nachrangig, solange mit „*-wende*“ Aufmerksamkeit erzielt wird.
Neben „*Klimawende*“ und in ihrem Dienste ist „*Mobilitätswende*“ zum sprachlichen Renner aufgestiegen. Wehe denjenigen, die sich der

„*Mobilitätswende*“ zu verweigern versuchen. Mitmachen ist das Gebot der Stunde, mindestens verbal mitmachen, auch wenn man gar nicht weiß, wohin man sich ganz mobil „*wenden*“ soll – oder „*gewendet*“ werden möchte. Den meisten dürfte dabei überhaupt noch nicht aufgegangen sein, dass mit der „*Mobilitätswende*“ von den unbeirrbaren Ideologen, die die Floskel ständig im Munde führen, hinterhältigst das exakte Gegenteil von „*Mobilität*“ gepredigt wird, nämlich „*Immobilität*“. Es sind die neuen Mönche, auch sie ganz Missionare, die uns die uralte Mönchsregel der >*stabilitas loci*< als Verhaltensnorm anpreisen, der Ortstreue ohne Bewegungsdrang – zur höheren Ehre des „*Klimaschutzes*“, wie er von ihnen verstanden wird, gewiss nicht mehr >*ad maiorum gloriam Dei*<, also zur höheren Ehre Gottes. Wer sich nicht bewegt, dient der „*Mobilitätswende*“ am nachhaltigsten[76] – das ist das Evangelium von heute, die moderne frohe Botschaft (oder doch „*Message*“?)! Man muss sie nur begreifen wollen. Der erste Weg zur Erkenntnis ist die sprachliche Anpassung. Dann redet man auch nicht aneinander vorbei.
Oder schreibt nicht begeistert – eher wohl von allen guten Geistern verlassen – mit bombastischem verbalen Aufwand folgenden Satz auf:

- ***„Die einen hängen an den Ideen der Mobilitätswende**, **die aber mangels** grünen Stroms und Ladeinfrastruktur für E-Autos oder **fehlender Bahnkapazitäten nicht vorankommen kann**.*“ (FAZ, Tobias Piller, 10.1.2023, S. 15).

Immerhin lernen wir, dass der „*Mobilitätswende*“ Ideen innewohnen, dass sie von Ideen getragen ist. Das zu betonen ist nicht unwichtig, denn von allein käme man kaum darauf. Man hätte vermutlich auch nicht erkennen können, dass die „*Mobilitätswende*“ nicht voranzukommen vermag. Bei der Suche nach den Gründen wird uns dann auf nicht mehr überbietbare Weise sprachlicher Logik geholfen: „*mangels ... fehlender Bahnkapazitäten*“. Da kam es doch einem Segen gleich, dass vom völlig verkorksten Satzbau – gemeint war wohl „*…oder **wegen**... fehlender Bahnkapazitäten*“ - durch die „*Ideen der Mobilitätswende*“, also ein sprachliches und inhaltliches Blendwerk, abgelenkt worden ist.
Phrasendrusch von Hülsenfrüchten könnte man das nennen.

Modern

Wer für die Probleme der Gegenwart und mehr noch für die der Zukunft aufgeschlossen ist, gilt als „*modern*“, mindestens aber hält er (oder sie) sich für „*modern*“. Für unsere Politikerinnen (und auch Politiker, ganz gewiss)

---

[76] „*Nachhaltig(keit)*“ hat selbstverständlich die Ehre einer eigenen Glosse verdient.

erwächst daraus die moralische Selbstverpflichtung, sich „*modern*“ zu geben, dem Zeitgeist nicht nur verpflichtet, sondern ihn prägend. Das Bewusstsein der Modernität ist angesagt. Was bietet sich erfolgsträchtiger an, als das Adjektiv „*modern*“ bei jeder sich eröffnenden Gelegenheit im Munde zu führen, je öfter, desto moderner. Was Mode ist, das macht man modernistisch mit.

Wird ein als nicht mehr zeitgemäß begriffenes Gesetz novelliert, wird der neuen Fassung prompt propagandistisch das Attribut „*modern*“ verpasst. Und wehe denjenigen, die sich aus inhaltlichen Gründen sperren. „*Konservativ*“ ist noch der schmeichelhafteste Vorwurf, „*reaktionär*“ der übliche, das Totschlagargument sozusagen – wenn es denn überhaupt als Argument verstanden werden darf.

Das sind in aller Regel die Kampfwörter, mit denen alles, was als „*modern*“ etikettiert worden ist, als „*avantgardistisch*“, mindestens aber „*fortschrittlich*“, verteidigt wird. Die Auseinandersetzung auf der inhaltlichen Ebene wird zweitrangig, geht zuweilen auch völlig unter, wenn die „*Modernisten*“ auf die „*Antimodernisten*“, soll heißen die geistig Ewiggestrigen, eindreschen.[77] Man erklärt also etwas als „*modern*“ – und schwuppdiwupp ist der Fortschritt gepachtet und jeder Gegenargumentation der Boden entzogen. Der ansonsten vielbeschworene „*Diskurs*“, die „*Diskurskultur*“[78]– sie erübrigen sich, denn was als „*modern*“ daherkommt, trägt seine Rechtfertigung in sich.

Der FAZ-Ressortleiter Jasper von Altenbockum hat auf die Ankündigung der Bundesregierung, ein „***modernes Staatsangehörigkeitsrecht***“ zu schaffen, unmittelbar reagiert:

- „***Auch im Koalitionsvertrag fehlt ein klares Motiv für die neue Debatte, außer dass alles >moderner< werden soll.***“ (FAZ, 29.11.2022, S. 1).

Damit hat er das eigentliche Problem messerscharf benannt: Hauptsache, es steht „*modern*“ drauf. Was aus welchen Gründen zu welchem Zwecke erreicht werden soll, kommt über eine Andeutung nicht hinaus, als sei es nebensächlich. Wir haben es mit einem Paradebeispiel der puren Phrase zu tun – das Etikett dominiert, der Inhalt wird verschleiert. Ganz modern!

Modus

Sobald ein Verfahren, eine Methode, eine (regelgebundene) Form des Vorgehens, eine Aussageweise, die Art und Weise eines Geschehens oder eines

---

[77] (Kirchen)historiker werden sich an den sogenannten >Modernismusstreit< erinnern, der um 1900 die Katholische Kirche erschütterte.

[78] Siehe Eintrag unter dem Stichwort „Diskurs“.

Handelns (klassisch Gebildete sprechen vom >*modus operandi*<, vom >*modus procedendi*< und vom >*modus vivendi*<) sowie manchmal ganz schlicht ein Weg oder auch ein Maß oder ein Zustand mitgedacht ist, wird einem Wort neuerdings „*-modus*“ angehängt. Und schon hat man sich als sprachgewandt bewiesen, vor allem aber als auf der Höhe der Zeit angesiedelt.[79]

Die an und für sich ganz und gar unspektakuläre Begriffsbildung ist leider zu einer modernistischen Seuche verkommen, der sich kaum noch jemand in der Politik, in der Wirtschaft und in den Medien mit dem Feuilleton und dem Sport als Vorreiter meint entziehen zu können – es sei denn unter Inkaufnahme des Vorwurfs des sprachlichen Hinterwäldlertums. Das allerdings ist die Drohung schlechthin.

Der Vorwurf des seuchenartigen Verwendens von „*-modus*“ als Anhängsel von allem und jedem macht es nun unumgänglich, dass eine längere Liste mit zum Teil abstrusen Begriffsbildungen folgt:

- „*Sozialisten **im Selbstzerstörungsmodus***“ (FAZ, Überschrift, 25.4.2022, S. 4).
- „*Johnson **im Churchill-Modus***“ (FAZ, Überschrift, 4.5.2022, S. 2).
- „*Magdeburg **im Feiermodus***“ (FAZ, Überschrift, 4.6.2022, S. 34).
- „*... dass Deutschland **in den Alarmmodus** wechselt.*“ (ARD, Tagesschau, Korrespondent Markus Preis, 24.6.2022).
- „*... Anlagen, die ... **im Reservemodus** sind.*“ (MDR, Texttafel 116, 8.7.2022).
- „*Johnson reagierte selbstbewusst und kämpferisch, als sei er **im Wahlkampfmodus**.*“ (FAZ, job., 21.7.2022, S. 2).
- „*Während mein Statistikrechner **im Ruhemodus** ausharrte, folgte ich* …” (FAZ, Leserbrief, 26.7.2022, S. 6).
- „***Im Krisenreaktionsmodus***“ (FAZ, Thomas Thiel, 3.8.2022, S. N4. Überschrift!).
- „*D-Trend*: *Verbraucher **im Sparmodus**.*“ (ARD, Texttafel 100, 19.8.2022).
- „*Leipzig **im Krisenmodus***“ (FAZ, Sebastian Stier, 22.8.2022, S. 28).
- „*Es werde gespart, indem sie beispielsweise **den Eco-Modus** bei Wasch- und Spülmaschinen **einschalten**.*“ (ARD, Texttafel 136, 25.8.2022).
- „*Aber ich befinde mich nicht **in einem Erlebnismodus**, ich bin eher fokussiert und konzentriert.*“ (Daniel Farke, Trainer von Bor. M-gladbach, in einem FAZ-Interview, 27.8.2022, S. 31. Ja, es ist der uns schon bekannte Trainer!).

---

79 Die grammatische Kategorie >Modus< als eine der drei Aussageweisen eines Verbs – Indikativ, Konjunktiv, Imperativ – bleibt unberücksichtigt.

- „*Wer glaubt, dass die Spieler ... bei der Weltmeisterschaft* ***im Hochleistungsmodus auftreten****, könnte bloß die nächste Enttäuschung erleben.*“ (FAZ, Michael Horeni, 28.9.2022, S. 28).
- „*Gefangen* ***im Krisenmodus***“ (FAZ, Überschrift, 28.9.2022, S. 17).
- „*Stephan Lessenich gibt Zeitdiagnose* ***im Krisenmodus****.*“

So lautete die Einleitung zu einer Rezension, die Günther Nonnenmacher verfasst hatte. (FAZ, 21.10.2022, S. 12).

- „*Adidas schaltet* ***in den Krisenmodus****.*“ (FAZ, Überschrift, 22.10.2022, S. 23).
- „*Zurück mit dem Abitur* ***in den Vor-Corona-Modus****!*“

Das ist die Überschrift des Leitartikels von Prof. Dr. S. Klitzing, *Profil*, Oktober 2022, S. 3.

- „*Stromkunden* ***im Sparmodus***“ (FAZ, Überschrift, 31.10.2022, S.18).
- „***Nicht im Krisenmodus***“ (FAZ, Überschrift, 15.11.2022, S.23).

Gemeint waren Banken!

- „*>Natürlich ist es enttäuschend, nicht mehr* ***im vollen Rennmodus unterwegs*** *zu sein>, sagte Segler Boris Herrmann.*“ (NDR, Texttafel 203, 19.11.2022).
- „*Dortmund* ***im Krisenmodus***“ (FAZ, Überschrift, 22.11.2022, S. 20).
- „*Energiekonzern* ***ruft*** *nach Raketenangriff* ***Notfallmodus aus****.*“ (ARD, Texttafel 152, 16.12.2022).
- „*Versorger* ***aktiviert Notfallmodus***“ (ARD, Texttafel 100, 16.12.2022.
- „*Die Regierung geht über Weihnachten und Silvester* ***in den Energiesparmodus****.*“ (MDR, Texttafel 140, 24.12.2022).
- „***Krisenmodus beenden***“ und „*Die Politik muss deshalb* ***raus aus dem Krisenmodus*** und ...“ (FAZ, 14.1.2023, S. 19. es handelt sich um zwei verschiedene Texte).
- „*Im Gesundheitsministerium gilt er jetzt,* ***da der Krisenmodus dem Normalmodus weicht****, als verschenkt.*“ (FAZ, Timo Frasch, 18.1.2023, S. 4).
- “***Neuer Pokal-Modus***” (FAZ, 11.2.2023, S. 31).
- „*EU-Industriekommissar forderte die europäische Rüstungsindustrie ... auf****, in den >Modus der Kriegswirtschaft< zu wechseln****.*“ ARD, Texttafel 104., 7.3.2023).
- „*Adidas* ***im Krisenmodus***“ (FAZ, Überschrift, 9.3.2023, S. 21).
- „***Weltwirtschaft im Krisenmodus***“ (FAZ, 12.4.2023).

- *„Breton sagte, dass es nun darum gehe,* ***in den >Modus einer Kriegswirtschaft zu gelangen****<“.* (FAZ, 4.5.23, S. 1).

Es hieß im Text sodann: *„Die Bundesregierung lehnt diese Formulierung strikt ab.“* In dieser Hinsicht sollte sich jeder der Bundesregierung anschließen. Ohne Wenn und Aber!

- *„**Deutschland muss in den Umsetzungsmodus**.“*

Das war die Forderung, die in einer Anzeigensonderveröffentlichung zum Wirtschaftstag 2023 stand, beigelegt der FAZ vom 22. Mai 2023. Man sollte die Werbetexter nicht umsetzen, sondern absetzen, sofort – subito! Zumal sie auch formulierten: *„Eigenheimrente gehört* ***in den politischen Fokus****.“.*

- *„**Vom Kampf- in den Diplomatenmodus**“* (FAZ, Überschrift, 13.7.2023, S. 2).

Es dürfte aufgefallen sein, dass *„Krisenmodus“* sich besonderer Beliebtheit erfreut. Liegt das
vielleicht daran, dass sich unsere Sprache seit längerem im Krisenmodus befindet? Nämlich im Modus des aufgeblasenen Stils, im Dienste eines Imponiergehabes, das der Redensart
„mehr Schein als Sein“ immer neue Nahrung gibt?
Dabei dürfte mit *„Krisenmodus“* nicht einmal der Vogel des Unfugs abgeschossen worden sein. Meine Favoriten sind in dieser Hinsicht ***„Feiermodus“***, ***„Ruhemodus“*** und ***„Reservemodus“***.
Meine Empfehlung: Auf *„Modus“* verzichten, also in den *„Verzichtsmodus“* übergehen. Weniger ist bekanntlich nicht nur manchmal, sondern meistens mehr!

Moment(um)

Zwischen *>**der** Moment<* und *>**das** Moment<* besteht ein erheblicher Unterschied. Mit der in beiden Fällen häufigen Verwendung des Artikels *der* wird man sich abfinden müssen. Anders verhält es sich allerdings mit dem modernistischen Gebrauch von *„Moment(um)“* in zum Teil eigenwilliger, um nicht zu sagen abstruser Weise.
Klären wir zunächst die Unterschiede:
*„**Der** Moment“*, das ist ganz einfach der Augenblick, ein wenig anspruchsvoller der kürzeste Zeitabschnitt in Rede stehender Sachverhalte oder

Abläufe. Unter „*momentan*“ ist „*im Augenblick*“ zu verstehen, auch „*augenblicklich*“ und „*vorübergehend*“

„***Das** Moment(um)*“ steht, einmal abgesehen von der sehr fachsprachlichen Verwendung des Begriffs (etwa „*Drehmoment*“) in der Physik, die hier nicht weiter in Betracht kommen soll, für die Wirkung einer Kraft, für den Umstand, der etwas bewirkt, der ausschlaggebend ist, außerdem für Begriffe wie Merkmal, Gesichtspunkt oder überhaupt Umstand.[80] Man spricht vom „*auslösenden Moment*“, auch vom „*erregenden Moment*“ und meint einen Impuls, der etwas in Gang gebracht hat, eine bewegende Kraft, einen solchen Faktor. Wucht, Schwung und Stoßkraft sind Ersatzbegriffe. Das Englische kennt die Wendung >*to gather momentum*<, was so viel heißt wie „*Stoßkraft gewinnen*“.

Nach dieser knappen, aber wohl ausreichenden Klärung der Unterschiede in der Bedeutung und in der Verwendung von „***der** Moment*“ und „***das** Moment(um)*“ könnte hier Schluss sein. Könnte - wenn da nicht die vielen Aufschneider wären, die „***das Momentum***“, gerade diese Variante wohl in vorgetäuschter Nähe zum Englischen wählend, im Übermaß einsetzen, zum Teil irrwitzig und damit sich bloßstellend, dass sie von einem richtigen Verständnis des Begriffs weit entfernt sind, gleichzeitig aber bekundend, dass ihnen das im Grunde auch schnurzegal ist, Hauptsache sie wähnen das „*Momentum*“ auf ihrer Seite.

Noch einigermaßen erträglich sind Anwendungen wie:

- „*Der Slowene ... **hat das Momentum auf seiner Seite***.“ (FAZ, 12.7.2023, S. 27).

Gemeint war ein Radrennfahrer, für den alles zu sprechen schien.

Schier unerträglich aber werden Zitate wie die folgenden:

- „***Das Momentum im Luftkampf***“ (FAZ, Überschrift, 29.7.2023).

Was wirklich hat gesagt werden sollen, bleibt schleierhaft. Hatte man an „*Übergewicht*“ zu denken, an „*Vorherrschaft*“, „*Überlegenheit*“?

- „***Das Momentum kippt also stetig.***“ (ARD, Texttafel 205, 8.9.2023).

Das ist ein Satz aus dem „*Life-Ticker*“ von der Basketballweltmeisterschaft.[81]

Es bedurfte einigen Nachdenkens, um herauszufinden, was gemeint war: Die Führung wechselte ständig. Wurde „*Führung*“ vermieden, weil

---

[80] WFL, S. 626.

[81] Wer sich schlimmsten Sprachschrott antun will, lese die „Live-Ticker“. Da glaubt man dann, um es sehr umgangssprachlich auszudrücken, man ticke nicht ganz richtig. Oder doch die, die solchen Müll produzieren?

Führung erstens unheilvoll politisch unkorrekt an Über- und Unterordnung erinnern könnte und zweitens an eine Vergangenheit unseligen Charakters? Wie schön also, dass einem schon „*Momentum*“ irgendwie begegnet war. Man ahnte, dass damit Bewegung verbunden sein mochte, eine Art Wechselspiel. Es galt, das Momentum (oder doch nur den Moment?) nicht zu verpassen, wo man doch sprachlich so eifrig in Schwung gekommen war.

Moral

Mit diesem Begriff begeben wir uns in den Grenzbereich von Theologie und Philosophie, denn mit ihm wird „*die Gesamtheit von sittlich-ethischen Normen, Grundsätzen, Werten, die das zwischenmenschliche Verhalten einer Gesellschaft, von denen sich die Menschen einer bestimmten Gesellschaft jeweils leiten lassen, die von ihnen als verbindlich akzeptiert werden*“[82] bezeichnet oder erfasst. Davon abgeleitet unterscheiden wir zum Beispiel die öffentliche, die christliche oder die bürgerliche Moral. Als „*Moral*“ im engeren Sinne wird aber auch das sittliche Empfinden eines einzelnen oder einer Gruppe, ihr Verhalten, ihre Sittlichkeit verstanden.

„*Moral*“ begegnet uns also nicht nur mit einem hohen inhaltlichen Anspruch, sondern verlangt auch sprachliche Reserve bei der Verwendung des Begriffs.

Dabei haben wir allerdings die Rechnung ohne den Sportbetrieb einschließlich des Sportjournalismus gemacht. Mit dem Wort „*Moral*“ wird dort nur so um sich geworfen.

Hat es eine herbe Niederlage gegeben oder hat eine solche gedroht, wird sofort die hervorragende „*Moral*“ beschworen, mit der sich die Mannschaft gegen das Verhängnis gewehrt („*gestemmt*“!) habe. Man habe nicht aufgesteckt, man habe nimmermüden Einsatz geboten – das, lediglich das sollte gesagt werden. Ein Satz wie der des damaligen Braunschweiger Trainers Lieberknecht, seine Mannschaft habe „***eine wahnsinnige Moral***“ (NDR, 12.12.2016) gezeigt, gehört zum Repertoire eines jeden halbwegs zu drei ausformulierten Sätzen fähigen „*Coaches*“. Die Kombination von „*wahnsinnig*“ und „*Moral*“ markiert den Glanzpunkt.

Dass sich „*Moral*“ zudem besonders gut eignet, zum Bestandteil einer tautologischen, also mit viel Wortaufwand verbundenen zumeist inhaltsarmen Fügung entwertet zu werden, hat bezeichnenderweise wieder eine Texttafelredaktion der ARD am 31. Oktober 2019 (Tafel 213) bewiesen, als sie formulierte: „***... zeigte der BVB Moral und Willensstärke***“. Wenn es nicht so abwegig wäre, könnte man es eine besondere Ausprägung von Doppelmoral nennen. Denn: Dürfen wir fragen, was außer „*Willensstärke*“ denn mit „*Moral*“ noch gemeint war oder gemeint sein konnte?

---

[82] DUDEN, Band 4, S. 1817.

Die Worthülse musste offenbar herhalten, um zum einen im Jargon des Sports zu bleiben und zum anderen, um zu signalisieren, wie sehr man sich auf der Ebene der elaborierten Sprache zu bewegen versteht. Damit sind die wichtigen Voraussetzungen erfüllt, um bei den Phrasendreschern eingereiht zu werden. Das allein wäre kaum der Rede wert, wenn es nicht inzwischen massenhaft vorkäme.

Muster

Unter einem „*Muster*“ ist nach üblichem Verständnis eine Vorlage, häufig in Form einer Zeichnung, zu begreifen, nach der etwas hergestellt, gemacht wird. Als ein „*Muster*“ wird aber auch etwas in seiner Art Vollkommenes bezeichnet, ein nachahmenswertes, beispielhaftes, eben musterhaftes Vorbild. Außerdem ist ganz praktisch etwas aus Einzelteilen oder Einzelmotiven Kombiniertes gemeint oder auch der Bestandteil einer Ware, der als „*Probe*“ zu dienen vermag.
„*Muster*“ kann also als Begriff vielfältig zum Zuge kommen. Doch wer begnügt sich schon mit ein wenig Vielfalt, wenn ihm danach ist, mit Phrasen Eindruck zu schinden. Folglich wird „*Muster*“ zur beliebigen Verwendung als Anhängsel freigegeben beziehungsweise vereinnahmt.
Bei Politikern und (Pseudo)Intellektuellen, denen sich die meisten Medienleute ja geflissentlich zurechnen, besonders beliebt ist das „***Argumentationsmuster***“, eine Sprechblase der gepflegtesten Ausgabe.
Noch eine Idee gespreizter lässt sich ein einfacher Sachverhalt so darstellen:

- „*Tatsächlich haben sich* ***das Muster und der Rhythmus seiner Corona-Warnungen*** *kaum geändert.*“ (FAZ, Joachim Müller-Jung, 5.9.2022, S. 11).

Das muss den Oberintellektuellen des FAZ-Feuilletons, den Großmeister der aufgeblasenen Sprache, Patrick Bahners, so sehr herausgefordert haben, dass er wenig später in einer Rezension, seinem bevorzugten Ort des Phrasendreschens, zum Höhenflug ansetzte:

- „***Das Muster überschießender Gegenbehauptungen … unter Verzicht auf Konsistenz der Gegenrede*** *findet Kumkar in Manifesten der Gegner der Klimapolitik und der Pandemiebekämpfung wieder.*“ (FAZ, Patrick Bahners, Rezension, 27.9.2022, S. 10).

Werden weniger als 99% der FAZ-Leser zum mehrfachen Lesen haben ansetzen müssen, um der beabsichtigten Aussage wenigstens ansatzweise auf die Schliche zu kommen? Bahners allerdings, dessen darf man sicher sein, wird das nicht geschert haben, denn er schreibt ohnehin nur zu gern für den rechnerisch verbleibenden Rest. Qualität hat immer noch Vorrang vor Quantität, ganz gewiss, und bei den Spitzenkräften des Feuilletons allemal. Christian Geyer ist einer von ihnen, nicht der Schlimmste zwar, aber immerhin sich (und seinen Lesern!) sprachlich dennoch manchmal etwas zu viel zumutend:

- *„**Die Schockwellen**, welche die Zerstörung des Kachowka-Staudamms auslöst, **erreichen unsere Wahrnehmungsmuster in der Tiefe**.“* (FAZ, 9.6.23, S. 11).

Wollte er und sollten wir abtauchen? Gelegentlich bleibt man besser an der Oberfläche.

Mit dem Missbrauchsskandal, der die Katholische Kirche nicht nur in Deutschland erschüttert, weil Verschleierungen, Beschönigungen, Verharmlosungen, Verdrängungen und dergleichen mehr ihr Handeln, das allerdings mehr als ein Untätigsein wahrgenommen werden musste, bestimmten, wurde mit Hilfe von „*Muster*“ eine neue Vokabel populär: „***Vertuschungsmuster***“. Daniel Deckers, Frontmann der FAZ auf diesem neuen Fachgebiet, gab mit dieser Wortneuschöpfung zum Beispiel am 4. März 2023 einem seiner Beiträge rhetorischen Glanz. Hier wird man bei aller Kritik am allfälligen Gebrauch von „*Muster*“ als Anhängsel von vielem gern einräumen, dass es sich um eine vortreffliche, nämlich treffsichere Begriffswahl handelt, mit der die Sprache ihrer Hauptfunktion, Inhalte zum Ausdruck zu bringen, hat dienen dürfen. Musterhaft!

Mythos

WAHRIG 2004 lehrt, ein „*Mythos*“ sei zum einen eine „*Sage von Göttern, Helden, Dämonen*“, demnach eine Fabel, einfacher eine Erzählung oder überlieferte Dichtung, verbunden mit den Vorstellungen über die Entstehung der Welt und der Vorzeit eines Volkes, und zum anderen eine „*zur Legende gewordene Begebenheit oder Person von weltgeschichtlicher Bedeutung*“, zumeist glorifiziert. Viele werden „*Mythos*“ als Namen von Restaurants in griechischer Regie kennen, ohne freilich genau zu wissen, worauf angespielt wird. Auch die „*griechische Mythologie*“ wird nicht ganz unbekannt sein.
Damit sich zu begnügen, würde aber voraussetzen, die Eignung von „*Mythos* “ als Worthülse zum Zwecke des Aufbauschens von banalen Vorgängen oder Sachverhalten, häufig auch nur von nackten Fakten oder

einfachen Ideen zu verkennen und somit zu verpassen. „*Mythos*“ verspricht Gewichtigkeit der Aussage – und Aufmerksamkeit sowie Hochachtung vor dem sprachlichen Glanz. So, vermutlich nur so, lässt sich die folgende Überschrift erklären:

- „***Der Mythos vom billigen russischen Gas***“ (FAZ, 13.8.2022, S. 17).

Man ahnt ja, was tatsächlich ganz prosaisch gemeint war: Das interessengeleitete Gerede (oder gar Geschwätz), eher wohl sogar Märchen vom billigen russischen Gas. Doch so billig wollte man sich rhetorisch nicht vermarkten. Was inhaltlich bereits heruntergewirtschaftet war, sollte wenigstens rhetorisch aufgewertet werden. Das Ergebnis: Die inhaltliche Falschaussage, die längst sozusagen, weil immer wieder und überdies absichtsvoll bemüht, zur Floskel verkommen war, wurde durch die sprachliche Floskel, ein sprachliches Blümchen[83] überdeckt, verdeckt. Wer sollte da geschont werden durch Schönrednerei?[84]

Nachbesserung und nachbessern

Es entspricht sprachlicher Logik, dass „*nachbessern*“ nur bedeuten kann, dass etwas nachträglich verbessert wird, besser gemacht wird. Ist es dann nicht auch logisch gedacht, dass etwas nur dann „*nachgebessert*“ werden kann, wenn es zuvor bereits irgendwie gut gewesen ist, mindestens das? Immerhin scheint dieser Gedanke nicht ganz abwegig zu sein, er sollte uns begleiten.

Nirgendwo wird so viel „*nachgebessert*“ wie in der Politik – jedenfalls rhetorisch. Dass damit das ziemlich ramponierte Vertrauen in die dort handelnden Personen und ihre Produkte gestärkt werden soll, dürfte auf der Hand liegen. Die beliebte Verwendung von „*nachbessern*“, dieser Verdacht kommt auf, hat vermutlich damit zu tun, dass eingeredet werden soll, es habe natürlich politiküblich bereits etwas Gutes vorgelegen, mindestens eine gute Absicht. Nun mache man sich aber daran, ganz bürgerfreundlich, aber ja, das ohnehin schon Gute oder nicht gar zu Schlechte, jedenfalls Gutgemeinte, noch etwas oder vielleicht sogar erheblich besser zu machen.

So verkauft sich Politik heutzutage! Beispiele gefällig?

---

[83] Das lateinische Wort >*flosculus*< bedeutet Blümchen! Eine Floskel dürfen wir deshalb auch als Sprachblume begreifen. Meistens ist es allerdings nur das, was wir Kinder einst eine Pusteblume nannten.

[84] Der großartige polnische Aphoristiker – und Satiriker zudem – Stanislaw Jerzy Lec hat genial in einem Satz ausgedrückt, was vorliegt, wenn Phrasendrescher zum Begriff „*Mythos*“ greifen: „*Oft nennen sie Mythos eine Wirklichkeit, die wir für einen Augenblick vergessen haben*.“ (Stanislaw Jerzy Lec, *Neue unfrisierte Gedanken*. Carl Hanser Verlag, 10. Auflage, München 1981, S. 59).

- *„**Bundesregierung will Gasumlage nachbessern**.“*

Lautete in der FAZ eine Überschrift am 27.August 2022 auf Seite 1, die erklärte Absicht der Bundesregierung referierend.
In derselben Ausgabe urteilte der Fachredakteur Christian Geinitz über besagte *„Gasumlage“*, sie sei ***„von vornherein eine Schnapsidee“*** gewesen. Aha!
Eine *„Schnapsidee“* nachbessern, das hat seinen Reiz, zumal es drei Tage später, also am 30. August 2022, auf Texttafel 106 der ARD hieß, Wirtschaftsminister Habeck *„räumte ein, dass es bei der Konzeption der Umlage Fehler gegeben habe… Man habe … nicht ausreichend auf das Problem der >Trittbrettfahrer< geachtet.* ***Hier werde man nachbessern, versprach er****.“*
Also ist handwerklich-juristischer Murks immer noch gut genug, schwadronierenden Politikern die Gelegenheit zu bieten, sich floskelhaft als diejenigen darzustellen, die selbstverständlich immer nur auf das Bessere aus sind – dem Gemeinwohl verpflichtet und diesem ständig, also ohne Unterlass, dienend.
Am Tage der ARD-Meldung hieß es in der FAZ:

- *„**Er bekommt ein Ultimatum für Nachbesserungen gestellt**.“* (FAZ, loe., 30.8.2022, S. 15).

Dass dieser Satz, isoliert betrachtet, kein Lesevergnügen bereitet, wird man getrost behaupten können. Davon jedoch abgesehen, wird wohl hinlänglich deutlich, wie sehr unkonkret und wahrscheinlich gewollt oberflächlich mit dem Begriff *„Nachbesserung“* hantiert wird. Und das im Zusammenhang mit einer das Wahlvolk umtreibenden Gestaltung der Preispolitik im Energiebereich über einen längeren Zeitraum hinweg, denn auf Texttafel 130 des MDR war bereits am 16. August 2022 zu lesen gewesen, „(XY) ***forderte Nachbesserungen bei der Gasumlage****.“* Es war fast immer ausschließlich von *„Nachbesserungen“* die Rede. Konkretisierte Forderungen mit inhaltlicher Substanz, die gegebenenfalls inhaltlich hätten begründet werden müssen, wurden zumeist tunlichst vermieden – ganz phrasentypisch. So auch schon ein paar Tage zuvor, wenngleich immerhin auf bestimmte Personenkreise hinweisend, in einem Beitrag von Julia Löhr – personenidentisch mit bereits zitierter loe. – in der FAZ vom 5. August 2022 auf Seite 15:

- *„Auch an Kunden mit Festpreisverträgen und Bezieher von Fernwärme hat zunächst offenbar niemand gedacht, sodass auch hier* ***eilig nachgebessert werden muss****.“*

„*Eilig*“ noch dazu! Gerade im Zusammenhang mit „*nachbessern*“ sollte man sich der Volksweisheit „*Eile mit Weile*“ erinnern. Manche „*Nachbesserung*“ würde sich bei mehr Geduld und Sorgfalt gewiss erübrigen – allerdings zu dem Preis, auf eine Phrase verzichten zu müssen, mit der man glaubt den Eindruck vermitteln zu können, nicht das Bessere sei das wahre Ziel, sondern selbstredend das Beste.
In der Redaktion der FAZ scheint „*nachbessern*“, mindesten hier ganz im Einklang mit dem Jargon der Politik, 2022 überhaupt der rhetorische Renner schlechthin gewesen zu sein:

- „*Wichtig aber ist vor allem, **dass die materiellen Teile der Sozialreform nachgebessert werden***.“ (Jasper von Altenbockum, 23.11.2022, S. 1).
- „***Wissing muss also nachbessern***.“ (24.11.2022, S. 17).
- „***Grüne und SPD wollen Reform nachbessern***.“ (27.4.2023, S. 6).

Darf man das ehrgeiziges, aber hohles Wortgeklingel nennen?
Wenn nicht, muss dieser Text allerdings schleunigst nachgebessert werden.

Nachhaltigkeit und nachhaltig

Mit keinem Adjektiv ist in den letzten Jahren so viel Schindluder getrieben worden wie mit „*nachhaltig*“. Um dieses Urteil zu begründen, ist natürlich eine nachhaltige Beweisführung vonnöten. Versuchen wir sie.
Erforderlich ist zunächst eine kurze Besinnung darauf, was „*nachhaltig*“ denn ursprünglich besagte. Der DUDEN erklärt sehr präzise: „*sich auf einen längeren Zeitraum auswirkend*“, also auf längere Dauer angelegt. Mit drei Beispielen wird der Gebrauch verdeutlicht: „*einen nachhaltigen Eindruck hinterlassen; etwas wirkt sich nachhaltig aus; jemanden nachhaltig beeinflussen*“. Damit sind wir aber noch ziemlich weit von den modernistisch eingesetzten Leerformeln entfernt, denen „*nachhaltig*“ floskelhaft Gewicht verleihen soll, indem dieses Adjektiv im Dienste einer klimapolitischen Ideologie erkennbar wahllos und somit undifferenziert Substantiven vorangestellt wird.
Es sind vornehmlich die seriösen Klimaforscher im Gegensatz zu den zumeist selbsternannten und nur selten auch entsprechend handelnden „*Klimaaktivisten*“, die geltend machen, „*nachhaltig*“ bedeute für sie, was einst in der Forstwirtschaft unter „*nachhaltiges Wirtschaften*“ verstanden worden sei: Dem Wald sei in einem bestimmten Zeitraum nicht mehr Holz zu entnehmen, als in ihm nachwachse. Sie zielen demnach auf ein Gleichgewicht, moderner auf eine Balance des (Ent)Nehmens und des

(Zurück)Gebens. Das ist ein ehrenwerter Ansatz, der den Gebrauch von *„nachhaltig“* rechtfertigt – und den es tatsächlich so auch gibt. Aber er bleibt leider die große Ausnahme, es überwiegt die penetrant eingesetzte Worthülse *„nachhaltig“* für jedes und alles, was für den angeblichen *„Klimaschutz“* vereinnahmt wird. Schärfer, als es die Leserbriefschreiberin Ruth Dobias aus München getan hat (FAZ, 1.9.2022, S. 25), kann der damit einhergehende, von Anmaßung getragene Missbrauch eines an sich wertvollen Wortes nicht gebrandmarkt werden:

- ***„… all das wirft ein entlarvendes Licht auf eine Stadt, die auf jeden grün getünchten Aktivismus aufspringt und sich dabei mit Nachhaltigkeit und Klimafreundlichkeit schmückt. Welch grandiose Heuchelei.“***

Es ist diese nimmermüde und damit zutiefst nachhaltige Heuchelei, der wir seit einiger Zeit ständig und allerorten ausgesetzt sind. Welche Stadt gemeint war, bleibt bewusst ungenannt. Es kommt jede in Betracht.
Die folgende längere Liste aus einem immerhin eher begrenzten Zeitraum möge deshalb nicht als Zumutung empfunden werden. Sie ist wohl unumgänglich, um das sprachliche Desaster vor Augen zu führen, das mit dem überwiegend sinnleeren, zum Teil grotesken Gebrauch von *„nachhaltig“* angerichtet wird.

- *„Nun wird in Berlin nach Wegen gesucht,* ***die Verbraucher zum Kauf nachhaltiger Lebensmittel zu bewegen****, die…“* (FAZ, Julia Löhr, 28.5.2022, S. 17).

Sind *„nachhaltige Lebensmittel“* etwa jene, die nicht sofort verzehrt werden, sondern die für einige Zeit in einer Gefriertruhe landen, um dort zum Verbrauch von möglichst viel Energie beizutragen? Diese gewiss isoliert betrachtet zynische Frage, man vermag sie nicht zu vermeiden.

- Es seien *„**Fragen … zur nachhaltigen Energieerzeugung**“* gestellt worden. (ARD, Texttafel 141, 15.6.2022).

Erneut muss man fragen: Soll erzeugte Energie nicht umgehend verbraucht, sondern irgendeiner Speicherung zugeführt werden? Was mit der eindrucksvoll daherkommenden Sprechblase wirklich gemeint war, Otto Normalverbraucher wird sich das alleingelassen nicht erschließen können. Wahrscheinlich allerdings auch nicht sollen.

- *„Mit neuen Regeln will die EU* ***die Finanzmärkte nachhaltiger machen****.“*

So lautete die redaktionelle Hinführung zu dem Beitrag >Verunsicherung durch Taxonomie< in der FAZ vom 4. Juni 2022 auf Seite 29. *„Nachhaltige(re) Finanzmärkte“* – ist das nicht verbaler Spuk? Genau wie

- ***„Wolkenkratzer sind nachhaltig“***.

Das war die Überschrift zu einem Interview in einer Beilage der FAZ am 24. Juni 2022 auf Seite I 1. Diese Beilagen, fast ausschließlich interessengeleitete, sich wissenschaftlich-seriös gebende, im Grunde aber plumpe Werbebroschüren, sind überwiegend mit Phrasen vollgestopft. Phrasen sind sozusagen ihr Lebenselixier:

- ***„Nachhaltiges Deutschland“***

wurde als Titel einer Publikation des Reflex Verlages blickfängerisch eingesetzt, die zu Werbezwecken der FAZ vom 30. Juli 2022 beigelegt war. Man erkennt die Absicht … .
So auch im folgenden Fall, einer Anzeige in der FAS am 21. August 2022:

- ***„Komfort und Nachhaltigkeit auf AIDAnova“***.

Auf den Gedanken, dass sich *„Komfort“* und *„Nachhaltigkeit“* als unvereinbar, als zutiefst im Widerspruch zu einander stehend erweisen könnten – wenn nicht müssen! –, kam wohl niemand, ganz gefesselt von der Modetorheit, *„Nachhaltigkeit“* sinnleer propagandistisch einzusetzen. Darf man (sich) zudem grundsätzlich fragen, was an pompösen Kreuzfahrten denn wirklich *„nachhaltig“* ist oder auch nur sein kann?
Häufig bombastisch aufgemachte ganzseitige Anzeigen sind ohne das verlockende, aber schnell durchschaubare Einschleusen von *„Nachhaltigkeit“* kaum noch vorstellbar. In einer solchen (FAZ, 23.6.2022, S. 19) stand folgender Satz:

- ***„Nachhaltigkeit wird zum Eckpfeiler der Firmenfinanzierung*** *… als Firmenkunde die* ***Nachhaltigkeitsstrategie*** *mit ESG-Krediten vervollständigen.“*

Abgebildet war auch ein >*Leiter* ***Sustainable Finance***< der HypoVereinsbank!
Man vermarktete sich als Global Player, der Lingua franca, dem Englischen also, verpflichtet. >*Sustainable*< ist das englische Wort für *„nachhaltig“* –

es wurde wohl bemüht, einem Manager einer Bank den angemessenen internationalen Rang nicht vorzuenthalten.

Wir dürfen uns nicht wundern, dass allmählich, wie in der FAZ durch Daniel Mohr am 18. Oktober 2022 auf Seite 23, über „***als nachhaltig verkaufte Fonds***“ mit inhaltlicher Distanz berichtet wird:

- „*Die großen deutschen* ***Fondsgesellschaften geben sich gern nachhaltig und umweltbewusst****. Greenpeace und andere unterstellen* ***Grünfärberei****.*“

Der Bluff, der mit „*nachhaltig*“ aufgetischt wird, er wird offenbar, wenngleich noch etwas zögerlich, durchschaut.
„*Banker*“ meinen ohnehin einer „*Nachhaltigkeitsstrategie*“ verpflichtet zu sein. Darunter machen sie es nicht mehr, wie uns die FAZ im einleitenden Text zu einem Interview mit dem Vorstandschef der Commerzbank; Manfred Knof, am 2. Juli 2022 auf Seite 24 hat wissen lassen:

- „***Kunden ohne Nachhaltigkeitsstrategie will er den Laufpass geben***.“

Wir dürfen also nicht erstaunt sein, dass mittlerweile jede Firma geltend macht, eine „*Nachhaltigkeitsstrategie*“ nicht nur entwickelt zu haben, sondern diesem Leitstern des Geschäftsgebarens ständig zu folgen.
In dem Interview findet man folgende Passagen:
FAZ: „***Wie wichtig ist das Thema Nachhaltigkeit für Sie?***“
Knof: „*Die aktuelle Energiekrise hat das Bewusstsein dafür geschärft, wie wichtig die* ***nachhaltige Transformation der Wirtschaft*** *auf lange Sicht ist. Die Commerzbank hat die organisatorischen Voraussetzungen dafür geschaffen, dass* ***das Thema Nachhaltigkeit überall in der Bank Fuss fasst****. Und wir haben uns ambitionierte Ziele gegeben. Das* ***Volumen nachhaltiger Finanzprodukte*** *soll bis 2025 gegenüber 2020 auf 300 Milliarden Euro verdreifacht werden.“....*
FAZ: „*Künftig werden Sie Ihren Kreditkunden sagen müssen, dass* ***ihr Geschäftsmodell vielleicht nicht nachhaltig genug ist****, um von der Commerzbank finanziert zu werden.*“
Knof: „Das Gute daran ist: Ich kenne keinen Firmenkunden in Deutschland, der nicht erkannt hat, ***dass Nachhaltigkeit für ihn ein Thema sein muss.... Das ist klar kommuniziert***.“
Eines ist ganz klar. Was unter „*nachhaltig*“ und „*Nachhaltigkeit*“ zu verstehen ist, wurde **nicht** „*klar kommuniziert*“. Es wurde schwadroniert. Es spielte sich, um den FAZ-Redakteur Gustav Theile zu zitieren (31. März 2023, S. 24), „*eine gesichtswahrende Scharade*“ ab, eine Wortspielerei mit

Leerformeln. Phrasenhafter kann ein Interview kaum noch geführt werden. Wie gut nur, dass es Karl Kraus nicht hat erleben müssen. Oder auch nicht. Vielleicht hätte er seinen Begriff „*Phrasensumpf*“ noch steigern können. Gelegenheiten dazu hätte er zuhauf vorgefunden, dem Sport sei's gedankt. Über ein

- „***Nachhaltigkeitsforum** der Deutschen Fußball Liga*“,

ausgerechnet dieses intellektuellen Schwergewichts, berichtete die ARD auf Texttafel 249 am 26. Juli 2022. Am 12. September 2022 wartete die FAZ auf Seite 23 unter einem Foto mit dem Text

- „***Die Bundesliga möchte die >nachhaltigste Liga Europas< werden***.“

auf, um dann wenig später, nämlich am 21. September 2022 auf Seite 28, mit leicht ironischem Unterton von der Bestellung einer

- „***Nachhaltigkeitsberaterin im Sport***“

zu berichten.[85]
Der Sport als heiliger Ort der „*Nachhaltigkeit*“, mit dem Olympiahain nachempfundenen Priesterinnen als Wächterinnen über „*nachhaltiges*“ Benehmen der Sportseligen – darauf muss man erst mal kommen! Das ist Realsatire pur! Ob diejenigen, die uns solche abstrusen Wortmeldungen zumuten, sich jemals angesehen haben, wie „*nachhaltig*“ sich diejenigen verhalten haben und immer wieder verhalten, die nach jeder sportlichen Großveranstaltung Tausende von Tonnen Müll hinterlassen, für dessen „*Entsorgung*“ natürlich der Steuerzahler zu sorgen hat? Oder die ihre Wut über eine soeben erlittene, natürlich unverdiente Niederlage in blinder Zerstörung austoben? Da das mindestens an jedem Wochenende zu beobachten ist, sollte man hier tatsächlich gemäß der forstwirtschaftlichen Urdefinition von einem „*nachhaltigen*“ Fehlverhalten sprechen dürfen. Wohlgemerkt, hier!

Lebensmittelsektor, Kochkunst, Gesundheit, Wohnen, Bekleidung – ohne das Schwadronieren mit „*nachhaltig*“ geht da nichts mehr ab, sobald Konsum, etwas grundsätzlich Fragwürdiges, na klar, auch nur im weitesten

[85] Dazu passt haargenau die Meldung in der FAZ vom 14. März 2023 auf Seite 19, das Vorstandsmitglied des Deutschen Sparkassen- und Giroverbandes (DSGV) Karolin Schriever sei dort die „*Expertin für Nachhaltigkeit*“.
Sport und Finanzen in (ver)trauter Zweisamkeit! Beim Fleischproduzenten Tönnies soll es, wie gemeldet wurde, einen >Vorstand Sustainability< geben!

Sinne in den Blick kommt. Bis in Buchtitel hinein, selbst in grotesker marktschreierischer Diktion:

- ***„So schmeckt Nachhaltigkeit"***

lautet der Titel eines Buches aus dem Jahre 2022. Und als Untertitel zum Buch *„Zukunft kochen"*, ebenfalls 2022 erschienen, ließ man sich ***„Nachhaltig kochen****, gesund genießen, nichts verschwenden"* einfallen, ganz ohne jeden Hintergedanken. Mit ein wenig Abwandlung tauchte dann in der FAZ vom 17. August 2022 ein *„Verlagsspezial"* mit dem Dreiklang ***„nachhaltig gekleidet sein"***, ***„nachhaltig leben"***, ***„nachhaltig essen"*** auf, ganz reiner Zufall, aber ja. Da kommt schnell die Sorge auf, wie man sich vor so viel Nachhaltigkeitsfuror überhaupt noch schützen kann.
Übrigens: Die beiden genannten Bücher wurden in der FAZ am 31. August 2022 auf Seite 10 besprochen, im Feuilleton. Man weiß dort, wem und was man verpflichtet ist! Vermutlich selbst denjenigen, die durch ihre Werbeseiten nicht zuletzt auch das Feuilleton mitfinanzieren und ohne die Leerformel *„nachhaltig"* nicht meinen auskommen zu können? In einer FAZ-Beilage (29.10.2022, S. B1) wurden ***„nachhaltig leben"*** und ***„gesund nachhaltig essen"*** mal eben angepriesen, als sei jedem bis ins Detail bekannt, was darunter zu verstehen sei.
In einer weiteren Beilage (FAZ, 12.11.2022, S. B4) ging man der Existenzfrage ***„Wie wird Gesundheit nachhaltig?"*** nach – und wusste natürlich die Antwort, ohne sie eindeutig, für alle verständlich, zu artikulieren.

Ökonomie und Ökologie – vor allem die selbsternannten *„Klimaschützer"* sehen in ihnen die Antagonisten und die Antipoden, die Gegenspieler, die Widersacher schlechthin. Ihnen werden die Bösen einerseits und die Guten andererseits zugeordnet.
Wer aber will schon untertänigst den Bösen zugerechnet werden? Es werden also Schutzwälle errichtet, Verteidigungsgräben ausgehoben. Was eignet sich besser dafür als die Übernahme des überwiegend aussagearmen Jargons der Angreifer zur ebenso sinnleeren verbalen Anpassung oder sogar Einschleimung. Lassen wir Beispielsätze sprechen:

- *„Der Kolumbianer (XY) suchte nach* ***nachhaltigen Verpackungen****. Jetzt stellt er sie selbst her."* (FAZ, 16.8.2022, S. 18).

Es handelt sich um den Text unter einem Foto. Es ging um Verpackungen aus *„Agrarresten"*!
Resteverwertung, die Höchstform der *„Nachhaltigkeit"*. Warum nicht.
Aber was war gemeint, als gefordert wurde:

- „***Nachhaltige Unternehmen steuerlich belohnen***“ (FAZ, 19.9.2022, S. 16).

Was sind „*nachhaltige Unternehmen*“? Sind das Unternehmen mit einer langen Lebensdauer beziehungsweise solche mit einer entsprechenden Überlebensstrategie? Oder doch nur „*nachhaltig*“ wirtschaftende Unternehmen? Also Unternehmen mit „***Nachhaltigkeit als Kriterium***“, wie es lobpreisend in der Überschrift eines >Verlagsspezials> der FAZ am 20. September 2022 hieß, solche mit „***Kriterien nachhaltiger Unternehmensführung***“ (FAS, 18.9.2022, S. 17)? Der Wirtschaftsjournalismus hat sich längst angedient, dem Nachhaltigkeitsspleen Raum zu geben. Dafür spricht folgende Frage aller Fragen:

- „***Sind Amazon und Coca-Cola nachhaltig?***“ (FAZ, Überschrift, 15.10.2022, S. 25).

Hätte es den in mehrfacher Hinsicht existenzsichernden Beitrag nicht gegeben, ein ganzes Heer von ziemlich unbedarften, jedenfalls nicht auf der Höhe der Zeit angesiedelten Abonnenten wäre ahnungslos in die Zukunft getapert, das gilt es zu gestehen.
In einer Informationsschrift der Bauwirtschaft, die als Beilage der FAZ vom 24. September 2022 ins Haus flatterte, widmete man sich verantwortungsvoll der „***Baustelle Nachhaltigkeit***“
und dekretierte, nur noch „***nachhaltig bauen***“ sei verantwortbar. So kommt man zu Erkenntnissen, die einem vollständig verschlossen geblieben wären.
Unkommentiert seien, um die Nachhaltigkeit der massenhaften Verwendung von „*nachhaltig*“ und „*Nachhaltigkeit*“ zu belegen, aus dem Jahre 2023 noch aufgereiht:

- „***Nachhaltigkeitsgipfel***“ (ARD, Tagesschau, 4.5.2023).
- „***Es müsse um echte und nicht nur gefühlte Nachhaltigkeit gehen***.“ (FAZ, 16.5.2023, S. 18).

Zitiert wird eine Industrievereinigung zum Thema Einweg- und Mehrwegverpackungen.

- „*... helfen wir ihnen, **ihr Geschäftsmodell nachhaltig zu transformieren***.“ (Werbung in FAZ, 9.6.2023, S. 19).
- „***Wie Gewerbegebiete nachhaltiger werden***.“ (FAZ, Untertitel, Rüdiger Soldt, 9.6.2023, S. 4).

- ***„Auf dem Nachhaltigkeitstrip***“ (Überschrift eines Leitartikels von Katja Gelinsky in FAZ, 13.6.2023, S. 17).
- ***„Selbst kleinere Unternehmen kommen nicht um die Nachhaltigkeit herum***.“ (FAZ, Gastbeitrag von Peter Riedel, 10.7.2023, S. 16).
- „... ***bleibt die vielbeschworene Nachhaltigkeit bald auf der Strecke***.“ (FAZ, Dietrich Creutzburg, 19.7.2023, S. 15).

Den leicht ironischen Unterton des letzten Zitats nehmen wir gern auf. Fürwahr, „*NacAhaltigkeit*“ wird viel beschworen. Die wenigsten scheinen zu wissen, was „*nachhaltig*“ wirklich bedeutet, aber fast alle werden sich bewusst sein, warum sie das Wort einsetzen. Es ist mehr Schein als Sein im Spiel, mit Sicherheit aber viel Scheinheiligkeit. Den für September 2023 angekündigten „*UN-Nachhaltigkeitsgipfel*“ dürfte sie auch auszeichnen. Dafür spricht schon die Begriffswahl.

Nachvollziehbar

Hoffentlich ist das, was bisher von mir geschrieben worden ist, auch „*nachvollziehbar*“. Wird heute für etwas Verständnis erwartet, dann muss es „*nachvollzogen*“ werden können. Einst hatte man sich damit begnügt, etwas als begreiflich zu empfinden, als in sich schlüssig. Man pflegte häufig zu antworten: „*Das kann ich verstehen*“ oder „*Das leuchtet mir ein*“ oder „*Das überzeugt mich*“ oder, etwas anspruchsvoller, „*Das kann ich mir* (geistig) *zu eigen machen*“.
Diese immerhin durchaus leicht nuancierenden Formulierungen werden heutzutage allesamt ersetzt durch das immer stärker zur Floskel degenerierende Wort „*nachvollziehbar*“. Insbesondere in der Politik wird peinlich genau darauf geachtet, dass Pläne, Entwürfe, Programme, Sachverhalte, Stellungnahmen und Überzeugungen vom Wahlvolk als „*nachvollziehbar*“ erkannt werden und sich dereinst in Wählerstimmen niederschlagen werden. Aber auch die Wissenschaft scheint bereits seit einiger Zeit fasziniert zu sein von der Schwammigkeit, mit der „*nachvollziehbar*“ zum Beispiel Konzepte im Ungefähren und damit gegebenenfalls mit Interpretationsspielraum ausgestattet gehalten werden können. Gelegentlich ist das sogar schon durchschaut worden. So berichtete die FAZ-Redakteurin Heike Schmoll am 14. September 2022 auf Seite 4, wohl mit Hintergedanken Zitatzeichen setzend:

- *„Der Wissenschaftsrat (WR) hat* ***das Gründungskonzept als >nachvollziehbar< genehmigt****. Der Gründungsausschuss habe für die Gründungsphase >****die Motive für die Hochschulgründung nachvollziehbar dargelegt...*** *<, so der WR.“*

Worin bestand die „*Nachvollziehbarkeit*“? Was hat den WR überzeugt? War er überhaupt überzeugt? In Teilen oder vollständig? Oder war er lediglich bereit, das „*Gründungskonzept*“ nicht gerade begeistert passieren zu lassen?
So ganz nachvollziehbar ist die Mitteilung nicht. Aber offenbar ist „*nachvollziehbar*“ genau deshalb so beliebt geworden.

Narrativ

Die Gedanken zu obigem Stichwort begann ich am 19. April 2023 aufzuschreiben, just an dem Tag, als, scheinbar verabredet, die FAZ auf Seite 15 in Person ihres EU-Korrespondenten Hendrik Kafsack mich mit folgendem Satzbeginn erfreute und zusätzlich stimulierte:

- ***„In Brüssel wird derzeit das Narrativ verbreitet***, ...“.

Was mir schon seit einiger Zeit aufgefallen war, bestätigte er meisterhaft: Das Substantiv „*Narrativ*“ ist zu einem Modewort aufgestiegen (oder wohl eher herabgesunken), zu einer „*verbalen Blendfassade*“. Hätte er nicht schreiben können: „*In Brüssel wird derzeit erzählt*“ oder „*In Brüssel geht derzeit das Gerücht um*“ oder „*In Brüssel wird derzeit behauptet*“? Zu wenig „*Blendfassade*“?
Um meine Freude zu komplettieren, lieferte der FAZ-Kulturkorrespondent Andreas Kilb gerade diesen Ausdruck, ebenfalls scheinbar wie bestellt, auf Seite 9 derselben Ausgabe frei Haus. Fürwahr: „*Narrativ*“ ist eine der hochfavorisierten „*verbalen Blendfassaden*“.
Was verbirgt sich hinter dem Blendwerk?
Wie zu vermuten, etwas sehr Prosaisches, also Alltägliches - und etwas Überraschendes.
Das Überraschende: Ein Substantiv „*Narrativ*“ hat es bis in die jüngste Vergangenheit hinein im Deutschen nicht gegeben. Sowohl im deutsch-englischen Teil des MURET-SANDERS als auch im DUDEN wird nur das Adjektiv „*narrativ*“ im Sinne von „*erzählend, in erzählender Form*“ geführt, nicht aber das Substantiv „*Narrativ*“. Im MS begegnet immerhin >n*arration*< für „*Erzählung*“, während der DUDEN auch dieses Wort nicht verzeichnet. Und nun das ganz und gar Überraschende: Der WAHRIG 2004, also ein Fremdwörterlexikon, kennt weder „*Narrativ*“ noch „*Narration*“, wohl aber den „*Narrator*“ als „*Erzähler*“ und das Adjektiv „*narrativ*“ im bereits genannten Verständnis.
Wie ist also das plötzliche und überdies erkennbar einem Modetrend folgende Auftauchen von „*Narrativ*“ (und deutlich weniger häufig von

„*Narration*“) vornehmlich in Politik, Wissenschaft und Medien zu erklären? Die Antwort ist simpel: Es ist eingebettet in die Sucht, sich mit englischen Vokabeln zu brüsten, sich das Flair des „*global players*“ zu sichern, mit einem aufgeblasenen Wortschatz sich Bildung zuschreibend, wo überwiegend nur profunde, diese gewiss, Halbbildung vorliegt. In der Tat kennt das Englische die Substantive >*narrative*< und >*narration*< und selbstverständlich auch >*narrator*< neben >*narrative*<.
Man hat sich also mal wieder bedient!
Christian Geyer, ein aufmerksamer und geistreicher, außerdem meistens stilsicher formulierender FAZ-Feuilletonist, also eine (relative) Ausnahme in seiner Zunft, hat dazu ein vernichtendes Urteil nicht gescheut:

- *„Eine wunderbare Sendung war das, die jüngste >Sternstunde Philosophie< bei 3sat, in der* ***das Modethema >Narrative< mit spitzen Fingern angefasst wurde. Jede Ungereimtheit lässt sich ja dadurch adeln, dass man ihr den Rang eines Narrativs****, eines Phasenmoments in einer durcherzählten Geschichte,* ***zuspricht****. Dann heißt es nicht: Was für ein Quatsch, die Story stimmt doch hinten und vorne nicht. Sondern:* ***Achtung, Narrativ!*** *Dabei jedem Wort ehrfürchtig lauschend, so es nur erzählt wird.* ***Andererseits ist, wer in Narrativen denkt, dagegen gefeit, nach in Stein gemeißelten Wahrheiten zu suchen****.“*

In Anlehnung an Christian Geyers Wortwahl behaupte ich: Indem man etwas letzten Endes Alltägliches, ein harmloses Vorkommnis, ein nur wenig aufregendes Thema, einen einfachen Gedankengang, eine (un)bedeutsame These, ein Gerede, ein Gerücht, eine eher oberflächliche Argumentationslinie, häufig auch eine zumeist belanglose Geschichte, eine Mär „*dadurch adelt*“, dass man ihnen „*den Rang eines Narrativs ... zuspricht*“, hat man sich einem „*Modethema*“ gefügt – oder es selbstgefällig eifrigst zu nutzen versucht.
Das Lob für Christian Geyer ist für ihn allerdings mit einem kleinen Malheur verbunden: Warum hat er sich nicht in der eigenen Redaktion entsprechend wortmächtig durchsetzen können – wenn er es denn überhaupt versucht hat? Beispiele haben ihm auch seine Kollegen (und Kolleginnen!) zuhauf geliefert, wie die nun folgenden Zitate offenbaren:

- *„... und in wenigen Ländern haben* ***russische Narrative*** *bis hinein in die höchste politische Führung so verfangen.*“ (FAZ, Nicolas Busse, 2.8.2022, S. 1).
- *„Sunak wirft Johnson* ***Narrativ der Angst in Corona-Politik*** *vor.*” (FAZ, Überschrift, 26.8.2022, S. 5).

- „*Als plausibler Grund dafür kann gelten, dass* ***er an dem Narrativ einer Sonderoperation festhält****, so wie es der Geheimdienst FSB geplant hat.*“ (FAZ, Markus Wehner, 6.9.2022, S. 8).
- „***Das Narrativ hat sich festgesetzt****, alles passt da hinein.*“ Und: „***Das grüne Gegennarrativ*** soll *die Gefahren der Atomkraft sein, die ...*“ (FAZ, Helene Bubrowski und Markus Wehner, 9.9.2022, S. 3).
- „*In Hannover bevorzugt man ohnehin* ***ein anderes Zukunftsnarrativ****.*“ (FAZ, Reinhard Bingener, 9.9.2022, S. 1).
- „*Es* (ein Denkmal) *war bei Gefechten 2014 zerstört worden, für die schon damals* **das Narrativ vom Kampf gegen den >Faschismus< bemüht wurde.**“ (FAZ, koll., 10.9.2022, S. 5).
- „*Zugleich verbreitet das Moskauer Patriarchat auf allen Kanälen* **das Narrativ vom moralisch verwahrlosten Westen***. Die russisch-orthodoxe Kirche fügt sich damit in die hybride Kriegsführung des Kremls gegen die liberalen Demokratien ein.*“ (FAS, Reinhard Bingener, 11.9.2022, S. 8).
- “*Diese Länder versuchen* ***dem Narrativ entgegenzuwirken, dass es nichts mehr zu sanktionieren gebe.***“ (FAZ, Thomas Gutschker, 15.11.2022, S. 5).
- „*Dieser* (der Insolvenzverwalter) *sei* ***zu lange dem falschen Narrativ der Staatsanwaltschaft gefolgt****, statt sich...*“ Zitiert wird der Strafverteidiger Dierlamm im Wirecard-Prozess in FAZ, Henning Peitsmeier, 13.12.2022, S. 21.
- (Bidens Teilsieg) „***unterminiert das chinesische Narrativ vom allmählichen Niedergang der westlichen Supermacht****...*“ (FAZ, Majid Sattar, 14.11.2022, S. 1).
- “*2018 forderte dieser* (gemeint: der damalige deutsche Botschafter in Moskau, Geza von Geyr), *dass* ***es eines gemeinsamen Verteidigungsnarrativs bedürfe****, mit dem…*”.

Diesen entlarvenden Satz verdanken wir einem leibhaftigen Universitätsprofessor, dem Historiker Sönke Neitzel. Er steht in einer Rezension, die von der FAZ am 23. Mai 2023 auf Seite 6 gebracht wurde. Die Kombination von „*forderte*“ mit „*dass es ... bedürfe*“ ist, zugegeben, rhetorisch akademische Extraklasse und einer Rezension in der FAZ würdig. Bleibt die Frage, wer für „*eines gemeinsamen Verteidigungsnarrativs*“, fürwahr eine Phrase im Quadrat, verantwortlich war, der Botschafter oder der Herr Professor als Rezensent. Was war unter dem bemühten Narrativ zu verstehen, eine Strategie, ein Konzept, eine Idee? Oder alles gleichzeitig? Oder etwas ganz anderes vielleicht sogar?

Eine ermüdende Liste? Gewiss. Eine verstörende zudem. Aber doch wohl auch eine erhellende. Zumal für Christian Geyer. Die Zahl der denkbaren Adressaten am Redaktionstisch der FAZ ist fürwahr nicht gering. Und der für Zitate gewählte Zeitraum ist nicht lang. Und es handelt sich nur um eine Auswahl!

In der Wissenschaft, sei es in Buchpublikationen, sei es in Rezensionen, ist das von der FAZ vermittelte Bild keineswegs anders: „*Narrative*" allerorten, wo jedermann vertraute Begriffe hätten benutzt werden sollen, auf durchschaubare Effekthascherei verzichtend.

Im bereits anderenorts herangezogenen Buch „*Die neue Schweigespirale*" von Ulrike Ackermann werden auf Seite 31 gezielt „***Opfernarrative***" zum eigenen sprachlichen Glanz bemüht, wo „*Opfergeschichten*" es auch getan hätten.

Noch hochgepuschter und gleichzeitig ganz folgerichtig schleierhafter heißt es in einer Rezension von Andreas Fahrmeir (FAZ, 21.10.2022, S. 12):

- „***Die Revolution*** (1848) ... ***war zweifellos ein epochales Ereignis, ist aber nicht leicht auf ein zentrales Narrativ zu reduzieren***, *sondern...*".

Was meinte er? Wollte er auf einen zentralen Erklärungsansatz hinaus, auf eine zentrale These, ein zentrales Motiv? Es liegt wohl nahe, hier zu vermuten, dass es wieder einmal, um Dieter E. Zimmer zu zitieren, auf „*den Anschein von Wissenschaftlichkeit*" ankam, „*auf das eindrucksvolle, wiewohl leere Parlieren*".[86]

Dafür spricht ein weiterer Satz in besagter Rezension: „*Dem entspricht, dass* ***der Fokus*** *bei Bong auf Quellen* ***liegt***, *... Welches dieser* ***Narrative*** *2023 stärker aufgegriffen werden wird – und welche anderen hinzutreten – dürfte eine interessante Frage des kommenden Jubiläums sein.*" Eine noch interessantere Frage: Was genau hatte der Rezensent denn nun wirklich sagen wollen?

In anderen Rezensionen heißt es dann nicht weniger aufgemöbelt:

- „*... führt zur Frage,* ***ob das im Buch angebotene Narrativ*** *des schuldigen Beraters* (McKinsey) ***allein ausreichend ist***." (FAZ, 7.11.2022, S. 16).

---

[86] Dieter E. Zimmer, *RedensArten. Über Trends und Tollheiten im neudeutschen Sprachgebrauch*. Wilhelm Heyne Verlag, Taschenbuchausgabe, München 1996, S. 209. Ebenso zu empfehlen sind, vom selben Autor verfasst, die Bücher „*Sprache in Zeiten ihrer Unverbesserlichkeit*", Hoffmann und Campe Verlag, Hamburg 2005 sowie „*Deutsch und anders – die Sprache im Modernisierungsfieber*", rororo Sachbuch, Hamburg 1998.

- *„Der Erste Weltkrieg und die Oktoberrevolution* ***hatten dem liberalen Narrativ bereits schweren Schaden zugefügt****.“* (FAS, Alexander Wulfers, 6.11.2022, S. 22).
- *„Umso stärker* ***arbeitet Heusgen nun an strategischen Narrativen des Westens****.“* (FAZ, Thomas Speckmann, 14.2.2023, S. 6).

Wären, in dieser Reihenfolge, Gerede, Idee und These nicht einfache, jedermann verständliche Wörter des sprachlichen Alltags gewesen? Doch, Verzeihung, genau den will man ja vermeiden. So gewiss auch in einem Beitrag mit der Überschrift ***„Das Narrativ der Weltgeltung“*** in der Beilage *„Aus Natur und Wissenschaft“* der FAZ vom 8. März 2023 auf Seite N4, in dem dann posaunt wurde: ***„Uns geht es um ein philosophie-historisches Narrativ“***. Wäre nicht *„eine philosophie-historische Betrachtung“* (oder *Auseinandersetzung*) aussagekräftiger gewesen. Es ging, das zu erwähnen, sollte nicht versäumt werden, um eine wissenschaftliche Kontroverse. In einem solchen Falle weiß man, welches Vokabular, und sei es noch so pseudohaft, man sich und anderen schuldig ist!

Um zur FAZ direkt zurückzukehren: In einem Bericht (9.9.2022, S. 4) war vom *„unverhohlenen* ***Auftreten mit neonazistischen Narrativen****“* die Rede. Das sei eine von zwei Entwicklungen der rechtsextremen Szene. Zitiert wird indirekt Bayerns Innenminister Herrmann. War er es, der von *„Narrativen“* sprach? Oder war die FAZ wieder einmal am Werk? Wie auch immer: Was soll das Gedöns mit *„Narrativen“*, wenn *„Parolen“* den Sachverhalt viel einfacher, aber auch viel treffsicherer und aussagekräftiger *„rübergebracht“* hätte?

In den meisten Fällen dienen *„Narrative“* tatsächlich der *„Effekthascherei“*, wie Dieter E. Zimmer in dem bereits zitierten Buch betont hat. Im Phrasensumpf sind sie eine feste Größe geworden.

Netzwerk, vernetzen und vernetzt

Wer heutzutage in Politik und Wirtschaft, in Medien und sonstigen, zum Teil sehr dubiosen, nämlich kriminellen gesellschaftlichen Milieus nicht sicher *„vernetzt“* ist, wer keinem *„Netzwerk“* angehört – am besten hat man es sich selbst aufgebaut - , der wird zum Außenseiter, der muss sich abgehängt vorkommen, dessen Karrierechancen tendieren gegen Null, es sei denn, es gelingt ihm (oder ihr) ein sensationeller Aufstieg als Seiten- oder Quereinsteiger. So geht die Mär heute. Und leider ist es gar kein Märchen, denn Netzwerke gibt es zuhauf – im Alltag und inzwischen folgerichtig auch im Jargon. Sie sind so etwas wie das Trampolin in ungeahnte Höhen oder das Ruhekissen eines auskömmlichen, sorgenfreien Daseins.

Entscheidend ist, dass man *„vernetzt"* ist. Selbst um den Preis der Aufgabe individueller Lebensgestaltung.
Dass die gegenwärtige phrasenhafte Verwendung von *„Netzwerk"* und *„vernetzen"* einen sprachgeschichtlichen Haken hat, wird einem erst klar, wenn man in den DUDEN geschaut hat. Der kennt nämlich den Begriff *„Netzwerk"* in dem hier behandelten Sinne überhaupt nicht. Für ihn sind Netzwerke *„netzartig verbundene Leitungen, Drähte, Linien, Adern o.ä."* oder auf dem Gebiet der Elektrotechnik die *„Zusammenschaltung einer beliebigen Anzahl energieliefernder und Energie speichernder oder umwandelnder Bauteile oder Schaltelemente, die mindestens zwei äußere Anschlussklemmen aufweist"*. Das war's.
Nun aber sind ***„soziale Netzwerke"*** angesagt, vor allem jene im Internet. Sie werden zunehmend als das Non-plus-ultra sinnvollen gesellschaftlichen Miteinanders begriffen, auch wenn in ihnen jeder nur denkbare Unfug bis hin zu Hass und Verleumdung auf die eine oder die andere Weise üble Urständ feiert. Wer sich wie, warum und wie lange dort tummelt, bleibt Geheimnis, soll manchmal auch top secret sein. Wichtig erscheint, dass man sich dort tummeln darf.
Über Manager heißt es immer wieder, sie seien ***„bestens vernetzt"***, auch wenn die wenigsten ahnen, was denn genau hatte gesagt werden sollen. Zu erfahren, was ihr *„Netzwerk"* ausmacht, wer es bildet, wozu es geknüpft worden ist, bleibt Nebensache, Hauptsache ist das *„Vernetzsein"* als solches.
Selbst Bundesinnenministerin Nancy Faeser – oder gerade sie? - sah davon ab, über die phraenhafte Verwendung von *„vernetzt"* hinaus konkret zu werden, als sie ausführte, die neue BSI-Präsidentin Claudia Plattner sei eine ***„herausragende international vernetzte IT- Sicherheitsexpertin"***. So jedenfalls wurde sie von der FAZ am 8. Februar 2023 auf Seite 4 wörtlich zitiert.[87]
Zu dieser Sicht und Verwendung der Begriffe *„Netzwerk"* und *„vernetzt"* weitere Beispiele zu bringen, erübrigt sich. Interessant dürfte jedoch sein, dass das einst bei der Polizei und der Strafjustiz und somit auch in den Medien und allgemeinsprachlich im hohen rhetorischen Ansehen, allerdings nur in diesem, stehende Wort *„Bande"* sehr häufig aus unerfindlichen Gründen, es sei denn wegen sprachlicher Großspurigkeit, verpönt ist und durch ***„kriminelle Netzwerke"*** ersetzt wird – fast schon suggerierend, es gebe keine kriminellen Banden mehr. Ein Beispiel gefällig?

---

[87] Dass sie, die Ministerin, mit dieser fast schon Lobhudelei von einer juristisch noch längst nicht ausgestandenen, (partei)politisch äußerst heiklen Personalentscheidung, nämlich den Vorgänger Frau Plattners, Arne Schönbohm, Knall auf Fall auf einen anderen Dienstposten abgeschoben zu haben, ablenken wollte, muss als politischer Alltag begriffen werden. Aber *„herausragend international vernetzt"*, bei wem sollen da Zweifel aufkommen (dürfen)?

- „***Die Polizei hatte in den vergangenen Jahren immer mehr kriminelle Netzwerke gezählt***." (FAZ, Matthias Wyssuwa, 16.8.2022, S. 4).

Wenige Tage später, am 1. September 2022, wurde in der FAZ auf Seite 13 dann wieder über ein „***Kriminelles Netzwerk***" berichtet.
Und was den Kriminellen recht ist, muss einem Politiker billig sein. Also hieß es in der FAZ, von der Korrespondentin Michaela Wiegel aus Paris berichtet, am Tage zuvor, also am 31. August 2022, auf Seite 8:

- „*Insgesamt ist Macron bestrebt, **das informelle Netzwerk aufzuwerten***."

Es war ein Gesprächskreis, eine Gesprächsrunde gemeint, informell zwar, aber immerhin irgendwie verabredet. Und gegen eine Aufwertung durch Monsieur Macron, Monsieur Le President, einer Gesprächsrunde zu einem Netzwerk, auch wenn nur informell angelegt, sollte es keinen Einwand geben.
So sind denn „*Netzwerk*" und „*vernetzen*" auf bestem Wege, Sprachblasen zu werden und im Phrasensumpf zu gedeihen.

Optimal und optimieren

Diejenigen, die meinen, ohne das Wort „*optimal*" nicht auskommen zu können, weil es sich eignet, anderen und vor allem auch sich selbst hochstaplerisch Bildung vorzugaukeln, liefern ständig den Beweis selbst, dass sie gar nicht wissen, was „*optimal*" denn eigentlich bedeutet. Sie tun das durch den massenhaften Einsatz der Steigerungsform „*optimalere*" und des noch beliebteren (angeblichen) Superlativs „*optimalste*".[88]
„*Optimal*", das wird verkannt oder mindestens verdrängt, **ist** ein Superlativ. „*Optimal*" bedeutet „*bestmöglich, beste*" oder auch „*so günstig wie nur möglich*", abgeleitet von lat. „*optimus*", „*der Beste*". Ein „*Optimum*" ist folglich das „*Höchstmaß, der günstigste Fall*", das >non plus ultra<..

Dass einem im Sportlerjargon immer wieder, vor allem nach einer Niederlage, die Phrase „***Es lief nicht optimal***" begegnet, kann man gelassen verkraften. Was im Leben läuft schon „*optimal*"? Enttäuschung über „*nicht optimale*" Ereignisse und Ergebnisse kann sich nur bei denjenigen einstellen, die tatsächlich verblendet meinen, das „*Optimale*" sei im Regelfall erreichbares Resultat - weil sie eben nicht wissen, was „*optimal*" beinhaltet.

---

[88] Gegen den Superlativ „*optimalste*" lehnt sich übrigens auch mein Schreibprogramm nicht auf. Der Programmierer muss ein sehr vertrautes Verhältnis zu diesem Supersuperlativ aufgebaut haben.

Aber nicht einfach verkraften lassen sich Aussagen, überwiegend aus Sportlermund, wie *„**Das war nicht meine optimalste Leistung**“* oder *„**Wir warten auf optimalere Bedingungen**“*. Wie gesagt, sie sind Massenware in vielfältigen Abwandlungen. Auf genaue Quellenangaben wird verzichtet, weil sich manch ein Sportler hintangestellt fühlen könnte, hier nicht zitiert worden zu sein. Das wäre für keinen von ihnen eine optimale Lösung, geschweige denn die optimalste.
Einen Sportreporter aber muss man einfach zitieren, nämlich den seinerzeitigen ARD-Mann Achim Sprentzel, der bereits am 21. August 2004, von den Olympischen Ruderwettkämpfen in Athen berichtend, mit einem sprachlichen Glanzstück Maßstäbe setzte:

- *„**Sie haben das Optimum abgeliefert**.“*

„*Abgeliefert*“ spricht bereits für (oder besser gegen) sich.[89] Zusammen mit „*Optimum*“ gelang dem Reporter dann eine Sprechblase in Vollendung nicht zuletzt angesichts der Tatsache, dass er nicht einem Endlauf, sondern lediglich einem Vorlauf zugeschaut hatte. Traute Sprentzel den Ruderern nicht mehr als das bloße Erreichen des Endlaufs zu? Was hätte er ins Mikrofon getönt, wenn sie dort z. B. den zweiten Rang belegt hätten? Wäre damit das „*Optimalste*“ erreicht worden? Und was, wenn sie gar Erste geworden wären?
Nein, die Sprache des Sports ist nicht das Optimum, weiß Gott nicht. Aber sie führt zu den Gipfeln von Schrottdeutsch, Dummdeutsch, Blasendeutsch und Kumpeldeutsch.
Es scheint nun allerdings in sportlich fairer Weise geboten, darauf hinzuweisen, dass insbesondere in der Zunft der Politiker das Verb „*optimieren*“ im Sinne von „*optimal gestalten*“ überaus beliebt geworden ist – es sei denn, es wird wie so oft verdrängt durch „*nachbessern*“.[90] Für Phrasen geeignet sind sie beide. Welcher Politiker ist nicht auf das Optimum aus, auf das, unter den gegebenen Umständen, höchste erreichbare Maß oder den höchsten erreichbaren Wert, um vom „*Optimalsten*“ erst gar nicht zu reden.

Option

Herkunftsort dieses von Phrasendreschern und Effekthaschern geschätzten Wortes ist das Lateinische. >*optio*< bedeutet Wahl oder einfacher Wunsch. Also ist eine „*Option*“ eine Wahlmöglichkeit, zum Beispiel für einen Staat, juristisch aber auch das „*Recht der Voranwartschaft*“ auf Erwerb (oder

[89] Es wird empfohlen, die Ausführungen zu „*liefern*“ zu lesen.
[90] Auch der Text zu „nachbessern“ sollte noch einmal herangezogen werden.

Lieferung) einer Sache. Auf eine Option kann allerdings auch verzichtet werden.
Man sichert sich also Optionen, man ist auf Optionen aus. Oder man verspricht „*Optionen*“, um den Eindruck zu vermitteln, es bestünden realistische Wahlmöglichkeiten, wo es in Wirklichkeit keine gibt. „*Option*“ ist als Trugwort hervorragend geeignet, den Schein zu wahren. Das wiederum ist eine der wichtigsten Funktionen der Phrase! Man tut so, als sei etwas noch offen, denn genau das wird mit der Verwendung von „*Option*“ bezweckt – es sei noch nichts endgültig, sozusagen per ordre Mufti, entschieden. Das Offenhalten als, zumeist politisches, Kalkül.
Damit ist dann allerdings die Gefahr verbunden, dass zur insbesondere bei Sportlern beliebten Doppelung, also einer tautologischen Fügung, gegriffen wird und die Phrase nicht mehr zu überhören ist:

- ***„Ich lasse mir noch die Option offen****, ein Turnier ... dranzuhängen.*“

Den Satz sprach laut ARD, Texttafel 228 vom 29. August 2022, die Tennisspielerin Andrea Petkovic. Hätte sie „*die Option*“ weggelassen, wäre der Satz klar verständlich und ganz im Sinne ihrer Aussageabsicht unmissverständlich bei den Empfängern angekommen. Oder sie hätte „*Ich lasse mir noch die Option, ...*“ mit identischem Ergebnis sagen können. Oder, wiederum ganz auf „*Option*“ verzichtend und dennoch nicht anspruchslos, „*Ich behalte mir vor, ...*“. Die von ihr gewählte Version ist Wortgeklingel – typisch für den Sportjargon, den Andrea Petkovic hier nur repräsentiert. An Sprachkumpeln mangelt es ihr fürwahr nicht, an Kumpelinnen auch nicht.

Paradigma und Paradigmenwechsel

Wenn man auf ganz spezifische sprachwissenschaftliche Verständnisse des über das Lateinische aus dem Griechischen in unsere Sprache eingewanderten Begriffs „*Paradigma*“
verzichtet, genügt es, darunter ein „*Muster(beispiel)*“ zu verstehen, auch ein „*Modell*“, ein wenig anspruchsvoller eine „*kurze Erzählung, die in Beispielen eine moralische Lehre erläutert*“, „*eine Geschichte mit beispielhaftem, modellhaftem Charakter*“. Manchmal genügen allerdings auch „*Gedanke, Idee*“.
„*Paradigmatisch*“ ist das davon abgeleitete Adjektiv.
Beliebt geworden ist in gebildeten Kreisen und in solchen, die darauf Wert legen, zu ihnen gerechnet zu werden, also vorzugsweise in der Politik und, keineswegs zuletzt, im Feuilleton, der Ehrfurcht gebietende Begriff „*Paradigmenwechsel*“, nicht selten mit Imponiergehabe auch etwas abseits vom eigentlichen Begriffsinhalt:

- *„**Ein Paradigmenwechsel ist** im Gefolge von Greta Thunberg **bei den Grünen** mit ihrem jungen Wahlvolk und bei der im umweltideologischen Windschatten der Grünen segelnden SPD **vonnöten**.“* (FAZ, Leserbrief von Dr. Eike von der Linden, Dreieich, 28.10.2022, S. 27).

Also ein Umdenken! Das war ganz simpel gemeint. Aber als so simpel darf man sich, zumal mit akademischem Lametta geschmückt, natürlich nicht sprachlich verkaufen, beileibe nicht. Und wenn, mindestens, 80% nicht gleich hinter den Sinn der Aussage gekommen sind – umso besser für die Elite, die ihn sofort begriffen hat. *„Eine programmatische Neuausrichtung“*, eine solche *„Neubesinnung“* oder gar eine *„Kehrtwende“* wären ja auch denkbar gewesen, aber natürlich ohne den Bombasmus, wie er hier und vielerorts vorliegt, wenn *„Paradigmenwechsel“* angekündigt oder sogar beschworen werden, die nichts anderes sind als Kurskorrekturen, Richtungswechsel oder eben ein Umdenken, weil es *„vonnöten“* geworden ist.

Park

Es ist allenfalls zwei Generationen her, dass unter einem *„Park“* – das Wort ist abgeleitet vom mittellateinischen >*parricus*< mit der seinerzeitigen Bedeutung *„Gehege“* – ausschließlich eine größere Fläche mit Bäumen, Sträuchern, Rasen, Gehwegen und Blumenrabatten, nicht selten einer natürlichen Landschaft ähnlich, verstanden wurde, in vielfältiger Gestaltung zwar, aber doch stets eine größere das Auge erfreuende Anlage meinend.
Der ästhetische Aspekt war immer gegenwärtig.

Technische Entwicklungen haben dann, grundsätzlich ist daran ja auch nichts auszusetzen, zu ziemlich seltsamen Erweiterungen des Begriffs *„Park“* geführt. Wortbildungstechnisch geschieht das durch das Anhängen des Wortes *„Park“* an eine Vielzahl von Substantiven. Dabei wird allerdings, nehmen wir beispielsweise ***„Gewerbepark“*** oder ***„Industriepark“***, auf die ursprüngliche Bedeutung von *„Park“* keine Rücksicht genommen. Wie die genannten Beispiele nur zu deutlich zeigen, ist eher das Gegenteil der Fall: Der Begriff *„Park“* wird zu Verschleierungszwecken, zu Beschönigungen, zu Verharmlosungen missbraucht, als *„verbale Blendfassade“*[91], denn häufig handelt es sich um unästhetische Areale, denen Schönheit angedichtet werden soll, wo in Wirklichkeit grauer Alltag herrscht. Der ***„Chemiepark Leuna“*** kann beispielhaft genannt werden, auch der ***„Bördepark“*** bei Magdeburg, ein riesiges Einkaufszentrum. *„Gewerbegebiet“* oder

---

[91] Diesen treffsicher gewählten Begriff verdanken wir dem FAZ-Kulturkorrespondenten Andreas Kilb, der aus unserer Hauptstadt berichtet und kommentiert. Quelle ist die FAZ vom 19. April 2023, Seite 9.

„*Industriegelände*“ haben ausgedient. Spätestens sobald neue Standorte ausgewiesen werden oder sich im Stadium der Planung befinden, muss „*Park*“ herhalten, den häufig alles andere als belanglosen Flächenverbrauch zu rechtfertigen oder mindestens weniger angreifbar zu machen. Frage: Heißt der „*Bördepark*“ – wie zahlreiche „*Parks*“ ganz ähnlich – vielleicht so, weil dort viele *Park*plätze bereitgestellt werden (müssen), selbstverständlich flächenschonend-nachhaltig oder doch nachhaltig flächenschonend? Ganz dem Umweltschutz verpflichtet?
Zwei weitere Beispiele vermögen die Schönfärberei auf spezielle Weise zu verdeutlichen:

- *„... mit dem Ziel, über die erforderlichen Kompetenzen für* ***die Laufzeitverlängerung des bestehenden Kernkraftwerksparks*** *... und die Entwicklung innovativer, neuer Minireaktoren zu verfügen.* (FAZ, niza., 21.7.2023, S. 17).

Ein „*Kernkraftwerkspark*“ fällt nicht jedem ein, gewiss nicht.

- „***Hybrider Energiepark***” (ARD, Tagesschau, 31.7.2023).

Gemeint war ein Gelände für die verbundene Energieerzeugung aus Sonne und Wind.
Spätestens in solchem Falle machen die klima- und landschaftsschützenden Grünen eifrig mit! „*Hybrider Energiepark*“. Schöner kann ein Park ja gar nicht sein als der, in dem bei riesigem Flächenverbrauch, ganz dem Landschaftsschutz verpflichtet, Hunderte von Windrädern und mehrere Hektar bedeckende Solarpaneele >grünen Strom< erzeugen! Noch dazu im Verbund – hybrid! Liegt hier sprachliche Hybris vor? Ideologiegesteuerte?

Allenfalls „***Freizeitparks***“ bieten noch einen halbwegs parkähnlichen Anblick, für den in meiner Gemeinde betriebenen, überregional bekannten und von Kindern besonders geschätzten „*Ersepark*“, am Flüsschen Erse gelegen, gilt das sogar uneingeschränkt – vom fast unvermeidbaren Rummel einmal abgesehen. Und die meisten „***Tierparks***“ dürfen das von sich ebenfalls behaupten.
„***Sportparks***“ hingegen sind nur zu oft ziemlich eintönige, sterile, baum- und strauchlose Areale, auf denen nur zu oft Gegröle und Krawalle vorherrschen und wo kommunale Reinigungstrupps den meistens gar nicht gedankenlos, sondern absichtsvoll dem Steuerzahler anheim gegebenen Müll nach wochenendlichem Freizeitspaß, als der selbst Klamauk von allzu vielen begriffen wird, zu „*entsorgen*“ haben.

Ein Ausbund an Vertuschung sind die „***Seniorenparks***“, als die uns Wohnanlagen für alte und sonst auch pflegebedürftige Menschen ans Herz gelegt werden. In nicht einmal sehr wenigen Fällen hat der Wortbestandteil „*Park*“ hier sogar einen Hintersinn, den zu verschleiern eigentlich beabsichtigt war: Zahlreiche dieser „*Senioren*“ sind dort tatsächlich irgendwie „*geparkt*“, vulgo abgestellt worden. Die „*Seniorenparks*“ – nichts anderes als das einst für eine bilderreiche Sprache bemühte „*Abstellgleis*“? Sind sie damit nicht die endgültige Bestätigung, dass St. Euphemismus der Schutzheilige der Phrasendrescher ist?
Bleibt noch die Frage an die ach so Genderbeflissenen: Und wo werden die Seniorinnen abgestellt? Die „*SeniorInnenparks*“ fehlen uns noch in der Sammlung moderner (oder besser modernistischer) Parks. Aber sie passen wohl nicht in ihre so generöse Sprachdiktatur.

Einem noch stärkeren ideologischen Beweggrund entspringen die ganz modernen Begriffe „***Windpark***“ und „***Solarpark***“. Die Wortschöpfungen sind, mit Verlaub, bereits philologisch betrachtet sprachliche Entgleisungen. Beim „*Gewerbepark*“ etwa bietet sich ja immerhin die Vorstellung eines Areals an, in dem Gewerbebetriebe unterschiedlichster Art angesiedelt sind.
Kann das bei einem „*Windpark*“ auch nur andeutungsweise der Fall sein, dass da etwas angesiedelt ist? Der Wind? Wäre nicht „*Windräderpark*“ eine einigermaßen naheliegende Entsprechung? Und statt „*Solarpark*“ vielleicht „*Solarpaneelepark*“?
Aber ja, „*Windpark*“ und „*Solarpark*“ gehen glatter über die Lippen. Und damit sind sie vorzüglich geeignet, in den Dienst einer, nämlich einer ganz bestimmten, Ideologie genommen zu werden. Ästhetik hat der Ideologie weichen müssen. Hier machen die Grünen nicht nur eifrig mit, hier sind sie die Speerspitze, sogar, natürlich ganz widerspruchsfrei, aber gewiss, beim „*Ausbau der Windenergie ... auch in bisher streng geschützten Naturräumen*“. [92]
Das einst so schöne und Schönes bezeichnende Wort „*Park*“ ist zur Hülse entleert und zur Phrase entwürdigt worden.

Perfekt

Muss man in Anlehnung an die FAZ-Überschrift vom 17. September 2022, die apodiktisch „*Nichts ist perfekt*“ lautete, davon ausgehen, dass es sich empfiehlt, auf den Gebrauch von „*perfekt*“ zu verzichten – selbst

92 Der Widerspruch ist ja längst erkannt worden. So zum Beispiel vom Leserbriefschreiber Dr. Ulrich Wälde aus Heidelberg (FAZ, 3.5.2023, S. 18), der den „*Ausbau der Windenergie … auch in streng geschützten Naturräumen*“ beklagte. Wird den ge- und verblendeten Klimaschützern da irgendwann ein Licht aufgehen?

angesichts der Tatsache, dass *„perfekt“* sich großer Beliebtheit erfreut? Sollte man. Wenigstens das – nicht nur gelegentlich!
Erinnern wir uns des Trainers Daniel Farke. Ohne ihm über Gebühr wehtun zu wollen, muss man ihm – wie den meisten seiner Kollegen - wohl bescheinigen, ein Meister der Phrase zu sein. Als solcher sagte er denn auch in dem bereits herangezogenen Interview, das die FAZ am 27. August 2022 druckte:

- *„... **um die perfekte Balance** innerhalb des Kaders **hinzubekommen**.“*

Ging er von der Vorstellung aus, dass es jemals eine *„Balance“* geben kann, wenn sie nicht *„perfekt“* ist? Wohl nicht. Er passte sich nur dem Jargon des Sports einschließlich der sportnahen Medien an, die unterhalb des Perfekten kaum noch etwas als erwähnenswert, geschweige denn als anerkennens- und lobenswert erachten:

- *„Der Wechsel von* (XY) *... ist **nun auch offiziell perfekt**.“* (ARD, Texttafel 204, 8.1.2014).

Konnte etwas, das noch nicht *„offiziell“* war, bereits *„perfekt“* sein?

Wenn in einem Wettkampf, gleich welcher Sportart, ein Spieler den entscheidenden >Treffer< erzielt hat, wird sportjournalistisch getönt:

- *„Er hat **mit seinem Tor den 2 : 1 Sieg perfekt gemacht**.“*

Vor dem *„Treffer“* muss es aber, logisch, 1:1 gestanden haben. War das dann auch schon ein Sieg, wenngleich noch ein unperfekter? Solche bar jeder Logik, aber in gewissem Sinne perfektionistisch aufgedröhnten Sätze sind Massenware. Nur das Tor- oder das Punkteverhältnis variieren:

- *„**Schach-Star Carlsen hat das Titel-Triple perfekt gemacht**.“* (ARD, 231, 30.12.2022).

Carlsen hat also etwas *„perfekt gemacht“*, was vorher noch gar nicht existierte. So geht Logik heute beim Sport(journalismus)!
Wer zudem glaubt, dass im Sport, gerade dort, *„perfekt“* Positives, also Erfolge gleich welcher Art, noch erhöhen soll, muss als gutgläubig eingestuft werden. Das schon deshalb, weil im Sport bekanntlich nichts mehr adelt als eine anständig verkraftete und lehrreich verarbeitete Niederlage. Was Wunder also, dass *„perfekt“* auch alles Negative ziert:

- *„**Der Fehlstart** in die Rückrunde **ist perfekt**.“*

Eben! *„Perfekt“*, um aus ihm zu lernen! Genau das wollte wohl der ARD-Sportreporter in bester pädagogischer Absicht bei leider sprachlichem Trainingsrückstand am 23. Januar 2010 dem 1. FC Kaiserslautern zurufen
Gleiches darf man getrost der Meldung in der ARD-Tagesschau am 1. Oktober 2016 gutschreiben, als es zur Niederlage des Hamburger SV bei Hertha BSC Berlin wohlwollend, ganz gewiss, hieß:

- *„... war die fünfte **Pleite** in Folge **perfekt**.“*

Eine perfekte Pleite ist ja allemal wertvoller als eine gewöhnliche. Die ist zumeist nur peinlich. Aber die *„fünfte Pleite in Folge“* – was kann perfekter sein? Und weniger peinlich!
Im Sport(journalismus) ist ja wirklich nichts unmöglich. Dort begegnet man denn auch dem perfekten Debakel, allerdings, wie es scheint, vorerst nur dort:

- *„**Das Debakel ist perfekt**.“*

Diese Botschaft lieferte ein ARD-Reporter in der Sportschau am 4. März 2006 in Millionen von Haushalten, sprachlich Maßstäbe setzend, pädagogisch aufbauend, Mut machend, ein Debakel nicht als verheerend anzusehen, sobald es als *„perfekt“* einzustufen ist.
Perfekte Niederlagen und perfekte Sensationen sind im Sport Alltagsware. Perfekte Leistungen ohnehin. Doch was ist eigentlich eine *„perfekte Leistung“*? Der stets um Sprachästhetik der Spitzenklasse bemühte, keinen O-xer verweigernde, manchmal sich dabei aber auch vergaloppierende Reitsportspezialist Carsten Sostmeier wagte eine neue Logik:

- *„Er brachte **eine perfekte Leistung – Bronze**!“* (ARD, Carsten Sostmeier, 3.9.2006).

Dann werden wohl die Leistungen derjenigen auf den Plätzen 1 und 2, die Gold und Silber gewannen, noch perfekter gewesen sein. Mehr Perfektion geht aber wirklich nicht!

Performance und performen

Wer Englischunterricht über das Anfängerniveau hinaus gehabt hat, wird das Verb >*to perform*< im Gedächtnis behalten haben. Es bedeutet im alltäglichen Sprachgebrauch gestalten, verrichten, durchführen, vorführen, aufführen – Letzteres auch ganz konkret auf einer Bühne. Oder eben auch „*performen*". Auf dieses neudeutsche Verb haben wir ja lange genug warten müssen. Dafür benutzen wir es fürs erste umso lieber. Wer wird denn noch den an das böse, weil selektive Leistungsprinzip erinnernden Ausdruck „*Leistung bringen*" verwenden. „*Performen*" ist doch viel anheimelnder! Und wer „*performt*", ist natürlich ein „*Performer*", und das, was er so tut, ist selbstverständlich eine „*Performanz*", wenn es nicht üblicherweise weltoffener bei „*Performance*" bleibt. Und das, was getan wird, wird „*performativ*" erledigt.[93]

In Wissenschaft und Wirtschaft, in Politik und Medien zählt inzwischen die „*Performance*", sie trennt dann den „*High Performer*" vom „*Low Performer*", und zwar knallhart:

- „***Die Idee vom High Performer*** *verschiebt den Fokus des Studenten vom Denken auf das Machen....* ***Der High Performer ist so der Totengräber der ursprünglichen Idee der Universität. Wörtlich gesehen, ist er jemand, der ständig performen muss****, also Leistung zu bringen hat.*" (FAZ, Leon Igel, 17.8.2022, S. N4).

Der „*Fokus*", der verschoben wird, war natürlich nicht zu vermeiden! Geschenkt also! Zumal wir gelernt haben, wenngleich nur indirekt, dass der „*Low Performer*" der Versager ist. Früher hätte man ihn auch so genannt. Früher! Heute aber weiß man dem verletzenden – selbst dann, wenn es zutrifft – Urteil „*Versager*" durch „*Low Performer*" die Schärfe zu nehmen, auch wenn sich inhaltlich nichts ändert, nichts ändern kann. Dass er ein „*Performer*" ist, wird ihm ja nicht abgesprochen, so viel Großzügigkeit muss sein. Irgendetwas wird er ja auch „*performen*", ob „*low*" oder „*high*" – was tut's letzten Endes.

Bleibt noch zu vermelden, dass die Glosse, aus der zitiert worden ist, „*Hohler Kürbis*" überschrieben war. Mit Selbstbezug?

Ein Buch ziert der Titel „***Umgang mit Low Performern***". Es weiß doch jeder sofort, worum es geht. Da kaum jemand sich freiwillig als „*Low Performer*" begreifen wird, ist der Verkaufserfolg so gut wie garantiert – kann man doch mit dem Erwerb des Buches darauf vertrauen, sich am „*Umgang mit Low Performern*" zu ergötzen, Häme inbegriffen. Unter der winzigen Bedingung indes, dass das Buch tatsächlich gelesen wird. Das soll ja nicht in allen Fällen des Bucherwerbs dann tatsächlich der Fall sein.

Nirgendwo gibt es, abgesehen vom Sport natürlich, mehr „*Performer*" als unter Börsianern und Bankern, inzwischen bis hinunter zum subaltern

[93] In der Sprachwissenschaft sind Performanz und performativ Fachtermini, mit denen der aktuelle Gebrauch der Sprache, die Sprachverwendung in einer konkreten Situation bezeichnet werden.

tätigen Angestellten. Keiner *„performt“* intensiver als sie. Und wie sie *„performen“* – das ist dann ihre *„Performance“*:

- *„Dass der derzeit hochnervöse* ***Kapitalmarkt diese Performance abstraft****, ist die eine Sache. Hinzu kommt aber ein strukturelles Problem.“* (FAZ, Sven Astheimer, 23.7.2022, S. 24).

Vor einer derartigen Abstrafung haben auch Spitzenmanagerinnen wie Martina Merz von, damals noch, Thyssen-Krupp höllische Angst. Deshalb ließ sie sich laut FAZ vom 25. April 2023, S. 15, vernehmen, im Vordergrund der Firmenstrategie stehe die *„****Verbesserung der Performance****.“* Doch Manager(inne)n geht es nicht nur um verbesserte persönliche *„Performance“*, auch die von ihnen zu verantwortenden Produkte müssen gut *„performen“*, jedenfalls besser als andere. So kommt dann folgender Satz als Musterbeispiel für Blähsprache zustande:

- *„Allein* ***die relative Performance zwischen den beiden Ölsorten*** *gibt den Ausschlag.“*

Zitiert ist ein Satz aus einem Aufsatz, der offenbar eine Beilage der FAZ vom 18. März 2011 mit dem Ehrgeiz, *„Anlageprodukte 2011“* zu bewerben, zieren sollte. Auf die sinnfreie Verwendung von *„zwischen“* gehen wir nicht weiter ein. Aber dass *„Ölsorten“* hier *„Performance“* zugeschrieben wird, noch dazu eine *„relative“*, dürfte immerhin bemerkenswert sein.
Der bereits zitierte Kolumnist Leon Igel zog aus dem seit einigen Jahren währenden Spuk mit *„Performance“* die sprachliche Konsequenz, als er formulierte:

- *„Derzeit geistert der* ***High Performer*** *durch die Flure der ökonomisierten Bologna-Universität.“* (FAZ, Leon Igel, 17.8.2022, S. N4).

Ja, ja, er *„geistert“*, weil nichts als Spuk. Und wo *„ökonomisiert“* wird, da wird eben auch *„performt“*. Zudem: Wo Politiker am Werk sind, erst recht. Die FAZ ließ den Grünen-Politiker Konstantin von Notz am 30. August 2022 auf Seite 2 wenig koalitionstreu so zu Wort kommen:

- *„****Die schlechte Performance des Bundeskanzlers****, seine miesen Umfragewerte...“*

Der Bundeskanzler als *„Performer“* – vor Jahren eine unvorstellbare Vorstellung! Und eigentlich auch heutzutage noch. Eigentlich! Wäre da nicht der Zwang oder vielmehr der Drang, mit *„Performance“* glanzvoll zu

„*performen*“, der eigenen Sprache Adel verleihend, wo man doch zum (Verdienst?)Adel zählt.
Zur geplanten Freigabe von Cannabis schrieb Claudius Seidl in der FAZ vom 7. November 2022 auf Seite 9, also bezeichnenderweise im Feuilleton:

- *„So ist das Kraut aus der Hölle zum Elixier* ***für die High Performers des Kapitalismus*** *geworden.“*

Da fragt man sich fürsorglich gestimmt: Für die „*Low Performers*“, die sich nachweislich gerade auf der Managementebene des Kapitalismus tummeln, etwa nicht? Hätten die dieses höllische „*Elixier*“ nicht vordringlicher zum (Wieder)Aufbau nötig? Etwas mehr Empathie für diese armseligen und vor dem Abstieg in die bittere Armut stehenden Typen sollte man erwarten dürfen.
An den Industriekonzern Uniper allerdings muss man nicht denken. Der machte in einer der platten Werbung dienenden Anzeige wie folgt auf sich aufmerksam: ***„Uniper – unique performance!“*** „*Unique*“ – einzigartig also. Das nenne ich eine „*Performance*“!

Perspektive und perspektivisch

Abgesehen davon, dass im Sprachgebrauch der Physik eine „*Perspektive*“ einen Fluchtpunkt bezeichnet und dass in der Malerei „*perspektivisch*“ in diesem Sinne gemeint ist,
ist unter „*Perspektive*“ gemeinhin ein Blickwinkel zu verstehen, in Sonderheit eine Aussicht, ein „*Blick in die Zukunft*“.
Genau diese Definition bietet aber den Phrasendreschern, die bekanntlich keine Gelegenheit der Doppelung im Ausdruck, der tautologischen Fügung also, auslassen, die ersehnte Chance, mit dem Begriff der ***„Zukunftsperspektive“*** auf ihre rhetorischen Fähigkeiten aufmerksam zu machen. Sind die Aussichten eines Menschen, sagen wir eines Sportlers, oder eines Betriebs eher schlecht, wird von einer „*düsteren Zukunftsperspektive*“ gefaselt. Manchmal wird sogar in gesteigerter sprachlicher Eleganz orakelt, „*die Perspektive für die Zukunft*“ sei nicht berauschend – oder eben, wie die eigene Sprache, nicht glanzvoll.
Die FAZ ist seit vielen Jahren mit von der Partie. Als Beleg diene ein Beitrag ihres Korrespondenten Tobias Piller, in dessen Text (am 31. Oktober 2022 auf S. 15) die „*Zukunftsperspektive*“ wie selbstverständlich bemüht wurde, wo „*Aussichten*“ es getan hätten – denn die sind immer in die Zukunft gerichtet, allerdings mit dem Makel, keine Begriffsblase zu sein.
„*Multiperspektivisch*“ muss heutzutage das Denken sein, denn anderenfalls, das schwingt sofort mit, ist es kleinkariert, engstirnig. Welche

Blickwinkel dabei eingenommen werden sollen, bleibt fast immer ungesagt – Hauptsache *„multiperspektivisch*“.
Wie steht es da um die Perspektive unserer Sprache? Düstere Aussichten! Für die Zukunft gleich gar.

Plattform

An Plattformen im (bau)technischen Sinne wie Flächen – zumeist mit Geländer – auf hohen Gebäuden oder auf Türmen, häufig als Aussichtspunkt dienend, sowie einst als Bestandteil von Eisen- oder Straßenbahnwaggons zum Zwecke des bequemen Ein- und Aussteigens ist hier nicht gedacht.
Es geht im folgenden Text ausschließlich um Plattformen im übertragenen Sinne, also in figürlicher Verwendung. Die gab es tatsächlich auch früher schon, wenn zum Beispiel eine Basis oder ein Standpunkt bezeichnet werden sollte, *„von dem bei Überlegungen, Absichten, Handlungen, politischen Überlegungen o.ä. ausgegangen wird*“.[94] *„Eine gemeinsame Plattform finden*“ wurde Teil politischer Programme.
Mittlerweile ist *„Plattform*“ jedoch zu einem so gut wie unvermeidbaren Begriff der Informationstechnik und folgerichtig des entsprechenden Soziolekts geworden. Viele Menschen, die jungen allemal, bewegen sich nur noch auf *„Plattformen*“, sie >surfen< im Internet von Plattform zu Plattform.
Es lohnt sich zu fragen, wie diese Flut über uns gekommen ist. Eines scheint sicher zu sein: Die bisherigen deutschen Verwendungen von *„Plattform*“ haben nicht Pate gestanden.
Wieder einmal ist nämlich das Englische der eigentliche Herkunftsort – mit einer bezeichnenden Eindeutschung.
Ausgangsbegriff ist das englische Substantiv *>platform<*, das wir getrost im eisenbahntechnischen Sinne mit Bahnsteig, Gleis übersetzen dürfen. Wohlgemerkt: mit einem -t- geschrieben. Und das gibt dem modernen deutschen Begriff *„Plattform*“ mit -tt- eine besondere, man kann auch sagen pikante Note. Was sich auf den unzähligen Plattformen des Internets abspielt, ist überwiegend inhaltlich und sprachlich dermaßen platt, nämlich flach, oberflächlich und geistlos, dass jede andere Bezeichnung den gemeinten Ort weniger treffsicher benennen würde. Darf man diese Begriffsschöpfung deshalb als genial preisen? Es spricht wenig dagegen.
Übrigens: Wenn es um die Verweigerung von Auftrittsmöglichkeiten auf diesen *„Plattformen*“ geht, ist neudeutsch von ***„No-Platforming***“ die Rede. Wer ständig für den größten Dünn... Toleranz fordert, muss sich ja nicht zwangsläufig selbst tolerant verhalten. Toleranz hat ihre Grenzen, ganz sicher. Die bestimmen längst die Intoleranten. So viel Toleranz der anderen

[94] DUDEN, Band 5, Seite 2005.

muss sein. „*Plattformen*“ sind Reservate! Dort tummeln sich die Indigenen des Zeitalters der Digitalisierung.

Podium und Podest

Vormals wurde ein „*Podium*“ von den Medien als erwähnenswert erachtet, wenn über ein „*Podiumsgespräch*“ oder eine „*Podiumsdiskussion*“ zu berichten war oder wenn kritisch angemerkt werden sollte, jemand habe mal wieder „*vom Podium herab*“, also leicht oder auch verletzend herablassend, vorgetragen. Ein „*Podium*“ wurde als „*trittartige Erhöhung als Standplatz*“ eines Vortragenden oder eines Dirigenten begriffen, abgeleitet vom griechischen Wort >*podion*<. Unter einem „*Podest*“ wurde sogar bloß „*ein nur um eine Stufe erhöhtes, kleines Podium*“ verstanden. Immer aber schwang der Gedanke mit, dass von einem Podium oder einem Podest etwas Lehrreiches, etwas Belehrendes, etwas Erbauliches für die ein wenig tiefer platzierte Zuhörerschaft, vornehmer das Auditorium, herabströmte (oder strömen sollte).
Dieses Verständnis hat mehr und mehr dem inflationären Gebrauch von „*Podium*“ und „*Podest*“ im Sport und in seinen Medien weichen müssen, wo die Begriffe zu Leerformeln degeneriert sind. Schon das alternativ inhaltsidentisch verwendete Wort „*Treppchen*“ ist ein entsprechender Fingerzeig.
Für sich genommen wären „*Podium*“ und „*Podest* “ (oder eben „*Treppchen*“) auch in ihrer modernistischen Anwendungsflut immer dann, wenn es eine Sportlerin oder ein Sportler auf einen der ersten drei Plätze im Klassement geschafft hatte (oder zu schaffen versprach), mit einem Achselzucken hinzunehmen. Unerträglich aber wird ihr aufgeblasener Gebrauch, sobald sie in Kombination mit bestimmten Verben zu ulkigsten, nicht selten zudem grotesken Sprachbildern missbraucht werden, die keinen Zweifel offen lassen, dass es gedankenlos auf die Phrase ankam. Die Begriffe „*Podium*“ und „*Podest*“ sind insbesondere bei Sportreportern, wenn sie zumeist unbeherrscht und sogar nicht frei von nationaler Begeisterung ins Mikrofon dröhnen, zur Manie geworden. Dass sie sodann in Texttafelredaktionen, die mit Sport befasst sind, sturzflutartig auftauchen, ist das Ergebnis einer inneren Logik. Kurioserweise sind die Wintersportarten dabei als Tempomacher aufgetreten. Und der Bescheidenheit gemäß, mit der die Spitzensportler und die Sportjournalisten sich der Öffentlichkeit präsentieren, rangiert das „*Podest*“ vor dem „*Podium*“, wenigstens zahlenmäßig. Das begehrte Ziel sind sie aber gleichermaßen, nichts zählt mehr als ein Platz daselbst, wie uns die ZDF-Reporterin Jana Thiel in Erinnerung rief, als sie in makelloser Anwendung des insbesondere im Sport überaus

beliebten Vonitivs am nobelsten Ort des ZDF, in ZDF HEUTE, bereits am 24.10.2009 fabulierte,

- *„**der Wunsch vom Podestplatz**“*

gehe allem anderen vor. So, genau so, wird man zum sprachlichen Vorbild.

Die nun folgende ziemlich lange Liste, die wiederum nur eine Auswahl bietet, möge bitte auch als ein Beitrag zu einer zwischenzeitlich belustigenden Lektüre eines insgesamt bedrückenden Sachverhalts aufgenommen werden.

- *„Greis ist „**aufs Podest gelaufen**.“* (ARD, Texttafel 217, 14.1.2010).
- XY *„hat ... **den ersten Podestplatz** seiner Weltcup-Karriere **eingefahren**.“* (ARD, Texttafel 217, 17.12.2010).
- *„Am Vortag war Andrea Henkel **erstmals aufs Podest gelaufen**.“* (ARD, Texttafel 212, 14.1.2011).
- *„Die deutschen Biathleten haben **das erste Weltcup-Podest der Saison verpasst**.“*
- *„Wilhelm **läuft aufs Podest**“* (ARD, Texttafel 100, 13.3.2010).
- *„Hinter* (XY) ***liefen... aufs Treppchen**.“* (ZDF, Texttafel 208, 12.12.2010).
- (XY) *„ist **... auf Podestkurs**.“* (ARD, Texttafel 211, 28.12.2010).
- *„Zwar war die deutsche **Herrenstaffel als Vierter** knapp **an einem Podestplatz vorbeigelaufen**...“* (ARD, Texttafel 206, 12.12.2010).

Übrigens: **Die** Staffel als Vierte**r**!

- ***„Henkel verpasst Podest“*** (ARD, Texttafel 205, 21.1.2011).
- ***„Freund auf dem Podest“*** (ARD, Texttafel 100, 21.1.2011).
- *„Mit Alexander Wolf **lief** ein weiterer DSV-Skijäger **aufs Podest**.“* (ARD, Texttafel 206, 17.3.2011).
- *„Riesch **verpasste als 6. das Podest**.“* ARD, Texttafel 212, 5.3.2011.
- Schempp habe als Vierter *„**das Siegerpodest knapp verpasst**.“* (ZDF, Texttafel 213, 15.12.2011).
- *„Richard Freitag **hat ... einen Podestplatz vergeben**.“* (ARD, Texttafel 216, 18.12.2011).
- „Neureuther ***fährt aufs Podium***“. Er sei *„nach einer langen Verletzungspause gleich **aufs Podium gefahren**.“* (ARD, Texttafel 204, 19.12.2011).
- *„Sie kann **auf einen Podestplatz hoffen**.“* (ARD, 20.12.11).
- *„Er **lag lange Zeit auf einem Podestplatz**“* (ARD, Texttafel 209, 3.1.2012).

- Sie *„**greifen ... nach einem Podestplatz**.“* (ARD, Texttafel 210, 4.2.2012).
- *„Die deutschen Skispringer sind... knapp **an den Podestplätzen vorbeigeflogen**.“* (ARD, Texttafel 212, 5.2.2012).
- *„**Knapp am Podest vorbei schrammte**...“* (ARD, Texttafel 213, 19.2.2012).
- *„Neuner **sprintet am Podest vorbei**.“* (ARD, 16.12.2011).
- *„Kircheisen „ist **auf das Podest gestürmt**.“* (ARD, Texttafel 215, 8.1.2012).
- *„Fritz Dopfer **hat... sein drittes Weltcup-Podest verpasst**.“* (ARD, Texttafel 215, 25.1.2012).
- *„Fritz Dopfer ist ... **auf das Podium gefahren**.... Maria Höfl-Riesch **verpasste** als 5. erneut **das Podest**.“* (ARD, Texttafel 208, 5.12.2011).
- Sie *„hatten... **den bislang einzigen Podiumsplatz** im Olympia-Winter **geholt**. >Das Ziel wird sein, wieder **um das Podest mitzulaufen**<, sagte Damen-Bundestrainer Gerald Hönig.“* (ARD, Texttafel 232, 12.12.2013).

Man beachte das ausgeprägte Stilgefühl, mit dem in den beiden letzten Beispielen fein variiert worden ist.

- *„Maria hat auch heuer **das Podest im Visier**.“*

Zitiert wurde der Cheftrainer der Skirennläuferinnen Maria Riesch, Tom Stauffer, laut ARD, Texttafel 224, 15.1.2013.

- *„**Kein deutscher Podiumsplatz**“* (ARD, Texttafel 200. 25.2.2013).

Gab es sonst für Deutsche reservierte Podestplätze?

- *„Erstmals **fahren ... zwei Deutsche auf das Siegerpodest**.“* (FAZ, Martin Born, 14.1.2013, S. 15).
- *„Freitag **springt am Podium vorbei**.“* (FAZ, Überschrift, 20.11.2017, S. 32).
- *„Die deutschen Kombinierer **greifen** auch im Teamwettbewerb **nach einem Podestplatz**.“* (ARD, Texttafel 207, 1.12.2013).
- *„Neumayer **springt am Podest vorbei**.“* (ARD, Texttafel 110, 26.1.2014).
- *„Henkel **knapp am Podest vorbei**.“* (ZDF, Texttafel 208, 5.1.2014).

Die Biathletin Andrea Henkel wurde 4! Im ARD-Interview sagte sie: >***Zwischendurch war ich mal auf dem Podest***<. Zwischendurch! Also während des Rennens. Was wollte und was tat sie dort? Hat sie sich „*zwischendurch*“ ausgeruht?

- Im Sprint der Frauen „*soll* ***das erste Einzelpodest*** *des Winters* ***erkämpft*** *werden.*“ (ARD, Texttafel 220. 15.1.2014).

Über die Männer hieß es „*Die waren bisher* ***vom Podest noch weit entfernt****.*“

Biathlon-Bundestrainer Mark Kirchner wurde mit seiner ganzen Sprachgewandtheit zitiert, das Ziel der deutschen Biathleten müsse es sein,

- „*das ein oder andere Mal* ***am Podest zu kratzen.***“ (ARD, Texttafel 226, 2.12.2014).
- „*Zum zweiten Mal im WM-Winter haben die deutschen Rod****el****erinnen* (sic!) ***für ein rein deutsches Siegerpodest gesorgt****.*“ (ARD, Texttafel 217, 18.1.2015).
- „***Podium ohne Höfl-Riesch***“ (ARD, Texttafel 100, 15.1.2014).
- „*Weidle* ***rast aufs Podium***“ (ARD, Texttafel 100, 27.1.2019).
- „*Dürr* ***rast aufs Podest****.*“ (ARD, Texttafel 100. 12.2.2022).

Erneut besticht die Variationskunst. Oder war gar Diskriminierung im Spiel? Der Mann Weidle raste aufs höherwertige „*Podium*“, die Frau Dürr aufs mickrige „*Podest*“?

- „*Mit seiner siebten* ***Podestfahrt*** *... zog er...*“ (ARD, Texttafel 211, 13.2.2020).

Warum also erst ein Rennen irgendwo auf einer kraftraubenden Strecke bestreiten, warum nicht gleich auf dem Podest selbst, wo man doch ohnehin genau dort seinen Platz weiß.

Am 15. Januar 2021 war auf Texttafel 208 der ARD zu lesen:

- (Er) „***vergab so alle Podestchancen***“ *sowie* „*... hat den deutschen Kombinierern im ersten Rennen des Jahres* ***einen Podestplatz beschert****.*“

Schöne Bescherung!

- „*Die deutschen Skispringer sind ...* ***am Podest vorbeigeflogen****.*“ (ARD, 11.12.2022).
- „*Sander* ***schrammt am Podest vorbei****.*“ (ARD, Texttafel 212, 29.1.2023).

- *„Wellinger* ***schnuppert am Podest****.“* (ARD, Texttafel 200, 29.1.2023).
- *„****Nächstes Podium*** für *Hennig über 10 km.“* (ARD, Texttafel 217, 18.3.23).

Kaum ein Verb, das irgendwie Bewegung ausdrückt, bleibt also verschont, wenn es im Sport, wo ja Bewegung die zentrale Kategorie ist, darum geht, den Ort des Jubelns, des Gefeiertwerdens, des Ziels aller Ziele mithin, im überschwänglichen Wortschwall jubilierend oder eben auch bitter kleinlaut, frustriert sogar, zu beschwören. *„Vorbeischrammen“* und *„schnuppern“* dürften dabei die besonderen Glücksgriffe gewesen sein.
Die Variationsbreite der eingesetzten Verben scheint demnach für den Willen zu sprechen, sprachbegabt *„Podium“* und *„Podest“* das Phrasenhafte zu nehmen. In Wirklichkeit liegt Gefangenheit im Jargon vor. Und sobald eine etwas anspruchsvolle grammatische Herausforderung zu meistern ist, werden die Unzulänglichkeiten offenbar:

- *„Ein Fehlschuss* ***kostete ihr einen Platz auf dem Podest****.“* (ARD, Texttafel 206, 17.1.2019).

Der Fehlschuss kostete **sie** einen Platz auf dem Podest!

- *„Neureuther will* ***auf's Podest****.“* (ZDF, Texttafel 211, 5.1.2013).

Nein, er wollte ***aufs*** Podest!
Leider kann man nur feststellen: Fürs Podium oder fürs Podest reicht die sprachliche Leistung nicht, fürs Treppchen auch nicht. Vorbeigeschrammt also!

Poker

Einige aus dem Englischen übernommene Wörter erfahren zunehmend eine Anwendungsvielfalt, bei der die Grenze zum Ärgernis oft überschritten wird. Stellten sie ursprünglich zumeist einen Fachbegriff dar, werden sie mittlerweile auf Sachverhalte übertragen, die mit der originären Bedeutung nur auf sehr gequälte Weise etwas zu tun haben. Die beklagenswerte Folge: Diejenigen, die den Ausgangsinhalt des Wortes nicht kennen, werden an Grenzen des Verstehens geführt. Man gibt sich sprachelitär und zeigt anderen, wie eng ihr Horizont ist. Sicherung der Teilhabe aller am politischen, kulturellen und gesellschaftlichen Diskurs sieht anders aus.
In jüngster Zeit feiert das mit dem Kartenspiel übernommene Wort ***„Poker“*** fröhliche Urständ. Blieb der Begriff lange Zeit auf das Kartenspiel beschränkt, wird er jetzt inflationär bei fast jeder, zumeist unpassenden,

Gelegenheit verwendet, vorzugsweise einem anderen Wort angehängt. Das Resultat ist auch in diesem Falle erbärmliches Denglisch. Besonders beliebt ist er in seiner Schwammigkeit immer dann, wenn Verhandlungen, Zielkonflikte, Auseinandersetzungen, Vor- oder Sondierungsgespräche etc. mit noch ungewissem Ausgang beschrieben werden. Dann findet er auch flugs Eingang in Nachrichtensendungen und politische Kommentare von Zeitschriften und Zeitungen, die sich gern mit dem Attribut *„seriös“* schmücken.
Die Wochenzeitung ***„Das Parlament“***, immerhin vom Deutschen Bundestag herausgegeben, hat sich längst die Pilotfunktion zugeschrieben, wenn sich die Chance eröffnet, mit Anglizismen und Denglisch unserer Amtssprache zu zeigen, dass man souverän mit ihr umzugehen versteht. Dass das Volk der eigentliche Souverän ist, dessen muss man sich doch nicht ständig erinnern! Wir wollen uns aber erinnern. Bereits in der Ausgabe Nr. 20/2010 wartete diese Wochenzeitung gleich zweimal aussagedürftig mit Worthülsen auf, denen das Anhängsel *„Poker“* Bedeutungstiefe zujubeln sollte. Im Ergebnis aber lag flache, seichte Sprache vor. In einem Beitrag hieß es, es spiele sich ein ***„gefährlicher Währungspoker“*** ab. Na ja, der hatte immerhin mit Geld zu tun. Und Risiko war auch gegeben. Dennoch hätte man gern gewusst, was genau ausgedrückt werden sollte. Danach stieß man auf folgenden Satz: *„Nach der Landtagswahl* (in NRW) *zeichnet sich ein* ***langwieriger Koalitionspoker*** *ab.“* Auch in diesem Falle fragt man sich genervt, was sich hinter dieser Wortschöpfung eigentlich verbirgt. Wer scheut da wieder kein Risiko? Wer setzt alles auf eine Karte? Wer will wen austricksen? In welchen zwielichtigen Hinterzimmern wird um fragwürdige Vorteile gefeilscht? Auf welchen faulen Kompromiss, übrigens ganz und gar pokerunspezifisch, soll das hinauslaufen? Soll knallhartes Verhandeln vorgegaukelt werden, während man bereits einträchtig zu den Versorgungströgen strebt? Sind das die Fragen, die sich die Leser stellen sollen, um ihr Bild von der verruchten Politik bestätigt zu sehen? Ist das die Aufgabe eines Presseorgans des Deutschen Bundestages? Nicht alles muss zielstrebig beabsichtigt sein, um gleichwohl verhängnisvolle Folgen für das staatsbürgerliche Bewusstsein zu zeitigen. Nachlässigkeit im Wortgebrauch führt nur zu oft zu identischen Resultaten in der Sache.
Dass die FAZ beim sprachlichen Pokerfestival munter dabei ist, versteht sich inzwischen fast von selbst. So gut wie jede modernistische Torheit wird mitgemacht, wenn nicht gar in Gang gesetzt. Im Jahre 2019 meinte sie auf ***„großen Mobilfunkpoker“*** (26.1.2019) und sogar, man fasst es nicht, auf ***„Asyl-Poker“*** (28.3.2019) nicht verzichten zu dürfen! War das vielleicht als ein Beitrag zur allgemeinen Politikverdrossenheit gemeint? Oder wirklich nur Torheit? Eher nicht, denn der Irrsinn hat inzwischen Methode:

- „***Subventionspoker***“ (FAZ, 23.6.2022, S. 22. Überschrift: „***Milliardenpoker***“!).
- „***Poker in Pressburg***“ (FAZ, 9.8.2022, S. 8. Überschrift zu einer „*Regierungskrise*“).
- „***Poker um den Verbrenner***“ (FAZ, Überschrift, 3.3.2023, S. 17).
- „***Steuerpoker*** *mit zwei Trümpfen*“ (FAZ, Überschrift, 11.8.2022, S. 16).

Wie schief das versuchte Sprachbild ist, erhellt die Tatsache, dass es beim Pokern gar keine „*Trümpfe*“ gibt!

- „***Atompoker***“ (FAZ, Überschrift, 15.8.2022, S. 8, zum Kampf um das Atomkraftwerk Saporischja). Im Text stand: „*Allein das sollte für beide Kriegsparteien ein Grund sein,* ***den Atompoker schleunigst zu beenden***.“
- „*Familienministerin Lisa Paus lässt* ***im Finanzpoker*** *mit Kassenwart Christian Lindner nicht locker*.“ (FAZ, Katja Gelinsky, 20.3.2023, S. 15).
- „***Im Poker*** *um den insolventen Flughafen Hahn* ***mischt das Unternehmen*** *des ...* ***mit***.“ (FAZ, 3.4.2023, S. 20).
- „***Der Verhandlungspoker geht weiter***.“ (FAZ, Überschrift, 24.5.2023, S. 6).

Diesen vielen Pokerbemühungen der FAZ sei ein keineswegs harmloses Urteil des FAZ-Mitherausgebers Jürgen Kaube, immerhin des für das – selbstredend im doppelten Sinne - sprachsensible Feuilleton Zuständigen, gegenübergestellt, der in seiner Besprechung einer Wiener Inszenierung von Becketts Zweiakter >Glückliche Tage< (FAZ, 29. April 2023, S. 11) beklagte, dass der Regisseur „*uns nervtötend alle Qualen der Phrasenhölle durchleiden lässt*“. Das geschieht allerdings mit dem unfeinen Hintergedanken, er möge begreifen, dass es die FAZ ist, seine FAZ, die uns genau das antut, wenn sie durch das Feuerwerk mit „*Poker*“ in zumeist einfallsloser Verwendung selbst zu einer „***Phrasenhölle***“ wird.

Die ARD ist bei solchem Unfug immer mit von der Partie:

- „***Wie hoch pokert Putin noch?***“,

so lautete die Ankündigung eines >Talks< am 26.9.2022. Angesichts des bestürzenden Hintergrunds ist das eine verbale Entgleisung erster Ordnung.

- *„**ManCity steigt aus Rice-Poker aus**.“* (ARD, Texttafel 100, 23.6.2023).

Es ging um die *„Ablöse“*, also die Höhe des Betrags für den Fall einer *„Verpflichtung“* des Spielers Rice, eines *„Transfers“*.
Kommen die Gewerkschaften und die Arbeitgeberverbände in den Blick, ist umgehend vom *„**Tarifpoker**“* die Rede. Der Geruch des Unseriösen, des Dubiosen, des Unstatthaften wird mindestens fahrlässig in Kauf genommen. Dabei sind Tarifhoheit und Tarifpartnerschaft mit allen Konsequenzen, auch denen des Aushandelns von vielleicht politisch inopportunen Tarifverträgen, grundgesetzlich geschützt.
Auf dem Felde des Sports wird, wenn Vertragsverlängerungen bei Spielern, Trainern, Managern etc. anstehen, umgehend vom *„**Vertragspoker**“* schwadroniert. Dass es dabei im Einzelfall um viele Millionen geht, sei eingeräumt. Aber muss gleich wieder das Bild des Pokerns bemüht werden?
Liegt wirklich mehr vor als eine sich zunehmend verbrauchende, zur Floskel erstarrte Worthülse, ohne die unsere Sprache nicht ärmer wäre? Unsere Medienleute sollten uns allmählich den Gefallen tun, das Pokern wieder nur dort stattfinden zu lassen, wo es einst aufkam, in den Hinterzimmern überwiegend schlecht beleumundeter Etablissements. Unseren (politischen) Alltag möchte die Mehrheit der Bevölkerung pokerfrei erleben und nicht als Spielcasino. In den meisten Fällen wird nämlich nur gesprochen und erörtert, sondiert, ausgelotet und verhandelt, gelegentlich gefeilscht und geschachert, leider zu oft auch getrickst, übers Ohr gehauen und über den Tisch gezogen. Da muss nicht auch noch allerorten gepokert werden.

Positionieren

Obwohl *„sich aufstellen“*, wie unter diesem Stichwort gezeigt, zunehmend einen vornehmen Platz im Phrasensumpf erhalten hat, genießt das in mancher Hinsicht inhaltlich identische Verb *„positionieren“* nicht selten den Vorzug, weil es mit seinem fremdwörtlichen Ursprung noch mehr rhetorische Eleganz vorgaukelt. Dabei war zunächst mit *„positionieren“* nur gemeint, dass etwas in Position, also in eine bestimmte Lage oder Stellung gebracht wurde. Gelegentlich sollten auch *„zu- oder einordnen“* bzw. *„in einen Zusammenhang bringen“* gesagt sein. Inzwischen ist das schwache transitive Verb *„positionieren“* auf dem Weg zur Phrase mehr und mehr zum reflexiven Verb *„sich positionieren“* aufgeputzt worden.
Wer immer wo auch immer eine bestimmte Meinung vertritt, der *„positioniert sich“*. Wer etwas kundtut, natürlich auch. Früher war man bescheiden genug, sich zu etwas geäußert zu haben, etwas verlautbart zu haben. Wenn

es sprachlich anspruchsvoller zum Ausdruck kommen sollte, vertrat man einen Standpunkt. Heute muss man sich dazu „*positionieren*", und sei der Sachverhalt noch so banal oder trivial.
Die Frage der Teilnahme russischer Athleten an sportlichen Großveranstaltungen ist gewiss keine banale Angelegenheit. Dennoch: In dem folgenden Satz hätten „*geäußert*" oder „*festgelegt*"ohne Substanzverlust „*positioniert*" ersetzen können, allerdings bescheidener daherkommend:

- „... ***hat sich der deutsche Sport immer noch nicht positioniert***." (FAZ, 13.3.2023, S. 28).

Hätte sich „*der deutsche Sport*" – wer ist das eigentlich? - zur Teilnahme russischer Athleten geäußert, dann doch wohl seine Entscheidung dazu mitteilend – oder eben auch nicht. Aber „*noch nicht positioniert*" vermittelt, genau das ist die Absicht, den Eindruck, dass Weltbewegendes auf dem Spiel steht. Vielleicht ist das auch so. Jedenfalls kommt da die Phrase sehr gelegen. Ebenfalls stets dann, wenn mit Sätzen wie „*Wir haben uns dazu noch nicht positioniert*" oder „*Wir werden uns dazu klar positionieren*" im echten Politikerdrusch auf Bedeutungsvolles, also etwas ganz und gar Politiktypisches, aufmerksam gemacht werden soll. Parteiübergreifend! Die Politikerphrase kennt keine Parteien, sie kennt nur noch Deutsche!
In einem Beitrag der FAZ vom 30. August 2022, S. 20, in dem Spitzensportlern neben ihrer Sportkarriere – in lupenreinem Deutsch, nicht wahr? – ein „*Faible fürs Investorendasein*" nachgesagt wurde, hieß es:

- „*Für viele sei das* ***eine Art Positionierung***, ***auch da es smart wirke***."

Kommen wir über eine Spur der Ahnung hinaus, wenn wir intensiv versuchen zu begreifen, was denn unter „*Positionierung*" gemeint sein könnte? Ist eine selbstbezügliche Statuszuschreibung darunter zu verstehen? Oder, da es ja „*smart wirke*", eine intellektuelle Aufwertung? Eine Quelle gar, aus der das Selbstwertgefühl Kraft schöpft, bedrohliche Minderwertigkeitskomplexe abbauend?
Hätte sich der Journalist da nicht sprachlich klarer positionieren sollen?

Potenzial

So dürftig gerade manche Spitzensportler sprachlich ausgerüstet sind, so erstaunlich (oder auch nicht?) vermögen andere unter ihnen als Phrasendrescher aufzutreten. Als ein solcher in Meisterschaft erwies sich der deutsche Basketballnationalspieler Johannes Voigtmann, als er in einem FAZ-Interview am 1. September 2022 auf Seite 28 von sich gab:

- ***„Wir brauchen eine Identität ... . Dann kann ein Team sein Potenzial ausspielen***.“

Auf die Worthülse „*Identität*“, die längst eine „*semantische Entleerung*“ erlitten hat,[95] gehen wir hier nicht wieder ein. Es ist das „*Potenzial*“, das rhetorisch besticht, auch wenn, wahrscheinlich, nur billiges Wortgeklapper vorliegt. Es ist, um Theodor W. Adorno zu zitieren, ein „*marktgängiges Edelsubstantiv*“, es versprühe eine „*Aura*“.[96]
Voigtmann hätte also auch die „*Leistungsfähigkeit*” oder, noch etwas bescheidener, die „*Möglichkeiten*“ seiner Mannschaft, Verzeihung: seines Teams, andeuten können. Aber so schlicht kommt kein Spitzensportler daher, etwas geschwollener darf es schon sein. Und statt „*nutzen*“, schließlich haben wir es mit dem Sport zu tun, kommt natürlich nur „*ausspielen*“ in Betracht. Oder „*abrufen*“!
War einst ein Spieler talentiert, hat er heute „*viel Potenzial*“. Hat eine Mannschaft Aussichten auf eine gute Saison, dann „*steckt*“ in ihr „*einiges an Potenzial*“.
Und für die Politik, die Wirtschaft, die Kulturschaffenden gilt das entsprechend – es wird das „*Potenzial*“ beschworen. Erweist es sich nicht nur als eine Sprechblase, sondern auch realiter als eine Täuschung, ist es schnell vergessen, denn es war ja nur ein „*Potenzial*“.
Erstaunlich deutlich hat das der neue Vorstandsvorsitzende der Bayer AG betont: „***Das Potential ist riesig, aber wir wissen alle, dass Potential alleine nicht ausreicht***.“ Er wurde (in dieser Schreibweise!) zitiert von der FAZ am 3. Juni 2023 auf Seite 21.
Also auf zum nächsten „*Potenzial*“! Oder doch lieber Potential.[97]

Zu beachten ist, dass es neben dem Substantiv „*Das Potenzial*“ auch das Adjektiv „*potenziell*“ gibt. Die spezifische Verwendung des Begriffs „*Potenzial*“ in der Physik als „*Maß für die Stärke eines Kraftfeldes im Raum*“ und für „*potenzielle Energie*“ bleibt unberücksichtigt. Es geht hier, wie bereits deutlich geworden sein dürfte, schlichter um die „*Leistungsfähigkeit*“ einerseits und um „*unterschwelliges Vorhandensein*“ andererseits, also um etwas, was eine Möglichkeit beinhaltet oder zum Ausdruck bringt. Mit dieser figürlichen Verwendung des Begriffs erst eröffnet sich der Weg zur Anwendung von „*Potenzial*“ als Phrase. Und er wird weidlich genutzt! Nicht zuletzt, weil seine lateinische Wurzel, die ja geahnt werden kann, das

---

95 Auf den schon einmal zitierten Begriff, den wohl Thomas Thiel (FAZ, 27.7.2023) meisterhaft geprägt hat, musste ich hier einfach zurückkommen.

96 Theodor W. Adorno, Jargon der Eigentlichkeit, edition suhrkamp, Band 91, 18. Auflage, Frankfurt 2015, Seite. 9 bzw. 11.

97 Die klassische Schreibweise ist Potential und wird von mir bevorzugt.

Potential bietet, erhebliche klassische Bildung und, davon abgeleitet, intellektuelle Distanz zu reklamieren.
Wenn Manager ein Unternehmen übernehmen, dann stets mit dem Hinweis, es gelte, das schlummernde „***Wachstumspotenzial***“ zu wecken. Trainer treten so gut wie nie ihren Job an, ohne auf das „***Leistungspotenzial***“ aufmerksam zu machen, das in ihrer Mannschaft stecke.[98]
Sätze wie „*In der Mannschaft steckt viel Potenzial*“ sind im Sport Massenware geworden, auch „*Sie haben ihr Potenzial nicht abrufen können*“ oder „*Er (oder sie) hat das Potenzial zum ...*“. Worin genau das „*Potenzial*“ denn bestanden habe und woran genau es denn gelegen habe, dass das „*Potenzial*“ nicht ausgeschöpft worden sei, bleibt im Nebel der Phrase verborgen. Im hochmögenden Börsenjargon ist dann ein Satz wie der folgende keine Überraschung:

- „*Oder ist die ausbleibende Kapitalnachfrage, wie Deutschmann meint,* ***der Erosion unternehmerischer Potentiale geschuldet?***“[99]

„*Unternehmerische Potentiale*“ sind also der „*Erosion*“ ausgesetzt! Geht es geschwollener? Geht es aufgemotzter? Ist zu befürchten, dass die sprachlichen Potentiale der an dem Satz Beteiligten noch gar nicht ausgereizt worden sind?

Power und powern

In Zeiten der Energiewende ist „*Power*“ ein sprachliches Muss. Natürlich auch oder gerade im Deutschen, auch wenn >*power*< unzweideutig ein englisches Substantiv ist. Aber wen schert das. Angesichts der globalen Herausforderungen des Klimawandels sind wir selbstverständlich alle >global players< und parlieren Englisch. Wir Deutschen vorneweg.
>*Power*< ist sinnvoll als „*Kraft, Stärke, Schwung, Vermögen*“, aber auch als „*Macht*“, als „*mächtiger Faktor*“ zu verstehen. Darüber hinaus ist mit >*power*< eine „*Antriebskraft*“, ein „*Motor*“, mechanische und elektrische Energie überhaupt gemeint, man denke an >*horsepower*< und an >*power plant*<, >*power station*< oder >*power unit*<, aber auch >*power drill*< für Bohrmaschine und >*power line*< für Starkstromleitung. Im übertragenen Sinne kommt >*power*< in der Bedeutung „*Befugnis*“ zum Einsatz, im Plural werden Mächte, Staaten, Regierungen als >*powers*< bezeichnet, figurativ ist von >*heavenly powers*< die Rede, wenn himmlische oder übernatürliche Mächte angesprochen werden.

---

[98] In beiden gefetteten Begriffen ist erhebliches tautologisches Potential!

[99] Die genaue Quelle ist mir leider nicht mehr bekannt. Zu beachten bleibt, dass tatsächlich die Schreibweise „Potential“ bevorzugt wurde.

>*Power*< ist also ein englisches Wort mit einer enormen Anwendungsbreite. Im Deutschen eröffnet das für die Phrasendrescher fast unbegrenzte Anwendungsmöglichkeiten. Und die werden genüsslich genutzt, wie noch gezeigt werden wird.
Hinzu kommt, dass es das englische Verb >*to power*< in der Bedeutung *„mit Energie versehen"*, *„antreiben"*, *„betreiben"*, aber auch *„mit Motor ausrüsten"* gibt. Was Wunder also, dass der Deutschen in sprachlicher Hinsicht grenzenloser Einfallsreichtum dazu geführt hat, dass wir uns des Verbs *„powern"* bedienen und erfreuen dürfen.
Im Jargon des Sports und in dem der Jugend feiert nun *„Power"* fröhliche Urständ, sei es als *„Powerfußball"*, *„Powerfrau"* etc.
Der bereits herangezogene Daniel Farke, der als einstiger >Coach< des englischen Fußballklubs Norwich City unmittelbar vielfältig mit >*power*< in Berührung gekommen war, ließ sich verständlicherweise die Chance nicht entgehen, mit dem Begriff *„Power"* im Deutschen zu glänzen:

- *„Wenn du gut bist im Ballbesitz, dann* ***hast du einfach viel mehr Power und Energie*** *für die Umschaltmomente."* (FAZ-Interview, 27.8.2022, S. 31).

Dass ihm seine Formulierung ins Tautologische, also in das Doppeltgemoppelte (*„Power und Energie"*), entglitt, wird ihn wahrscheinlich auch im Nachhinein nicht weiter grämen. Hauptsache *„Power"*!
In fast allen Lebensbereichen wird *„gepowert"* und *„empowered"* oder dazu aufgerufen, mit etwas mehr *„Power"* an eine Aufgabe heranzugehen. Früher hätte man sich mit *„Einsatz"* oder *„Antrieb"* begnügt. Es fällt zudem auf, dass *„Power"* zunehmend, wenngleich jargontypisch eben nur phrasenhaft, zum Wortbestandteil gemacht wird, sobald auf etwas Außergewöhnliches, jedenfalls das Normale Sprengendes aufmerksam gemacht werden soll. Zu bewundern sind dann Wortschöpfungen wie *„Powerfrau"* und, ganz und gar deutsch, *„Powergirl"*, diese allerdings, wahrscheinlich überwiegend absichtsvoll, mit einem Anflug (oder mehr) von Sexismus gerade bei denen, die sonst vorgeben, antisexistisch eingestellt zu sein. Und in bestimmten Kreisen ist *„Frauenpower"* ein gesellschaftspolitisches Ziel, um, gewiss längst überfällig, der Männerherrlichkeit den Garaus zu machen. In der deutschen Sprache ist man schließlich schon gut vorangekommen. Man hat ja auch kräftig gepowert!

Preisbremse

Es ist erstaunlich: Nicht zuletzt in der Politik, wo das Progressive, das Vorwärts, die Beschleunigung in die gelobte Zukunft hinein Maßstab und Ziel

zugleich geworden sind, ist die „*Bremse*“ – allerdings jene im nichtmechanischen Sinne – zu sprachlichen Ehren ersten Ranges gekommen. Alles Mögliche muss plötzlich gebremst werden, eingehegt und entschleunigt. „*Bremse*“ wird beinahe beliebig vielen Substantiven angehängt. Spitzenreiter sind derzeit die „*Schuldenbremse*“ und die „*Preisbremse*“ angesichts eines aus den Fugen geratenen Haushalts einerseits und galoppierender Preissteigerungen besonders im Energiesektor andererseits. Dass es sodann gerade bei Politikern zu kuriosen Phrasen kommt, ist das Natürlichste, was wir dieser Spezies zutrauen dürfen.
Der Bremer Bürgermeister Bovenschulte, immerhin im Range eines Ministerpräsidenten, wurde vom NDR auf Texttafel 121 am 16. Oktober 2022 zitiert, der Bund müsse „***die Preisbremse besser umsetzen***“.
Mit „*Preisbremse*“ und „*umsetzen*“ in einem kurzen Satz ist ihm somit eine Edelphrase gelungen, eine Sprachpraline ohne Substanz allerdings. Man könnte sie auch geschmacklos nennen in ihrer Absurdität.
Aber das zu toppen[100] ist der FAZ ein Leichtes:

- „*Regierung verzichtet auf* **Besteuerung der Preisbremsen**.“

So, aber ja, lautete die Überschrift eines Beitrags in der Ausgabe vom 31. Mai 2023 auf Seite 15. Es ist immerhin kein Geheimnis, dass eine Regierung, die sich von der in der Verfassung verankerten „*Schuldenbremse*“ mehr und mehr eingezwängt sieht, nach allen möglichen höheren und weiteren Besteuerungen vornehmlich oder, aus Gründen der Gerechtigkeit, das versteht sich, ausschließlich der Besserverdienenden – auch so ein phrasenträchtiger Kampfbegriff, bei dem man nicht genau weiß und auch nicht wissen soll, wer dazu zählt – schielt. Nun aber sollten, wohl ganz ähnlich dem Tabak oder dem Alkohol, Bremsen besteuert werden, wenngleich nur „*Preisbremsen*“? Hoffentlich sind die auch konsumgeeignet wie Tabak und Alkohol beispielsweise. Oder meinte die FAZ in ihrer Sprachgewandtheit, dass die Subventionen, als dem Einkommen hinzugerechnete Geldbeträge, die als „*Preisbremse*“ dienen sollten, nun doch nicht mehr einer Besteuerung unterliegen werden?
Nur einen Tag später, also am 1. Juni 2023, Seite 8, folgte diese Überschrift:

- „***Wird die Schuldenbremse ausgehöhlt?***“[101]

Man staunt, was man mit einer Bremse, und sei es nur eine „*Schuldenbremse*“, alles anstellen kann. Aushöhlen kann man sie! Davor in einem

[100] Das Schreibprogramm meines Rechners zeigt an, das Wort nicht zu kennen!
[101] Unter dem Stichwort „*Schuldenbremse*“ sind gezielt weitere Beispiele behandelt worden.

Aufsatz, den die FAZ abdruckte, warnen zu müssen, meinte der Hauptgeschäftsführer des Landkreistages, Prof. Dr. Hans-Günter Hennecke. Vielleicht eignet er sich ja auch zum Hauptgeschäftsführer des Verbandes der Phrasendrescher. Ihn zu gründen, wird übrigens höchste Zeit, denn sie haben hehre Interessen zu vertreten.
Schlagworte wie „*Preisbremse*“ und „*Schuldenbremse*“ müssen nur oft genug in der Politikerkantine geköchelt werden, um dann, längst zur Phrase verkommen, in den Medien ständig serviert zu werden. Vogel, friss und stirb?
Der Respekt – ebenfalls ein Begriff, der diesem Schicksal nicht hat entgehen können – einer unkritischen Leserschaft ist immerhin garantiert. Phrasen machen es halt möglich.

Prekär und Prekariat

Es ist erstaunlich: Sowohl der sechsbändige DUDEN als auch das WAHRIG- Fremdwörterlexikon definieren das Adjektiv „*prekär*“, führen aber keinen Eintrag zum Substantiv „*Prekariat*“. Und auch das Schreibprogramm meines Rechners gibt an, es sei ihm nicht bekannt. Dabei werden beide Wörter inzwischen gern in (sozial)politischen Auseinandersetzungen als Kampfvokabeln eingesetzt, wenngleich mehr floskelhaft als inhaltsstark.
Im WAHRIG 2004 wird „*prekär*“, dessen lateinische Wurzel >*precarius*< ist und als dessen Zwischenstufe das französische Wort >*precaire*< verstanden werden darf,
mit den Adjektiven misslich, bedenklich, peinlich, unangenehm erläutert. Andere Wörterbücher nennen instabil, gefährdet, gefahrenvoll, wackelig, unsicher, heikel, schwierig und inhaltsähnliche Adjektive wie fragwürdig und zweifelhaft als Entsprechungen.[102] Damit ist also eine erhebliche Anwendungsbreite von „*prekär*“ eröffnet, was zu uneindeutigen und somit eher phrasenhaften Anwendungen geradezu einlädt – und entsprechend wahrgenommen wird.
Einen Beleg lieferte wie bestellt die FAZ am 30. August 2022 auf Seite 17, wo ein Beitrag mit der Überschrift „***Prekäres Privileg der Dienstwagen***“ erschien und die Frage auslöste, was denn an einem „*Privileg der Dienstwagen*“, von denen man übrigens bis dato gar nicht gewusst hatte, dass sie und nicht ihre Eigner durch ein „*Privileg*“ besonders ausgezeichnet seien, „*prekär*“ sein mochte. Dass Privilegien prinzipiell etwas Bedenkliches oder gar Peinliches eignet, dessen war man sich natürlich sofort bewusst, wie

[102] Das Englische kennt das Adjektiv >precarious<, zum Beispiel in der Wendung >a precarious livelihood<, also wohl des Inhalts „eine schwierige Lebenslage“, und das Substantiv >precariousness<.

ein Blick in den Text zum Stichwort „*privilegiert*“ in diesem Glossar erhellen wird. Deshalb drängte sich ja die Frage auf, ob mit „*prekäres Privileg*“, also peinliches Privileg(?), nicht wieder zu einer tautologischen Fügung Zuflucht gesucht worden war, um einem banalen Sachverhalt sprachlichen Glanz zu verleihen. In der redaktionellen Hinführung zum eigentlichen Beitrag stand denn auch, viele Autos seien „*steuerlich nicht attraktiv. Vor allem die teuren Limousinen*“. Was war also gemeint mit „*prekäres Privileg*“? Sollte man sich als Leser je nach Stimmung, Bildungsgrad, Vermögenslage etc. selbst im riesigen Angebot deutscher Entsprechungen von „*prekär*“ bedienen? Ist das inzwischen die zentrale Aufgabe des Lesers?

Ganz ähnlich verhält es sich mit dem lexikalisch gar nicht registrierten, in der Politik und in den Medien jedoch immer beliebter werdenden Substantiv „*Prekariat*“. In soziologischen Studien will man es gern akzeptieren, sofern es mit klarem Inhalt ausgestattet ist. Bei Politik und politischer Berichterstattung aber drängt sich der Eindruck auf, dass eben genau das mit seinem zunehmenden Einsatz verbunden ist – man will Eindruck machen, indem man sich gebildet gibt, wo man in Wirklichkeit nur einer Mode willfährt.
So ist denn beispielsweise oft vom „***akademischen Prekariat***“ die Rede. Wen man weshalb dazu zählt, bleibt unscharf, wahrscheinlich gewollt unscharf, wenn hinter der häufig mit einer Schuldzuweisung verbundenen Aussage, es sei ein solches Prekariat zu beklagen, ein ideologischer Ansatz versteckt werden soll.
Dazu allerdings eignet sich nichts vorzüglicher als die phrasenhaft-inhaltsschwammige Wiederholung vermeintlich bedeutungsschwerer Termini, die den wenigsten vertraut sind und die deshalb bei sehr vielen fast ehrfürchtiges Staunen und, wie beabsichtigt, weitgehende Zustimmung zu einem keineswegs plausibel dargestellten Sachverhalt auslösen.
Das dürfte auch der Fall sein bei einem anscheined so einfach konstruierten Satz wie dem folgenden:

- „*Der Vorgang zeigt,* ***dass Putins Lage immer noch prekär ist.“*** (FAZ, Nikolas Busse, 7.7.2023, S. 10).

Was war an Putins Lage prekär? Worin bestand das angeblich Prekäre? Darf man das fragen? Man muss wohl.
Unsere Sprache führt das allmählich in eine prekäre Lage. Ich hoffe, Sie wissen, was ich gemeint habe.

Priorität, Priorisierung und priorisieren

Irgendwann hielt der Ausdruck *„Das hat Priorität“* Einzug in den Politjargon und wurde zur Phrase. Das genaue Datum zu ermitteln und die weitere Entwicklungsgeschichte zu betrachten, könnten Herausforderungen einer germanistischen oder einer politikwissenschaftlichen Dissertation sein. Oder gar Habilitationsschrift? Hier möge es ausreichen festzustellen, dass ich mich ihm erst im fortgeschrittenen Lebensalter ausgesetzt gefühlt habe – dann allerdings umso heftiger. Das zumal, weil sehr bald die *„oberste Priorität“* zum Maßstab politischen Handelns erhoben wurde, unterhalb dessen kein Politiker (und kein Manager, das versteht sich) erstrebenswerte Ziele ansiedelte.

Mit dem neuen Verb *„priorisieren“* begann man eine Schlüsselaufgabe in Politik und Wirtschaft zu bestimmen. Wer nicht *„Prioritäten setzen“* kann, erfüllt kaum noch die Voraussetzung für ein höheres Amt. Die von *„priorisieren“* abgeleitete *„Priorisierung“* wurde ebenfalls einfallsreich in den Jargon eingespeist.[103] Was früher Vorrang hatte oder ein Vorrecht genoss, was einst bevorzugt wurde oder wem ein Vorrang eingeräumt wurde, was eine höhere Bedeutung sowie einen höheren Rang oder Stellenwert hatte, das oder der wird jetzt *„priorisiert“*, das oder der *„erhält Priorität“*.

Das Lateinische ist selbst aus den gymnasialen Lehrplänen weitgehend, offenbar weil zu selektiv und elitär wirkend, verdrängt worden. Aber mit Wörtern aus dem Lateinischen, die man allenfalls annäherungsweise zu erklären vermag, rhetorischen Glanz vorzutäuschen, das wird man sich doch nicht entgehen lassen, zumal dann nicht, wenn man sich einer Elite zugehörig wähnt. Selbstverständlich waren die Medien verstärkend sofort mit von der Partie.

- *„Die deutsche Energiepolitik wandelt sich, bleibt sich allerdings darin treu,* ***dass es ihr an Konsistenz und an sinnvoller Priorisierung fehlt****.“* (FAZ, Reinhard Bingener, 9.9.2022, S.1).
- *„Damit* ***setzt er*** (Habeck) *...* ***die falschen Prioritäten****.“* (FAZ, Heike Göbel, 9.9.2022, S.15).
- *„... hat für uns* ***allerhöchste Priorität****.“*

So tönte Bundesinnenministerin Nancy Faeser in der ARD-Tagesschau am 20. September 2022. Mit der *„höchsten Priorität“* mochte sie sich, ganz Politikerin, natürlich nicht zufrieden geben. Die *„allerhöchste“* war gerade einmal ausreichend.

Im Vergleich dazu ausgemacht bescheiden äußerte sich ein Spitzenmanager:

---

[103] Dem Schreibprogramm dieses Rechners ist sie immer noch unbekannt.

- „***Oberste Priorität müsse es sein***, *>ein Gleichgewicht zwischen Verbraucherschutz und Investitionssicherheit zu erreichen<, sagte Birnbaum* (Eon-Chef).“ (FAZ, 22.11.2022, S. 22).
- *„Doch* ***die Priorität scheint es derzeit noch nicht zu sein****, mit potentiellen Interessenten für Warenhäuser zu reden.*“ (FAZ, Jonas Jansen, 22.11.2022, S. 24).

Hier hat etwas nicht Priorität, hier **ist** etwas Priorität! Eine geniale Variante!

- *„Giorgia Meloni* ***setzt*** *mit ihrem ersten Haushaltsplan* ***eigene Prioritäten***.“ (FAZ, 23.11.2022, S. 20).

Sollte sie sich etwa mit fremden Prioritäten befassen? Immerhin, so etwas soll es geben:

- „***Die neue Führung muss den Eindruck vermeiden, Prioritäten westlicher Eliten abzuarbeiten***.“ (FAZ, Winand von Petersdorff, 18.2.2023).

Eine phrasenhafte Spitzenleistung gelang wieder einmal der Texttafelredaktion der ARD:

- „***Habeck hinterfragt Priorisierung***“ (ARD, Texttafel 100, 12.7.2022).

>*Prior*< – auf Deutsch eher, früher, vorzüglicher, vorrangiger.[104] Es gäbe also zahlreiche Möglichkeiten, auf „*prior*“ und seine Zusammensetzungen zu verzichten – wenn man das denn bescheiden wollte. Doch wer kann das wollen, wenn alle Mistreiter das nicht wollen? Also wird munter der „*Priorität*“ der Vorrang gegeben, Verzeihung, sie wird natürlich „*priorisiert*“.

Privileg und privilegiert

Die FAZ veröffentlichte am 25. November 2022 auf Seite 12, also im Feuilleton, eine von Martin Hartmann verfasste Rezension zweier Bücher, von denen es im Untertitel hieß, ihre Autoren „*unterziehen den Begriff des Privilegs einer Klärung*“. In der Überschrift erfuhr man, worum es ihnen konkret geht: „*Kampfvokabel oder Erkenntnisinstrument?*“.
Es ist dort von einer „*Entgrenzung des Privilegienbegriffs*“ die Rede. Damit ist der uns interessierende Gesichtspunkt angesprochen. Die

[104] Man denke an den Prior eines Klosters, den Vorsteher!

Überdehnung hat dazu geführt, dass *„Privileg*" und *„privilegiert*" vornehmlich negativ konnotiert verwendet werden. Der Rezensent führte aus, es gebe für den einen der beiden Autoren *„mittlerweile eine Selbstbezichtigungskultur*[105] *der Privilegierten, der Privilegiencheck wird zu einem Distinktionsmerkmal*". Er fragt den anderen Autor sodann, *„ob wir nicht ganz gut unterscheiden können zwischen einigermaßen plausiblen Ausdehnungen eines Begriffs und bloß strategischen Aneignungen*".
„Strategische Aneignungen" eines Begriffs – ist das nicht der Ansatz zum phrasenhaften Gebrauch? Phrasen, sind sie nicht elegant oder raffiniert verbrämte *„Kampfvokabeln*"? Und umgekehrt gilt doch wohl: Die zumeist ideologisch motiviert eingesetzten Kampfvokabeln, werden sie nicht bewusst als Phrase verpackt, um unterschwellig, subkutan sozusagen, umso wirkungsvoller zu sein?
„Privileg" kommt immer mit einem Hauch von Wissenschaftlichkeit daher, den die deutschen Wörter Vorrecht und Vorzug nicht geltend machen können.
Deshalb: Es ist Vorsicht geboten, wenn *„Privilegien*" beklagt oder gar verurteilt werden, wenn *„privilegierte*" Stellungen attackiert werden. Der Verdacht, es könnte sich um eine phrasenhafte Verwendung in ideologischer Absicht handeln, liegt nahe!

Proaktiv

Wie zu vermuten war, ist die Suche nach dem Lemma *„proaktiv*" im DUDEN ergebnislos verlaufen. Das fast dreißig Jahre später, 2004, erschienene WAHRIG-Fremdwörterlexikon aber kennt, auch wieder erwartungsgemäß, das Adjektiv in der Bedeutung *„vorausschauend, vorausplanend, Trends vorwegnehmend*". So findet Wortschatzerweiterung statt. Eine dringend notwendige zudem!
Und so beginnt eine modernistische Verwendung eines Neologismus bei jeder sich bietenden oder dafür gehaltenen Gelegenheit. *„Proaktiv*" sein wird zum Gebot, ist auszeichnend, vermittelt Wachheit, lässt keinen Gedanken an irgendwelche Zögerlichkeit aufkommen – anders als bloße Aktivität, von der man ja nie wissen kann, wann sie endet. Und vor allem: Wer *„proaktiv*" ist, ist anderen mindestens gedanklich zumeist einen Schritt voraus. Oder so ähnlich. Das ist ja das wahre Geheimnis einer Phrase, dass sie uns im Ungewissen verharren lässt, nur andeutet, verschleiert, verbrämt und dergleichen.
Die beiden nun folgenden Sätze dürften genau diese Bedingung phrasenhaften Ausdrucks erfüllen:

---

105 Der Begriff *„Selbstbezichtigungskultur*" hätte natürlich unter dem Sichwort *„Kultur*" eine besondere Würdigung erfahren sollen. Ich meinte allerdings, ihn nicht schon vorzeitig verbrauchen zu sollen.

- *„Die römischen Stellen,* ***auf deren Gesprächseinladungen Bätzing proaktiv wartet****, werden sich ... die Butter nicht vom Brot nehmen lassen.“* (FAZ, Christian Geyer, 13.3.2023, S. 9).

Was genau Bischof Bätzings Warten *„proaktiv”* sein ließ, warum müssen wir es wissen. Es genügt doch, dass der Feuilletonist Christian Geyer, sprachlich ganz solcher, es zu wissen vorgibt. Herrschaftswissen? Na denn. Oder doch pure Spekulation? Oder protziges und dennoch oder gerade deshalb billiges Wortgeklapper?

- *„.. zu einem modernen* ***Fußball-Unternehmen...****,* ***das die Transformationen in die Zukunft proaktiv und sehr erfolgreich angeht****.“* (FAZ, Peter Hess, 10.12.2022, S.10).

Dass ein *„Fußball-Unternehmen“*[106] *„Transformationen in die Zukunft... angeht“*, lassen wir dem Sportredakteur als klassische tautologische Fügung gern durchgehen, denn nirgendwo wird sprachlich mehr dick aufgetragen als im Sportjournalismus. Aber *„proaktiv und sehr erfolgreich“* – das erst rechtfertigt die Jubelarie. *„Proaktiv“* macht frei von schnödem Aktivismus, von dem man nie weiß, wann und wie er scheitern könnte, hyperaktiv sozusagen.
Seien Sie also *„proaktiv“*! Nur dann haben Sie Erfolg. Oder vielleicht eher doch nicht?

Prognose

Dieses auf das griechische Verb *>progignoskein<*, *„im Voraus erkennen“*, zurückgehende Substantiv hat sich im Zuge wachsender Bedeutung der Meinungsforschungsinstitute, also jener der Demoskopie, nicht zuletzt angesichts des wegen immer weniger Prinzipienfestigkeit zwangsläufig populistischen Schielens der Politiker auf ebenfalls starken Schwankungen unterworfene Stimmungen in der Bevölkerung, einen festen Platz in Politik und Gesellschaft, vornehmlich aber in den Medien erobert. Damit ist allerdings ebenso zwangsläufig die Gefahr verbunden, dass das Wort *„Prognose“* mit seinem Hauch des Fremdländischen und somit Exotisch-Elitären überstrapaziert wird, weil sein Begriffsinhalt nur noch oberflächlich beachtet wird. Eine *„Prognose“* ist stets in und auf die Zukunft gerichtet, sie beinhaltet die Vorhersage eines Ablaufs, eines Geschehens, einer

[106] „Fußball-Unternehmen“ – wie bestellt ein Beispiel für die grassierende Bindestrichitis, die ich bereits in früheren Publikationen kritisiert habe.

Entwicklung – zum Beispiel des Wetters oder einer Krankheit, aber eben auch eines Wahlverhaltens, einer Zustimmung.
Genau dieser präzise Begriffsinhalt wird zunehmend großzügig-leichtfertig missachtet. „*Prognose*" wird zur rhetorischen Selbstdarstellung eingesetzt und zur Floskel degradiert.
Wie auf einem Silbertablett lieferte geradezu maßgeschneidert ein sich als Wirtschaftsprüfer vorstellender Leserbriefschreiber aus Thüngen (FAZ, 20.5.2023, S. 20), der nicht vergaß, auf seinen Doktortitel aufmerksam zu machen, einen Satz als Beleg:

- „*Das hat mit einer* ***Prognose über die Zukunft*** *des Unternehmens überhaupt nichts zu tun, geschweige denn mit der Führung der Geschäfte dieses Unternehmens.*"

Es hätte ja genügt, es „*mit der Zukunft*" oder „*mit einer Aussage über die Zukunft*" bewenden zu lassen. Doch so wenig floskelhaft großspurig mag ein promovierter Wirtschaftsprüfer in der FAZ, gerade dort, nicht in Erscheinung treten. Eine „*Prognose über die Zukunft*", also eine Wendung, die inzwischen massenhaft vorkommt, kam da wie gerufen, sind Wirtschaftsprüfer doch überwiegend mit der Vergangenheit von Unternehmen befasst.
Darf man prognostizieren, dass „*Prognose*" noch eine Zukunft hat?

Prozedere und Prozess

Geht es um irgendeinen Ablauf, einen Verlauf, einen Vorgang, ein Verfahren, eine Vorgehensweise, nicht selten auch ein Vorhaben, wird angeberisch zum „*Prozedere*" gegriffen, also zu einem Begriff, der mit seinem lateinischen Hintergrund – das Verb >*procedere*< bedeutete fort- und voranschreiten, vorwärtskommen – vielen bestens geeignet erscheint, sich selbst und anderen gegenüber höhere Bildung zu bescheinigen. Das einst üblichere Wort Prozedur erfüllt diese Funktion nicht mehr. Der DUDEN behauptete noch, „*Prozedere*" sei „*bildungssprachlich selten*" in Gebrauch, nämlich im Sinne von „*(methodisch) zu Werke gehen, verfahren*" Da wurde jedoch vor etwa einem halben Jahrhundert die Rechnung ohne den Wirt gemacht, nämlich die Phrasendrescher.
Ein durchaus pikantes Beispiel lieferte der seinerzeit durch seine Intendantin in eine schwere, auch als Skandal bezeichnete Krise gestürzte Rundfunk Berlin Brandenburg (RBB) in Person des Medienstaatssekretärs Benjamin Grimm, der in der FAZ vom 25. August 2022 auf Seite 13 wie folgt zitiert wurde:

- *„Das gemeinsame Ziel sei, >**das Prozedere für die rechtssichere Wahl** eines Interims-Intendanten durch den Rundfunkrat **zu klären**<."*

Für den Zugriff auf *„Prozedere"* anstelle von Verfahren oder Vorgehen muss man Verständnis haben. Das hilft, einerseits abzulenken und andererseits das eigene Gewicht sowie die Verantwortungsschwere (*„rechtssichere Wahl"*!) des Vorhabens zu erhöhen, nachdem man als Aufsichtsbehörde in den Geruch gekommen war, einigermaßen kläglich versagt zu haben. Man weiß doch, ganz Medienstaatssekretär, wie wertvoll eine Phrase eingesetzt werden kann, sobald man irgendwie in die Bredouille geraten ist.

Äußerst beliebt besonders bei Politikern aller Couleur ist neuerdings das Bedeutungsschwere signalisierende Wort *„Prozess"*, insbesondere in Zusammensetzungen wie ***„Reformprozess"***.
Mit *„Prozess"* ist hier das fachsprachlich so bezeichnete Gerichtsverfahren, z. B. ein Strafprozess, nicht gemeint. *„Prozess"* ist im üblich gewordenen Deutsch der Politiker und der sie begleitenden Medienmeute im Grunde nur ein sinnverwandtes Wort, also ein Synonym, für *„Prozedere"*, nur etwas weniger angeberisch, aber dieselbe Funktion erfüllend: Es wird angedeutet, dass etwas in Gang kommen soll oder schon *„angeschoben"* worden sei, dass eine *„Initiative"* ergriffen worden sei oder werden soll. Nur, das ist zumeist mitzudenken, ein *„Prozess"* ist natürlich ein längere Zeit in Anspruch nehmendes Vorhaben, man müsse sich in Geduld üben – und dann eventuell oder erwartungsgemäß bereit sein, *„das Ganze"* zu vergessen. Nicht jeder *„Prozess"* muss nämlich zum Ziel führen. Manchmal ist, nicht zuletzt Politiker lassen uns das immer wieder wissen, der Weg, also hier der *„Prozess"*, das Ziel!
Man fragt sich: Sollten die deutschen katholischen Bischöfe den Politikern einiges an strategischem Geschick abgeschaut haben? Den Begriff *„Reformprozess"* haben sie als multifunktional verwendbare Floskel jedenfalls zu schätzen gelernt. Es wurde denn auch entsprechend kongenial im Deutschlandfunk am 27. September 2022 um 8.45 Uhr berichtet:

- *„Die Deutsche Bischofskonferenz **berät** in Fulda **über den Reformprozess der Kath. Kirche.**"*

Aufschlussreich ist dabei, dass *„über den Reform**prozess**"*, also ein Verfahren, nicht aber über *„Reformen"*, also deren konkrete Substanz, ihren Inhalt, beraten wurde. Sprache, so scheint es erneut, kann ungewollt verräterisch sein!

So bestrafen sich Floskeln, Phrasen, Worthülsen gelegentlich selbst. Wie es scheint, sogar immer öfter.

Purpose

Dieses für sie offenbar urdeutsche Wort genießt den zweifelhaften Vorzug, vorerst fast ausschließlich von den Sprachkünstlern der Managerkaste eingesetzt zu werden. Zu welchem hehren Zwecke, bleibe hier unbetrachtet. Doch seien wir dessen gewiss, die Politikergilde wird bald nachziehen, polyglott, wie sie aufzutreten versucht, wenn auch nicht immer versteht, und die Medienmeute ohnehin.
Urdeutsch ist das vielen Deutschen ja völlig unbekannte Wort – das soll es geben! – für sie schon deshalb, weil es als *„**der** Purpose“* daherkommt. Deutscher geht es also nicht. Es wird, logisch, höchste Zeit, dass es bei uns eingebürgert wird, alle Bürgerinnen natürlich inbegriffen. Immerhin: Auf gutem Wege ist das Wort bereits:
In einem FAZ-Interview (11.10.2022, S. 23) ließ der Unilever-Chef Paul Polman sich die Chance nicht entgehen, ***„eine Marke mit Purpose“*** anzupreisen. Die Überschrift lautete denn auch, leicht ironisch, wie es scheint, also mit einem Hauch von subtiler Sprachkritik versehen, ***„Der Purpose-Zug ist nicht aufzuhalten“***.
Wie auch, wird man fragen dürfen, wenn der Titel eines Verlagsspezials, als Beilage der FAZ vom 24. November 2022, dröhnte: ***„Purpose Driven“*** – also getrieben von *„Purpose“*. Im Text selbst hieß es sodann: ***„Der Purpose strahlt auf das gesamte Unternehmen aus“***.
Da war er wieder, *„**der** Purpose“*.
Ebenfalls mit einer Spur von Ironie war, wenn wir sie richtig gelesen haben, eine Überschrift ausgestattet, die so lautete:

- **„>Purpose< - aber wenig harte Fakten.“** (FAZ, 8.12.2022, S. 19).

Jedenfalls sollte wohl auf das Phrasenhafte des Gebrauchs von *„Purpose“* hingewiesen werden. Recht so!
Doch selbst die häufige Wiederholung ironischer Begleitung von angeberisch verwendetem Vokabular wird es den meisten Menschen wohl nicht leichter machen, hinter das mit *„Purpose“* Gemeinte zu kommen. Ist es ein Trost, dass das auch gar nicht gewollt wird? Es ist vermutlich eindeutig so: *„Purpose“* ist nicht nur für viele eine Worthülse, das zur hohlen Phrase degradierte Wort ist auch als eine solche gemeint – denn es hält andere auf Abstand! Mindestens pseudointellektuell! Nicht ganz eindeutig zu beantworten ist allerdings die Frage, ob die *„Purpose“*-Phrasendrescher selbst überhaupt wissen, was *„Purpose“* eigentlich bedeutet.

Sogar das sehr zuverlässige WAHRIG-Fremdwörterlexikon von 2004 führt das Lemma „*Purpose*“ nicht! Also stimmt die einleitende Aussage, es liege ein urdeutsches Wort vor? Mitnichten! Man muss schon ein etwas fortgeschrittenes Stadium des Englischlernens erreicht haben, um auf „*Purpose*“ zu stoßen und mit ihm vertraut zu werden. Der MURET-SANDERS ist hier ein sehr empfehlenswertes, allerdings bis auf wenige Ausnahmen auf Anglisten beschränkt gebliebenes Hilfsmittel. Er lehrt uns, dass unter >*purpose*< zuvörderst ein Zweck, ein Ziel, eine Absicht, ein Vorhaben, ein Vorsatz, eine Entschlossenheit zu verstehen sei. Als Synonym wird denn auch >*intention*< angegeben. Mit >*purpose*< ist aber zudem die Entschlusskraft, die Zielbewusstheit, eine zur Debatte stehende Sache nicht zu vergessen, außerdem die Wirkung, der Erfolg eines Handelns oder eines Plans gemeint. Es stehen also im Deutschen viele Substantive zur Auswahl, je nach beabsichtigter Aussage. Das wird unterstrichen, wenn wir bedenken, dass >*purposeful*< mit entschlossen und zielbewusst wiedergegeben werden kann, >*purposeless*< mit ziellos, planlos und >*purposely*< mit absichtlich, vorsätzlich, >*weak of purpose*< mit unentschlossen.
Um sich nicht festlegen zu müssen, ist also „*Purpose*“ ein Angebot auf dem Silbertablett für diejenigen, die sprachlich glänzen wollen, ohne inhaltlich präzise zu sein. Damit haben wir die Paradesituation für den phrasenhaften Einsatz einer Großvokabel mit avantgardistischem, saloppem Gepränge, eines „*Edelsubstantivs*“, um noch einmal Adorno zu bemühen. Und man bedient sich!

Pushen

Das vom englische Verb >*to push*< abgeleitete, modisch neudeutsch gewordene Verb „*pushen*“, das häufig bereits in der Schreibweise „*puschen*“ auftritt, sollte mit dem tatsächlich deutschen, aber mehr und mehr aus der Mode gekommene Verb „*puschen*“ im Sinne von „*geräuschvoll ins Töpfchen urinieren*“ (so der DUDEN!) und dem Nomen „*Puschen*“, mit langem -u- gesprochen, das einst, allerdings weitgehend auf Norddeutschland beschränkt, für (Filz)Pantoffeln stand, nicht verwechselt werden.
„*Pushen*“ und „*Push*“, und zwar **der** Push, ersetzen heutzutage etliche Verben bzw. Substantive, dabei zumeist offenlassend, was genau gemeint sein soll – und somit prächtig geeignet für phrasenhafte Verwendung. Nehmen wir den bereits wohlbekannten Trainer Daniel Farke wieder als Gewährsmann:

- „... ***wie ich einen bestimmten Spieler pushe***.“[107]

[107] Quelle ist erneut das FAZ-Interview vom 27. August 2022, Seite 31.

Was wollte Farke sagen? Er sprach über seine Funktion als Trainer. Meinte er, sie bestehe darin, „*einen bestimmten Spieler*“ anzutreiben, in Schwung zu bringen – das sind Definitionen, die der WAHRIG 2004 offeriert -, vielleicht auch ihn besonders zu motivieren, ihn >*heiß zu machen*<, wie es unter Sportlern auch heißt? Oder meinte er, hier auch im Sinne des WAHRIG, er, Farke, habe dazu beitragen wollen oder sogar dazu beizutragen, dass der Spieler weiterkommt, in der Hierarchie aufsteigt. Im WAHRIG 2004 wird das Beispiel „*jemanden dadurch pushen, dass man ihn für einen bestimmten Posten vorschlägt*“ geboten. Die Bandbreite der denkbaren Bedeutungen ist also nicht gering. Einen Stoß geben, etwas anstoßen, etwas in Gang bringen, einer Sache einen (zusätzlichen) Schub oder Schwung verleihen – dafür ist „*pushen*“ häufig im Einsatz. Was wunder folglich, dass immer öfter „*gepusht*“ wird, dass nach einem „*Push*“ Ausschau gehalten wird, im Sport ohnehin, aber in der Politik mit wachsender Begeisterung.
Das erinnert mich an meine Kindheit, als ein Satz wie „*Nun komm in die Puschen*“ gang und gäbe war und die Mahnung transportierte, nun endlich aufzuwachen und loszulegen, „*in die Gänge zu kommen*“. Spätestens seit die Filzpantoffeln ausgedient haben, ist ein solcher Satz nur noch ein sprachgeschichtliches Kuriosum. Tempi passati!
Gewiss ist, der “*Push*” ist kein gleichwertiger Ersatz für die Puschen. Aber weil in der Politik trotz aller scheinbaren Geschäftigkeit manche Schläfrigkeit zu beklagen ist, sollten wir dankbar sein, dass mindestens verbal kräftig „*gepusht*“ wird, damit auch der (hinter)letzte Schlafwandler endlich in die Puschen kommt.

Radar

Es geht nicht um das physikalisch-technische Verfahren, mit dem Gegenstände im Raum mit Hilfe gebündelter elektromagnetischer Wellen geortet werden. Radaranlagen und Radargeräte sind nicht konkret gedacht, Radarkontrollen und Radarfallen gleich gar nicht.
„*Radar*“ ist neuerdings ein überaus beliebt gewordener Begriff in figurativer, also in metaphorischer, einfacher bildlicher Verwendung, besonders in Sätzen wie „*Das hatte ich nicht auf dem Radar*“, womit dann gemeint ist, dass etwas bisher noch nicht (mit)gedacht gewesen ist, bislang noch unberücksichtigt geblieben ist. Eine Alternative ist vielen „*Das hatte ich nicht auf dem Schirm*“, also wohl auf dem Radarschirm.oder einfach Bildschirm. Soll etwas (zunächst) nicht erkannt oder wahrgenommen werden, wird gern gesagt, das müsse noch „*unter dem Radar*“ bleiben. Daran mag zum Beispiel auch die uns schon als modernistische Sprachkünstlerin vertraute Politikwissenschaftlerin Ulrike Ackermann gedacht haben, als sie in ihrem Buch „*Die neue Schweigespirale*“ festhielt:

- *„Allerdings häufen sich* ***Fälle, die unterhalb des Radars stattfinden****."*

Dass *„Fälle"* überhaupt *„stattfinden"*, darf man bereits als eine stilistische Perle bezeichnen. Ihren eigentlichen Glanz erfährt sie allerdings erst durch *„unterhalb des Radars"*. Wer wird sich auch, ganz auf das beliebte, häufig stereotyp eingesetzte Rezensentenurteil *„glänzend geschrieben"*, auch wenn sprachliche Unzulänglichkeiten en masse vorkommen, setzend, die Chance entgehen lassen, mit einer metaphorischen Wendung, die auf naturwissenschaftlich-technische Expertise schließen lässt, zu punkten.
Der wegen seines furchtlosen Einsatzes gegen den Genderwahn in der deutschen Sprache von mir sehr geschätzte Publizist Fabian Payr ließ sich wahrscheinlich auch verführen, als er vom

- ***„Radar der öffentlichen Wahrnehmung"***

in einem ansonsten sehr lesenswerten Aufsatz, der in der FAZ vom 29. August 2023 auf Seite 13 zu finden war, nicht lassen mochte. Schade, sehr schade.
FAZ-Redakteure sind auch hier längst kräftig selbst dabei:

- *„...,* ***segelte*** **das** *deutsch-chinesische Infrastruktur-****Großprojekt in Duisburg eher unter dem Radar****."* (Jonas Jansen, 26.10.2022, S. 15).
- ***„Etwas unter dem Radar der breiten Öffentlichkeit fährt*** *(XY)."* (Thiemo Heeg, 12.12.2022, S. 8).

Wer da *„unter dem Radar ... fährt"* (oder gar segelt) und aus welchem Grunde, bleibe ungesagt. Aber wer so schreibt, den sollte man *„auf dem Schirm"* behalten. Sprachliches Blendwerk könnte sich erneut als Spiegel des Inhalts erweisen, denn schließlich ist die Sprache eine Funktion des Denkens, vermutlich seine entscheidende.

Reflexion und reflektieren

Das Verb *„reflektieren"* hat zwei Grundbedeutungen: Zum einen eine handfeste, konkrete, technische, das Zurückwerfen von Strahlen betreffende, ersetzbar zum Beispiel durch widerspiegeln, zum anderen eine in figürlicher Sprache verwendbare, ihrerseits in zwei Varianten auftretend, nämlich im Sinne von nachdenken einerseits und im idiomatischen Ausdruck *„auf etwas reflektieren"*, also etwas haben wollend, für etwas Interesse bekundend, nicht nur eine Ware etwa, sondern auch einen Posten, ein Amt und dergleichen.

So weit, so simpel.
Doch längst ist erkannt worden, dass „*reflektieren*“ und „*Reflexion*“ sich bestens eignen, eine an sich einfache Aussage aufzuputzen, ihr scheinbare Bedeutungsschwere anzudichten und der eigenen Sprache Glanz. Als Beleg diene ein Leserbrief, gedruckt in der FAZ am 29. September 2022 auf Seite 25, dessen Autor rücksichtsvoll ungenannt bleibe:

- „*Aber wäre es ... nicht auch* ***einen Gedanken wert gewesen, die private Initiative*** *zur Gestaltung des öffentlichen Raumes mit Kunstobjekten* ***positiv zu reflektieren****?*“

Aufgemotzter geht es kaum noch. Gemeint war nämlich etwas Einfaches, das sich auch sprachlich einfach hätte ausdrücken lassen: „*Als wäre die private Initiative ... nicht auch einen Gedanken wert gewesen.*“ Angesichts von „*wert gewesen*“ ist „*positiv*“ überflüssig wie ein Kropf, und „*einen Gedanken wert gewesen, ... zu reflektieren*“ ist als tautologische Fügung nichts als hohle Blase.
Auch einem Satz aus dem Munde der seinerzeit noch Regierenden Bürgermeisterin Franziska Giffey, den die FAZ am 18. Februar 2023 auf Seite 4 brachte, kann ein solches Urteil nicht erspart bleiben:

- „*Wir hatten ein sehr* ***intensives Gespräch,*** *ein – glaube ich –* ***auch sehr ehrliches und reflektierendes Gespräch****.*“

Man mag sich gar nicht vorstellen, dass Politikerinnen wie Frau Giffey jemals ein „*intensives*“ Gespräch führen, das nicht zugleich ein „*sehr ehrliches*“ und „*reflektierendes Gespräch*“ wäre. Es ist schon besorgniserregend genug, dass Politiker(innen) sich ganz bescheiden offenbar vorstellen können, auch nicht intensive Gespräche zu führen, nicht ehrliche und nicht reflektierende.
Für ein Buch über etwas lediglich nachzudenken, es bloß kritisch zu betrachten, so muss man wohl den folgenden Satz verstehen, das reicht natürlich nicht. Es muss „*reflektiert*“ werden, mindestens das, zumal dann, wenn es eine Ära ist, noch dazu die „*Ära Merkel*“, die „*reflektiert*“ werden soll. Also begegnen wird dann einem Satz wie dem folgenden:

- „*Im Jahr dazwischen hat Heusgen* ***nicht nur die Ära Merkel für sein Buch reflektiert****.*“ (FAZ, Thomas Speckmann, Rezension, 14.2.2023, S. 6).

Es ist die aufgeblasene Sprache, die für Rezensionen typisch geworden ist.

„*Reflexion*" statt Nachdenken – warum nicht? Wenn allerdings die Herausgeber eines als *opus magnum* angepriesenen Buches, noch dazu in sehr persönlicher Nähe zum Autor stehend, einem verstorbenen Historiker bescheinigen wollen, „*Schreiben hatte für ihn immer auch eine ästhetische Dimension*", dann aber ihrerseits nicht bemerkt haben, dass der so Hochgejubelte mindestens ein Dutzend mal „*Refle**kt**ion*" statt „*Reflexion*" geschrieben hat und die korrekte Rechtschreibung offenbar nicht als wesentlichen Bestandteil der ästhetischen Dimension des Schreibens hat begreifen wollen (oder können), dann ist das nur noch peinlich.[108] Gelegentlich sollte erst, wenn schon nicht ausreichend reflektiert wird, ein zuverlässiges Lexikon konsultiert werden, wenn unbedingt „*Reflexion*" statt Nachdenken einem Text sprachlichen Glanz andichten soll. Das ist nicht nur auf den genannten Historiker, immerhin einst leibhaftiger Ordinarius einer deutschen Universität, nämlich der in Hamburg, gemünzt, sondern mehr noch auf die vielen anderen, die meinen, auf (das) Nachdenken verzichten und mit „*Reflektion*" statt „*Reflexion*" Eindruck machen zu können.

Reform und reformieren

Viele können sich ein Leben ohne Reformen gar nicht mehr als irgendwie dennoch lebenswert vorstellen. Der Ruf nach einer „*Reform*" hier und einer anderen „*Reform*" dort erschallt allerorten nimmermüde. Dass es die Politiker sind, die stets und auf allen Fachgebieten sofort mit dem Schlagwort „*Reform*" aufwarten, sobald auch nur der Gedanke – meistens ist es nur eine Vermutung - aufkommt, dieses oder jenes sei nicht mehr ganz zeitgemäß, ist dann das Natürlichste auf der Welt. Jede klitzekleine Veränderung, Anpassung oder Fortschreibung erhält umgehend das Etikett „*Reform*", soll es doch signalisieren, dass man jedwedem Stillstand den Kampf ansagt, vom „***Reformwillen***" beseelt. Wer sich nicht reformeifrigst gibt, darf sich nicht wundern, als konservativ, mehr noch als „***reformunfähig***" abgestempelt zu werden. Der Vorwurf, er (oder sie natürlich) sei verantwortlich für einen „***Reformstau***" – einst ein geschickt eingesetzter Neologismus, inzwischen eine gängige Phrase gegen politische Gegner aus jeder politischen Richtung in jede politische Richtung – ist dann schnell bei der Hand. Die Reformwilligen, jedenfalls diejenigen, die sich so verstehen, loben fast immer eine „***Reformdividende***" aus. Ob die sich überhaupt irgendwo und im besten Falle auf wessen Konto in welchem Maße niederschlägt, bleibt ungeklärt. Häufig setzt man auf das kurze Gedächtnis derjenigen, denen man mit dem Schlagwort „*Reform*" hat imponieren wollen.

---

[108] Es geht um Axel Schildt, Medienintellektuelle in der Bundesrepublik, Wallstein Verlag, Göttingen 2020. Der zitierte Satz steht auf Seite 789. Man fragt sich natürlich, ob das Manuskript überhaupt ein Lektorat durchlaufen hat. Wenn ja, muss die Frage folgen: Und welche sprachliche Qualität ist da versammelt?

Der um ein scharfes Urteil nie verlegene österreichische Philosophieprofessor Konrad Paul Liessmann hat denn auch folgerichtig gemeint, den Begriff *„**Reformfuror**“*, der dem Schreibprogramm meines Rechners nicht bekannt ist, prägen zu müssen. Wir sollten Liessmann dankbar sein für den Mut, eine Masche als das bezeichnet zu haben, was sie in den meisten Fällen ist: Worthülse ohne konkreten Inhalt, Ankündigungswirbel mit wenig Substanz. *„Rentenreform(en)“, „Bildungsreform(en)“, „Strukturreform(en)“, „Gebietsreform(en)“; „Reformpolitik“, „Reformkommunismus“, „Reformkatholizismus“, „Reformpädagogik“* – das sind ausgewählte Belege dafür, dass *„**Reformismus**“* immer wieder in Mode (gekommen) ist, ohne je wirklich den angestrebten Erfolg erzielt zu haben. Ein fast schon als bestellt erscheinender Beweis für diese Behauptung ist die zuweilen absichtsvoll ironisch, nicht frei von einem Anflug von Zynismus eingesetzte Wendung *„**Reform der Reform**“*. Die Entlarvung des phrasenhaften Gebrauchs von *„Reform“* kann deutlicher kaum ausfallen.
Die vor Jahrzehnten insbesondere von Gutbetuchten so geschätzten *„**Reformhäuser**“* haben sich überlebt, sie sind nicht mehr der letzte Schrei. Konjunktur haben die *„Reformen“*. Das, immerhin, entbehrt nicht einer gewissen Logik. Doch nur einer gewissen!

Relaxen

Wer sich erholen will, wer sich entspannen möchte, wer mal etwas durchatmen muss, weil er sich gestresst[109] vorkommt oder ausgelaugt fühlt, dem steht seit einiger Zeit das Verb *„relaxen“* zur Verfügung, wenn er zum einen die Bedeutungsschwere seines Vorhabens betonen will und zum anderen, aber vielleicht gerade auch deshalb, im Unscharfen lassen kann, was er denn konkret zu tun beabsichtigt. Was sich als ein einfaches *„Die-Beine-baumeln-lassen“* oder als ein simpler Spaziergang herausstellen könnte, wird mit *„relaxen“* aufgeputzt, nicht selten in Verbindung mit dem ebenfalls alles Mögliche und deshalb zumeist nichts Genaues ansprechenden Modewort *„Wellness“*. Manche Werbung kommt denn auch mit rattenfängerisch aufgemotzten Sätzen wie *„In unserem Wellnessbereich können Sie* (oder sehr viel vereinnahmender und anheimelnder *„kannst du“*) *so richtig relaxen“*. Was genau im Angebot ist mit welcher Qualität und zu welchen Preisen, das ist ja zunächst völlig belanglos, wo es doch darauf ankommt, überhaupt zu *„relaxen“*. Kaum einer weiß genau, was gemeint ist, aber so gut wie jeder meint es schätzen zu sollen. Klingt gut, muss demnach auch

[109] Auch das überstrapazierte und meistens sinnleer verwendete Wort *„Stress“* hätte in diesem Glossar einen Platz verdient gehabt. Wie viele andere musste es aus Zeit- und vor allem Platzgründen >außen vor< bleiben.

gut sein, so geht die verquere Logik so mancher Einfältigen. Und genau an diese ist die Werbung psychologisch raffiniert gerichtet. Als Beipsiel diene:

- „***Damen-Relax-Capri***“ (Lidl, Wochenprospekt 26/2023).

Geworben wurde für eine Damenhose aus „*Baumwolle und Polyester zum Preise von 6.99*“!
So (vermeintlich) billig die Hose zum Relaxen, so billig die Sprache, diese allerdings nicht nur vermeintlich.
Wendungen wie „*Nun bleib mal ganz relaxt*“ oder „*Ich sehe dem ganz relaxt entgegen*“ sind sprachlicher Alltag geworden – in etlichen Fällen allerdings verschleiernd, dass genau das Gegenteil des mit „*relaxt*“ Angedeuteten oder sogar Behaupteten vorliegt, nämlich höchste Anspannung, ziemliche Aufgeregtheit, erhebliches Unwohlsein. Im Sport wird „*locker bleiben*“ immer noch als unabdingbar für den Erfolg angesehen, aber auch dort hat „*relaxen*“ längst seinen Siegeszug angetreten. Hat es nicht ganz gereicht, war man zum Beispiel „*nicht relaxt genug*“. Was im einzelnen hat gesagt werden sollen, bleibt ungesagt, denn „*relaxt*“ ist in den meisten Fällen, zu oft gewollt, nichtssagend oder alles Mögliche andeutend, wenn nicht überhaupt beides zugleich.
Womit „*relaxen*“ den Nachweis geliefert hat, dass es weitestgehend zur Phrase verkommen ist, ein schönes Empfinden vermittelnd, aber kaum noch mit der Substanz ausgestattet, die eine echte Aussage tragen sollte. Dennoch: Bleiben Sie relaxt!

Relevanz und (ir)relevant

Ich hoffe sehr, das, was nun ausgeführt wird, hat irgendeine Relevanz für irgendjemanden, ist also irgendwie bedeutsam, belangvoll, wichtig oder erheblich – folglich relevant. Wer möchte sich schon nachsagen lassen, das, was er geboten hat, sei völlig irrelevant, mithin bedeutungslos.
Gewiss ist, Politiker, Manager, (Pseudo)Intellektuelle und in ihrem Dunstkreis die meisten Medienleute betrachten alles das, was sie tun, was sie vorhaben, auch das natürlich, was sie zunächst lediglich „*andenken*“ oder von anderen erwarten, unter dem Gesichtspunkt der „*Relevanz*“. So wohl auch der sächsische Staatsminister Oliver Schenk laut FAZ vom 6. Juli 2023 auf Seite 15, als er „***beitragsrelevante Reformvorschläge***“ in Sachen Rundfunkgebühren forderte. Was er als „*beitragsrelevant*“ verstanden wissen wollte, wird sein Geheimnis bleiben. Waren es die Höhe der Gebühren betreffende Vorschläge? Sie mussten natürlich überdies das Erfordernis, Reform zu sein, erfüllen. Das allemal!

Vieles wird bar jeder Bescheidenheit sofort als „*relevant*“ bewertet – von den Mitgliedern der genannten Personenkreise vorwiegend selbst, zuweilen jedoch auch bestellt! „*Relevant*“ für wen weshalb auf welche Weise, was schert es wen? Das, was ihnen nicht in den Kram passt oder gar als Widerspruch empfunden wird, ist dann selbstredend „***irrelevant***“. Wörter wie unzutreffend oder fehlgehend, unbedeutend oder unerheblich waren einst nicht unbekannt und durchaus im Gebrauch. Heute werden sie elitärdünkelhaft flächendeckend durch „*irrelevant*“ verdrängt, ohne Rücksicht darauf, dass viele Menschen dann allenfalls ahnen können, was wirklich hat gesagt werden sollen. Warum sollten sie auch alle wissen, was „*relevant*“ und gar „*irrelevant*“ alles bedeuten kann. Darf man oder muss man hier nicht tatsächlich von bewusster Ausgrenzung vieler sprechen? Wie zum Beispiel angesichts des folgenden Satzes:

- „***Es ist ein giftiger Abschiedsgruß, den die NPD dem deutschen Rechtsstaat auf ihrem Weg in die Irrelevanz hinterlässt.***“ (FAZ, Alexander Haneke, 5.7.2023, S. 8).

Wäre in Anbetracht des allgemein interessierenden, politisch beachtlichen Vorgangs, auf den der Redakteur seine Wertung bezog, nicht „*Bedeutungslosigkeit*“ an Stelle von „*Irrelevanz*“ vorzuziehen gewesen? Und das, wo doch „*Ausgrenzung*“ zu den Diskriminierungstatbeständen schlechthin gerechnet wird! Allerdings nur, wenn es ideologisch genehm ist, wenn es also „*relevant*“ ist oder erscheint?

Resilienz und resilient

Sollte irgendjemand tatsächlich geglaubt haben, die heutzutage überaus beliebten Wörter „*Resilienz*“ und „*resilient*“ seien immer schon oder seit längerem Bestandteil des deutschen Wortschatzes gewesen, entweder als Fremdwörter oder gar als Lehnwörter, der irrt gewaltig. Weder der sechsbändige, hier als zuverlässiges Referenzlexikon häufig herangezogene DUDEN aus den siebziger Jahren des vorigen Jahrhunderts – immerhin als „*Das große Wörterbuch der deutschen Sprache*“ gepriesen – noch das etwa drei Jahrzehnte später erschienene WAHRIG Fremdwörterlexikon weisen einen Eintrag zu „*Resilienz*“ und „*resilient*“ auf. Diese Wörter (und Begriffe) sind ihnen (noch) völlig unbekannt, so die davon abzuleitende Erkenntnis. Dass das Schreibprogramm meines Rechners angibt, sie nicht zu kennen, ist dann nur folgerichtig.
Wie also ist es zu erklären, dass „*Resilienz*“ und „*resilient*“, wie die später folgenden Beispielsätze lehren, in scheinbarer Vertrautheit Karriere gemacht haben?

Relativ einfach natürlich. Denn sie sind mit der Sucht, bei jeder sich bietenden Gelegenheit aus dem Englischen stammende Wörter in unsere Sprache einzuschleusen, nicht nur hoffähig geworden, sondern zu hochgeschätzten „*Imponierinstrumenten*“ aufgestiegen.[110]
Wiederum folgerichtig erfährt man mit einem Blick in den MURET-SANDERS, also in ein zuverlässiges mehrbändiges Englisch-deutsches Wörterbuch, dass der englische genuin physikalische Begriff >*resilience*< (oder auch >*resiliency*<) im Deutschen in etwa mit „*Spannkraft, Beweglichkeit, Elastizität*“ gut wiedergegeben sei. Zu >*resilient*< wird mitgeteilt, dass neben elastisch im konkreten Sinne in figurativer Anwendung „*nicht unterzukriegen, nicht tot zu kriegen*“ angemessene deutsche Wiedergaben wären, auch „*nicht zurückweichend*“, abgeleitet vom englischen Verb >*to resile*<, deutsch zurückweichen; die Redewendung >*to resile from a contract*< sei mit „*von einem Vertrag zurücktreten*“ richtig übersetzt.
Vor diesem Hintergrund ist es also nicht erstaunlich, dass es insbesondere die welt- und sprachgewandten Medienleute und die ebenso ausgezeichneten Politiker sind, die „*Resilienz*“ und „*resilient*“ aufschneiderisch pseudointellektuell als Worthülse, also phrasenhaft, einsetzen, um mit ihren Texten Distanz aufzubauen: Man hält sich das gemeine Fußvolk, geschätzt zwar als Konsument bzw. als Wahlvolk, wortgewaltig vom Leibe, gibt vor, Bedeutungsvolles entsprechend anspruchsvoll artikuliert zu haben, ohne allerdings eine klare Aussage zu bieten, und gaukelt damit vor, den angesprochenen Sachverhalt (und natürlich jeden anderen) exklusiv durchschaut und geistig verdaut zu haben, ohne jedoch andere in vollem Umfange teilhaben zu lassen.
Wie sehr das dann manchmal sprachlich, Verzeihung, >in die Hose< gehen kann, vermag das folgende Zitat zu belegen:

- „... wird aber sehr empfohlen, um ***die eigene Resilienz zu stärken*** **und so *mit dem Unbill*** der Welt besser zurechtzukommen.“ (FAZ, tifr., 14.5.2022, S. 2).

„*Resilienz*” – aber ja. Doch was war gemeint? Spannkraft? Gelassenheit? Unaufgeregtheit? Widerstandskraft? Belastbarkeit? Irgendetwas in der Nähe dessen gewiss. Aber was genau?
Und dann passierte es! „*Mit* ***dem*** *Unbill*“. Hier fühlt man sich an die Volksweisheit erinnert, dass, wer hoch steige, tief fallen könne. Korrekt ist nur „*mit* ***der*** *Unbill*“, denn das Substantiv ist generisch weiblich, „***die*** *Unbill*“, und nicht männlich „*der Unbill*“. Grand Malheur, nicht wahr? Doch was tut’s, „*Resilienz*“ war, was zählte, worauf es dem Sprachkünstler ankam.

[110] In diesem Zusammenhang sehr lesenswert ist die Glosse „*Zukunftsaussicht*“ von Kai Spanke, die am 3. Juli 2023 auf Seite 9 der FAZ erschien.

Da ist „*mit* **dem** *Unbill*" selbstverständlich nur eine Petitesse. Peanuts! Also gehen wir zur Tagesordnung über?
Nein, tun wir nicht. Hinter dem Redaktionskürzel tifr. verbirgt sich der Korrespondent Timo Frasch, der zuweilen mit – auch sprachkritischen – Satiren aufwarten darf. Dann passt das also wie die Faust aufs Auge, was er hier geboten hat. Darf man von einem Schuss ins eigene Knie sprechen?
Vor allem: Man muss eine Beziehung herstellen zwischen dem zitierten Satz und der bereits in einer Fußnote erwähnten Glosse seines allerdings im Feuilleton angesiedelten FAZ-Kollegen Kai Spanke, der sich wie folgt am 3. Juli 2023 auf Seite 9 zu Wort meldete: „*In bestimmten Milieus ist es eine gängige Strategie,* ***mit Fremdwörtern ... einen Differenzierungszuwachs auf Kosten der Klarheit zu fingieren***." Zu fingieren! Auf Kosten der Klarheit! Nanu, hat er vielleicht den zitierten Satz seines Kollegen vor Augen gehabt – und die vielen Sätze mit „*Resilienz*" und „*resilient*" genau in dieser Funktion, wie sie die FAZ im Übermaß liefert und zumutet? Als „*Imponierinstrument*", wie Spanke so erfrischend deutlich formuliert hat, aus der Haltung der „*Schlaubergerei*" heraus? Eher nicht, denn bekanntlich hackt eine Krähe der anderen kein Auge aus.
Dennoch folgen weitere Beispiele für die „*Schlaubergerei*". Aufschlussreich dürfte auch der relativ kurze Zeitraum sein, aus dem sie stammen, zur Mode geworden und zum Jargon verkommen. Wirklich (oder ausschließlich?) für „*kluge Köpfe*" eingesetzt?

- "**Um die *Resilienz der internationalen Lieferketten insgesamt zu stärken***, *ist Diversifizierung das beliebteste Mittel unter den Ökonomen.*" (FAZ, sju., 7.6.2022, S. 19).
- „*Goldschmidt und Wolf suchen nach Antworten,* ***wie sich soziale Resilienz stärken lässt***." (FAZ, Philipp Krohn, in einer Rezension, 20.6.2022, S. 16. Dort auch: „... *denn über Kippmomente und* **Resilienz** *lässt sich noch viel sagen*.").
- „*Malaika Mihambo zeigt bei der EM,* ***wie resilient sie ist***." (FAZ, 17.8.2022, S. 28. Hier war großspurig ein Sportjournalist am Werk!).
- „*Frankreich trägt mit der aktuellen Anfälligkeit seiner Atomkraftwerke zu den Schwierigkeiten bei,* ***den europäischen Strommarkt ... ausreichend resilient zu machen***." (FAZ, Gerald Braunberger, 21.10.2022, S. 17).

Braunberger ist Mitherausgeber der FAZ. Bekanntlich fängt der Fisch vom Kopf her an zu stinken. Wie auch aus einem Satz desselben Beitrags hervorgeht, in dem es heißt, „*alte Bequemlichkeiten*" müssten „***hinterfragt*** *werden*". Warum nicht? Aber phrasenhaft verwendete Wörter doch wohl erst recht.[111]

- „*Dabei haben sie* (die Deutschen) *sich* ***in der Krise bislang resilienter gezeigt****, als es in den Debatten manchmal den Anschein hatte.*" (FAS, Oliver Georgi, 6.11.2022, S. 10).
- „***Die Weimarer Republik erwies sich als erstaunlich resilient****, ohne daraus dauerhafte Stabilität schöpfen zu können.*" (FAZ, Alexander Gallus, Rezension von Büchern zum Krisenjahr 1923, 29.11.2022, S.10).

Auch die Geschichtswissenschaft ist also auf den Resilienz-Zug aufgesprungen. Das bestätigt der Titel eines in der FAZ (16.8.2022) rezensierten Buches von Jeremy Rifkin, „Das *Zeitalter der Resilienz*", das im Campus Verlag, Frankfurt am Main, 2022 erschienen ist. Welch ungeahnte Bestätigung! Behandeln wir hier nicht gerade das Zeitalter der Resilienz?
Die Sozialwissenschaften sind selbstverständlich immer gleich mit von der Partie – oder in diesem Falle doch Party?

- „*Schockmomente sind aber auch Lernmomente, die* ***die Resilienz für die nächste Krise stärken****.*" (FAZ, Rezension, 19.12.2022, S. 16).

Rezensent war der Wissenschaftler Stefan Kolev. Ganz als solcher künstelte er sodann: „*James betont, dass* ***die großen Gefahren für die Resilienz der Ordnung*** *durch die Machtkonzentration in den Händen weniger Akteure ... immer deutlicher geworden sind.*"
Aufgeblasener geht es wohl nicht. Meine bäuerliche Großmutter pflegte solchen Sätzen gegenüber plattdeutsch zu sagen: *Dumm Tüch*![112]

- „***Dem DFB-Team fehlt es an Resilienz****.*" (FAZ, 5.12.2022, S. 23).

Die Sportredaktion hat sich demnach wieder einmal nicht als resilient gegen eine modernistische Torheit erwiesen. Wie auch, wo sie doch, man schaue auf den Satz mit der Weitspringerin Mihambo, deren Sprungbalken sein will.

- „***In die Krisenresilienz zu investieren****, wird die Staaten viel Geld kosten.*" (FAZ, Johannes Pennekamp, 2.1.2023, S. 15).
- „***Für Resilienz sind Verbrennungsmotoren so unverzichtbar*** wie Computerchips." (FAZ, Johannes Winterhagen, 14.2.2023, S. 15).

---

[111] Auf das Stichwort „*hinterfragen*" sei verwiesen.
[112] Auf Hochdeutsch: dummes Zeug!

Um die gebeutelte FAZ etwas zu entlasten, denn sie muss einem ja nun wirklich leid tun, seien ein paar andere Quellen nachgereicht:

- *„Ich fühle mich bestätigt, dass **wir in der Polizei** seit vielen Jahren **darauf setzen, die demokratische Resilienz zu fördern**."*

Das sagte Boris Pistorius, damals niedersächsischer Innenminister, zurzeit Bundesverteidigungsminister, laut NDR, Texttafel 122, am 8. Dezember 2022. Was immer mit „*demokratische Resilienz*" hat gesagt werden sollen, Boris Pistorius wird es wissen. Aber präzise wohl nur er! Schließlich ist er Politiker. Das Wahlvolk muss ja nicht alles verstehen, es genügt, dass es brav zur Urne geht.[113]

- *„Baerbock: **Energieversorgung resilient gegen Angriffe machen**."* (ARD, Texttafel 152, 16.12.2022).

Ob Frau Baerbock genau wusste, was sie hatte hinausposaunen wollen, das zu fragen, drängt sich auf. Ihr Publikum hatte sie jedenfalls zum Nachdenken angeregt. Auch das ist ein politisches Verdienst, keine Frage.

- ***„Chip-Kooperation für resiliente Lieferkette"*** (ARD, 5.1.2023).

War hier eine elastische Lieferkette gemeint? Oder eine, wie es neuerdings heißt, belastbare? Eine, die nicht reißen werde?

- ***„Resilienzstrategie beschlossen**."* (ARD, Texttafel 107, Überschrift, 13.7.2022).

Fürwahr, unter den vielen Strategien, die uns Politiker beinahe ohne Unterlass andienen, zumeist sogar anpreisen, hat eine „*Resilienzstrategie*" einen Ehrenplatz verdient. Hoffen wir, dass sie wie so viele Strategien im Nirgendwo verschwinden wird. Dieses Begriffsungetüm hat es verdient, ihm wird niemand nachtrauern. Immerhin hieß es im folgenden Text, Ziel sei es, „*Menschen und ihre Existenzgrundlagen zu schützen sowie die Widerstands- und Anpassungsfähigkeit des Gemeinwesens gegenüber Katastrophen zu stärken*." Na also, die „*Widerstands- und Anpassungsfähigkeit...*"! Jetzt wissen wir, was gemeint war. In etwa jedenfalls.
Auch mit diesen zum Teil bissigen Ausführungen, dessen bin ich mir sicher, sind wir gegen „*Schlaubergerei*" und gegen Jargon als

[113] Aus Gründen der Fairness. Pistorius ist meistens eine löbliche Ausnahme, er vermeidet Blasendeutsch.

„*Imponierinstrument*“ nicht gefeit. Dennoch hoffe ich, die Resilienz des Lesepublikums gegen Zumutungen mit „*Resilienz*“ und „*resilient*“ etwas gestärkt zu haben.

Ressource

Gemäß WAHRIG 2004 ist unter „*Ressource*“ ein Produktionsfaktor zu verstehen, der sich sowohl als Arbeitskraft als auch als Bestand an Bodenschätzen und Rohstoffen erweisen kann, Lebensmittel inklusive. Unter „*Ressourcen*“, also meist im Plural, werden Hilfs-, insbesondere Geldmittel verstanden, vor allem der Bestand an Geldmitteln, auch die Geldquelle, wie der DUDEN ausführt.
Also haben wir es mit einem relativ harmlosen Fremdwort zu tun? Mitnichten. Wie so viele Fremdwörter muss auch dieses dazu herhalten, als Worthülse eingesetzt und somit missbraucht zu werden. Der FAZ-Feuilletonist Patrick Bahners, an sich für verschwurbelte Texte die erste Adresse, hat mit einer scharfen Beobachtung aufwarten können. Er bezeichnete in einem bemerkenswert klugen Beitrag aus der Philosophie übernommene und inflationär eingesetzte Begriffe wie „*Transzendenz*“ als ***„kryptische Begriffsimporte*“**.[114] Allerdings: “*Kryptisch*”, ist das nicht auch kryptisch? Dieses, immer noch, Fremdwort hat eine griechische Wurzel und bedeutet zunächst „*verborgen, geheim*“. Gemeinhin soll mit „*kryptisch*“ gesagt werden, etwas sei unklar und deshalb schwer verständlich.
Genau davon handelt dieses Buch, denn Phrasen, Floskeln, Worthülsen haben just diese Eigenschaft, sie kommen kryptisch daher, halten vieles im Verborgenen, tun oft auch geheimnisvoll, dienen als Camouflage. Anders gesagt, sie werden dazu benutzt, missbraucht geradezu. „*Ressource*“ macht da nicht nur keine Ausnahme, der Begriff befindet sich sozusagen in Pilotfunktion:

- *„… sind offenkundig nichts, was sich nach Himmelsrichtungen sortieren ließe. Auch nicht* ***die Suche nach gesellschaftlichen Ressourcen und politischen Strategien in Zeiten der vielfältigen Krisen****.*“ (FAZ, Daniel Deckers, 3.7.2023, S. 8).

Nur, wohin wollte Deckers seine Leser mit dem gefetteten Teil seines Satzes inhaltlich pilotieren? Er sollte es uns demnächst freundlichst verraten.
Wo die Wörter „*Mittel*“, mit einem spezifischen Zusatz, also zum Beispiel Finanzmittel, Nahrungsmittel, oder „*Rohstoff(e)*“ ausreichten, wird anspruchs- und prunkvoll zur Herrschaftswissen vortäuschenden Floskel „*Ressource(n)*“ gegriffen. Man bedient sich der „*Ressource(n)*“ als

[114] FAZ, 28. Juni 2023, S. N3.

Quelle(n) und als Nachweis der sprachlichen Überlegenheit, damit signalisierend, wie weit man anderen auch in der Sache voraus ist.
Einen geradezu traurigen Höhepunkt dieses durchschaubaren Gebarens lieferte eine Beilage der FAZ im Dezember 2022[115] , in der das Eigenschaftswort *„**ressourceneffizient**“* auftauchte. Hochgestochener Jargon der allerfeinsten Ausgabe! War es Absicht, annähernd 98% der Bevölkerung von vornherein vom Verständnis dessen, was da – hier muss das Wort wohl zum Zuge kommen – *„kryptisch“* irgendwie in pseudowissenschaftlicher Phrase behauptet wurde, auszuschließen? Phrasentypisch!

Richtig

Was ist gegen den Gebrauch von *„richtig“* einzuwenden? Nichts, gar nichts. Zunächst einmal. Mutet man sich freilich, fast zwangsläufig, eine Wetterdame zu, die ziemlich regelmäßig kurz vor der ARD-Tagesschau ihren Auftritt zelebriert, dann ist viel einzuwenden. Es gibt keinen(!), häufig obendrein ziemlich ungeordneten, Wortschwall aus ihrem Munde, in dem sie nicht ganz beliebig schwatzhaft einem Adjektiv, von *„schön“* über *„windig“* bis hin zu *„kalt“* und *„heftig“* sowie, besonders funktionslos, *„viel“* das Wort *„richtig“* voranstellt; völlig überflüssig und damit auch letzten Endes sinnleer, aber halt floskelhaft zuverlässig. Ein paar Beispiele stehen hier für eine fast grenzenlose Zahl:

- *„... liegt **richtig viel Schnee**.“* (ARD, Claudia Kleinert, 16.12.2022).
- *„... hat es **richtig kräftig geregnet**.“* (ARD, Claudia Kleinert, 12.1.2023).

Während dieses Auftritts wurde *„richtig“* viermal traktiert!

- ***„richtig viel Sonne“*** (ARD, Claudia Kleinert, 26.1.2023).
- ***„richtig heftig regnen“*** (ARD, Claudia Kleinert, 10.7.2023).

Aber sie hat natürlich ihren selbstgefällig-großspurigen, manchmal auch aufdringlich albernden und sich wortreich verhaspelnden Kumpel Sven Plöger, der sich nicht lumpen lässt, sprachlich Flankenschutz zu geben:

- *„In den Alpen **wird es richtig ordentlich Schnee geben**.“* (ARD, Sven Plöger, 31.1.2023).

Wenig später folgte der Satz, es werde ***„ganz schön stürmisch“***. Was ist an einem Sturm eigentlich *„schön“*? Sobald auf *„richtig“* einmal verzichtet

---

[115] Eine genaue Quellenangabe ist mir leider nicht mehr möglich.

wird, muss *„ganz schön"* für den Unfug herhalten, zum Beispiel in der Phrase ***„ganz schön kalt"***, die bei den Wetterfröschen extrem beliebt ist. Oder, bei prognostizierten 34 bis 36 oder mehr Grad Celsius, ***„Es wird ganz schön heiß"***, wie von Claudia Kleinert am 8. Juli 2023 trompetet. Was ist an dieser großen Hitze *„schön"*, noch dazu *„ganz schön"*?
Und andere Medienleute, Moderatoren zumal, sind selbstverständlich mit von der Partie:

- ***„... ein richtig gutes Beispiel"*** (NDR, Hallo Niedersachsen, Christina v. Sass, 30.1.2023).

In der Sendung gewährt ihr der ziemlich schnoddrig formulierende Moderator Arne-Torben Voigts Entlastung, indem er *„richtig viel"* (z. B. am 7. Juli 2023) und ähnliche Leerformeln ohne erkennbares Nachdenken in seine stark vom Jargon geprägten Sätze einstreut.[116]

- In Berlin seien *die Wohnungspreise* erst in den letzten Jahren ***„so richtig extrem explodiert"***.

Das war ein sprachliches Glanzstück des ARD-Moderators Sascha Hingst während der Berichterstattung anlässlich der Wahl zum Berliner Abgeordnetenhaus, ausgerechnet dort, am 12, Februar 2023. Dass die Wohnungspreise *„explodiert"* waren, das reichte ihm nicht. Dass sie *„extrem explodiert"* waren, selbstverständlich auch nicht. Erst mit *„richtig extrem explodiert"* gab er sich zufrieden, dem Aufbauschen ganz und gar verpflichtet - aber natürlich ohne jeden ideologischen Hintergedanken. Mit seiner ganzen Sprachgewalt – ja Gewalt, denn der Sprache wurde wieder einmal Gewalt angetan! – sagte er sodann: *„Ich kann* ***total verstehen****, dass..."*. Unter dem Totalen macht es kaum noch ein Fernsehmann, der etwas auf sich hält – und wer tut das nicht?[117]
Der Sport, hier vertreten durch einen seiner Spitzenmanager und einen Aktiven, ist für belanglosen, sinnfreien Jargon immer zu haben; häufig tonangebend, diesmal wohl eher angepasst an dürftigen Mediensprech:

- *„Wir können* ***richtig gut*** *sein."* (Sebastian Kehl, BVB, also Borussia Dortmund, laut FAZ, 1.4.2023, S. 32).
- *„Der ist* ***richtig gut drauf****."* (Tennisstar Alexander Zverev laut FAZ vom 8.7.2023).

---

[116] Lobenswerte Ausnahmen, das soll hier betont werden, stellen bei *„Hallo Niedersachsen"* des NDR Jan Starkebaum und unter den Wetterfröschen Karsten Schwanke dar.

[117] Das Stichwort *„total"* sei hier empfohlen.

So, genau so, spricht heute eine ganze Generation, der eine halbwegs gepflegte Sprache völlig schnuppe ist. Häufig allerdings mit der Steigerung, dass jemand „***echt*** *gut drauf*“ sei. Früher hätte man sich mit dem kümmerlichen Wörtchen „sehr“ zufrieden gegeben. Diese Bescheidenheit als Respekt vor der Sprache zu begreifen, hat sich erübrigt. Man geht mit ihr um, wie es gerade gefällt, jedenfalls möglichst aufmüpfig.
„*Richtig*“ ist, richtig verstanden, das Gegenteil von unrichtig oder von falsch, bedeutet also, dass etwas keinen Fehler aufweist, fehlerlos ist. Es lohnt die Übung, für einen Augenblick dieses Verständnis des Adjektivs richtig in die jeweils zitierten Sätze an Stelle von „*richtig*“ einzusetzen. Man erkennt dann nämlich den sprachlichen Unfug, das Floskelhafte, die völlig belanglose, nichtssagende Phrase – die im übrigen im zeitlich knapp bemessenen Wetterdienst des Fernsehens nichts als Zeitverplemperung bedeutet. Nicht jede umgangssprachliche Marotte muss in Nachrichtensendungen auftauchen, zu denen Wetterprognosen und Wahlberichterstattung doch wohl immer noch zu zählen sind. Richtig?

Robust

Dieses nur auf den ersten Blick eindeutig deutsche Wort ist einst aus dem Lateinischen ins Deutsche übernommen worden. >*Robustus*< war das Ursprungswort in der Bedeutung „*aus Hart-, zumeist Eichenholz bestehend*“, abgeleitet vom Substantiv >*robur*<, womit Kernholz bezeichnet wurde, das aber auch Kraft meinte. So sind denn kräftig, stabil, kernig, aber auch nicht empfindlich oder nicht leicht irritierbar synonym verwendbare und allgemein vertraute Wörter. Eine robuste Person zeichnet sich zum Beispiel dadurch aus, dass sie sowohl körperlich als auch seelisch robust ist, beides gleichzeitig. Wird robust im Zusammenhang mit Gegenständen oder Materialien benutzt, sind, wie der DUDEN lehrt, widerstandsfähig, strapazierfähig, nicht empfindlich, im Gebrauch unkompliziert angemessene Ersatzwörter, wie etwa in „*ein robuster Motor*“ oder „*ein robuster Schulranzen*“. In der Musik wird mit „*robusto*“ eine kraftvoll zu spielende Passage angezeigt.
Plötzlich aber bemächtigte sich der Jargon der Politik und umgehend auch der häufig identische der Medien (oder in umgekehrter Reihenfolge?) des Wortes „*robust*“. Seine Eignung für eine phrasenhafte, Inhalte im Unklaren lassende Verwendung lag auf der Hand, und sie machte den Reiz aus. Der wurde zudem durch die ungemein überzeugende Tatsache verstärkt, dass das Englische >*robust*< im Sinne von grob, derb (>*robust humour*<!), aber auch gesund (>*robust health*<!) kennt sowie auch das Substantiv >*robustness*< und in einer Ableitung >*robustious*< (>*robustious weather*< – stürmisches, rauhes Wetter!). Was einen englischen Hintergrund hat, ist per se

willkommen und gerechtfertigt. Man ist ja mindestens bilingual ausgerüstet und beherrscht das Englische fließend, obwohl, wie anderenorts schon gesagt, vieles noch im Fluss ist. Und man kann anderen zeigen, welchen Nachholbedarf sie haben.
Also werden „*robuste Maßnahmen*" zum politischen Erfordernis, erst ein „*robustes Mandat*" ist ein erstrebenswertes und ein hinlänglich aussichtsreiches Mandat. Welchen Inhalt das Mandat hat und welche Zielsetzung mit den Maßnahmen verbunden ist – das bleibt zumeist ungesagt, allenfalls angedeutet. Die Tür zur Ausrede, zur Ausflucht, zum Rückzug wird bewusst eingebaut. Man kann ja nie wissen, was mit einem Mandat alles geschehen kann, selbst wenn es ein „*robustes*" ist. Und was einem so alles widerfahren kann, wenn man ein Mandat übernommen hat oder wenn die vorgesehenen Maßnahmen scheitern, auch wenn sie doch als „*robuste*" angekündigt waren.
Sogar robuster Humor vermag dann nicht aus der Klemme zu helfen. Trotzdem sollte man ihn sich bewahren, so gut es irgend geht.

Rookie

Wir sind hier zunächst wieder beim Sportjargon. Aber wir können, entsprechend lebenserfahren, sicher sein, dass er erneut allgemeinsprachliche Maßstäbe zu setzen verstanden hat.
Wo ist man sprachlich innovativer, moderner und gleichzeitig der hohlen Phrase zugeneigter als im Sportjargon? Und wenn die FAZ eine sportsprachliche Marotte geadelt hat, können wir wetten, dass mindestens für einen gewissen Zeitraum der bekanntermaßen kümmerliche deutsche Wortschatz durch einen „*kryptischen Begriffsimport*" eine zuvor ungeahnte Bereicherung erfahren hat. Kryptisch zunächst auch deshalb, weil Uneingeweihte ja nicht die Spur einer Ahnung haben konnten (und können), was sich hinter einem „*Rookie*" verbirgt. Erst ein Blick in den MURET-SANDERS erschließt uns, was ein „*rookie*" ist: speziell ein Rekrut zum einen, allgemeiner ein Neuling, ein Anfänger zum anderen. Im amerikanischen Englisch sind „*Rookies*" im Sport allgegenwärtig; als „*Rookie*" wird zumal im Basketball tatsächlich ein Neuling bezeichnet, allerdings einer mit hohem Potential, das versteht sich. Und was im amerikanischen Sport(journalismus) gang und gäbe ist, macht sich der deutsche selbstverständlich zu eigen – mit der FAZ, wie gesagt, als abschließende Beglaubigungsinstanz:

- „***Der forsche Rookie** springt bislang eine famose Tournee.*" (FAZ, Ralf Weibrecht, 2.1.2023, S. 23.

„*Der forsche Rookie*“, damit ist der talentierte Skispringer Philipp Raimund gemeint, der bei seiner ersten Teilnahme an der berühmten Vierschanzentournee, also als Neuling, doch keineswegs wie ein Anfänger, „*eine famose Tournee*“ nicht etwa hinlegt oder absolviert, nein, nein, er „*springt*“ sie. Nur mit derart ausgefeilter Sprachgestaltung kann man sich heutzutage als Sportredakteur behaupten, bei der FAZ zumal.
Wir können uns darauf verlassen, dass das neudeutsche Wort „*Rookie*“ Karriere machen wird, und das nicht nur im Sport. Wir hatten es aber auch bitter nötig.
Bleibt noch anzumerken, dass das englische Wort >*rook*< einen Betrüger, einen Gauner, einen Bauernfänger bezeichnet, offenbar in Anlehnung an den Namen eines nicht besonders gut beleumundeten Krähenvogels, der Saatkrähe. Aha?

Rüberbringen

Dieses Verb firmiert lexikographisch eigentlich nur als umgangssprachliche Verstümmelung von „*her- oder hinüberbringen*“. Damit ist dann auch schon erwiesen, dass es ursprünglich nur im konkreten Sinne verwendet wurde: Man brachte etwas her- oder hinüber, jedenfalls von einem Ort zu einem Ort; man transportierte etwas. Mit der umgangssprachlichen Version „*rüberbringen*“ eröffnete sich aber die Möglichkeit seines Einsatzes im übertragenen, im figurativen Sprachgebrauch und beinahe folgerichtig als eine phrasenhafte Allerweltswendung. Diese Möglichkeit wird neuerdings zunehmend ergriffen, wobei „*rüberbringen*“ Konkurrenz im immer beliebter werdenden Verb „*kommunizieren*“ erhalten hat.[118]
Dennoch: Gilt es also, etwas zu vermitteln oder mitzuteilen, etwas zu erklären oder zu erläutern, mit etwas zu überzeugen oder Verständnis zu wecken, dann heißt es zum Beispiel: „***Das muss (besser) rübergebracht werden***“. Ist etwas schiefgelaufen, hat es Missverständnisse gegeben, wurde gar Unverständnis ausgelöst, dann lag das daran, dass es „***nicht richtig rübergebracht***“ worden sei. Für Politiker sind das Phrasen, zu denen sie Zuflucht nehmen, denn sie ersparen ihnen die präzise Aussage, was sich wohl inhaltlich oder im konkreten Verfahren als Fehler erwiesen hat, als Irrweg, als gescheitertes Versprechen und dergleichen. Und was genau sie selbst dazu beigetragen haben.
Ich hoffe, ich habe rübergebracht, was ich habe kritisieren wollen.

---

[118] Ein Vergleich mit dem Stichwort „*kommunizieren*“ empfiehlt sich.

Sanktion und sanktionieren

Wir haben es nun mit Wörtern zu tun, die außerordentlich schwierig zu definieren sind. Gemeinsam ist allen Anwendungen, dass sie als bildungssprachliche begriffen werden müssen. „*Heilung, Billigung, Bestätigung, Strafandrohung*“ bzw. „*als unverbrüchlich festsetzen, bei Strafe verbieten*“ sind die gängigsten deutschen Entsprechungen der aus lateinischen Wurzeln entwickelten Begriffe.
Wir beschränken uns auf den völkerrechtlichen und den soziologischen Anwendungsbereich. Überwiegend im Plural eingesetzt, werden „*Sanktionen*“ völkerrechtlich als Maßnahmen verstanden, „*die zur Bestrafung oder zur Ausübung von Druck gegen einen Staat, der das Völkerrecht verletzt hat, angewandt werden*“. So jedenfalls lehrt das der sechsbändige DUDEN auf Seite 2271. Es handelt sich demnach um „*Zwangsmaßnahmen mehrerer Staaten gegen die Verletzung völkerrechtlicher Pflichten seitens eines anderen Staates*“, wie es im WAHRIG 2004 auf Seite 866 heißt. So ist dann von militärischen oder von wirtschaftlichen Sanktionen die Rede.
Soziologisch ist mit „*Sanktion*“ oft die „*auf ein bestimmtes Verhalten eines Individuums oder einer Gruppe erfolgende Reaktion der Umwelt, mit der dieses Verhalten belohnt oder bestraft wird*“ bezeichnet.
„*Sanktionieren*“ meint allgemein bildungssprachlich billigen, gutheißen, legitimieren, anerkennen, aber auch, streng juristisch, „*einer Sache Gesetzeskraft verleihen, ein Gesetz bestätigen*“ sowie, soziologisch, „*mit Sanktionen belegen*“, also auf Regelverstöße irgendwie strafend reagieren.

Ja, irgendwie strafend. Aber weil „*Strafe*“ sowohl im völkerrechtlichen als auch im soziologischen Verständnis und somit folgerichtig im spezifischen Sprachgebrauch verpönt ist, negativ konnotiert, wie Linguisten sagen, sind „*Sanktion(en)*“ und „*sanktionieren*“ bei selbstgewiss gutmenschlicher Grundhaltung willkommene Auswege. Die immer auch irgendwie ans Kriminelle erinnernden Begriffe „*Strafe*“ und „*strafen*“ lassen sich also vermeiden – und diese Gelegenheit lässt sich seit einiger Zeit kaum noch einer entgehen, noch dazu, wo sie doch ohnehin eine bildungssprachliche Verankerung haben, die bei gefälliger Anwendung der eigenen Bildung Rang zu verleihen versprechen. Die Gefahr, dass die ehrenwerten Wörter „*Sanktion(en)*“ und „*sanktionieren*“ schließlich zu bloßen Phrasen heruntergewirtschaftet werden, will man offenbar in Kauf nehmen.
Der nun folgende Satz dürfte geeignet sein, diese für viele vermutlich unangenehme These zu bestätigen:

- „***Sanktionierte Oligarchen** müssen nun ihre Vermögen den Behörden **aktiv melden**.*“ (FAZ, T.G., 3.8.2022, S.1).

Also ist von Oligarchen die Rede, die mit wirtschaftlichen Strafmaßnahmen belegt sind? Sie sind *„sanktioniert“* worden? Deren Tun ist doch wohl nicht irgendwie gutgeheißen worden, gebilligt worden? Oder gar als unverbrüchlich festgesetzt worden?[119] Ganz ausschließen kann man das allerdings bei der lediglich angedeuteten Bandbreite des denkbaren Verständnisses von *„sanktionieren“* keineswegs. Warum dann aber die Unklarheit? Nur um sprachlich zu glänzen? Dieser Verdacht liegt nahe, schaut man etwas genauer auf die Phrase *„aktiv melden“*. Wenn schon *„melden“*, warum dann der Zusatz *„aktiv“*? Lassen sich Meldungen auch passiv, also untätig, durchführen?
Fazit: Der Satz ist ein Musterbeispiel für phrasenhafte, aufgedunsene Sprache.
Gleiches lässt sich über die scheinbar harmlose, tatsächlich aber ziemlich sinnleer, gleichwohl salbungsvoll zur Bedeutungsschwere aufgeputzte Aussage aus Politikermund sagen:

- *„Wir müssen die **Sanktionen jetzt umgehend umsetzen**.“*

Zitiert ist hier der CSU-Politiker Manfred Weber, Vorsitzender der EVP-Fraktion im EU-Parlament, laut ARD, Texttafel 887 vom 18. September 2022. Ähnliche oder wortidentische
selbstgewisse >Statements< sind Massenware. Manfred Weber hat es getroffen, weil er ein Ausbund solchen >Politsprechs< ist. Welcher Politiker, der von den Medien beachtet werden will, vermag noch ohne *„umsetzen“* auszukommen? Und natürlich muss das Umsetzen *„umgehend“* erfolgen. Subito! Was sich allerdings präzise hinter den *„Sanktionen“* verbirgt, bleibt meist ungesagt, und wie die Umsetzung mit welchem genauen Ziel vonstatten gehen soll, ohnehin. Hauptsache, man hat die umgehende Umsetzung von Sanktionen gefordert, damit ist man stets zitierfähig, für ARD-Texttafelredaktionen allemal. Phrasen sind dort immer willkommen. Im Zweifel produziert man sie selbst. Sanktionen wegen Phrasendrescherei muss man dort nicht gewärtigen. Bestraft, also sanktioniert, müssen sich allerdings nicht nur zuweilen diejenigen vorkommen, die über die Texttafeln genau informiert sein wollen, denn schließlich sind ihnen Rundfunkgebühren aufgedrückt worden. Von den Politikern! Das wiederum ruft nach Sanktionen! Nur – wie lassen die sich umgehend umsetzen?

---

119 Historiker werden umgehend an die sogenannte Pragmatische Sanktion von 1713 denken, mit der im Habsburgerreich die Erbfolge geregelt wurde – wenigstens vorerst.

Scheinbar

„*Scheinbar*“ ist, so scheint es, ein gefahrlos zu verwendendes Adjektiv. Es scheint jedem Deutschen vertraut zu sein und wird von allen ständig im Munde geführt. Gewiss, gewiss, aber eben nur scheinbar.

Unbeachtet bleibt fast immer, dass, wie der DUDEN lehrt, „*scheinbar*“ vermitteln soll, dass etwas nur dem äußeren Eindruck nach, anders gesagt dem Scheine nach, aber nicht in Wirklichkeit so ist, wie es erkannt oder dargestellt wird. Umgangssprachlich wird „*scheinbar*“ sehr oft verwendet, wo „*anscheinend*“ den Sinn richtig wiedergäbe, nämlich ausdrückend, dass alles dafür spricht, dass es wirklich so ist und nicht nur scheinbar. Doch wie gesagt: umgangssprachlich. Dort widerfährt einem einiges. Eine gewisse Großzügigkeit ist vonnöten und entlastet. Aber hochsprachlich-schriftsprachlich gilt es, zwischen „*scheinbar*“ und „*anscheinend*“ genau zu unterscheiden, will man nicht erheblichen Missverständnissen und zum Teil sogar gravierenden Folgen Tür und Tor öffnen.

Betrachten wir ein wahrscheinlich überzeugendes Beispiel: Zwischen einem, von dem es heißt, er sei ***scheinbar tot***, und einem, von dem gesagt wird, er sei ***anscheinend tot***, besteht, das erschließt sich bei ein wenig Nachdenken eigentlich umgehend, ein wesentlicher, geradezu ein existentieller Unterschied. **Der scheinbar Tote** ist erfreulich weit davon entfernt, ein Toter zu sein, möglicherweise oder sogar sehr wahrscheinlich mimt er nur den Toten und ist in Wirklichkeit quicklebendig. **Der anscheinend Tote** hingegen muss als ziemlich sicher bereits Verstorbener angesehen werden, eine Aussicht, dass er noch lebt, ist wohl nicht mehr gegeben.

Diese simple, aber in allen vergleichbaren Fällen korrekte Unterscheidung von „*scheinbar*“ und „*anscheinend*“ wird bedrückend oft, vor allem auch, wenn eher abstrakte Sachverhalte angesprochen werden, nicht mehr vorgenommen.

Die etwas längere Liste der Beispielsätze soll nicht zuletzt dazu dienen, die weitverbreitete Leichtfertigkeit des Einsatzes von „*scheinbar*“ an Stelle von „*anscheinend*“ aufzuzeigen und, daraus sich zwangsläufig ergebend, den inhaltlichen Unfug zu betonen, der sodann für erhebliche Missverständnisse und Fehleinschätzungen verantwortlich ist. Wie aus den Daten unschwer abgeleitet werden kann, liegt eine lange unheilvolle >Tradition< vor, die leider die Tendenz hat, munter fortzuschreiten. Die ach so Progressiven, denen sprachliche Normen grundsätzlich völlig schnuppe sind, hier erweisen sie sich als die Konservativen, die eine Fehlentwicklung bedenken- und gedankenlos im wahrsten Sinne des Wortes fortschreiben.

Dass etliche Prominente darunter sind, macht das Problem wahrlich nicht kleiner.

Beginnen wir mit dem Chefvolkswirt der Deka-Bank, Ulrich Kater. Ihm stellt ziemlich regelmäßig die FAZ eine Kolumne bereit für mehr oder weniger geistreiche Beiträge, manchmal großspurig als „*Analysen des Finanzmarktes*“ angepriesen. Von ihm durfte man zur Kenntnis nehmen:

- „>Kommt die große Inflation?< , fragten sich tief besorgt die Sparer in Deutschland. Wo doch die Staaten immer mehr Schulden anhäufen? Wo doch die amerikanische Notenbank so viel Geld druckt, dass ***sie scheinbar schon nicht mehr wagt***, die Geldmengenzahlen zu veröffentlichen.“

Der Satz hätte auch 2023 geschrieben worden sein können. Er stand aber bereits am 6. April 2009 auf Seite 22 in der FAZ. Meinte Kater, ganz Chefvolkswirt, auch, was er da drucken ließ? Wirklich? Dann wagte also die amerikanische Notenbank nur ***„scheinbar“*** nicht mehr, die Geldmengenzahlen zu veröffentlichen. In Wirklichkeit aber doch. Gleichwohl war keine Veröffentlichung erfolgt. Wer sollte ihm, dem Chefvolkswirt, diesen Quatsch abnehmen? Was er sagen wollte: ***Anscheinend*** wagte die Notenbank die Veröffentlichung der Geldmengenzahlen nicht, jedenfalls hatte es die bis zum Abfassen des Artikels nicht gegeben, und vieles sprach dafür, dass sie es weiterhin nicht tun werde. Das zu sagen hätte man ihm eigentlich zugetraut. Wenn man allerdings wenig später dem Satz „*Ihre Inflationsziele wurden in den letzten Jahren* ***klar kommuniziert***“ begegnet, weiß man, welchem Großkommunikator man immer wieder ausgesetzt ist. Der keineswegs unwichtige Sachverhalt wurde durch die Verwechslung von „*scheinbar*“ und „*anscheinend*“ sozusagen vom Kopf auf die Füße gestellt. Und das, weil „*scheinbar*“, inhaltlich überflüssig für die zentrale Aussage, gedankenlos, also floskel- und sogar phrasenhaft, in einen Satz eingeschleust wurde, der ohne dieses Wort gut und gerne auskommen konnte.
Nur um zu belegen, dass die FAZ selbst zur gleichen Zeit ein ernstes Problem hatte, „*scheinbar*“ von „*anscheinend*“ zu unterscheiden, seien noch zwei Beispiele aus einem anderen Sektor dieser Zeitung angeführt. Sie stammen, wen wundert es, aus dem Sportressort.

- „*Es ist nur das jüngste Glied* ***einer Kette von Pannen, Pleiten und Peinlichkeiten, die scheinbar nicht abreißt***.“ (FAZ, Claus Dieterle, 17.02, 2009, S. 30).

Also: Die Kette der Pannen, Pleiten und Peinlichkeiten reißt ab, wenngleich ***„scheinbar nicht“***. Wie schön, für wen auch immer, möchte man jubeln. Nur entsprach diese Vermutung, die durch unseren wortgewandten Journalisten ausgelöst worden war, nicht der Wirklichkeit. Die Kette hielt! Sie

wollte **anscheinend** nicht abreißen, partout nicht. Und plötzlich bekam die Überschrift des Artikels ihren tieferen Sinn: „*Pannen, Pleiten und Peinlichkeiten*“. Beim Fußball spräche man wohl von einem Eigentor!
Womit wir endlich beim Fußball angekommen sind. Über den seinerzeitigen Cottbuser Torwart Tremmel, einen ehemaligen Münchner, der, man denke, einen Elfmeter des FC-Bayern-Spielers Ribery „*parierte*“, hieß es in der FAZ (mwo.) am 17. März 2008 auf Seite 25:

- „Doch zumindest ein Münchner **hat scheinbar noch sein Glück nahe der polnischen Grenze gefunden**.“

Erneut also müssen wir verstehen: Tremmel habe sein Glück dort **nicht** gefunden, allenfalls „***scheinbar***“. Dem könnte so gewesen sein. Aber Tremmel sah das ganz anders, und auf ihn, seine Sichtweise, kam es an. Also hätte der Redakteur ihm nachsagen müssen, dass er sein Glück, nach sportlichen Irrungen und Wirrungen, **anscheinend** nahe der polnischen Grenze, in Cottbus, doch noch gefunden hatte. „*Scheinbar*“ ist überflüssig wie ein Kropf und nichts als umgangssprachliche Plapperei. Der Zeitungsbeitrag trägt die Überschrift „*Rührung und Schadenfreude*“. Wird es mwo. wundern, dass er beim Wort genommen worden ist?

Und so ist es Jahr für Jahr munter weitergegangen, in der Sportberichterstattung ohnehin, aber in allen anderen Sparten des Journalismus auch und nicht nur bei der FAZ, sondern wie selbstverständlich bei den elektronischen Medien. Die nun folgenden Sätze stehen in Stellvertreterfunktion, nichts als das, mit dem Ziel, einmal mehr zu verdeutlichen, wie salopp inhaltsleer, sprich phrasenhaft, mittlerweile schriftsprachlich vorgegangen wird:

- „*... ist ein anderes Volkstum raketenhaft aufgestiegen: die >Schlesische Nationalität<, 2002 noch 173 000 Personen stark, hat sich* ***scheinbar gegen alle Regeln der Biologie****, bis 2011 beinahe verfünffacht und zählt heute 817 000 Personen*.“ (FAZ, Konrad Schuller, 28.1.2013, S. 10).

Wenn „*scheinbar*“ auch nur im Ansatz als korrekt angesehen werden soll, dann entspräche die Verfünffachung der Personen im genannten Zeitraum tatsächlich den „*Regeln der Biologie*“. Das aber wäre statistischer und ebenso naturwissenschaftlicher Unfug. Nur *anscheinend* vermeidet ihn.

- „*Syrien:* ***Waffenruhe hält scheinbar***“ (ZDF, Texttafel 100, 30.12.2016).

Die Aussageabsicht war eindeutig angesichts der Umstände: Die vereinbarte Waffenruhe schien tatsächlich, fast schon gegen alles Erwarten, zu halten. Deshalb wäre nur *anscheinend* das dem Sachverhalt angemessenen Wort gewesen.

- „*Frankreich ist* ***scheinbar unversöhnlich*** *in gegensätzliche politische Strömungen* ***zerklüftet****.*" (FAZ, Christian Schubert, 25.4.2017, S. 19).

Mit „*scheinbar*", richtig verstanden, konterkarierte der Korrespondent seine Aussageabsicht, mit *anscheinend* hätte er die politische und soziale Lage Frankreichs richtig beschrieben. Wie aber sollten seine Leser darauf kommen, wenn sie ihn beim Wort nahmen?

- „*In Hannover ist eine Zwölfjährige* ***scheinbar spurlos verschwunden****.*" (NDR, Texttafel 126, 23.8.2017).

Nimmt man hier vertrauensvoll den NDR beim Wort, war die „*Zwölfjährige*" gar nicht „*spurlos verschwunden*". Nur dem Scheine nach! Da muss ein übles Versteckspiel inszeniert und durchgeführt worden sein – so müssen wir arglosen Leser den Text verstehen. Und liegen damit völlig falsch. Sie war nämlich, das hätte das Dramatische der Meldung richtig widergespiegelt, *anscheinend* spurlos verschwunden. So also sieht nachrichtenverpflichteter Journalismus aus? In einem solchen Fall, mit möglicherweise tragischem Ausgang?

- „*..., und selbst Germanisten lesen Kleist oder Kafka* ***scheinbar nur noch, weil sie sich damit beschäftigen****, und nicht, weil es sie beschäftigt.*" (FAZ, mkl., 20.3.2019).

Wie geistlos sinnentstellend und völlig überflüssig hier „*scheinbar*" so ganz freihändig eingesetzt worden ist, noch dazu im Zusammenhang mit erstklassiger Literatur – darauf hinzuweisen, erübrigt sich eigentlich. Mit wem wir es sprachlich zu tun hatten, im Feuilleton wohlgemerkt! (wo es redaktionell niemand bemerkt haben will), erhellt der schwere Grammatikfehler, der einen der folgenden Sätze ziert: „*Die Verwandlung geistiger Tätigkeit in bloßen* ***Vollzug, in deren Folge*** *aus jeder Arbeit eine Auftragsarbeit wird.*" Im Feuilleton, tummeln sich da nicht die Edelsprachkünstler, die keine Gelegenheit auslassen, sich als sprachgewandte Intellektuelle zu präsentieren?

- *„Dass die Kommission* ***scheinbar unbeirrt*** *die Kritik an Selmayrs Blitzbeförderung zurückweist, sollte nicht von der zentralen Frage ablenken.*“ (FAZ, now., 28.3.2019, S. 8).

Nein, nein, die Kommission war sich ihrer Sache sehr gewiss und handelte deshalb *anscheinend* unbeirrt, nämlich Kritik sehr bewusst zurückweisend. Der Unterschied ist kein belangloser!

- *“All dies wurde im Bildungssystem auf den Weg gebracht, all dies hat aber* ***scheinbar nicht gefruchtet****.*” (Prof. Dr. Olaf Köller, Leiter des Leibniz-Instituts für die Pädagogik der Naturwissenschaften (IPN) in Kiel, über *„Anspruchsvolle Mint-Fächer*“, in FAZ, 27.6.2019, S. 6).

Zitiert wurde ein alles andere als zurückhaltend auftretender *„Bildungsforscher*“, dem offenbar auch erst noch, damit er wirklich gebildet auftreten kann, der Unterschied zwischen *„scheinbar*“ und *„anscheinend*“ beigebracht werden muss, auch wenn er wohl geltend machen wird, er sei lediglich ein Fachmann der MINT-Fächer. Eine keineswegs geringe peinliche Note hat sein sprachlicher Lapsus gleichwohl.

- *„Der (Angeklagte) ... soll an einem Dezemberabend 2018 drei Frauen auf der Straße* ***scheinbar wahllos*** *und ohne jede Vorwarnung* ***niedergestochen*** *haben.*“ (ARD, Texttafel 139, 19.9.2019).

„Scheinbar wahllos” wörtlich genommen, würde bedeuten: Er hat(te) sehr wohl bereits eine Wahl vorgenommen, also mit Vorsatz gehandelt. Genau das aber war nicht der Fall. Er handelte tatsächlich *„wahllos*“! Strafrechtlich dürfte der Unterschied von erheblicher Bedeutung sein.

- *„Seit er das ehemalige Klosterweingut ... wiederbelebt hat, ...* ***geht es scheinbar nur bergauf****. Der Mann wird mit Preisen überschüttet, er gilt als Erneuerer des Weinbaus an der Saar.*“ (FAZ, Bernd Freytag, 2.1.2020, S. 24).

Wenn *„es* ***scheinbar*** *nur bergauf*“ ging, dann ging es also nicht bergauf, im besten Fall lag Stillstand vor, jedenfalls keine Steigerung. Dennoch wurde der Mann *„mit Preisen überschüttet*“? Dennoch galt er als *„Erneuerer des Weinbaus an der Saar*“? Der hier durch *„scheinbar*“ ausgelöste Unfug liegt auf der Hand. Zudem: Das Füllwort, denn mehr ist es nicht, ist völlig überflüssig. Seine sprachliche Unzulänglichkeit bestätigt der Redakteur dann selbst, wenn er schreibt: *„**Über** matschige, steile und **kaum befestigten***

Straßen *geht es nach oben. Der Wind* ***pfeifft*** (sic!) *wie bestellt.*" Na dann „*Zum Wohl*" beim nächsten Besuch auf dem Weingut!

- „***Der Flirt*** *zwischen Nationalstürmer Timo Werner und dem FC Liverpool* ***wird scheinbar immer heißer***." (ARD, Texttafel 207, 12.2.2020).

Eindeutig gemeint war natürlich *anscheinend.*

- „*In der Vereinsführung ist bis auf* ***das scheinbar unvermeidliche Gerangel*** *um neue Plätze im Aufsichtsrat das Bemühen sichtbar, ...*" (FAZ, Frank Heike, 12.12.20, S.35).

Das Deutsch dieses offenbar freien Mitarbeiters der FAZ ist verlässlich so fehlerhaft bei gleichzeitigem Bemühen, mit aufgesetztem Vokabular zu glänzen, dass es Stoff für ein ganzes sprachkritisches Buch liefert. Fragen wir ihn direkt in der Hoffnung auf Selbsterkenntnis: War das Gerangel nicht doch ein *anscheinend*, aus der Zusammensetzung der „*Vereinsführung*" resultierendes und längst bekanntes „*unvermeidliches Gerangel*" und eben nicht nur ein „*scheinbar*" solches?

- „***Scheinbar schwieriger wird es*** *in der Frage der Umverteilung von oben nach unten, die für die Linke zentral ist.*" (FAZ, Helene Bubrowski und Markus Wehner, 26.5.2021, S. 3).

Nehmen wir das Duo, das in der Hauptstadtredaktion der FAZ, also nicht irgendwo, angesiedelt ist, wörtlich, hatte die Linke gar keine Schwierigkeit(en) mit ihrer zentralen „*Frage der Umverteilung von oben nach unten*". Damit aber wird die intendierte Aussage konterkariert: Die angesprochene „*Frage*" war für die Linke tatsächlich eine schwierige, sie war *anscheinend*(!) schwieriger zu beantworten als andere Fragen. Aha!

- „*Die amerikanische Notenbank* ***lässt sich*** *von schlechten Konjunkturaussichten* ***in ihrem Kampf gegen die Inflation scheinbar nicht beirren***." (FAZ, Gerald Braunberger, 29.7.2022, S. 25).

Wir haben es hier mit einem der Herausgeber der FAZ, keinem Geringeren als einem solchen, zu tun. Er wollte seinen Lesern (Leserinnen gewiss auch), ganz veritabler Finanzexperte, als der er sich ständig darstellt, mitteilen, dass „*die amerikanische Notenbank*" – häufig für Fachleute als „*die Fed*" verklausuliert – sich „*in ihrem Kampf gegen die Inflation*" *anscheinend*(!) „*nicht beirren*" lasse. Für Börsianer und andere mit Geld irgendwie befasste Mitbürger dürfte das für ihre Anlagepläne einen wichtigen

Unterschied ausmachen. Auf Herrn Braunberger sich zu verlassen, ist also mindestens irgendwie riskant – es sei denn, man durchschaut seine sprachlichen Defizite.

- *„Folgt man diesen Berichten, so wurde in den jeweiligen Seminarveranstaltungen die* ***Möglichkeit zur Kritik scheinbar kaum genutzt****.“* (FAZ, Mark Fehr, 26.1.2023, S. 15).

Das war keine realistische Beschreibung des Verhaltens der Seminarteilnehmer, die *„die Möglichkeit zur Kritik“* tatsächlich, mindestens aber *anscheinend „kaum genutzt“* haben. Hätten sie diese nur *„scheinbar kaum genutzt“*, wären sie wohl eifrige Seminaristen gewesen – wie eigentlich von ihnen zu erwarten.
Vor unseren Augen entsteht also immer wieder ein falsches Bild. Wir müssen es durch sprachliche Korrektur zurechtrücken. Ist das inzwischen die zentrale Aufgabe von FAZ-Lesern? Es scheint so. Vielleicht wird ihnen deshalb nachgesagt, sie seien *„kluge Köpfe“*. Also seien wir großzügig und, ein klein wenig eitel, sogar dankbar!
So hat die Überhand nehmende, zumeist sinnleere Verwendung von *„scheinbar“* vielleicht doch noch etwas Gutes. Hoffentlich eher anscheinend als lediglich scheinbar.

Schleifen

Es gab Zeiten, da konnte man manchen Autoren bescheinigen, sie schrieben einen *„geschliffenen Stil“*, mancher Gesprächsrunde durfte attestiert werden, sie zeichne sich durch *„geschliffene Dialoge“* und durch geistreiche Beiträge aus, manche Zeitgenossen fielen durch *„geschliffene Manieren“* auf, die sich auch in gepflegter, in *„geschliffener Sprache“* ausdrückten. Heutzutage bleibt nur noch zu beklagen, dass das Bollwerk der geschliffenen Sprache geschleift, niedergerissen, dem Erdboden gleichgemacht, auf das tiefste denkbare Maß plattgemacht worden ist.[120]
Geschliffen und geschleift – diese beiden Stammformen haben dabei in mehrfacher Hinsicht hohe symbolische Bedeutung. Sie scheinen auf den ersten Blick Partizip Perfekt (3. Stammform) des Verbs schleifen zu sein. Und das sind sie auch!
Aber wir müssen zwei buchstabenidentische Verben *schleifen* unterscheiden: schleifen – schliff – geschliffen, schleifen – schleifte – geschleift.
Geschliffen steht für *„geglättet, geschärft, aber auch für „vollendet, tadellos in bezug auf die äußere Form, überzeugend kultiviert wirkend“*, auch

[120] Mein Buch *„Lesefrüchte“*, erschienen 2018 im IFB Verlag Deutsche Sprache, Paderborn, erhielt deshalb auch den Untertitel *„Von der geschliffenen zur geschleiften Sprache“*.

natürlich für „*gedrillt*“ im soldatischen Kontext. **Geschleift** hingegen bedeutet neben „*hinweggezogen, geschleppt*“ vor allem auch „*niedergerissen*“ oder „*dem Erdboden gleichgemacht*“. Das zu unterscheiden, sollte nicht schwerfallen. Vorausgesetzt wird nur ein wenig Achtsamkeit, ein wenig Gespür für die Formen- und Ausdrucksvielfalt unserer Sprache.
Für die Geisteswissenschaften und den Journalismus, für wen denn sonst, müssten das die Eintrittskarten für die Berufsausübung sein, die schließlich auf Sprache angewiesen ist. Ist ihr Preis inzwischen zu einer Art >Flatrate< verkommen, die es fast jedem unabhängig von seiner Qualifikation erlaubt, sich auf dem Feld der Textproduktion zu tummeln?
Nehmen wir zunächst einen Journalisten als Beleg. Er, Bernd Haase, arbeitete für die Hannoversche Allgemeine Zeitung (HAZ), die am 29. Dezember 2007 auf Seite 17 einen sogenannten Namensartikel abdruckte, der sich im Vorfeld der niedersächsischen Landtagswahl Ende Januar 2008 mit der Ausgangsposition und den Perspektiven vornehmlich von CDU und SPD in der Region Hannover befasste. In Haases Artikel begegnete man folgendem Satz:

- „***Die rote Hochburg*** (=Region Hannover) ***wurde*** *(*gemeint ist 2003*) von der CDU gründlich* ***geschliffen****.*“

Das wird aber die SPD außerordentlich gefreut haben. Ausgerechnet ihr ärgster Konkurrent, die CDU, hat, wie wir mittels einer Tatsachenbehauptung erfahren durften, eine Hochburg der SPD „*geschliffen*“, noch dazu gründlich. Wir ahnen, wie die Hochburg, immerhin eine Burg, gestrahlt hat, auf Hochglanz poliert, gewiss auch völlig entrümpelt und entstaubt, wofür die CDU, wenigstens schreibt sie sich das zu, besonders geeignet ist. Und geschärft, scharf gemacht wurde die SPD obendrein. Von der CDU! Gegen wen wohl?
Da fragt man sich natürlich, warum die Parteien das nicht öfter untereinander tun. Nötig haben sie es allemal, und klimapolitisch sowie beschäftigungstherapeutisch hätte das auch seine Vorzüge, kämen die Parteien doch weniger auf die Idee, sich bei hohem Energieaufwand mit Unrat zu bewerfen, der ihnen jeden Glanz raubt, mindestens zunehmend beim gemeinen Wahlvolk.
Positiv gestimmt las man weiter – und ertappte sich bei einem fundamentalen Irrtum. Man war wieder einmal einem Vertreter der schreibenden Zunft, nur weil er sein Handwerk nicht beherrschte, zum Opfer gefallen. Wir erfuhren nämlich, dass die CDU 2003 sage und schreibe 12 von 14 Wahlkreisen der Region Hannover, die er uns als einstige „*rote Hochburg*“ vermitteln wollte, direkt gewann. Und uns dämmert, dass dem

wortgewaltigen Journalisten der Unterschied von „*geschliffen*“ und „*geschleift*“ nicht geläufig war, nicht mehr oder von Anfang an nicht.
Die rote Hochburg wurde also von der CDU geschleift, sozusagen plattgemacht.[121]
Aus der Sicht der SPD war das gewiss kein freundlicher Akt. Und klimapolitisch war der damit verbundene Kraftakt sicherlich auch nicht begrüßenswert, weder im realen noch im übertragenen Sinne. Von einer geschliffenen, polierten SPD in der Region Hannover konnte also keine Rede sein. Sie wird sich vielmehr herausgefordert gesehen haben, ihr desaströses Ergebnis vergessen zu machen, sich selbst in der Wirkung aufzupolieren, um im bevorstehenden Wahlkampf im geschliffenen Auftreten zu neuem Glanz zu kommen, um nicht wieder in ihrer einstigen Hochburg von der CDU auf dem rauhen Boden der politischen Niederlage entlanggeschleift zu werden. Geschliffen oder geschleift – für die SPD in einer ihrer Hochburgen ein existentiell bedeutungsvoller Unterschied!
Wir sehen natürlich den braven Journalisten am Boden zerstört, seinerseits geschleift.
Wird es ihm ein Trost sein, dass er keineswegs Einzeltäter ist? Wird er Trost finden in der eigentlich undenkbaren, aber dann tatsächlich nicht zu verdrängenden Tatsache, dass er einen Historiker als Vorläufer hatte, von dem wir allerdings nicht wissen, ob er wirklich als Vorbild gedient hat. Wer weiß schon, was Journalisten so lesen, wenn sie nicht von den Geschäften des Alltags mit seinen vielen Events zugedeckt sind.
Dieser Historiker, ein Geisteswissenschaftler also, der in seinem Metier nicht ganz ohne Sprache auskommen kann, vor allem dann nicht, wenn er Ergebnisse seines Nachdenkens publizieren will, dieser Historiker ist Rudolf Simek. In seinem Werk „*Die Wikinger. Geschichte, Kultur und Lebensweise*“ (C.H. Beck, München, 2000) findet der Leser auf Seite 59 folgenden Satz:

- „***834 wird Dorestad**, obwohl durch Wasser, Palisaden und eine karolingische Burg geschützt, **geschliffen** ... .*“

Dorestad, eine Festung der Friesen, wird also „*geschliffen*“, noch dazu von den Wikingern!
Dass diese eine Festung der keineswegs mit ihnen befreundeten Friesen geschliffen, also auf Glanz getrimmt haben sollen, wird hoffentlich nicht nur Zunftgenossen Simeks erstaunt haben. Da hatte man doch ein ganz anderes Bild von den Wikingern gespeichert. Man konnte sicher sein, dass sie

[121] Die Engländer halten dafür ein ein schönes Sprachbild bereit. Bei ihnen hätte es wohl geheißen: >It was a landslide victory< - ein erdrutschartiger Sieg. Auch ein Erdrutsch kann eine Burg zum Einsturz bringen oder verschütten, plattmachen.

ihre Messer, Beile und Speere stets geschliffen hielten. Aber nun sollen sie, gewiss Meister des Schleifens, auch eine Festung „*geschliffen*“ haben? Präsentiert das Buch an dieser Stelle neue, fast revolutionäre Forschungsergebnisse?
Von dem Gewicht dieser Frage belastet, beginnt der Leser intensiv nachzudenken, und von früheren Erkenntnissen in Unruhe versetzt, wendet er sich der Sprache zu, die er bei einem Professor der Geschichte gut aufgehoben wähnte. Aber solches Wähnen ist nur zu oft enttäuscht worden. Also ist Wachsamkeit höchste Leserpflicht!
Die zahlt sich dann auch aus: Dorestad wurde von den Wikingern ***geschleift***! Es wurde überfallen, geplündert, zerstört, wie so viele Orte, an denen die Wikinger Anstoß nahmen.
Das Bild, das wir von den Wikingern haben, es stimmt wieder.
So also steht es um die (Fach-)Sprache einer Geisteswissenschaft! Und um die Qualität der Lektorate in Verlagen, die sich als Wissenschaftsverlage verstehen und anpreisen!
Wen wundert es noch, dass von geschliffener Sprache auf breitester Front keine Rede mehr sein kann. Das Kulturgut Sprache muss längst als geschleift beklagt werden.
Und von Wiederaufbau kann keine Rede sein. Dafür sorgen schon unsere Journalisten, tagaus, tagein, bis in die jüngste Vergangenheit hinein und gewiss fortwährend. Ein besonders bemerkenswertes, geradezu aufschreckendes Beispiel für unbesorgten, unbedachten, ja phrasenhaften Umgang mit „*geschliffen*“ stand wie selbstverständlich wieder in der FAZ:

- *„Die CDU hat ein großes Problem: Die Bürger im Land wissen oftmals gar nicht, wofür die Partei eigentlich steht.* ***Sie vermissen das ehemals klare konservative Profil, das in der Ära Merkel geschliffen*** *und durch eine >Wir schaffen das<-Mentalität ersetzt* ***wurde****.*“ (FAZ, Philipp Eppelsheim, 17.7.2023, S.1).

Gegen die Analyse des Redakteurs wäre überhaupt nichts einzuwenden, wäre da nicht – jawohl, wäre da nicht die irritierende, verstörende Aussage, „*in der Ära Merkel*“, demnach, so müssen wir den Text verstehen, mit einem wesentlichen Beitrag der Exkanzlerin höchstderoselbst, sei das Profil der CDU „*geschliffen*“ worden. Das dürfte mindestens viele CDU-Mitglieder und zahlreiche einst treue CDU-Wähler erstaunt haben. Jedenfalls so lange, bis sie erkannten, dass nicht „*geschliffen*“ gemeint war, sondern „*geschleift*“ im Sinne von zerfleddert, zerfranst oder gar zerstört. Die falsche Wortwahl, gewiss Resultat einer Mischung von grammatischer Unkenntnis und sprachlichem Ehrgeiz, hat dem Journalisten das Fundament seiner Argumentation zerdeppert. Sie hat, schlimmer noch, die Leser auf einen

Irrweg geführt, der sich als Sackgasse hätte erweisen können, hätten sie nicht, ganz FAZ-Leser, als kluge Köpfe jeweils ihren klugen Kopf eingeschaltet, um auf den Pfad des Verstehens zurückzufinden. Endlich weiß man, weshalb man zu den klugen Köpfen zählt – man kann noch zwischen „*geschliffen*“ und „*geschleift*“ unterscheiden.
Der FAZ sei Dank!

Schuldenbremse (und Preisbremse)

Um es ausnahmsweise im üblich gewordenen Jargon zu sagen: Das Wort ist mega! Von Politikern in ihrem sprachlichen Einfallsreichtum, der sich immer dann als besonders hilfreich erweist, wenn die inhaltliche Not am größten ist, und von stets hilfswilligen Medienleuten, die auf Schlagwörter geradezu lauern, wird es aufs eifrigste unter das Wahlvolk gebracht. Mit derartigen Wortschöpfungen lässt sich imponieren! Und verschleiern! Damit sind die vornehmsten Ziele des Phrasendeutschs aussichtsreich ins Visier genommen. Wer nicht mitmacht, ist ausmanövriert, nur mit der Flut, nicht gegen sie wird das rettende Ufer erreicht.
Wie gesagt: Das Wort ist mega!
Es ist ja alles, nur kein Makel, dass das Wort „*Schuldenbremse*“ bis in unser Jahrtausend hinein gar nicht existierte – zeigt es doch wie kaum ein anderes, dass unsere Politiker nichts als dem Fortschritt verpflichtet sind, auch, selbstredend, dem sprachlichen. Und was gerade den ausmacht, bestimmen sie zusammen mit den Medienleuten in der Weise, wie kommunizierende Röhren funktionieren. Ein wenig fühlt man sich erinnert an die altrömische Lebensformel >*do ut des*< - im Deutschen >*Ich gebe, damit du gibst*<. Man schaukelt sich gegenseitig hoch vor ehrfürchtig staunendem, arglos bewunderndem Publikum und hat damit genau das erreicht, wonach man aus war: Man hat geblendet, hinters Licht geführt.
Es wird obendrein so getan, als sei der Begriff „*Schuldenbremse*“ in unserer Verfassung, also grundgesetzlich, verankert. Mitnichten ist er das. Dafür ist er, Verzeihung, zu mega! Nämlich zu nichtssagend-vielsagend, zu sehr phrasentypisch, weil auf den ersten Blick volksnah einleuchtend, auf den zweiten aber alles und nichts umschließend und dem (Wahl)Volk Sand in die Augen streuend. Dennoch wird fast gebetsmühlenhaft von der „*Schuldenbremse*“ gefaselt, wenn die Frage im Raum steht, ob der Haushalt von Gebietskörperschaften verfassungskonform sei, soll heißen nicht (übermäßig) schuldenfinanziert. Es wird immer wieder auf den vor wenigen Jahren novellierten Artikel 109 Absatz 3 GG Bezug genommen, als sei dort von einer „*Schuldenbremse*“ die Rede. Die Absicht ist leicht zu durchschauen: Die Ehrfurcht vor dem Begriff soll gesteigert werden, die hehre

Anerkennung des verantwortungsvollen Finanzgebarens soll nicht von irgendwelchen Zweifeln getrübt werden.
Wer, von ganz wenigen Haushaltsexperten und Staatsrechtlern mit dem Schwerpunkt Finanzrecht – und natürlich hochspezialisierten Redakteuren, denen allemal – abgesehen, will schon behaupten, den Inhalt von Artikel 109 Absatz 3 auch nur im Ansatz verstanden zu haben? Er lautet so:
„*Die Haushalte von Bund und Ländern sind grundsätzlich ohne Einnahmen aus Krediten auszugleichen. Bund und Länder können Regelungen zur im Auf- und Abschwung symmetrischen Berücksichtigung der Auswirkungen einer von der Normallage abweichenden konjunkturellen Entwicklung sowie eine Ausnahmeregelung für Naturkatastrophen oder außergewöhnliche Notsituationen, die sich der Kontrolle des Staates entziehen und die Finanzlage erheblich beeinträchtigen, vorsehen. Für die Ausnahmeregelung ist eine entsprechende Tilgungsregelung vorzusehen. ....*“.
Alles klar? Schon bei nur oberflächlichem Verständnis des soeben zitierten Textes dürfte einleuchten, dass „*Schuldenbremse*“ mindestens durch „*Schuldenanstiegsbremse*“ oder „*Schuldenzunahmebremse*“ im Sinne von Schuldenzunahmeverlangsamung hätte ersetzt werden sollen. Doch zugegeben: Diese Wortungetüme wären nicht so mega-geeignet gewesen, in jedem Interview ständig im Munde geführt zu werden, wie es „*Schuldenbremse*“ nicht nur erlaubt, sondern zu dem es, den eigentlichen Sachverhalt verschleiernd, aber wohltönend, verführt. „*Schuldenbremse*“ hat übrigens einen haushaltsrechtlichen Kumpel bekommen: „***Sondervermögen***“. Plötzlich sind ausschließlich mittels Krediten, also auf Pump, am eigentlichen, angeblich durch die „*Schuldenbremse*“ solide aufgestellten, Etat vorbei finanzierte Nebenhaushalte „*Sondervermögen*“. In Wirklichkeit türmen sich Schuldenberge auf, man danke beispielsweise an die 100 Milliarden für die Bundeswehr. Es liegt also Wortakrobatik in Potenz vor. Das einst so inhaltsschwere Wort Sondervermögen ist als Trugwort in den Dienst der Verschleierung, vielleicht sogar der arglistigen Täuschung genommen worden. Einen eigenen Eintrag soll es in diesem Buch nicht erhalten, obwohl es mittlerweile alle Voraussetzungen erfüllt, als Phrase verwendet zu werden. Und welcher Politiker wird sich eine solche Chance entgehen lassen. Von wortgewaltigen Medienleuten ganz zu schweigen. Und von Hauptgeschäftsführern wie dem des Deutschen Landkreistages, Prof. Dr. Hans-Günter Hennecke, der in einem Aufsatz, der in der FAZ am 1. Juni 2023 auf Seite 8 in der Kolumne >*Fremde Federn*< erschien, besorgt fragte:

- „***Wird die Schuldenbremse ausgehöhlt***?“.

Eine ausgehöhlte Bremse! Wer hätte sich die jemals ohne die Phrasendrescher vorstellen können? Und wenn es auch nur eine „*Schuldenbremse*" ist. Oder erst recht?
Dazu passt, wie sich der Verivox-Chef Daniel Puschmann in einem FAZ-Interview (9.3.2023, S. 25) einließ:

- *„Man muss* ***die Strom- und Preisbremse*** *nicht sofort abschaffen. Aber man sollte sie* ***auslaufen lassen*** *und das auch klar kommunizieren."*

Eine laufende Bremse, ausgerechnet die, hatte man sich bisher auch nicht vortstellen können.
Fazit: „*Schuldenbremse*" und „ *Preisbremse*" sind zu politischen Modewörtern aufgestiegen. Die sie ständig benutzen, geben vor, tatsächlich zu wissen, was mit ihnen erfasst sei, verwenden sie aber überwiegend vollmundig mit einem vagen Inhalt. Und diejenigen, die ihnen nun schweigend-staunend ausgesetzt sind, reden sich ein, wenigstens näherungsweise verstanden zu haben, was ihnen da zugemutet wird - manchmal sogar sich vormachend, von >der Politik< auch noch mit Großes andeutenden und nicht jedermann vertrauten Schlagwörtern besonders geehrt und geschätzt zu werden, sozusagen am Bauch gekitzelt.
„*Schuldenbremse*" und „*Preisbremse*" haben den größten Teil der Wegstrecke zur Phrase bereits zurückgelegt! „*Sondervermögen*" folgt dichtauf.

Shoppen und Shop(ping)

Niemand geht mehr einkaufen, es sei denn, er bewege sich nicht nur, aber vornehmlich sprachlich im Vorgestern. Oder er wohne in Hintertupfingen. Wer mithalten will mit dem Geist der Zeit - jawohl, Geist! -, der geht „*shoppen*". Tatsächlich „*shoppen*" und nicht „*schoppen*", würde diese Schreibweise doch zu sehr an einen als einstige Institution ja ziemlich aus der Mode gekommenen Frühschoppen erinnern.
So ist denn ein Satz wie „***Viele Menschen sparen bei Shopping***" (ARD, Texttafel 136, 25.8.2022) erstens jedem verständlich, manchen vielleicht auch nicht ganz, und zweitens zur Massenware gediehen. Auf derselben Texttafel war zudem von „***Shoppingtouren***" die Rede, die als Ersatz für biedere Einkaufsreisen, vor Jahren zum Teil herablassend als >Butterfahrten< verspottet, natürlich bei der verbal stets großsprecherisch auftretenden Werbeindustrie willkommen gewesen sind – oder, wahrscheinlicher, von ihr erfunden wurden. Man ist sich sicher, dass so mancher auf diese aufgemotzten Angebote hereinfallen wird. Mit Phrasen fängt man Mäuse!
Einen Laden findet man kaum noch irgendwo, ein Geschäft ebenso nicht. Der alte, bewährte Tante-Emma-Laden hat längst ausgedient, er findet nur noch in manchen Vergleichen mit der >guten alten Zeit< Erwähnung, die

viele so gut gar nicht finden, sondern eher als hinterwäldlerisch, obwohl sie diese gar nicht kennengelernt haben. Ein „*Barbershop*“ hat das Friseurgeschäft verdrängt, ein „*Modeshop*“ die einst in gewissen Kreisen beliebte >Boutique<, ein „*Elektroshop*“ das vormalige Elektrofachgeschäft, ein „*Backshop*“ den Bäckerladen, ein „*Bookshop*“ die Buchhandlung. Und so weiter und so fort. Bis hin zum nun wirklich unvermeidlichen „*Onlineshop*“.
„*Ich will shoppen gehen*“ ist geläufig geworden, allerdings auch einigermaßen vage. Es wird ein Einkaufsbummel angedeutet, mehr doch wohl nicht. „*Hast du schon geshoppt?*“ wird oft beiläufig und wenig tiefgängig gefragt. „*Shopping*“ ist, wie der zitierte Satz belegt, zum Sammelbegriff geworden für alles, was annähernd mit dem einst ehrwürdigen Einkaufen oder auch nur mit einem Einkaufsbummel zu tun hat.
Auf denn zum nächsten „*Shoppingcenter*“.

Signal und signalisieren

Manche Leser werden erstaunt sein, dass das Wort Signal im WAHRIG 2004 erläutert wird. Ja, es ist in den deutschen Wortschatz erst allmählich hineingewachsen, abgeleitet vom lateinischen >*signum*< in der ursprünglichen Bedeutung Zeichen, Siegel, aber auch Unterschrift in Form einer Abkürzung. Man denke an das Verb signieren für unterzeichnen, mit einer Unterschrift versehen (Englisch >*to sign*<).
Etwas genauer betrachtet ist ein Signal, wie das Fremdwörterlexikon lehrt, „*ein optisches oder akustisches Zeichen mit festgelegter Bedeutung zur Übermittlung einer Nachricht, eines Befehls*“. Horn-, Licht- und sonstige Warn- oder Alarmsignale sind bekannte Vertreter. Im Straßenverkehr sowie bei Bahn und Feuerwehr sind sie allgegenwärtig.
Wohlgemerkt, mit festgelegter Bedeutung, sehr konkret, also ganz und gar phrasenungeeignet.
Aber bei diesem Verständnis machen wir natürlich die Rechnung ohne den Wirt, die Phrasendrescher nämlich. Wo Hinweise, Zeichen, Anstöße, einfache Tipps, Merkposten und selbst Impulse in figurativer Anwendung als ausreichend betrachtet werden könnten, werden „*Signale setzen*“ und „*signalisieren*“ bevorzugt, denn sie deuten nicht nur Bildung an, sondern sie sind auch geeignet, Aussagen lediglich anzudeuten, im Ungefähren zu lassen.
Ein dafür wohl recht anschauliches Beispiel lieferte die Leiterin des Wirtschaftsressorts der FAZ, Heike Göbel, in der Ausgabe vom 1. September 2022 auf Seite 15:

- *„**Die unbequemen Marktsignale** besagen ja nur, dass ... **Hebelt die Politik diese Signale aus** durch einen wie auch immer gearteten Deckel, heizt sie die Nachfrage an und bremst das Angebot an Erneuerbaren. **Nötig wäre aber das Signal**, das Energieangebot auszuweiten, auch durch längere und stärkere Nutzung der Atomkraftwerke.“*

Mehr „*Signal*“ geht kaum noch. Aber welche Signale waren konkret gemeint? Welchen Inhalts? Sollte mit dem „*Signal, das Energieangebot auszuweiten*“, ein Gesetzgebungsvorhaben angezeigt werden, eine energiepolitische Richtungsentscheidung? Es bleibt einiges unscharf. Aber das war wohl auch beabsichtigt.
Mit „*Signal*“ versuchen Politiker jedweder Couleur neuerdings zu punkten. Sätze wie den folgenden hört und liest man zuhauf. Man kann sogar darauf wetten, dass er floskelhaft-phrasentypisch salbungsvoll einer als wichtig eingeschätzten Aussage, einem >Statement<, zur Bekräftigung des Verkündeten abschließend angehängt wird:

- „***Das ist ein wichtiges Signal***“ (SPD-MdB Wiese in ARD, Tagesschau, 7.1.2023).

Wiese bezog sich auf die vorgesehene großzügigere Vergabe der doppelten Staatsangehörigkeit. Für wen das „*ein wichtiges Signal*“ sein sollte und aus welchem Grunde und für wen gegebenenfalls nicht – das herauszufinden blieb den Zuhörern anheim gestellt.
So auch, als Familienministerin Paus am 4. August 2023 in der ARD-Tagesschau, nicht irgendwo sonst, beileibe nicht, tönte:

- *„... **es geht ein Signal aus**“.*

Welches? An wen gerichtet? Darf man das noch fragen? Man muss!
Das nenne ich, ganz im Sinne des Bundeskanzlers, Respekt gegenüber dem Souverän dieses Staates, dem deutschen Volk: Ihr werdet doch wohl darauf kommen, was euch signalisiert worden ist!
So, genau so, werden nun immer öfter „*Signale gesetzt*“. Und selbstverständlich werden von Politikern „*Signale wahrgenommen*“, geradezu erbeten, zumal wenn sie aus dem Volke kommen. Wenigstens tut man so.
Ich hoffe, mein Signal ist angekommen.

Sinn machen

Wer sich an sach- und fachgerechten Englischunterricht noch erinnern kann, wird die wenig geliebten, trotzdem eifrigst zu lernenden >*idiomatic phrases*< vor Augen haben. Das Englische ist voll davon, aber viele andere Sprachen, das Deutsche inbegriffen, kennen auch ihre spracheigenen, also ihre idiomatischen Ausdrücke. Sie sind in der Regel in ihrem Aufbau und in ihrer Anwendung peinlich genau zu beachten.

Seit so gut wie alle Deutschen meinen, des Englischen mächtig zu sein, ist die Gefahr gewachsen, die jeweiligen spracheigenen Wendungen zu vermischen und auf diese Weise zu der Mischsprache beizutragen, die man >*Denglisch*< zu nennen pflegt. „*Sinn machen*“ kann als Beispiel dienen, zumal es inzwischen massenhaft benutzt wird und längst zur Phrase aufgestiegen ist – oder wohl eher heruntergekommen.

Ausgangspunkt ist natürlich die schöne englische Phrase – ja, hier tatsächlich Phrase im positiven Sinne – >*it makes sense*<, die im Deutschen, wie uns der MS (S. 1270) empfiehlt, mit „*die Rechnung geht auf, es hat Hand und Fuß, es klingt plausibel*“ richtig wiedergegeben wäre, mithin durch allseits vertraute deutsche idiomatische Ausdrücke. Etwas näher am englischen Ausdruck bliebe gewiss „*das ergibt einen Sinn*“, ebenfalls eine spracheigene Wendung, oder ganz einfach „*das ist sinnvoll*“. Diese deutschen Ausdrücke aber sind allem Anschein nach zu wenig phrasengeeignet. Vornehmlich deshalb ist vermutlich „*das macht Sinn*“ so beliebt geworden und weithin zur bloßen Phrase gediehen. Das englische >*it does not make sense*<, nach MS mit „*es ist unverständlich oder unvernünftig*“ oder einfacher „*es hat keinen Sinn*“ zu übersetzen, hat sich im Deutschen mittlerweile als „*es macht keinen Sinn*“ eingenistet. Dass hier eine idiomatische Mischform fröhliche Urständ feiert, die gottlob (noch) in keinem anspruchsvollen und zuverlässigen Wörterbuch vorkommt, darum schert sich kaum noch einer, ein selbstbewusster Politiker gleich gar nicht. Dazu seien zwei Beispiele mit dem Versuch der parteipolitischen Ausgewogenheit zitiert:

- „***Daher macht es am ehesten Sinn***, *bereits in Betrieb befindliche Technologien wie Kernkraftwerke zeitlich begrenzt weiterzunutzen.*“

Das sagte der einstige niedersächsische Wirtschaftsminister Bernd Althusmann laut FAZ vom 1.August 2022, S. 4. Er, ein Ausbund an Phrasendrescherei, ist inzwischen von der politischen Bühne verschwunden. Das, wenigstens das, hat seinen Sinn! Denn niemand vermisst ihn. In demselben FAZ-Beitrag kommt er außerdem zum Zuge mit der Oberphrase „***Ohne genaue Kenntnis der Faktenlage...***“. „*Faktenlage*“! Geht's noch? So würde manch ein Bayer wohl fragen. Nun immerhin müssen wir ihn mit solchem Gedöns, wie man in seiner und meiner niedersächsischen Heimat gern sagt, nicht mehr vernehmen.

Dafür andere aus der Schar der phrasengeneigten Politikergarde:

- „***Aber trotzdem kann das Sinn machen***.“

Zitiert wird hier wörtlich Bundeskanzler Olaf Scholz in Anlehnung an die ARD, Texttafel 886 vom 3.August 2022, und, in identischer Fassung, die FAZ vom 4. August 2022 auf Seite 5.
Des Bundeskanzlers rhetorische Begabung, das ist Allgemeingut geworden, ist als eher dürftig zu bezeichnen. Ist das der Grund, weshalb er, wie hier der Fall, zu Ausdrücken greift, die längst zur Phrase herabgewirtschaftet worden sind, sich aber als immer wieder zündbare Nebelkerzen eignen? Ja, gewiss, „*kann das Sinn machen*“. Und wenn nicht, dann eben nicht. Und wenn ja, dann umso besser: Das habe ich doch gleich gesagt!
Fragen wir uns, ob dieses Politikeridiom wirklich Sinn macht. Oder besser, ob es sinnvoll ist.
Oder noch besser, ob damit unserer Demokratie gedient wird.

Smart

Ohne ein „*Smartphone*“ auskommen zu müssen, und wenn auch nur für einen sehr kurzen Zeitraum, bedeutet für viele Menschen, die jungen allemal, die Höchststrafe. Diese Wunder- und sogar Allzweckwaffe der modernen Informationstechnik ein „*Smartphone*“ zu nennen, ist zur Selbstverständlichkeit geworden, obwohl sehr wohl bezweifelt werden kann, dass der Mehrheit die Wortbestandteile in ihrer ursprünglichen Bedeutung wirklich bekannt sind – >*smart*< und >*phone*<. Das Schreibprogramm des jetzt von mir benutzten Rechners aus der Zeit der Jahrtausendwende jedenfalls zeigt an, dass es „*Smartphone*“ nicht kenne! Wie auch – das Gerät war noch nicht entwickelt. Entsprechend logisch wird „*Smartphone*“ auch nicht im WAHRIG 2004 geführt
Uns interessiert hier nur der Wortbestandteil >*smart*<. Es handelt sich um ein englisches Adjektiv. Man könnte meinen, es sei in seiner Unscheinbarkeit ein einfach zu handhabendes. Dem ist aber nicht so. >*Smart*< hat im Englischen eine ungewöhnliche Anwendungsbreite, wie MURET-SANDERS vermittelt. Eine den Sinn treffende Übersetzung ins Deutsche ist alles, nur keine einfache Übung. Als in Betracht kommende deutsche Adjektive werden genannt: *klug, gescheit, aufgeweckt, intelligent – gerissen, pfiffig, schlau, >auf Draht> - gewandt, geschickt, geistreich – elegant, gepflegt, schick – apart, nett, hübsch – hypermodern – forsch, schneidig – hart, derb, scharf – stechend, schneidend, schmerzhaft* – und einige mehr! Entscheidend ist der inhaltliche Kern einer Aussage, in der >*smart*< etwas näher bezeichnen soll.
Diese inhaltliche Vielfalt hat nun für die deutschen Phrasendrescher, die zweifelsfrei des Englischen so gut wie unbegrenzt kundig sind, den

unschätzbaren Vorteil, >*smart*< als Adjektiv der Rundumversorgung, als Allerweltsvokabel einzusetzen und sich offen zu halten, was genau denn hat gesagt werden sollen. „*Smart*“ bietet beste Voraussetzungen, als Worthülse eingesetzt zu werden, in die man nach Belieben einen Inhalt hineinstopft.
Das hat wohl auch ein Journalist der FAZ mit einer Prise Ironie kritisch anmerken wollen, als er einen Dritten, um den es hier nicht gehen muss, auf indirekte Weise zitierte:

- *„Für viele sei das **eine Art Positionierung, auch da es smart wirke**.“* (FAZ, 30.8.2022, S. 20).

Sofern wir mit dem Angebot, das MURET-SANDERS für eine Übersetzung ins Deutsche gemacht hat, einigermaßen vertraut sind, dürfen wir also zur Auswahl schreiten. Aber wo anfangen, wo enden? Was sollte mit „*da es smart wirke*“ gesagt sein? Wir stehen also mindestens vor einem kleinen Ratespiel. Aber imponierend wirkte das Wort „*smart*“, ganz gewiss!
Und ganz ähnlich, wenn nicht noch stärker dürfte das bei folgender Überschrift sein, mit der in einer Beilage der FAZ im Dezember 2022 (Werbewirbel)Wind gemacht wurde:

- ***„Smarte Lösungen für ein knappes Gut***“.

Da muss man aber sehr smart sein, um sich an das richtige Verständnis heranzutasten.
Diese beiden Beispiele könnten durch eine Vielzahl ganz ähnlicher floskelhafter, phrasenhafter, im Unklaren lassender Einsätze von „*smart*“ ergänzt werden.
Ich fürchte allerdings, dass dann reagiert würde, dass sei aber wenig „*smart*“ gewesen. Deshalb lassen wir es mit den zwei Sätzen gut sein. Wer will sich schon ohne Not nachsagen lassen, er habe sich nicht als besonders „*smart*“ erwiesen.

Solidarität und solidarisch

Mit dem Hauptwort Solidarität ist – eigentlich ganz harmlos – Zusammengehörigkeit, Verbundenheit gemeint. Erklärt man sich mit jemandem solidarisch, bekundet man, dass man sich ihm verbunden fühlt, dass man sich unterhakt sozusagen, sich stützt, dass man mit ihm etwas teilt, zum Beispiel Sorgen oder Leid, aber auch, dass man seine Bestrebungen, sein Anliegen unterstützt oder dass man den gleichen Standpunkt vertritt. So weit so einfach.

Solidarität zählt aber auch, sich scharf abhebend von allen sonstigen Bedeutungen von Solidarität im allgemeinen Sprachgebrauch, zu den drei Hauptsozialprinzipien: Individualität – Solidarität – Subsidiarität. Es ist demnach eines der Aufbauprinzipien der Gesellschaft.[122]

Und flugs wird „*Solidarität*“ von vielen Politikern für den Kampf um Wählerstimmen gekapert. Der Begriff wird zusammen mit dem Adjektiv „*solidarisch*“ und dem Verb „*solidarisieren*“ für eigene Zwecke vereinnahmt, er wird tatsächlich zum Kampfbegriff. Dem politischen Gegner „*unsolidarische*“ Gesinnung oder, noch schlimmer, entsprechendes Handeln vorzuwerfen, wird zu einer Art Gemeinplatz. Womit dann die Nähe zur phrasenhaften Verwendung schnell erreicht ist, zumal, wie im folgenden Beispiel, um des routinemäßigen Gebrauchs des hier ideologisch überhöhten Adjektivs „*solidarisch*“ in einer tautologischen Fügung. Es handelte sich zwar erst um den Entwurf eines Strategiepapiers der SPD-Bundestagsfraktion, aber man verpasste ihm den Titel >*Die Krise* ***gemeinsam und solidarisch*** *meistern*> (laut FAZ, 30.8.2022, S. 2). Den feinen Unterschied zwischen „*gemeinsam*“ und „*solidarisch*“ werden wohl nur die Strategen selbst zu erklären vermögen. Aber auf „*solidarisch*“, noch dazu ohne Substanzverlust, zu verzichten, das konnte natürlich nicht in Betracht kommen.

In einem Leserbrief, den die FAZ am 27. August 2022 auf Seite 27 veröffentlichte, stand mit einigem Missfallen gegenüber dem Adjektiv „*solidarisch*“:

- „*Wir alle sollen* **>solidarisch< sein, >uns unterhaken**<, *nur: Die Gerechtigkeit und der Vertrauensschutz bleiben auf der Strecke.*“

Es folgte nämlich wenig später der Satz: „*Auch ihr Kommentar enthält dasjenige, was uns seit Monaten die Politik mittels ihrer Oberrepräsentanten (Bundeskanzler und einige Star-Minister)* ***einhämmert****: unterhaken,* ***Solidarität zeigen*** *und die Ärmsten der Armen in der Bevölkerung stützen – whatever it takes.*“

Mir scheint, der Leserbriefschreiber hat mit der Verwendung des Verbs einhämmern haargenau zum Ausdruck gebracht, dass der floskelhafte, wie oben formuliert oft lediglich routinemäßige Einsatz von „*solidarisch*“ und „*Solidarität*“ bei jeder sich bietenden Gelegenheit diese an sich wertvollen Begriffe auf eine Art Nulltarif abwirtschaftet. Darf man vermuten, dass mit dem Motto „*Für mehr Empathie und Solidarität*“ des CSD in Berlin am 22. Juli 2023 dazu, wenngleich wahrscheinlich unfreiwillig, ein beträchtlicher Beitrag geleistet wurde?

---

[122] Nähere erhellende Aussagen bietet z. B. das Staatslexikon der Görres-Gesellschaft, das in diesem Falle auch herangezogen worden ist.

Sponsor und sponsern

Von der lateinischen Wurzel unseres Stichworts, >*sponsor*< in der Bedeutung >*Bürge*<, hat sich das deutsche Fremdwort, von dem man vermuten darf, dass es demnächst gar keines mehr sein wird, längst freigemacht. In vielen Lebensbereichen, besonders aber im Sport, dem Religionsersatz unserer Tage mit eigenem Kult, tummeln sich Sponsoren – natürlich ganz uneigennützig. Wer wird dann noch, mäkelnd oder gar fast schon verleumderisch, von Geldgebern sprechen, die womöglich auf Rendite aus sind, und sei es auf dem Umweg über eine wirksame Werbung. Dem schnöden Mammon kein Gedanke! Und von Förderern reden wir besser auch nicht, erinnert der Begriff doch zu sehr an die Förderung irgendwelcher Rohstoffe, noch dazu solcher, die als klimaschädlich entlarvt worden sind. Man denke nur an >*Fördertürme*<! Von Gönnern gleich gar nicht, das Wort ist zu mickrig und könnte zudem, hingewiesen sei auf gönnerhaft und missgönnen, zu negativ angehaucht sein. Schirmherr wiederum lässt ahnen, dass da jemand im Regen stehe und beschirmt werden müsse – und dass die Gefahr lauere, er könne eines nicht allzu fernen Tages durch Schirmentzug im Regen stehen gelassen werden. Da kommt das neudeutsche Wort *„Sponsor"* wie gerufen, hat es doch eine englische Verwandtschaft, die hier tatsächlich als Bürge für überzeugenden Gebrauch gelten darf. Das englische >*sponsor*< kennt sogar die Bedeutung Taufpate![123]

Und weil Sponsoren, indem sie Geld oder geldwerte Leistungen bereitstellen, etwas tun, etwas finanziell ermöglichen, bedurfte es eines diese Tätigkeit zum Ausdruck bringenden Verbs. Sprachschöpferisch, wie wir Deutschen nun einmal sind, war das Problem schnell gelöst: Wir erfanden *„sponsern"* mit dem englischen Verb >*to sponsor*< als dem naheliegenden Vorbild. Naheliegend deshalb, weil das Englische schließlich von vielen von uns als so etwas wie ein niederdeutscher Dialekt empfunden wird, dessen man sich bedient, wenn das Hochdeutsche nur noch begrent seine sprachlichen Funktionen zu erfüllen vermag.

Also wird jetzt munter *„gesponsert"*. Und diejenigen, die als Sponsoren gefeiert werden, genießen ihr *„Sponsorship"*. Sie bilden eine Art modernen Orden, zwar nicht geistlichen Ritterorden gleich, aber sich gewiss dem Geldadel zugehörig wähnend. Das Wort als Gönnerschaft zu übersetzen, käme einem Frevel gleich. Folglich bleibt es unübersetzt, denn jeder weiß ja, was und wer gemeint ist.

---

[123] Dass >sponsor< auch nur Pate (oder Patin) bedeuten kann, verdrängen wir hier lieber, denn das könnte zu schnell mit dem Patenunwesen in mafiosen Kreisen in Verbindung gebracht werden. Das haben mindestens die meisten unserer edelmütigen und uneigenützig spendierenden Sponsoren nun wirklich nicht verdient. Man denke an die arabischen Scheichs und die russischen Oligarchen.

Statement

Vor einigen Jahren gab man noch Erklärungen ab, zum Beispiel Presseerklärungen. Man sprach auch von öffentlichen Feststellungen oder Verlautbarungen. Mittlerweile erfolgen fast ausschließlich *„Statements“*. So ist es nur folgerichtig, dass im DUDEN, Band VI, herausgegeben 1981, das von der deutschen Politik und den deutschen Medien hochgeschätzte Wort *„Statement“* gar nicht geführt wird, dass es aber ebenso folgerichtig im WAHRIG 2004 eine Erläuterung erfahren hat, weil es eben lange Zeit ein Fremdwort geblieben ist. Indes, das ist genau die ausschlaggebende Voraussetzung, dass es nun so beliebt geworden ist, im besten Anstieg zur Modetorheit, zur Phrase. Eine erste Bergwertung ist dabei, ja von wem wohl, von einem Sportfunktionär gewonnen worden:

- ***„Dieses Spiel ist für mich ein echtes Statement.“***

So tönte aufschneiderisch der DFB-Präsident Bernd Neuendorf laut FAZ vom 10. Juni 2023, S. 35, vor dem Benefizspiel der deutschen Fußballnationalmannschaft gegen die Ukraine in ein Mikrofon. Ein Spiel, ausgerechnet das, wird als *„Statement“* bejubelt, obendrein als *„echtes“*! Es muss folglich auch unechte Statements geben, aber natürlich nicht beim DFB. Hätten es (Ausrufungs)Zeichen oder Aussage oder Bekundung oder Verlautbarung nicht auch getan? Vielleicht wäre sogar der einfache Satz *„Mit diesem Spiel wollen wir unsere Verbundenheit zum Ausdruck bringen“*, weil von allen verstanden, aussagekräftiger gewesen. Doch wer will heute schon von allen verstanden werden? Wo so gut wie jeder Mandatsträger und jeder Funktionär mit dem Prunkwort *„Statement“* schwadroniert, wo er nur etwas mitzuteilen gedenkt, darf ein DFB-Präsident, weiß Gott, nicht bescheiden auftreten. Das nun wirklich nicht!
Dieses Statement wollte ich denn doch gern loswerden.

Stemmen

Laut DUDEN gibt es einige Anwendungsbereiche, in denen das Verb stemmen sinnvoll eingesetzt werden kann. Allen gemeinsam ist die sehr konkrete Aussage, dass mit dem Stemmen ein erheblicher Krafteinsatz verbunden sei, zum Beispiel unter Verwendung des Stemmeisens oder im Kraftsport, beim Gewichtheben. Eine Ausnahme scheint die saloppe Redewendung zu bilden, dass eine größere Menge Alkohols, zumeist Bier, *„gestemmt“* worden sei. Oder doch auch dann mit letztem Krafteinsatz, mit einem Maßkrug beim Oktoberfest (oder anderenorts)?

Die Dudenredaktion hat vor Jahrzehnten nicht mitbekommen können, dass *„stemmen“* inzwischen figurativ zum Zuge kommt – und sich damit bestens zur phrasenhaften Verwendung eignet. Wie zum Beispiel in der Nachricht, in der es schließlich hieß:

- *„... **um die Herausforderungen zu stemmen**.“*

Es dürfte nicht überraschen, dass eine Texttafel (154 vom 6. Januar 2023) der ARD die Quelle ist. Sobald eine sprachliche Mode beginnt, sich im Deutschen einzunisten, sind die Texttafelredakteure zur Stelle, um auf den in Gang gekommenen Zug aufzuspringen und sein Tempo zu beschleunigen, Heizern auf Dampfloks ähnlich. Gerade Herausforderungen werden nicht mehr gemeistert – na klar, damit verstieße man gegen den Urgeist des Genderns, denn es steckt das Wort Meister in dem Verb! –. Man wird ihrer auch nicht Herr, das schon überhaupt nicht, sie werden *„gestemmt“*. Und so wird heutzutage so ziemlich alles *„gestemmt“*, was irgendwie nach einer Lösung ruft, was, wie es gern, ebenfalls floskelhaft, heißt, *„bewältigt“* sein will (oder muss). Dabei kann man Herausforderungen bestehen, ihnen standhalten, auf sie angemessen reagieren, ihnen genügen oder entsprechen – und eben auch meistern.
Wie gut nur in dieser Hinsicht – aber nur in dieser! -, dass Frau Merkel auf die sich auftürmenden Herausforderungen der Migrationskrise 2015 mit ihrem berühmten, für manche auch berüchtigten Satz *„Wir schaffen das“* reagierte. An den Jargon angepasst hätte sie schließlich auch *„Wir stemmen das“* sagen können. Immerhin der Wortlaut blieb uns erspart, wenn auch nicht der Inhalt. Dennoch: Je größer die Herausforderungen, desto öfter schallt uns gerade aus Politikermund *„Wir müssen das stemmen“* oder, Zuversicht verbreitend, *„Wir werden das schon stemmen“* entgegen. Die häufig so genannten >Haushalter< vorneweg. Auf welche Weise womit genau mit welchem Ergebnis, das wird sich dann schon zeigen, so die Botschaft. In vielen Fällen muss man sogar befürchten, dass sie es selbst nicht wissen, nicht einmal ahnen. Wie gut daher, dass ihnen *„stemmen“* zur Verfügung steht. Viele Appelle, das zeigt sich erneut, sind eben mehr phrasen- als gedankenreich. Mit den angepeilten Vorteilen für die einen und den entsprechenden Nachteilen für die anderen.

Strategie und strategisch

Ein Stratege ist jemand, *„der nach einer bestimmten Strategie, strategisch vorgeht“*, so der DUDEN. Strategen haben wir inzwischen viele, überwiegend selbsternannte und entsprechend selbstbewusste. Politiker und Manager zumal entwickeln ständig Strategien, vornehmlich dann, wenn sie in

Leitungs-, in Spitzenfunktionen aufgestiegen sind und, sagen wir, eine daniederliegende Partei oder ein heruntergewirtschaftetes, vielleicht sogar bereits >an die Wand gefahrenes< Unternehmen mit neuen Ideen, also *innovativ*, neu auszurichten, vielmehr neu zu *positionieren* wortreich ankündigen. Hauptsache „*Strategie*“, besser noch „*strategisches Denken*“ – was sich in den Worthülsen verbirgt, bleibt allenfalls angedeutet, meistens sind sie ohnehin, hülsentypisch, gänzlich leer. Es ist ja auch das Merkmal von Strategien, dass sie einen (angeblich genauen, durchdachten) Plan des eigenen Vorgehens darstellen, mit dem ein bestimmtes Ziel erreicht werden soll und *„in dem man diejenigen Faktoren, die in die eigene Aktion hineinspielen könnten, von vornherein einzukalkulieren versucht*“.[124] Strategie ist *„Planung und Führung in großem Rahmen*“, erklärt das WAHRIG Fremdwörterlexikon auf Seite 930. Da lässt man, eben strategisch geschickt, vieles im Unklaren, im Geheimnisvollen. Man lässt sich doch nicht in die Karten schauen!

***„Strategiekommissionen*“** werden zu politischen und ökonomischen Wunderwerkstätten aufgeplustert; ***„Strategiepapiere*“** geistern durch Parteitagssäle und den Medienwald, ***„strategisches Denken*“** wird zum Auswahlkriterium, für manche zum Alleinstellungsmerkmal erhoben, ***„strategischer Weitblick*“** zum Erfolgsgeheimnis, gewinnträchtige ***„Marketingstrategien*“** sind gefragt wie nie zuvor.

Erweist sich eine „*Strategie*“ als undurchführbar, das erstrebte Ziel als unerreichbar,
wird das natürlich nicht eingeräumt, beileibe nicht, denn das hieße ja, dass ein „*Stratege*“ (oder mehrere als Kollektiv) >aufs falsche Pferd< gesetzt hatte, sich vergaloppiert hatte. „*Strategen*“ scheitern nicht! Sie schreiten zum ***„Strategiewechsel*“**, damit verlautbarend, dass man lediglich von einer „*Strategie*“, selbstredend ein durchdachtes Vorhaben, zu einer anderen „*Strategie*“ übergehe, von „*Strategie*“ zu „*Strategie*“, das versteht sich. Wirklich? In den meisten Fällen soll ja gar nicht verstanden werden, was mit dem für ein Versteckspiel mit Absichten, die im Ungefähren bleiben sollen, besonders geeigneten Begriff gemeint ist.

Die Schar der Medienschaffenden hat längst erkannt, dass „*Strategie*“ und „*strategisch*“ bestens genutzt werden können, selbst einen inhaltsarmen Text aufzuhübschen. Man bewegt sich vorteilhaft mit dem Strom, nicht gegen ihn, das haben sie verinnerlicht. Und so lässt sich wohl auch folgender Satz erklären:

- ***„Was Adidas nun aber braucht, sind strategischer Weitblick und Vision.*“** (FAZ, Ilka Kopplin, 30.8.2022, S. 15).

[124] DUDEN, Band VI, S. 2517.

Geht es tautologischer und somit phrasenreicher? Ist eine „*Vision*“, neben anderen, nämlich religiösen und psychiatrischen Bedeutungen, nicht ein „*in jemandes Vorstellung besonders in Bezug auf Zukünftiges entworfenes Bild*“[125], also Vorhaben und Ziel eines „*strategischen Weitblicks*“? Oder sogar dieser selbst? Was Adidas „*nun aber*“ wirklich nötig hatte, wir erfahren es nicht.
Nicht anders ergeht es dem Leser des Satzes, der lautete:

- „***VW richtet Produktstrategie neu aus***.“ (FAZ, 22.11.2022, S. 24).

Was Aufmerksamkeit auslösen soll, liegt auf der Hand: Die „*Produktstrategie*“, die neu ausgerichtet werden soll. Warum wohl? Was ist überhaupt eine „*Produktstrategie*“? Hatte man mit der alten „*Strategie*“, immerhin ja, siehe oben, eine „*Strategie*“, auf Produkte gesetzt, die den erwarteten Absatz und Gewinn nicht einfuhren? War man strategisch also gescheitert? Nein, nein, gewiss nicht. Man richtete die für sich betrachtet untadelige Strategie von einst lediglich neu aus. So bleibt man „*Stratege*“! Und kann fortfahren, mit einem im Deutschen zum Trugwort herabgesunkenen ursprünglich griechischen Begriff Eindruck zu schinden.

Stress – stressen – gestresst – stressig

Noch nie sind die Menschen so gestresst gewesen wie in jüngster Zeit, jedenfalls bei uns in Deutschland gemessen an der Häufigkeit, mit der die in der Eingangszeile genannten Wörter eher routinemäßig-mitleidheischend als wirklichkeitsnah vorkommen. Sie wirken inzwischen abgedroschen, denn sie werden zu oft floskelhaft, also als inhaltsleere oder allenfalls andeutende Vokabeln eingesetzt, wo andere Wörter sachverhaltsnäher Klarheit herstellen könnten. Das ist erneut vornehmlich dann der Fall, wenn der ursprünglich sehr konkrete Umstand, der mit dem Substantiv Stress und der Verbform gestresst beschrieben wird, ersetzt wird durch einen eher abstrakten. Der Gebrauch von „*Stress*“ und „*gestresst*“ ist dann ein figurativer, ein bildlicher. Der Weg zur Phrase ist damit offen – und er wird beschritten!

Sehr konkret bedeutet >stress<, ein englisches Wort, die „*Belastung des Körpers durch zu lang andauernde oder ihm unangemessene Reize und schädigende Einflüsse*“, wie wir dem WAHRIG 2004 (S. 931) entnehmen können. Wohl nicht unziemlich vereinfacht dürfte „*körperliche Erschöpfung*“ eine angemessene deutsche Entsprechung sein. Erstaunen sollte allerdings, dass nur auf den „*Körper*“ verwiesen wird, denn neuerdings wird

[125] DUDEN, Band VI, Seite 2799.

„*Stress*" sehr ausgeprägt mit Belastungen des Geistes, also mit geistig-seelischer Erschöpfung in Verbindung gebracht – und, wie angedeutet, auf sehr abstrakte Bezüge ausgeweitet. Der DUDEN ist darauf bereits eingegangen.
Wann immer irgendwo eine Belastung auftritt, ist von „*Stress*" die Rede, wer immer sich aus welchen Gründen auch immer unwohl, belastet, geplagt fühlt, macht geltend, er sei „*gestresst*"; sobald etwas unbequem wird oder nicht sofort durchschaubar, wenn etwas anstrengend oder aufreibend ist, wird es als „*stressig*" empfunden und nur zu oft ziemlich wehleidig beklagt. Damit sich kleinlaut abzufinden, verlangt Leidensfähigkeit. Die aber wird überfordert, wenn einem die FAZ folgende Sätze zumutet:

- „***Der Zinsanstieg stresst jeden Kapitalanleger***."

Es handelt sich um eine Überschrift, die am 27. September 2022 auf S. 23 nur noch Kopfschütteln hervorrief. Aber das ließ sich steigern:

- „***Bäume im Klimastress***"

Das war die Überschrift einer Rezension (!) in der FAZ am 31. Juli 2023 auf Seite16. Hier dürfte eine Steigerung schwerfallen.

- „*... will die* (EU-) *Kommission alle drei Jahre* ***einen Stresstest ansetzen***."

Damit wartete die FAZ am 9. März 2023 auf S. 15 auf.
„*Einen Stresstest ansetzen*" – auf eine solche Wortkombination muss man erst einmal kommen. Aber sobald irgendwo etwas überprüft wird, wenn eine Kontrolle durchgeführt wird, wenn Haltbarkeits- und Zuverlässigkeitsgrade gemessen werden, wird zur Worthülse „*Stresstest*" gegriffen, denn sie deutet Vertrautheit mit wissenschaftlichem Arbeiten und den damit verbundenen Fachtermini an. Was will man mehr! Sprache im Dienste des eigenen Rufes, aber klar! Hier ein Beispiel:

- „***Institute schneiden im Stresstest besser als früher ab***." (FAZ, Untertitel, 29.7.2023, S. 27. Gemeint waren Bankinstitute).

Medienleute waren dem schon immer, sind dem aber immer öfter aufgeschlossen. Ob sie den „*Stresstest*", was ihre Sprache anbelangt, wohl bestehen können?

Struktur – strukturell – strukturiert

Für das überwiegend in der Soziologie und in der Politologie als wissenschaftlicher Terminus, man denke an Komposita wie *„Bevölkerungsstruktur“* oder *„Verbandsstruktur“*, zu begreifende und zu respektierende Substantiv Struktur gibt es, zumal wenn auf einfache Lebensumstände und Sachverhalte bezogen, also allgemeinsprachlich, für jedermann verständliche deutsche Wörter als zumeist angemessene Beschreibungen: Aufbau, Bau, Gefüge, auch Gliederung und Anordnung sowie sogar Muster und Gestalt(ung).[126] Je nach Gegebenheit würden sie sich, entsprechend sinnvoll ausgewählt und eingesetzt, als die den Inhalt eindeutig vermittelnden Wörter erweisen.

Das ändert aber nichts daran, dass *„Struktur“* zu den beliebtesten Wörtern gehört, mit denen fast beliebig jongliert wird, falls auch nur im Ansatz eine Verwendungsmöglichkeit besteht oder, genauer, vermutet wird. Zugegeben, *„Struktur“* macht Eindruck; und dieses so imponierende (noch) Fremdwort passt irgendwie immer. Was will man mehr!

„Strukturreformen“ und *„Strukturwandel“* sind längst zu einem Wert an sich aufgestiegen, (europäische) *Strukturfonds* sind zum politischen Schlager hochgejubelt worden, einer Sache *„eine Struktur geben“* lautet der Dauerauftrag, wenn etwas Gestalt annehmen soll, *„ohne Struktur“* kommt als parteipolitisch gefärbter Vorwurf schnell über die Lippen. Mit der *„Agrarstruktur“* sind wir genauso vertraut wie mit der *„Befehlsstruktur“*. Ordnung muss, trotz allem, sein, und deshalb ist *„Struktur“* der Begriff der Stunde? Oder ist es anders herum? Weil >Ordnung< von vorgestern ist, erzreaktionär nämlich und deshalb nicht mehr zu vermitteln, wird auf *„Struktur“* ausgewichen? Lange Zeit wurde mit *„Struktur“* auf etwas Handfestes Bezug genommen. Schon die *„Befehlstruktur“* geht darüber hinaus. Aber das ist noch nicht das Ende der Fahnenstange, wie folgendes Zitat lehrt:

- *„Zudem existieren in diesen Quartieren nur wenig* ***gewachsene und nachhaltige Solidaritätsstrukturen.****“*

So hochgeistig (oder hochnäsig?) und natürlich für alle sofort verständlich ließ sich Prof. Dr. Oliver Nachtwey, Uni Basel, in einem Aufsatz vernehmen, der in der FAZ am 12. Januar 2023 auf S. 9 gedruckt war. *„Nachhaltige Solidaritätsstrukturen“*! Wer erstarrt da nicht vor der Sprachkraft, der Worteleganz sogar, eines leibhaftigen Professors in Ehrfurcht! Herauszufinden, was er tatsächlich hat sagen wollen, dürfte nicht ganz leicht fallen. Vielleicht weniger schwierig zu entschlüsseln dürfte die Botschaft sein, die im folgenden Satz versteckt ist:

---

[126] WAHRIG 2004, S. 933.

- ***Die neue Struktur*** *von Fresenius* ***nimmt Form an****.*“

Quelle ist diesmal wieder die FAZ direkt (FAZ, tih., 10.2.2023, S. 25). Immerhin mit einem Hauch von Tautologie nur.
Wo geordnet oder gegliedert oder gestaltet oder auch nur ge- oder überplant wird, wird nunmehr „*strukturiert*“. Auftritte müssen sich als „*gut strukturiert*“ erweisen, Reden ohnehin.
Urplötzlich beliebt geworden ist das Adjektiv „*strukturell*“, worunter meistens „*der Struktur nach*“ zu verstehen ist. Das lässt Gewichtiges, manchmal auch Gefährliches ahnen, wenngleich auf sehr geschickte Weise verklausuliert. Wie zum Beipiel mit dem Kampfbegriff
„***struktureller Rassismus***“. Wo offener Rassismus nicht nachzuweisen ist, ist das ein vielfach bewährtes Mittel, dennoch mit dem Vorwurf des Rassismus zu operieren. Jeder -ismus kann als „*struktureller*“ mindestens andeutungsweise disqualifiziert werden. Das dürfte so gut wie immer gerichtsfest sein und gleichwohl politisch wirksam.
Womit bewiesen wäre, wie sehr es sich empfiehlt, nicht phrasenscheu zu formulieren.

(ein) Stück weit

Käme man in die Verlegenheit, ein überzeugendes Beispiel für alltäglich eingesetzte Phrasen nennen zu müssen, wäre „*ein Stück weit*“ naheliegend und ganz gewiss sofort einleuchtend. Während idiomatische Ausdrücke wie „*es ist ein starkes Stück*“ oder „*aus freien Stücken*“ ganz selbstverständlich im DUDEN verzeichnet sind, ist das mit „*ein Stück weit*“ aus besten Gründen nicht der Fall – eben weil nichts als plötzlich marottenhaft sinnleer verwendete Phrase.
In den meisten Fällen ersetzt „*ein Stück weit*“ so altbackene Ausdrücke wie „*ein wenig, ein bisschen*“, aber auch „*eine Zeitlang*“ und „*in gewisser Weise oder Hinsicht*“ sowie „*irgendwie*“. Doch wie gesagt, das sind für viele, insbesondere jüngere Menschen altbackene Ausdrücke. Das zumal, wenn sie Kirchentagsteilnehmer gewesen sind, denn „*ein Stück weit*“ wird mit einiger Berechtigung dem schon erwähnten >Kirchentagsdeutsch< zugerechnet, wie zum Beispiel auch die Verben „*abholen*“, „*sich austauschen*“, „*sich einbringen*“, „*mitnehmen*“, die bereits in ihrem Phrasencharakter behandelt worden sind.
Wie sehr „*ein Stück weit*“ nur Phrase ist, können die folgenden Sätze verdeutlichen:

- *„So schmerzhaft die Einschnitte sind;* ***ein Stück weit*** *können sie sich* ***als hilfreich erweisen.***“ (FAZ, Christian Müßgens, 19.10.2022, S. 22).

Ein wenig? Eine Zeitlang? In gewisser Hinsicht? Wenn ja, in welcher?

- *„Nach Betrachtung der Bilder ist das ein klarer Strafstoß.* ***Ich habe großes Verständnis für die Emotionen und dafür, dass man sich ein Stück weit ungerecht behandelt fühlt.***“

Das sagte Bundesligaschiedsrichter Sascha Stegemann, einräumend, eine eindeutige Fehlentscheidung getroffen zu haben, laut FAZ vom 2. Mai 2022, S. 27.
Also irgendwie? Ein bisschen? Oder doch ganz erheblich? Es bleibt durch „*ein Stück weit*“ offen. Und das soll es wohl auch, ganz phrasentypisch.
Mit dem zweiten Zitat ist übrigens der Hinweis verbunden, dass, niemand wundere sich, „*ein Stück weit*“ fester Bestandteil des Sportjargons geworden ist. Mindestens ein Stück weit!

Subsidiarität und subsidiär

Neben dem bereits behandelten Großwort „*Solidarität*“ und nachrangig zu „*Individualität*“ ist „*Subsidiarität*“ eines der drei gesellschaftspolitischen Elementarprinzipien. Abgesehen davon, dass der Begriff in der katholischen Soziallehre eine Schlüsselrolle einnimmt, ist er zu einem Schlagwort in der politischen Auseinandersetzung aufgestiegen und insbesondere in der EU zum fast schon gebetsmühlenhaft erwähnten Leitprinzip erhoben worden. Vielen Beobachtern des politischen Zeitgeschehens ist dabei längst aufgefallen, dass „*Subsidiarität*“ zwar ständig im Munde geführt wird, doch nur in seltenen Fällen als wirklich begriffen anzusehen ist. Es wird als imponierendes Trugwort in den Dienst genommen, häufig zu ideologischen Zwecken.
Was also ist in dem (sozial)politischen Begriff „*Subsidiarität*“ an Inhalt vorzufinden?
Wie der DUDEN ausführt, soll in dem Prinzip der Gedanke vorherrschen, dass „*übergeordnete gesellschaftliche Einheiten (bes. der Staat) nur solche Aufgaben an sich ziehen dürfen, zu deren Wahrnehmung untergeordenten Einheiten (bes. die Familie) nicht in der Lage sind.*“ Ausgangspunkt ist die lateinische Wendung >*subsidium afferre*<, die am besten mit „*Hilfe leisten, Unterstützung oder Beistand gewähren*“ übersetzt wird. Es wird also auf eine „*Ergänzung der Eigenverantwortung*“[127] abgestellt, nicht auf eine Art Entlassung aus der Eigenverantwortung durch den rundumversorgenden

[127] So WAHRIG 2004, S. 937.

Fürsorgestaat. Genau das aber vergessen diejenigen, die mit dem Begriff „*Subsidiarität*“ hausieren gehen und ihn damit, möglicherweise ungewollt, aber höchst leichtfertig, zum parteipolitsch-ideologischen Kampfinstrument und damit zur Phrase verkommen lassen. Das hat allem Anschein nach auch Finanzminister Christian Lindner, sich wohl auch seines Amtes als Vorsitzender der FDP erinnernd, im Sinn gehabt, als er in einem Aufsatz, der am 1. September 2022 auf Seite 8 der FAZ erschien, beklagte:

- „*Eigenverantwortung,* ***Subsidiarität*** *und Effizienz sind* ***unter die Räder geraten****.*”

Im Zusammenhang dieses Buches muss man in Anlehnung an Lindners Diktion feststellen, dass mit seinem Inhalt auch der Begriff „*Subsidiarität*“ selbst durch zumeist oberflächliche Vielanwendung „*unter die Räder geraten*“ ist.
Mit dem modisch-elitär eingesetzten Adjektiv „***subsidiär***“ ist das noch ausgeprägter der Fall, wie zum Beispiel in der im Grunde tautologischen Wendung „***subsidiärer Schutz***“.
Es wirkt erstens elegant, zweitens substanzvoll und drittens einleuchtend. In Wirklichkeit ist es eine großspurig eingesetzte Vokabel, die durch „*hilfsweise, unterstützend, zur Aushilfe dienend*“ und sogar durch „*behelfsmäßig*“, je nach Textzusammenhang, treffsicherer ersetzt werden könnte.

Talk(show)

Von einem der Herausgeber der FAZ, Gerald Braunberger, haben wir etwas Grundsätzliches und sehr Erhellendes über „*Talkshows*“ erfahren: „***Talkshows sind natürlich nicht als Volkshochschule konzipiert, aber ergötzte sich das Publikum nicht lieber an wohlformulierten Sätzen Halbgebildeter als an nüchternen Kenntnissen von Experten?***“[128]
Ich bin ungewöhnlich dankbar, dass ich das zitieren darf und so oder ganz ähnlich nicht selbst schreiben musste. Das Publikum „*ergötzt sich*“ dort „*an wohlformulierten Sätzen Halbgebildeter*“! Also weitgehend an Phrasen, denn die sind überwiegend nichts anderes als wohlformulierte Sätze Halbgebildeter, die noch dazu mit Ergötzen vom „*Publikum*“ beklatscht werden. Man ist halt unter sich!
Nicht von ungefähr gibt es für entsprechende Situationen im Englischen den Ausdruck >***trashtalk***<, den ins Deutsche zu übertragen nicht ganz einfach ist, weshalb er wohl oft unübersetzt bleibt. Einen Versuch will ich dennoch unternehmen. Dabei empfiehlt es sich, das Wort, das, wen

[128] FAZ, 10. Juni 2023, S. 19.

wundert es, der MURET-SANDERS noch gar nicht gekannt hat, nicht kennen konnte, in seine beiden Bestandteile zu zerlegen:

Trash – ein englisches Hauptwort, das wegen seiner inhaltlichen Weite mehrere Wiedergaben im Deutschen erlaubt. Zum einen ist wertloses Zeug gemeint, unnützer Kram, Schund, Abfall, Plunder, Müll; zum anderen aber auch, für uns besonders interessant, leeres Geschwätz; außerdem kommen, gewiss nicht zufällig angesichts des soeben Ausgeführten, Pöbel und Gesindel in Betracht sowie, wiederum für dieses Buch wichtig, Kornhülsen, die sich ja schnell als leere, taube erweisen können, den bereits aufgezeigten Worthülsen gleich.

Ein >*trash can*< ist ein Abfalleimer, ein >*trash dump*< eine Schuttabladestelle, eine Müllhalde.

>*Talk* < – ebenfalls ein englisches Hauptwort in enger Verbindung zum Verb >*to talk*<, das zunächst wertfrei mit „*das Reden*“ übersetzt werden kann und in Sätzen wie >*There is much talk and no work*< (frei, aber sinngerecht übersetzt: *Da wird viel gequatscht und nichts getan*) oder im Ausdruck >*to end in talk*< (etwa *im Sande verlaufen* bedeutend) vorkommt. Noch ziemlich wertfrei sind mit >*talk*< eine nicht besonders belangvolle Unterhaltung, der >*small talk*< zum Beispiel, also ein Plausch oder eine Plauderei, oder eine ebensolche Besprechung gemeint, nicht mehr wertfrei ein Geschwätz, ein Palaver sowie Klatsch (und Tratsch). Das dazugehörige Adjektiv >***talkative***< ist da noch eindeutiger: Als deutsche Wiedergabe kommen nur geschwätzig und redselig in Betracht. Und ein >***talker***< ist meistens nichts anderes als ein Schwätzer, auch wenn Redner und Redender zuweilen wertneutral angesprochen sind.

Ein passgenaues deutsches Wort für >*trashtalk*< ist immer noch schwierig. Vielleicht hilft ein Umweg über den >***trashtalker*<** – umgansgsprachlich kennt das Deutsche bereits das Wort Dummschwätzer. Damit dürften wir dem >*trashtalk*< schon sehr nahe gekommen sein.

Und wenn es im Englischen das Substantiv >*talk*< gibt, warum dann nicht auch im Deutschen? Die Frage hat man in den Redaktionen der elektronischen Medien längst beantwortet: Man lädt „***zum Talk***“! Sätze wie „... ***sagte er bei einem Talk***“ (ARD, Texttafel 211, 17.8.2022) sind Massenware geworden.

Aus dem englischen Verb >*to talk*< hat man geistreich das deutsche Pendant „***talken***“ ins Leben gerufen. Ja, ja, geistreich. Wer kommt schon sofort darauf? Sprachlich sonst eher unterbelichtete Werbegazetten sind aber auf jeden Fall dabei, sie lassen sich die Chance nicht entgehen, sprachschöpferisch aufzufallen oder Moden aufzusitzen. So beeindruckte denn auch im >*Marktspiegel für Burgdorf und Uetze*<, meinem überaus geschätzten, weil stets zu kritischen Anmerkungen einladenden Heimatorgan, der fortan gewiss schulemachende Satz:

- „***Kind talkt auch mit***“ (Marktspiegel, 11.2.2023, S. 20).

Um Missverständnissen vorzubeugen: Es war nicht *ein* Kind gemeint, sondern *der* Kind, der Präsident von Hannover 96. Dass der mitgetalkt hat, überrascht nicht, denn die meisten Sportfunktionäre sind begnadete Talker, jeder Phrase auf der Spur und zu jeder Phrase geneigt. Nichts schätzen sie folglich mehr, als zu „*Talkshows*“ eingeladen zu werden, um dort Phrasen zu dreschen, ganz dem *Showbusiness* verpflichtet, zu dem der Sport längst verkommen ist, mindestens der Spitzensport.

Tendenz, tendieren und tendenziös

Will man es mit einer sehr allgemeinen Erklärung bewenden lassen, ist *Tendenz* ein Fremdwort, das die deutschen Wörter Richtung und Entwicklung weitgehend verdrängt hat. Mit mehr sprachlichem Feingefühl kommt man zu der Erkenntnis, dass *Tendenz* zum einen eine Neigung, einen Hang, ein Streben, ein Trachten, zum anderen auch eine „*erkennbare Absicht (eines Buches, eines Theaterstücks*)“[129]. Demnach gebietet die Vorsicht, bei „*Tendenz*“ immer auch eine nicht zuletzt ideologisch geprägte Botschaft in Betracht zu ziehen, etwas als gegebenenfalls „***tendenziös***“ wahrzunehmen, also als „*von einer weltanschaulichen, politischen Tendenz beeinflusst und daher als nicht objektiv*“ zu empfinden.[130]

In der Politik selbst und in der politiknahen Berichterstattung sind die hier behandelten Stichwörter allgegenwärtig. Insbesondere sind sie zu Kampfvokabeln in der (partei)politischen Auseinandersetzung aufgestiegen, gut geeignet, Kontrahenten fehlgeleitete Absichten zu unterstellen, ohne diese präzise zu benennen und überzeugend als Irrtum oder gar böse Zielsetzung zu entlarven.

„*Das ist doch tendenziös*“ ist dann eine der harmloseren Vorhaltungen. Und häufig bleibt es dabei, worin das „*Tendenziöse*“ sich konkret äußere, wird selten ausgeführt. Das Wort, eben oft nur Phrase, hat die beabsichtigte Wirkung zu übernehmen.

Vorwiegend außerhalb des politischen Aktionsfeldes, aber dort nicht weniger geschätzt, wird das Verb „***tendieren***“ zunehmend beliebt. „*Ich tendiere dazu, ...*“ ist zu einer floskelhaften Redewendung geworden, die immer dann eingesetzt wird, wenn „*Ich neige dazu*“ oder noch einfacher „*Ich habe vor*“, „*Ich beabsichtige*“ ausreichen würden anzuzeigen, was man zu tun gedenkt. Jedenfalls ist das Teil der wachsenden „*Tendenz*“, ein Wort oder einen Ausdruck mit einem Hauch fremdsprachlicher Herkunft, einer

129 WAHRIG 2004, S. 965.

130 DUDENB, Band VI, S. 2579.

gewissen Exotik also, einem in der Aussagekraft eindeutigeren deutschen Wort oder Ausdruck vorzuziehen.

Thematisieren

Dieses Verb hat eine steile Karriere hingelegt. Es liegt auf der Hand, dass es *„zum Thema machen, zum Thema erheben"* bedeutet und die längeren Wendungen verdrängt hat. Das ist zunächst ein Gewinn. Aber nur zunächst. Es sollte nämlich beachtet werden, dass mit *„thematisieren"* manches Mitglied unserer Sprachgemeinschaft überfordert und somit, wenngleich in vielen Fällen völlig unbeabsichtigt, auch, wie es dann in ähnlich gelagerten Situationen schnell anklagend heißt, *„ausgegrenzt"* wird. *„Thematisieren"* ist zum Modewort geworden, und zwar vermutlich deshalb, weil es bildungssprachlich daherkommt. Den eifrigen Benutzern von *„thematisieren"* an Stelle von erörtern, diskutieren, ansprechen, durchdenken, je nach Textzusammenhang, kommt es augenscheinlich genau darauf an, mindestens eine gediegene Halbbildung anzuzeigen.
Nehmen wir als Beispiel einen Satz der schon mehrfach erwähnten Soziologin Ulrike Ackermann. In ihrem Buch *Die neue Schweigespirale* finden wir auf Seite 39 die Aussage, es gelte ***„Erfahrungen zu thematisieren"***. Was sie meinte, war gewiss: Es sei wichtig, über Erfahrungen zu sprechen, diese zu erörtern, zu diskutieren, über sie nachzudenken oder so ähnlich. Sie hat das Buch für ein weit gefächertes Lesepublikum geschrieben. Warum hat sie diesem ehrenwerten Ansatz nicht auch sprachlich Rechnung getragen? Musste unbedingt *„thematisieren"* als eine überstrapazierte Vokabel des Soziologenkauderwelschs eingeschleust werden?
Zu ihrer Entlastung sei hinzugefügt, dass sie natürlich hier nur in Stellvertreterfunktion herangezogen worden ist. Wer steht schon gern allein am Pranger?
Ich bitte um Verständnis: Ich wollte das einfach mal thematisieren!

Ticket

Die Begriffe *„Fahrkarte"* und *„Eintrittskarte"* haben ausgedient. Das wurde ja auch Zeit. So viel Unterscheidung von überwiegend kleinen Papier- oder Pappestücken, Zetteln auch mit Berechtigungsfunktion musste nun wirklich nicht sein. Der Rausschmiss durch *„Ticket"* war überfällig, aber ja.
Tatsächlich? Weiß man sofort, wozu ein angepriesenes *„Seniorenticket"* befugt? Ist es eine Fahrkarte für, sagen wir, Bus und/oder Bahn? Oder gar

Schiff? Ist es eine Eintrittskarte, sagen wir, für alle kommunalen Angebote? Oder ist es beides zugleich?[131]
Sicher ist: Ein „*Ticket*“ in diesem Sinne ist auf jeden Fall etwas Handfestes, etwas konkret Nutzbares, etwas – wenigstens in den meisten Fällen – materiell Vorteilhaftes, etwas Geldwertes. Es wird einem etwas in die und an die Hand gegeben, das man alltäglich verwenden kann.
Damit erschöpft sich aber die Erfolgsgeschichte von „*Ticket*“ keineswegs. Sie beginnt erst.
Das wäre ja auch gelacht, wenn sich nicht auch bei „*Ticket*“, wie nachgewiesenermaßen bei so vielen Begriffen, neben der konkreten Verwendung ein mindestens halbwegs figurativer Gebrauch herstellen ließe – dann mit der bereits aufgezeigten Großchance zum phrasenhaften Einsatz.
Es sind diesmal besonders die politischen Parteien gewesen, die sich schöpferisch in den Sprachwandel eingeschaltet haben. Sobald Ämter, Posten, Mandate in Gremien unterschiedlichster Art zu vergeben sind oder aussichtsreich angeboten werden können, sobald Sitze in Vorständen, Präsidien, Ausschüssen oder Kommissionen zu besetzen sind, werden, zum Beispiel auf Parteitagen, „*Tickets*“ zusammengebastelt. Und dann heißt es, wir haben den und den „*auf dem Ticket*“ und den oder die aus guten Gründen natürlich nicht. Interessenten sind gut beraten, wenn sie versuchen, auf eines der vielversprechenden „*Tickets*“ zu kommen. Das sind also, ganz profan, im Grunde zunächst nur tatsächlich geführte oder aus guten Gründen lediglich gedachte Listen, denen mit dem Begriff „*Ticket*“ mehr Bedeutung angedichtet werden soll. Ist man aber als Bewerber chancenreich platziert, können diese „*Tickets*“ – auch das ist eine Spielart der Dialektik – tatsächlich zu Eintrittskarten werden, nämlich zu jenen, die dann zu den Sesseln der Macht und/oder zu den Trögen guten Auskommens hinführen.
Das Versteckspiel, das sich mit „*Ticket*“ organisieren lässt, es hat also doch etwas Gutes, mindestens etwas Vorteilhaftes – für den einen oder die andere. Es muss ja nicht jeder gleich merken, worum es geht. In vielen Fällen lohnt es sich, nach „*Tickets*“ Ausschau zu halten. Deshalb: Augen auf!

Toll

Was heutzutage nicht alles toll ist! Wird etwas als schön, begeisternd, überzeugend, spannend oder ganz ähnlich wahrgenommen, wird es als „*toll*“ bezeichnet. Die Aufführung war ganz toll, jemand hat eine tolle Figur abgegeben, der Blick ins Tal war toll, etwas hat einen tollen Preis erzielt und so weiter und so fort. Alles, was auf irgendeine Weise einen positiven Eindruck macht, lässt sich als „*toll*“ kennzeichnen. Manchmal soll die auf den Ausruf „*Toll*“ reduzierte Reaktion auf eine Mitteilung Freude, Zustimmung

131 Der DUDEN sagte noch, ein „Ticket“ für Eintrittskarte sei „selten“. Das aber war vorvorgestern!

und alles mögliche Beglückende sonst noch ausdrücken. Und jeder glaubt zu wissen, was gemeint ist.
Überhaupt: Wozu haben wir die vielen Eigenschaftswörter, die nur verwirren, wo doch sprachliche Vereinfachung geboten ist? Und dann kann man auch weniger Fehler machen. Man vertut sich weniger. Das ist doch toll! Vielleicht sogar supertoll.

Ob den tollsüchtigen Sprachsimplifizierern bewusst ist, dass das an sich unscheinbare Wort eine sprachliche Wurzel hat, die seinem inflationären Gebrauch jede Rechtfertigung nimmt, ja ihn geradezu verbietet? Seine althochdeutsche Vorform *„tol"* meinte *„verwirrt"* und lässt sich in dieser Bedeutung noch in den Wörtern *„Tollwut"*, *„Tollhaus"* oder *„Tollkirsche"* nachweisen. Auch *„tolldreist"* und *„tollkühn"* sind nicht weit davon entfernt. In sprichwörtlichen Redensarten wie *„toll und voll sein"*, soll heißen volltrunken sein, und *„sich toll und voll essen"* sind noch Anklänge an die einst negativen Konnotationen von *„tol"* zu spüren.
Aber eine Sprache ist halt dem Wandel unterworfen. Das äußert sich nicht zuletzt auch in dem Bedeutungswandel, dem einzelne, meistens ganz unscheinbare Wörter unterliegen.
So weit so gut und so toll.
Gleichwohl lässt sicht nicht übersehen, dass der beschworene, von manchen Ungeduldigen sogar bejubelte *„Bedeutungswandel"* eines Wortes nur zu oft auf eine Weise daherkommt, die ihm gar keine sinnvolle Bedeutung mehr lässt – oder kaum noch eine. Das äußert sich vor allem dann, wenn Übertragungen in Kontexte hinein erfolgen, die das Widersinnige der massenhaften Anwendung dieses beliebt gewordenen, in seinem Kerngehalt aber nicht verstandenen Allerweltswortes aufleuchten lassen.
Weil eben alles *„toll"* ist, wird schnell jemand als *„tollpatschig"* bezeichnet. So leider, aber angesichts der generellen langjährigen Entwicklung hin zum Sprachdefizitären eher ganz folgerichtig, auch in der FAZ:

- *„Die Außenministerin war zuvor durch ungewohnte **Tollpatschigkeit** aufgefallen."* (FAZ, Michaele Wiegel, 17.02.2011, S. 6).

Dass *„**tol**patschig"* wahrscheinlich auf das ungarische Wort *„talpas"*, das so viel wie *„breitfüßig"* bedeutet und als Scherzname für schlecht bestiefelte ungarische Infanteristen verwendet wurde, zurückgeht und in ihren Bewegungen oder in ihrem Verhalten sehr unbeholfene Menschen beschreiben soll, bleibt auf der Strecke. Man darf sich deshalb auch nicht wundern, dass eine Differenzierung in der Aussprache – und in der Schreibung, wie gerade belegt – nicht mehr vorgenommen wird, nicht einmal in

Nachrichtensendungen. Schon gar nicht wird bedacht, dass „*Tölpel*“ wohl denselben etymologischen Ursprung hat.

Das Deutsch der meisten unserer Politiker, Politikerinnen aus naheliegenden Gründen inbegriffen, ist weiß Gott auch nicht mehr so toll, eher tölpelhaft. Ein schönes Beispiel dafür lieferte vor einiger Zeit Markus Söder, damals noch bayerischer Finanzminister und schon deshalb nicht unbedingt zu sprachlichen Glanzleistungen verpflichtet. Auf die Kritik der Jungen Union seines Freistaats an dessen seinerzeitigem Ministerpräsidenten Horst Seehofer, seinem Intimfreund, und im Blick auf wie Monstranzen hochgehaltene Plakate mit der Forderung „*MP Söder*“ reagierte dieser mit den mitreißenden und ganz und gar ausdiffernzierten Worten „***Toll gemacht***“. Ob Söder tolldreist oder tolpatschig zu „*toll*“ griff, wissen wir natürlich nicht. Aber ausschließen sollte man nicht, dass irgendwo in seinem solcherart erregten Inneren hochkochte, was „*toll*“, etymologisch betrachtet, so alles hergibt. Nur zu oft legen es Politiker ja darauf an, missverstanden zu werden. Wie schön also, dass „*toll*“ so manches Schlupfloch öffnet!
Es ist eben inzwischen alles „*toll*“. Man kann seinen Wortschatz klein halten und hat dann in seinem Gedächtnis Platz für wichtigere Dinge. Und man muss sich nicht festlegen, was man denn tatsächlich hat sagen wollen. Ist doch toll!

Damit das soeben Ausgeführte nicht als überwiegend konstruiert dasteht, folgen nun einige Sätze als konkrete Belege:

- „*Doch schließlich überwog ihr Wille,* ***vor dem tollen Heimpublikum*** *noch einmal anzutreten.*“

Gemeint war die Leichtathletin Konstanze Klosterhalfen, den Text verfasste Achim Dreis für die FAZ vom 20. August 2022, S. 8. Ein Sportpublikum als „*toll*“ im ursprünglichen Sinne des Wortes zu empfinden, ist meist mehr als gerechtfertigt, denn viel zu oft ist es völlig >aus dem Häuschen<, hat es jede Selbstkontrolle verloren. Doch genau das hat Dreis der Sportlerin nicht nachsagen wollen. Er meinte, sie finde es großartig. So kommt man zu unterschiedlichen Sichtweisen auf ein und dasselbe Verhalten. Was ein Wort wie „*toll*“ nicht alles hergibt!
Diese Wertung darf man getrost auch auf die folgenden Sätze beziehen:

- „***Egal wie toll der Auftritt vorher war*** *– auf Worte müssen Taten folgen.*“ (FAZ, Mona Jaeger, 1.9.2022, S. 8).
- „***Die tollen Tage der Basketball-EM*** *werden nicht in eine bessere Zukunft führen.*“ (FAZ, 15.9.2022, S. 32).

Demnach: Selbst *„tolle Tage“*, unvorstellbar eigentlich, *„werden* ***nicht*** *in eine bessere Zukunft führen.“* Dabei war von den *„tollen Tagen“* des Karnevals gar nicht die Rede! Waren hier sprachliche Jecken am Werk?

- *„Das war* ***eine echt tolle Erfahrung****.”*

So begeistert jubelte Kurt Krömer, ein Berliner Kabarettist, in einer Beilage der FAZ (Mediaplanet) vom 29.September 2022. *„Eine* ***echt tolle*** *Erfahrung“*! Solche Sprachkunst erlebt man, obwohl leidgesättigt, nicht jeden Tag!

- *„Wo nicht viel ist, entsteht Platz für Neues, eine neue <****tolle Erzählung für die CDU****<, wie Linnemann begeistert sagt.“* (FAS, Livia Gerster, 4.12.22, S. 3).

Dem Vorsitzenden der CDU-Programmkommision, Dr. Carsten Linnemann, MdB, muss, begeistert wie er war, der Sprachgaul durchgegangen sein. Ob er wohl jemals ahnen wird, was er da als Möglichkeit an die Wand gemalt hat?
Bei der CDU schien (und scheint?) es überhaupt eine enge Beziehung zum Allerweltswort *„toll“* gegeben zu haben, denn ihr seinerzeit noch amtierender Generalsekretär Mario Czaja – pikanterweise oder in sprachlicher Hinsicht wohl außergewöhnlich logisch inzwischen abgelöst durch eben jenen Herrn Dr. Linnemann – reagierte auf das dürftige und dennoch als Sieg gefeierte Ergebnis der Wahl zum Berliner Abgeordnetenhaus am 12. Februar 2022 während der ARD-Wahlberichterstattung extrem differenziert so:

- *„****Das ist ein tolles Ergebnis****.“*

Wie dankbar müssen wir sein, dass uns in diesem Falle vorenthalten worden ist, was er dem Publikum und vor allem seinen Parteimitgliedern denn wohl hat unterjubeln wollen. Jedenfalls war sein Lobgesang auf das, genau betrachtet, magere Ergebnis von weniger als 25% der Wählerstimmen (des >Wahlsiegers<!) einigermaßen tolldreist.

Um wieder einmal parteipolitische Neutralität zu beweisen, lasse ich nun noch ein Urteil unseres Bundeskanzlers Heiko Scholz (SPD) über seine Parteigenossin Nancy Faeser folgen. Sie sei, sagte der Herr Bundeskanzler in bekannter exzellenter Rhetorik, eine ***“tolle Innenministerin“*** (ARD, Tagesschau, 2.2.2023). Da sind aber, Herr Bundeskanzler, bei umfassendem

Verständnis des Adjektivs *toll* mehrere Deutungen möglich, nicht nur schmeichelhafte. Ob er, unser Bundeskanzler, das eventuell sogar, sprachlich dann doch glanzvoll, einkalkuliert hat? Das wäre ganz bestimmt ***„ein Stück aus dem Tollhaus***“!
Bei Politikern, gleich welcher Couleur, muss man eine solche Möglichkeit immer mitdenken.
Dass das manchmal nicht so ganz toll ist, darf kaum noch gesagt werden, denn das wiederum finden die meisten gar nicht toll.
Wir sind schon ein tolles Völkchen!

Top und toppen

Auch bei diesen beiden Wörtern hat der Sportjargon mit einiger Sicherheit die Geburtshelferfunktion innegehabt, sie in das deutsche Sprachgut einzuschleusen und in allen nur denkbaren Lebensbereichen zur modernistischen Anwendung zu bringen.
Im Sport werden unaufhörlich irgendwo *„Topleistungen*“ geboten, werden solche dann auch noch ***„getoppt***“. Das ist schließlich zur obersten Aufgabe des Sports gediehen, Rekorde nicht nur zu *„knacken*“, sondern zu *„toppen*“. Von Sportlern wird erwartet, dass sie *„topfit*“, also in *„Topform*“ antreten. Das, was sie bieten, ist dann *„top*“.
Die englische Wurzel >*top*<, ein Adjektiv, wird richtig verstanden als Bezeichnung für *„von höchster Quailtät, hervorragend; auf dem aktuellen Stand, hochmodern*“.[132] Es meint aber auch *„an der Spitze stehend, von bester Qualität*“.
Die Eignung für einen breiten, fast grenzenlosen Gebrauch von *„top*“, ob als Bestandteil eines Hauptworts oder als Adjektiv in attributiver oder prädikativer Stellung, ist somit gesichert. *Topangebote, Topkameras, Topathleten, Topmanager, Topniveau, Topmodelle* und *Topmodels, Topstars* und *Topverdiener* sind mittlerweile Alltagsware. Was die *„Top*“-Stellung rechtfertigt, bleibt häufig allenfalls angedeutet. Was einen Sportler zu einem Angehörigen der *„Topclass*“ macht – ja, auch dieses Wort müssen wir ertragen -, kann oft ebenfalls nur vermutet werden. Es genügt vielen, dass getönt wird, *„seine Leistung war top*“.
Erstaunlich ist allerdings, dass der DUDEN ein Verb *„toppen*“ in dem bisher mit *„top*“ verbundenen Verständnis nicht führt. Er kennt nur *„toppen*“ in der seemännischen Verwendung *„eine Flagge im Topp*(sic!) *führen*“ und *„ein Schiff über die Toppen flaggen*“ sowie in der Fachsprache der Chemie (*„toppen*“ im Rahmen von Destillationen, meistens für (ab)scheiden stehend) und des Golfsports, wo *„toppen*“ sagen soll, dass der Ball beim

132 DUDEN, Band VI, Seite 2603. Auf die spezielle Bedeutung des Wortes „Top“ als Bezeichnung für ein von Frauen getragenes ärmelloses Oberteil, besonders eines Abendkleides, sei nur verwiesen.

Schlagen oberhalb des Zentrums getroffen wurde. WAHRIG 2004, Seite 982, geht schon einen Schritt weiter und nennt als dritten Anwendungsbereich die Umgangssprache mit dem Beispiel *„Diese Leistung ist nicht zu toppen*“. Indes: “*toppen*“ war 2004 noch nicht bis in die Schriftsprache hochmögender Medien vorgedrungen. Wer gehofft hatte, dass das niemals geschehen werde, hatte allerdings die Rechnung ohne den Wirt gemacht, in diesem Falle auch wieder der FAZ:

- ***„Neuneinhalb Wochen an der Spitze eines Dax-Konzerns – das ist nur schwer zu toppen***.“ (FAZ, Thiemo Heeg, 12.12.2022, S.15).

Ausgerechnet der sich stets außerordentlich seriös gebende Wirtschaftsteil erwies sich wieder einmal nicht als ausreichend widerstandsfähig gegen modernistische Torheiten und wirkte tonangebend mit, *„toppen*“ nur noch als Phrase zu begreifen.
So wird denn seit einiger Zeit mit sich steigernder Beliebtheit munter geschrieben, dies oder jenes sei *„nur schwer zu toppen*“ – oder ganz ähnlich. Da ist man ganz bestimmt auf bestem Wege zu sprachlichen Topleistungen. Und wer will die dann noch toppen?

Total

Es gibt keinen Zweifel, *„total*” ist der große Konkurrent von *„echt*“, wenn es darum geht, ein an sich bereits wertendes Attribut durch ein Adverb, überwiegend sinnleer, also nur scheinbar, zu verstärken. Vieles, was zu *„echt*“ ausgeführt worden ist, lässt sich demnach auf *„total*“ übertragen. *„Total wichtig*“ etwa ist Massenware auf dem Markt der sprachlichen Marotten und insoweit eigentlich nicht weiter zu beachten, einfach zu erdulden.
Bemerkenswert ist allerdings, dass gerade diese Wendung bis in höchste Gesellschaftskreise hinein, die sich gern einer aufgeputzten Sprache bedienen, um Zugehörigkeit zu einer Elite anzuzeigen, beliebt geworden ist. Liegt eventuell ein Anpassungsverhalten an den Zeitgeist vor, der sich schließlich auch sprachlich Ausdruck verschafft?
Nehmen wir den folgenden Satz als Beispiel:

- ***„Das ist doch total wichtig***.“

Zitiert wurde nicht irgendwer, sondern Maike Schuh, ihres Zeichens Finanzvorstand von Evonik, in der FAZ vom 13. April 2023 auf S. 19. Über sie hieß es sodann im weiteren Text gleichermaßen modernistisch, sie habe sich *„auf das Steuerrecht fokussiert*“. Das hat total gepasst!

Im Zusammenhang mit einer Frachterhavarie vor dem niederländischen Wattenmeer sagte eine Touristin, angesprochen auf die Gefahr, dass der Frachter kentern könne, in der ARD-Tagesschau am 30. Juli 2023 ganz selbstverständlich: „***Das wäre total schade***“. In Volkes Sprache ist „*total*“ längst angekommen, „*total schade*“ wird dann einfach hinausgeplappert. Weiteres Nachdenken erübrigt sich für die Sprechenden. Für die Angesprochenen auch?
Im Sportjargon ist „*total*“ ein sprachliches Muss geworden. Die sinnfreie Verwendung des Wortes, das ja, richtig verstanden, nichts anderes bedeutet als „*ganz und gar, gänzlich, ganz, vollständig*“, kann in dem folgenden Satz, der stellvertretend für viele ähnliche zum Zuge kommt, gar nicht übersehen werden:

- „***Wir sind von Julian total überzeugt.***“

Das sagte kein Geringerer als der seinerzeitige FC Bayern-Präsident Oliver Kahn. Er war „*total überzeugt*“ laut ARD, Texttafel 209 vom 18. September 2022. Inzwischen, nach weniger als einem Jahr, ist der Gemeinte, Cheftrainer Julian Nagelsmann, nicht mehr Cheftrainer, und Kahn ist nicht mehr Präsident. Der muss sich also total geirrt haben!
Ist das nicht total (irr)witzig?

Toxisch

Dieses Wort wurde bis in die jüngste Vergangenheit hinein ausschließlich fachsprachlich, vorzugsweise in der (Bio)Chemie, eingesetzt, in der Sparte Toxikologie zumal. Allgemeinsprachlich war die deutsche Entsprechung „*giftig*“ im Gebrauch, auch „*durch Gift verursacht*“. Das hat sich im Zuge aufgeplusterter Rhetorik verändert. „*Toxisch*“ ist inzwischen in der Politik sowie im Management und damit zwangsläufig in den Medien angekommen, ist ganz wesentlicher Bestandteil der Angebersprache geworden, mit der wir es leidvoll zu tun haben. Zuweilen muss man den Eindruck gewinnen, der irgendwie geahnte Inhalt ist vielen weniger wichtig als die Wirkung, die durch die selbstgewisse, gefallsüchtige und imponierende Verwendung von „*toxisch*“ erzielt werden soll – und wohl auch erzielt wird. Mindestens ein pseudointellektueller Anstrich ist nicht zu übersehen. Er ist ja auch gewollt.
Die FAZ wartete am 25. Oktober 2022 auf Seite 4 mit der Überschrift „***Es hat sich eine toxische Mischung gebildet***“ auf. Sie war ein Zitat. Schöpfer des Satzes war der thüringische Ministerpräsident Bodo Ramelow von der Partei *Die Linke*. Ausgerechnet der. In einem Interview, das er der FAZ gab. Meinte er mit „*toxisch*“, statt mit „*gefährlich*“ oder, etwas

anspruchsvoller sogar, mit *„risikoreich"*, den klugen Köpfen, zu denen die FAZ werbetrickreich ihre Leser hochgeschmeichelt hat, seine besondere Hochachtung bezeugen zu müssen? Gewiss nicht. Er hatte sich nur eingereiht in die Schar derjenigen, die plötzlich meinen, mit *„toxisch"* Sprach- und sonstige Kompetenz beweisen zu können. Ausgerechnet also ein Linker ganz volksnah, ganz allgemeinverständlich, ganz klassenbewusst und –solidarisch. Von wegen. Das alles hat seinen Wert, seine Stunde sozusagen, gewiss doch. Aber als MP und in einem ehrenvollen Interview, das die FAZ angeboten hat, legt man alles Klassenkämpferische vorübergehend beiseite. Man ist Staatsmann und wendet sich mit erlesenem(!) Vokabular an diejenigen, denen man imponieren will. Dass die meisten Genossinnen und Genossen und manche, deren Wählerstimmen man gern einfahren möchte, sich ausgegrenzt fühlen müssen, nimmt man da immerhin für den Augenblick in Kauf. Auch die werden schließlich die Größe ihres Frontmanns erkennen und zu würdigen verstehen.
Und Ramelows gibt es in dieser Hinsicht inzwischen viele. Sie betonen dann zum Beispiel, das *„Umfeld"* sei *„toxisch"*, wenn sie schlicht sagen wollen, es sei feindlich gesinnt, es herrsche eine vergiftete Atmosphäre.
In Führungskreisen der Wirtschaft und ihrer Verbände lässt man ohnehin keine Gelegenheit aus, sich vielseitig, möglichst >klassisch< gebildet zu geben und mit elitäres Bewusstsein markierendem Vokabular um sich zu werfen. Ein kaum überbietbares Beispiel lieferte Hildegard Müller, wie kaum eine andere Vertreterin sowohl von Politik – sie war etliche Jahre MdB und Staatsministerin im Bundeskanzleramt unter Angela Merkel – als auch der Wirtschaft, zuletzt und immer noch als Präsidentin des Verbandes der Automobilwirtschaft (VDA), in einem Interview, das sie der FAZ gab und das diese am 5. August 2023 auf Seite 18 unter dem Titel ***„Die Lage wird toxisch"*** veröffentlichte. Das war ein nicht ganz lupenreines Zitat aus dem Interview, in dem Frau Müller wörtlich beklagte: ***„Die Lage wird zunehmend toxisch"***. Was wollte sie sagen? *„Die Lage"* ist schon vage genug. Doch was sollte an ihr *„toxisch"* sein? Giftig? Inwiefern? Durch Gift verursacht? Auf welche Weise und mit welchem Ergebnis? *„Toxisch"* wirkte aufgesetzt, angeberisch, protzend. Wörter wie schwierig, kritisch, gefährlich, besorgniserregend und ähnliche mehr hätten es doch wohl auch getan. Und sie wären von allen verstanden worden. Doch vielleicht wollte Frau Präsidentin gar nicht von allen verstanden werden. Das darf man sich ja herausnehmen, schließlich .... Na, Sie wissen schon.
Fürwahr, es ist auch im Hinblick auf die Sprache in Politik, Wirtschaft und Medien sowie in wissenschaftlichen Disziplinen wie Soziologie und Politologie eine *„toxische Mischung"* zusammengebraut worden.

Trans...

Das lateinische Wort >*trans*<, deutsch *„über, über ... hinaus, jenseits*“, hat fast allen wissenschaftlichen Disziplinen für Begriffsneubildungen, die sich insbesondere im Zuge von Forschung als notwendig erwiesen, zur Verfügung gestanden. Es wurde als erster Neuwortbestandteil sehr unterschiedlichen anderen Wörtern vorangestellt und flugs hatte man einen neuen Fachbegriff. *Transport, Transformator, Transfer, transatlantisch, Transaktion, Transit,* um nur diese zu nennen, sind vertraute Begriffe geworden. Und es geht munter so weiter.
Der politische Starbegriff ist gegenwärtig *„**Transformation** “*. Er kommt zum Beispiel daher in Phrasen wie *„ökologische Transformation*“, in Variation dazu auch als *„grüne Transformation*“. Nicht einmal die, welche mit dem Begriff politisch hausieren gehen, können, wenn um präzise Definition gebeten, genau erklären, was sie hinter dem Begriff, der Phrase, versteckt halten.
*„**Transformationsforschung**“* kommt einem Politiker wie geschmiert über die Lippen. Wer nicht umgehend erkennen kann, was er denn da angesprochen hat, und das dürften die meisten sein, ist dann angeschmiert. Macht ja nichts, solange sie beeindruckt sind von dem bombastischen Neuwort. Jedenfalls aus der Sicht von Politikern wie Staatsminister Carsten Schneider, der mit dem Schagwort in einem FAZ-Interview um sich warf.[133]
Nicht ohne hintersinnige Gründe dürfte deshalb auch der Begriff *„**Transformationspolitik**“*
gebildet worden sein. Das wurde aber auch Zeit! Unsere Politik war ja längst etwas armselig geworden, fixiert auf Hinterletztes.
Die nun schon mehrere Male mit Zitaten geehrte Sprachkünstlerin Ulrike Ackermann, eine in den Medien hochstilisierte Soziologin, darf hier natürlich nicht übergangen werden. Wem gelingt schon ein so aufgemotzter, letzten Endes phrasenreicher Satz wie der folgende:

- *„Was passiert, **wenn Wissenschaftler die Transformation der Gesellschaft auf ihre wissenschaftliche Agenda setzen**?*“[134]

Inzwischen haben wir uns auf *„Transmenschen*“ einzustellen, *„transgender*“ ist zur Idealvorstellung sexueller Identität aufgestiegen. Da wird mit *„Trans...*“ noch einiges auf uns zukommen. Nur Geduld. Der Spuk lebt ganz wesentlich vom sprachlichen Erfindungsreichtum. Grenzen setzt der sich keine. Wer bestätigt diese These zuverlässiger und überzeugender als der folgende Satzbestandteil:

---

[133] Das genaue Datum kann ich leider nicht mehr nennen.

[134] In „Die neue Schweigespirale“, Seite 9..

- „... ***war eine trans Frau angegriffen worden***." (NDR, Texttafel 123, 19.11.2022).

„*Trans*“ ist zum Adjektiv entwickelt worden. Was will der vielbeschworene, jeden sprachlichen Ulk rechtfertigende Sprachwandel mehr, das Allheilmittel oder auch der Schutzheilige aller dem Zeitgeist verpflichteten Linguisten.

Ein weiterer Kampfbegriff mit der Frontsilbe „*Trans*“ ist „***Transparenz***“ in Verbindung mit seinem Adjektiv „***transparent***“ und dem noch häufiger als Vorwurfsvokabel eingesetzten Pendant „***intransparent***“. Es vergeht kein Tag, an dem Politiker, ganz unabhängig von ihrer politischen Couleur, nicht „*Transparenz*“ fordern. Der eine meint dann dieses, die andere jenes damit – und das Wahlvolk darf sich aussuchen, was es darunter versteht, sofern das überhaupt möglich ist. War das bei folgendem Zitat etwa anders?: „***Die Grundsteuer wird transparent***“ (FAZ, Überschrift, 24.7.2023). Was sollte der Leser erfahren? War die „*Grundsteuer*“ plötzlich durchsichtig geworden? Oder war gemeint, dass sie selbst dem letzten Einfältigen nun doch begreifbar geworden sei? Oder war die Überschrift lediglich als Lockvogel gedacht, sich in den Text der FAZ zu vertiefen?

Sprachlich besonders überzeugend trat mal wieder Außenministerin Annalena Baerbock auf, wenn wir darauf vertrauen dürfen, dass die FAZ-Überschrift vom 25. Mai 2022, Seite 1, den Sachverhalt richtig wiedergegeben hat:

- „*Baerbock fordert von Peking >**transparente Aufklärung**<*”.

Tautologischer geht es kaum noch, selbst bei Politikerinnen der Grünen nicht. „*Transparente Aufklärung*“! Wenn wir „*transparent*“ mit allen herangezogenen Lexika richtig verstehen, lautet die deutsche Entsprechung „*duchsichtig*“. Ist das nicht die Funktion der Durchsichtigkeit, für Aufklärung zu sorgen? Doch gewiss: „*Transparent*“ gab der Aufklärung mehr Gewicht, in den Augen der Außenministerin allemal. Von einer aufgeblasenen Sprache zu sprechen, von Bombasmus, verbietet sich wohl nicht.
In einem anderen Zusammenhang zwar, aber im Blick auf den soeben kommentierten Satz nicht ohne einen ironischen Bezug, konnte man in der FAZ (Heike Göbel, 8.4.2023, S. 21) lesen:

- „***Auch Grüne haben es mit der Transparenz**, die sie in der Opposition vehement fordern, **nicht mehr so**, wenn sie selbst an der Macht sind.*“

Was die „*Transparenz*“ des eigenen Handelns anbelangt, trifft das sicher zu. Indes, von anderen „*transparente Aufklärung*“ zu fordern, ist, wie wir gesehen haben, immer noch Markenzeichen der Grünen. So viel Eigenständigkeit im Umgang mit „*Transparenz*“ muss erlaubt sein.

Trend – trendig – trendy

„*Trendsetter*“ sind angesagt, „*Megatrends*“ finden Beachtung. Der Trend zum Modewort „*Trend*“ und seinen genannten Ableitungen ist nicht nur ungebrochen, er erfährt offenbar eine Steigerung.
Was ist ein Trend? Es ist, so WAHRIG 2004 auf Seite 992, die „*Richtung einer neuen, modischen (statistisch erfassbaren) Entwicklung*“. Der DUDEN bietet „*Entwicklungstendenz*“ an. Man könnte also, auf „*modisch*“ Bezug nehmend, sagen, dass fast alle der hier behandelten Stichwörter „*im Trend liegen*“, „*Trends darstellen*“. Sie sind „***trendy***“!
„*Trendy*“ nämlich sei umgangssprachlich und bedeute, eben, „*im Trend liegend*“.
„*Trendig*“ hingegen wird nicht, wohl weil noch nicht erfasst oder noch gar nicht in Umlauf gebracht, nicht erläutert. Mittlerweile ist „***trendig***“ für junge Leute, wenngleich wohl nur vorübergehend, wie so viele Modewörter ihres Jargons, ein Kultwort. „*Trendige Klamotten*“ mag als Beispiel ausreichen.
„***Trendsetter***“ hingegen ist beiden Referenzwerken bekannt. Sehr erhellend ist die Definition, die der DUDEN bereithält: Ein „*Trendsetter*“, immerhin noch dem Jargon zugerechnet, sei „*jemand, der (weil man ihn als maßgebend ansieht o.ä.) etwas Bestimmtes allgemein in Mode bringt, der eine bestimmte Entwicklung in Gang setzt*“. Gemäß WAHRIG 2004 kann dieser „*jemand*“ auch eine Sache sein. Und prompt flatterte ein Beispiel ins Haus:

- „***Kantine und Mensa als Trendsetter***“ (FAZ, 11.3.2023, S. 28).

Bei so viel Trendsetting an den ungeahntesten Orten gilt es also, sich im und mit dem Trend zu bewegen, nicht gegen den Trend. Man muss auf „*Trendwenden*“ achten, um nicht den Anschluss zu verlieren.
Besonders poetisch wollte wohl ein Redakteur sein, als er zu reimen versuchte „***Second Hand liegt im Trend***“, den angestrebten Reim etwas verholpernd (ARD, Texttafel 165, 15.3.2023). Hier fühlte man sich an einen alten lateinischen Trost erinnert, der im Deutschen ungefähr so lautet: „*Wenn auch die Kräfte fehlen, so ist dennoch der Wille zu loben*“. Aber „*im Trend*“ war es, es war „*trendig*“, und das ist entscheidend.

Überdacht werden

Dieser Ausdruck ist die Passivvariante des Verbs überdenken. „*Etwas überdenken*" steht für „*über etwas intensiv nachdenken*", auch für „*etwas bedenken*", drückt also eine Verstärkung des Denkens aus. Ist das der Grund, weshalb Aussagen wie „***Das sollte noch einmal überdacht werden***" so beliebt geworden sind, statt es mit „*Wir sollten erneut darüber nachdenken*" bewenden zu lassen? Macht das den Reiz aus zu formulieren „***Ich habe das überdacht***"? Gibt das dem behaupteten Denken mehr Überzeugungskraft? Mehr Gewicht? Mehr Bewunderung vielleicht auch? Soll es das sogar?

Gelegentlich fragt man sich, ob „*überdenken*" und mehr noch „*überdacht werden*" den Verdacht ausräumen sollen, dass im Grunde nicht hinreichend nachgedacht worden ist, nicht zuletzt von demjenigen, der die genannten Verben gerade überstrapaziert hat – dass man aber nun, vielleicht endlich oder sogar erstmalig, zusichern will, das (in erster Linie gewiss von anderen) Versäumte nachzuholen. Der Schritt zur Phrase ist dann nur ein kleiner. Es scheint so, dass gerade in der Politik, wo „*überdenken*" und „*überdacht werden*" immer häufiger beobachtet werden können, dieser Schritt bereits vollzogen ist. Ob es sich empfiehlt, das zu überdenken? Die Politiker sollten darüber nachdenken, wenn möglich intensiv.[135]

Umsetzen und umsetzbar

Wenn man vor Jahren etwas oder jemanden umsetzte, dann brachte man es bzw. ihn oder sie von einem Ort zu einem anderen, von einer Position auf eine andere. Es (oder sie) wurde(n) woanders hingestellt oder hingesetzt oder eingesetzt. Oder man erzielte, ökonomisch gesprochen, einen Umsatz. Vielen Gewerbetreibenden ging es darum, möglichst viel umzusetzen – oder auch abzusetzen, schlichter noch zu verkaufen.

Diese konkreten Bedeutungen des Verbs umsetzen gelten fort, gewiss, aber sie sind mengenmäßig längst ausgebootet worden von bildsprachlichen, figurativen Verwendungen von umsetzen mit ganz spezifischen Inhalten. Zum einen ist das der Fall in wissenschaftlich-technischen Bezügen, in der Energiewirtschaft speziell, wo umsetzen beinhaltet, dass etwas in einen anderen Zustand, in eine andere Form umgewandelt wird, Wasserkraft in Strom beispielsweise oder Stärke in Zucker. Zum anderen aber auch, und das nun sintflutartig unspezifisch jargonnah vor allem in Politik, Wirtschaft und - wer hätte das für möglich gehalten? – in den Medien in Texten, wo bewerkstelligen sowie durchführen, ausführen, verwirklichen, realisieren, gelegentlich auch durchsetzen die Verben wären, mit denen das

[135] Hier empfehle ich, die Ausführungen zum Stichwort „nachbessern" zu lesen.

zweifelsfreie Verstehen einer Aussage durch den Adressaten sichergestellt werden könnte.
Es wird also nun ständig von fast allen Akteuren überall etwas *„umgesetzt"*. Ohne dieses zur Floskel abgewirtschaftete Verb kommt keine Nachrichtensendung mehr aus, keine Pressekonferenz, leider auch kein Kommentar, sobald Vorhaben, Pläne, Programme, Strategien und dergleichen, wie etwa Träume, Gegenstand sind. Sobald sich *„Umsetzungserfordernisse"* und *„Umsetzungsfragen"* ergeben, wird sofort an eine *„umsetzende Behörde"* gedacht.
Die lange Liste der Beispiele, wohlgemerkt eine Auswahl, wird das bezeugen. Möge sie deshalb nicht als Zumutung begriffen werden. Sie soll nämlich auch anregen, dem zur Plage gewordenen, oft routinemäßigen und deshalb häufig gedankenlosen, also phrasenhaften Einsatz von *„umsetzen"* nicht mehr so unkritisch oder sogar gleichgültig zu begegnen, wie das offenbar leider der Fall ist.

- *„... wieder geöffnet, nachdem etliche* ***Auflagen umgesetzt wurden****."* (MDR, Texttafel 132, 23.12.2021).
- *„Die Autobahngesellschaft werde* ***den Bau*** *des … 17 Kilometer langen Abschnitts in der Altmark* ***schnell umsetzen****."* (MDR, Texttafel 132, 5.5.2022).
- *„Die angestrebte* ***Zweisprachigkeit lasse sich nicht sofort umsetzen****, räumte sie* (gemeint: BM' Stark-Watzinger, FDP) *ein."* (ARD, Texttafel 137, 4.7.2022).
- *„****Die inklusive Schule muss*** *... ohne ideologische Scheuklappen* ***umgesetzt werden****."* (Entwurf des CDU-Regierungsprogramms 2022 – 2027, Zeilen 472 und 473).
- *„Viele dringende* ***Projekte im Straßenbau könnten deshalb nicht umgesetzt werden****."* (NDR, Texttafel 141, 13.7.2022).
- *„Doch wie ist es um* ***die Praxis der Umsetzung solcher Ideen*** *bestellt?"*

Dieser Satz, gedruckt in einem Informationsblatt des phvn - man mag es glauben oder auch nicht, hinter dem Kürzel verbirgt sich leibhaftig der Philologenverband Niedersachsen – im Juli 2022, schreit nach einem Kommentar. *„Praxis der Umsetzung solcher Ideen"*! Wer gedacht hat, dass die Umsetzung von Ideen Praxis darstellt, wird hier in pompöser Diktion eines anderen belehrt, allerdings nicht eines Besseren. Zudem fand sich in der Publikation auch der folgende Satz: *„Einige Gedankensplitter ... mögen zeigen,* ***dass es an der Umsetzung spürbar hapert****."* Dazu ein Gedankensplitter: An der Umsetzung der Regeln der deutschen Grammatik hapert es beim phvn schon seit einiger Zeit. Spürbar!

- *„... der seine ... Vorstandskollegen wie Schuljungen behandelt und* ***der*** (gemeint: Herbert Diess, seinerzeit Vorstandsvorsitzender von VW)) *deswegen* ***seine Visionen nicht umsetzen kann****.*“ (FAZ, Susanne Preuß, 26.7.2022, S. 22).

Das Umsetzen von Visionen ist ja auch nicht eine der leichtesten Übungen, für knallharte Manager ohnehin nicht. Vielmehr sollten auch sie, wenn Visionen sie plagen, es mit dem einstigen Bundeskanzler Helmut Schmidt halten, der empfahl, bei Visionen einen Arzt aufzusuchen – demnach nicht zu versuchen, die Visionen „*umzusetzen*“.

- *„..., dass* ***das Abkommen*** *so schnell wie möglich* ***umgesetzt wird****.*“ (Tagesschau, 20.00 Uhr, 28.7.2022).
- *„Grundlage für die Umlage ist der kürzlich ins Energiesicherungsgesetz (EnSiG) aufgenommene* ***Paragraph 26****. Dieser* ***soll nun im Zuge einer Rechtsverordnung umgesetzt werden****.*“ (FAZ, Julia Löhr, 29.7.2022, S. 17).
- *„Jüngst sprachen sich die Finanz- und Wirtschaftsminister der Euroländer dafür aus, Athen nicht mehr verstärkt von der EU-Kommission überwachen zu lassen,* ***weil ein Großteil der verlangten Reformen und Sparmaßnahmen umgesetzt worden sei****.*“ (FAZ, dpa., 29.7.2022, S. 17).
- *„Alle Nachbarländer Sachsen-Anhalts hätten* ***solche Anhebungen schon umgesetzt****.*“

Zitiert wird Bildungsministerin Eva Feußner vom MDR auf Texttafel 130 am 30. Juli 2022. Gemeint waren „*Anhebungen*“ der Gehälter von Grundschullehrern von Besoldungsstufe A12 nach A13. Stellt sich die Frage: Hatte die Ministerin das wörtlich so gesagt oder stammt „*umgesetzt*“ aus der Redaktion, der Ministerin untergeschoben?

- *„Endlich* ***setzt die Bundesregierung es auch offiziell um: Wer ein neues Haus baut, braucht keine staatliche Klimaförderung****.*“

Wir lernen: Man kann etwas auch inoffiziell umsetzen. Nun aber trifft ***„es“*** den, der ein neues Haus baut, auch offiziell, nämlich die politische These, dass er keine staatliche Klimaförderung brauche, endlich „*offiziell*“. Das nennt man neuerdings „*klare Kante*“ im Politikjargon. Kommt ja selten genug vor.[136]

---

[136] Leider steht mir die genaue Quelle nicht zur Verfrügung.

In der FAZ wurde am 16. August 2022 auf S. 27 berichtet, der Hamburger SV lehne den Plan seines Finanziers Kühne ab, weil der ***„Forderungskatalog nicht umsetzbar*“ sei.
Es dürfte klar sein, wie flexibel schwammig *„umsetzbar“* einsetzbar ist. Man kann sicher davon ausgehen, alles ist plötzlich *„umsetzbar“*. Leider ist nicht alles absetzbar.

- ***„Wir müssen die Sanktionen jetzt umgehend umsetzen.“***

So tönte Manfred Weber (CSU), Vorsitzender der EVP-Fraktion im Europäischen Parlament, laut ARD, Texttafel 887, 18.9.2022. Das war sprachlich so elegant, wie wir es seit langem bei ihm gewohnt sind.

- *„Es gibt* **Alternativen** *und eine ganze Reihe von Unternehmen, die sie auch* **umsetzen***.“*

Das schrieben zwei Wissenschaftler, denen wir gern Anonymität sichern, in der FAZ vom 4. Oktober 2022 auf S. 18. Ein solcher Satz könnte, obwohl von ihnen selbst verfasst, für sie rufschädigend sein. So viel Schutz muss schon sein!

- *„Der Bund müsse* ***die Preisbremse besser umsetzen*“**.

So wurde der Bremer Bürgermeister Bovenschulte, immerhin ein Politiker im Range eines Ministerpräsidenten, vom NDR auf Texttafel 121 am 16. Oktober 2022 zitiert.
Während dieser Umsetzungsorgien wartete die FAZ, irgendwie erleuchtet, am 7. November 2022 auf Seite 2 mit einer bissigen Überschrift auf: *„Die Umsetzung umsetzen“*. Chapeau!
Doch die Umsetzer machten fröhlich-unbeirrt weiter:

- *„Kritik an* ***Umsetzung des Bürgergelds*“** (MDR, Texttafel 100, 26.12.2022).

Die Leiterin des Hauptstadtbüros der ARD, Tina Hassel, berichtete in der Tagesschau am 15. Januar 2023, es werde gefordert, ***„endlich die Zeitenwende umzusetzen*“**.
Damit schien der Gipfel der Umsetzungen erklommen zu sein. Schien. Denn es folgte ein Gipfelstürmer aus den Reihen der FAZ-Redakteure in Person von Peter Heß – ja natürlich, er ist Sportjournalist –, dessen Satz wie kein anderer geeignet ist, die lange Liste der Beispiele zu krönen:

- *„**Wer den Traum** einer romantischen Bundesliga **umsetzen will**, vergrößert ihren Rückstand in Europa.“* (FAZ, 11.4.2023, S. 27).

Damit wurde die Beobachtung der Umsetzung von *„umsetzen“* endgültig zum Albtraum. Es hieß nach dem bösen Erwachen: Augen zu, nicht mehr hinschauen! Aber das ist leichter gesagt als getan, wo doch vielen fast alles *„umsetzbar“* ist.

Umsteuern

Mit dem Verb umsteuern wurde ursprünglich nur das handfeste Eingreifen in eine Bewegung, vornehmlich eines Fahrzeugs, beschrieben, wenn eine andere Richtung als die bisher eingeschlagene, die bisher gesteuerte beabsichtigt war. Es wurde direkt *„in das Steuer gegriffen“*, zuweilen auch in höchster Not das Steuer herumgeworfen. Jedenfalls: Es wurde tatsächlich gesteuert, an ein Steuer Hand angelegt.
Dann passierte das, was als ein Kennzeichen der deutschen Sprache bezeichnet werden darf: Umsteuern wurde wie viele andere Verben bildsprachlich eingesetzt, figurativ. Das eröffnete ein breites Anwendungsfeld, konnte, ja musste aber auch wie in zahlreichen Parallelfällen zum phrasenhaften Gebrauch einladen und letztendlich führen.
Vornehmlich in der Politik, aber kaum weniger oft im Bereich von Wirtschaft, Verwaltung und Sport, ist *„umsteuern“* zu einer beliebten Vokabel geworden, die den Charme mitbringt, elegant zu wirken und gleichzeitig in Andeutungen zu verharren. Und darauf kommt es vielen, die mit *„umsteuern“* hantieren, in erster Linie an. Der Schritt zur Phrase ist dann getan!
Einen kaum überbietbaren Beleg für dieses von einigen das *„Umsteuern“* liebenden Zeitgenossen gewiss als unfreundlich wahrgenommene Urteil lieferte Finanzminister Christian Lindner (FDP) in einem Beitrag, den die FAZ am 1. September 2022 auf Seite 8 veröffentlichte:

- ***„Die Herausforderungen der Zukunft empfehlen ein Umsteuern.“***[137]

Ohne dem Finazminister zu nahe treten zu wollen: Der ganze Satz ist eine hohle Phrase, rhetorisch glanzvoll, aber objektiv betrachtet inhaltsleer. Wie das bei Phrasen halt so ist. Und bei Politikern allemal.
Lindner hat's getroffen. Viele andere hätten zitiert werden können. Doch Lindner ist nun einmal der für die Steuern und für die Steuerung der Finanzen zuständige Minister. Nicht wenige meinen zudem, dass gerade auf dem

---

[137] Bei Christian Lindner war das von mir eingesetzte Verb *„lieferte“* natürlich ein Muss, denn kein Politiker hat öfter als Lindner gefordert, dass, bitte schön, *„geliefert“* werden müsse Das im selben Satz benutzte Wort *„Zeitgenossen“* war selbstverständlich nicht auf Lindner gemünzt, denn er verdient zwar einige Wertungen, doch nicht die, er sei *„Genosse“*. Da dürfte *„Genießer“* eher passen.

Gebiet der Steuern eine Umsteuerung überfällig sei. Und obendrein: Politiker, Lindner nicht zuletzt, legen Wert auf die Feststellung, sie hätten nicht nur stets das Ohr am Puls des Volkes, sondern auch die Hand am Steuer, um eben diesem Volk, dessen Geschicke steuernd, zu dienen. Das aber wartet seit Urzeiten mit der Weisheit auf, dass, wer hoch steige, auch tief fallen könne. Wenn auch vorerst nur als Phrasendrescher.

Vegan

Wahrscheinlich ist kein Wort so hochideologisiert in den deutschen Wortschatz hineinmanövriert worden wie das Adjektiv vegan, natürlich aus dem Englischen.Wer in Deutschland will ihm je vor etwa 30 Jahren begegnet sein? Im DUDEN und im MS findet man das Stichwort nicht, in Rechtschreibduden des vorigen Jahrhunderts ebenfalls nicht – und das WAHRIG Rechtschreiblexikon von 2006 (!), das betont, es behandele die „*neue*" Rechtschreibung, führt das Wort immer noch nicht!
Wer weiß vegan selbst heute präzise von vegetarisch zu unterscheiden, einem Adjektiv, mit dem vegan irgendetwas zu tun haben muss? Aber was? Die meisten Menschen, so auch der Verfasser dieser Zeilen, haben allenfalls eine vage Ahnung, was denn „*vegane Ernährung*" realiter bedeuten soll im Unterschied zu vegetarischer Kost, es sei denn, sie befragen ein vor nicht allzu langer Zeit erschienenes Fremdwörterlexikon wie WAHRIG 2004. Dort steht die erlösende Definition: „*Den Veganismus betreffend, auf ihm beruhend*". Aha! Aber was ist „*Veganismus*"? Auch der wird erklärt: Er sei „*eine Form des Vegetarismus, die ausdrücklich auch den Verzicht auf jede Art von tierischen Produkten (z.B. Milch, Eier) einschließt*".[138]
Noch einmal Aha! „*Eine Form des Vegetarismus*"! Allmählich beginnt man schwindelig zu werden bei so viel Bewegung im Kreise. Also heißt es nachzuschlagen unter „*Vegetarismus*".
Doch lassen wir das nun.
„*Vegane Ernährung*" ist das Gebot der Stunde. Wer nicht mitmacht, ist und bleibt ein klimagefährdender >Fleischfresser< - oder etwas noch Schlimmeres. Jedenfalls trägt er, weil Massentierhaltung begünstigend, zu den den Klimawandel wie kaum etwas anderes verursachenden CO2-Emissionen in unverantwortlicher Weise existenzbedrohend bei. Erst mit dem vollständigen Übergang zur „*veganen Ernährung*", so lautet mindestens unterschwellig, aber ziemlich drohend die Parole, kann die Menschheit, natürlich in Verbindung mit dem Aus aller >Verbrenner< , ob Auto, ob Heizungsanlage etc., und überhaupt aller angeblichen Segnungen der Industriegesellschaft, auf jeden Fall aber nicht ohne den Übergang zum

[138] WAHRIG 2004, S. 1019.

„*Veganismus*“, die unsere Existenz gefährdende Erderwärmung noch aufhalten. Wirklich?
Sicher ist, dass mit der massenhaften Verwendung von „*vegan*“, nicht zuletzt offenbar instinktgetrieben in den ungebeten ins Haus flatternden Werbeprospekten, eine Ideologie bedient werden will bzw. sich raffiniert Bahn schafft.
Und die Medien – muss man sich fragen: warum eigentlich? – machen munter mit. Wen erstaunt, dass die FAZ auch >auf dem Trip< ist in der doppelten Bedeutung dieses Ausdrucks? Irgendwie berauscht also? Extrem skurrile Verwendungen von „*vegan*“, selbst wenn sie mit einem ironischen Unterton ausgestattet sein sollten, stellen dann kaum noch eine Überraschung dar:

- ***„Frisches Geld für das vegane Huhn.***“ (FAZ, Überschrift (!), 1.9.2022, S. 21).

Auf „*das vegane Huhn*“ muss man erst einmal kommen! Aber was macht ein Huhn zu einem „*veganen*“? Darf es, wie vom „*Veganismus*“ gefordert, keine Regenwürmer oder Raupen oder gar Blattläuse auf den geschätzten Gräsern oder dergleichen Tierisches fressen? Oder ist ihm untersagt, Eier zu legen, die schließlich nicht Teil „*veganer Ernährung*“ sein dürfen?
Oder sollte man vernünftigerweise überhaupt nicht mehr solche Fragen stellen, sondern das nervtötende Gerede von der „*veganen Ernährung*“ einschließlich des bekloppten Geschwafels vom „*veganen Huhn*“ das nennen was es ist – Schwachsinn?
Das sei hiermit getan.

Vermittelbar

Im Deutschen ist die unscheinbare Nachsilbe (fachsprachlich das Suffix) -bar beinahe beliebig einsetzbar(!), um zusammen mit dem Kern eines anderen Wortes ein neues zu bilden. So, genau so, ist das in der Politik und in den Medien außergewöhnlich beliebt gewordene Wort „*vermittelbar*“ Teil unseres Wortschatzes geworden, allerdings fast ausschließlich seines phrasenträchtigen Teils. Der DUDEN kennt das Wort nicht! Also ist es jüngst erst zusammengeklebt worden, um bei jeder sich bietenden Gelegenheit irgendetwas auszusagen. Irgendetwas! Nichts Genaues jedenfalls. Führen wir uns vor Augen, was „*vermittelbar*“ situationsgebunden alles bedeuten kann bzw. soll. Wenn Politiker ihrer größten Sorge Ausdruck geben wollen, dann erklären sie, dieses oder jenes sei dem Wahlvolk (oder wem auch immer) „***nicht vermittelbar***“. Was aber macht sie besorgt? Zum Beispiel, dass sie nicht verstanden werden. Oder dass sie mit ihren Ideen,

ihren Vorhaben, ihren Positionen nicht >ankommen<, dass diese nicht akzeptiert werden, vielleicht sogar Empörung und Protest auslösen. Oder dass sie Ärger und Unmut heraufbeschwören könnten, schlimmstenfalls sogar das >Von-der-Fahne-gehen< gewärtigen müssten. Doch was sie wirklich fürchten, sagen sie uns nicht. Sie weichen auf eine Floskel aus, zu der *„nicht vermittelbar“* bestens geeignet erscheint, längst erprobt zudem in Politikerkreisen >parteiübergreifend<, wie es oft so anheimelnd und beschwichtigend heißt.
Selbst ein meistens nüchtern und glanzlos formulierender Politiker wie der Ministerpräsident Sachsen-Anhalts, Dr. Reiner Haseloff (CDU), der an sich jede Floskel oder Phrase zu vermeiden trachtet, ist der Versuchung erlegen, auf *„nicht vermittelbar“* auszuweichen, um nicht erkennen zu lassen, welche Sorgen ihn wirklich umtrieben, die ihn gegen eine *„Beitragserhöhung“* der Rundfunkgebühren haben votieren lassen:

- ***„Eine Beitragserhöhung ist auf absehbare Zeit nicht vermittelbar.“***

Er sagte das im FAZ-Interview, das am 27. September 2022 auf Seite 13 erschien.
Wollte er sagen, eine Gebührenerhöhung werde kein Verständnis finden, werde nicht akzeptiert werden, werde Proteste auslösen oder ähnliches? Ja, wollte er, das eine oder das andere oder sonst etwas, vielleicht sogar mehrere Reaktionen gleichzeitig. Aber warum hat er es uns vernebelt übermittelt, warum müssen wir erst herumstochern, um zu ahnen, was ihm Sorgen bereitete? Jedenfalls, ohne es wirklich herausfinden zu können.
So ist das mit *„nicht vermittelbar“*, und so ist es, wenn floskelhaft kommuniziert wird.[139]

Verorten

Viele werden es gar nicht für möglich halten, aber es ist eine Tatsache: Noch vor etwa 20 Jahren wurde das Modeverb verorten von keinem der konsultierten Nachschlagewerke geführt. Urplötzlich jedoch wird von Soziologen und Politikern, um nur diese zu nennen, sowie in den Medien dieses und jenes und beinahe alles irgendwo *„verortet“*. Gemeint ist natürlich lediglich, dass etwas zugeordnet wird, eingeordnet, angesiedelt, in elaborierter Sprache auch lokalisiert oder subsumiert. Nun aber wird *„verortet“*. Das soll wohl heißen, dass der zumeist erwähnte Ort der geeignete, der angemessene Ort sei, mit dem der Inhalt des Gesagten in irgendeine wenn

139 Das Verb „kommnuniziert“ ist hier leicht boshaft gewählt worden, das sei eingeräumt. „Vermittelbar“ wird tatsächlich bereits durch „kommunizierbar“ ersetzt. Ich verweise auf das Stichwort „Kommunikation“.

nicht überhaupt in die einzige logische Verbindung zu bringen sei. Das klingt dann wissenschaftlich anspruchsvoll so:

- *„Während* ***die Aktion*** *in Wien* ***im Umfeld der >Antifa< zu verorten ist****, wurde...“*

Zu finden ist der Satz, den wir dem Autor Wilhelm Hopf verdanken, in dem Buch
>Freiheit der Wissenschaft<, das 2019 im Lit Verlag, Berlin, erschienen ist, auf Seite 22.
Die Frage ist ohnehin, ob mit *„zu verorten“* nicht lediglich verbrämt werden sollte, dass es sich nur um eine Vermutung handelte. *„Verorten“* statt vermuten – das wäre eine ziemlich raffinierte Art der Täuschung. Aber das wäre genau das, wofür Phrasen bestens geeignet sind.
„Verorten“ hat das Zeug dazu.

Vielfalt

Beginnen wir mit einem Zitat, das makellos erkennen lässt, wie der ZDF-Intendant unserer Tage, Norbert Himmler, als unüberbietbares sprachliches Vorbild aufzutreten vermag:

- ***„Es ist wichtig, dass wir in Deutschland*** *einen öffentlich-rechtlichen Rundfunk haben, der* ***an entscheidenden Stellen auch im Wettbewerb steht*** *und deshalb* ***auch Pluralität, Vielfalt und Qualität zutage fördert.“*** (FAZ, 29.12.2022, S. 9).

Es lohnt sich, in den Satz genau hineinzuschauen.
„Es ist wichtig, dass...“. So phrasenhaft beginnen Politiker und Medienleute, die sich wichtiger nehmen als die Sache, um die es geht, sehr häufig ihre Antwort, wenn sie um eine Stellungnahme gebeten worden sind. Was kann auch wichtiger sein als das, was anschließend kommt, nämlich von ihnen.
„Wir in Deutschland“. Wer ist mit *„wir“* erfasst? Wichtiger noch: Wer hat Herrn Himmler autorisiert, für *„Wir in Deutschland“* etwas als *„wichtig“* zu empfinden, vielmehr sogar zu behaupten?
„An entscheidenden Stellen“. Welche könnten das sein? Soll vielleicht unterschwellig das Selbstverständnis des öffentlich-rechtlichen Rundfunks unters Volk der Gebührenzahler gemogelt werden, dieser sei ohnehin nur *„an entscheidenden Stellen“* aktiv, *„im Wettbewerb“* stehend. Aber mit wem? Und in welcher Art von *„Wettbewerb“*?

Ganz im Geiste der Kunst der Rhetorik, eine Aussage geschickt auf ihren Höhepunkt hinzuführen, kommt dann tatsächlich der Höhepunkt der Phrasenkunst des ZDF-Intendanten:
„*der ... deshalb auch Pluralität, Vielfalt und Qualität zutage fördert.*" Lassen wir ihn unkommentiert so stehen, wie er posaunt worden ist. Einen kurzen Blick verdient aber die zweifache Verwendung von „*auch*". Was noch? Das wird man doch wohl fragen dürfen. Und was zuvörderst? Dazu erfahren wir – nichts!
Aber „*Vielfalt*" musste in den Mund genommen werden, obwohl „*Pluralität*" ja ausgereicht hätte. Indes: „*Vielfalt*" scheint zum Wert an sich hochgelobt worden zu sein und darf deshalb in keinem >Statement< fehlen. So viel Einfalt muss erlaubt sein. Und wenn es rhetorisch zu eng oder zu dürftig wird, kann man schließlich auf das fremdsprachliche Pendant von „*Vielfalt*" ausweichen, auf „*Diversität*". Insofern sei auf die Ausführungen dazu weiter oben verwiesen.

Vision

Unserem ehemaligen Bundeskanzler Helmut Schmidt verdanken wir die treffsicherste, überzeugendste Reaktion auf die schon von Politikern seiner Zeit selbstbewusst erhobene Forderung, der Zukunft zugewandt „*neue Visionen*" zu entwickeln: Er riet ihnen, „*zum Arzt*" zu gehen; gemeint war gewiss ein Psychiater. Leider hat Helmut Schmidt in der Politikergilde wenig Gehör gefunden. „*Visionen*" sind mehr noch als zu seiner Zeit eine Art Maßstab unter Politikern. Der Vorwurf, ein Programm, ein Vorhaben, ein Antrag seien „*ohne Visionen*", mindestens aber ohne „*neue Visionen*", und somit abzulehnen, ist schnell geäußert.
Und immer wieder und immer öfter. Besonders angesagt sind die phrasenträchtigen „*Zukunftsvisionen*". Indes, welche Vision könnte nicht auf die Zukunft, sondern auf die Vergangenheit gerichtet sein? Sicher ist, nirgendwo gibt es mehr Visionäre als in der Politik, noch dazu solche, die sich in der Rolle gefallen.
Aber der Begriff ist längst wohlgefällig auch von Managern und Wirtschaftsjournalisten gekapert worden, obendrein, wie die beiden folgenden Zitate zeigen, in phrasentypischer tautologischer, also doppeltgemoppelter Verwendung:

- „*Was Adidas nun aber braucht, sind* ***strategischer Weitblick und Vision***." (FAZ, Ilka Kopplin, 30.8.2022, S. 15).
- „*Aber wir hatten* ***keine gemeinsame Vision für die Zukunft***."

Zitiert wird der amerikanische Eigentümer des FC Chelsea London, also eines Fußballclubs, Todd Boehly.[140]
Ist eine Vision ohne strategischen Weitblick überhaupt etwas wert? Auch nur erwähnenswert?
Zur „*Vision für die Zukunft*" siehe oben.
Als Leser fragte man sich: Was ist hinter der folgenden Überschrift versteckt?

- „***Neue Vision für Rodenstock***" (FAZ, 9.3.2023, S. 21).

War ein neuer Ausblick gemeint? Eine erfolgversprechende Perspektive? Eine geänderte Geschäftsstrategie? Es galt also, sich nicht mit der Überschrift zu begnügen, sondern den Beitrag detailgenau zu lesen, um hinter das Gemeinte zu kommen. Was aber bedeutete das für diejenigen, die, weil in Zeitnot, mittels Lesen einer Überschrift knapp informiert sein wollen? Solche Leser gibt es, und sie können beanspruchen, als solche bedient zu werden.
Immerhin sollte beachtet werden, dass unter einer Vision auch ein Trugbild, ein Traumgesicht, eine was auch immer beinhaltende Erscheinung verstanden werden darf.
Womit wir dann wieder bei Helmut Schmidt angekommen sind, dem alles Visionäre zuwider war. Das waren noch Zeiten!

Volatilität und volatil

Wer diese beiden Wörter benutzt – und sie werden erkennbar immer häufiger benutzt -, will, davon darf man ausgehen, ein Zeichen geben: Ich gehöre zu den wenigen, die diese Vokabeln beherrschen, und unterscheide mich dadurch von den vielen, die sie nicht kennen. Und die Rechnung geht allem Anschein nach auch auf, die Rechnung nämlich, dass Ehrfurchtsstarre vor so viel >klassischer< Bildung und sprachlicher Weltgewandtheit eintreten werde. Schaut man allerdings etwas genauer hin, wird deutlich, dass mehr als eine phrasenhafte Verwendung der Wörter in den meisten Fällen nicht vorliegt, zumal dann nicht, wenn phrasentypisch tautologische Fügungen auftreten:

- „*Es ist* ***ein Umfeld von Unsicherheit und Volatilität****, das ein Unternehmen wie unseres vor Herausforderungen stellt.*"

Auf diesen Satz hat sicher der Vorstandsversitzende der Firma Merck, Garijo, in einem Interview, das die FAZ am 19. Juli 2022 auf Seite 22 brachte,

---

140 Leider kann ich die Fundstelle nicht mehr nennen.

großen Wert gelegt. Welchen Unterschied er zwischen „*Unsicherheit*“ einerseits und „*Volatilität*“ andererseits zu sehen meinte, wird allerdings sein Geheimnis bleiben, offenbar nicht wissend, was „*Volatilität*“ wirklich bedeutet, aber so tuend, als wisse er es genau – nämlich etwas ganz anderes als „*Unsicherheit*“. Mitnichten! Ausgangspunkt der Wortbildung ist das lateinische Adjektiv >*volatil*<, das einigermaßen treffend mit flüchtig, aber auch mit schwankend und – eben – unsicher wiedergegeben werden kann. Eingermaßen zwar nur, aber immerhin nicht ganz fehlgehend. „*Volatilität*“ ist Börsianern, also einer kleinen Kohorte, willkommenes Glanzstück in ihrem Jargon, sie verwenden den Begriff, wenn von Kursschwankungen die Rede ist, wenn Schwankungsbreiten zu beobachten sind, also Kursunsicherheiten.
Fragen wir also: Welche Funktion hatte „*Volatilität*“ für den Herrn Vorstandsvorsitzenden außer der, mit einer Worthülse – denn mit „*Unsicherheit*“ war bereits alles gesagt, was gesagt werden sollte – eine Sprechblase abzusetzen?
Plötzlich sind unsichere Zeiten, Krisenzeiten also, „*volatile Zeiten*“ – mit der Folge, dass viele krisengeplagte Menschen noch stärker verunsichert werden, weil sie gar nicht begreifen können, in welchen Zeiten sie angeblich leben. Zwei Beispiele mögen genügen:

- „***Rückversicherer sind im Aufwind – und das in volatiler Zeit***.“[141]
- *„ >Das Land in guten Händen< - dieses plakative Wahlversprechen der SPD verfängt* ***in diesen volatilen Zeiten***.“ (FAZ, Susanne Preuß, 4.10.2022, S. 17).[142]

Ein FAZ-Redakteur stellte in einem Interview, das am 11. November 2022 auf Seite 29 erschien, folgende Frage:

- *„Wie zufrieden sind Sie eigentlich* ***mit Ihrer doch recht volatilen institutionellen Vertriebsleistung?***“

Was wollte er wissen? Worauf zielte er? Oder eher: Was meinte er unterschwellig unterstellen zu dürfen? Eine ziemlichen Schwankungen unterworfene „*institutionelle Vertriebsleistung*“? Half ihm „*volatil*“ phrasentypisch dabei, etwas abzuschwächen, was er direkt auszusprechen sich nicht traute?

---

141 Das war eine Überschrift in der FAZ, das Datum der Ausgabe ist mir nicht mehr bekannt.

142 Dort stand auch ganz fehler- und sprechblasenfrei: „. Wie viele Betriebe mangels Arbeitskräfte**n ausgebremst** werden, wie viele Landwirte aufgeben, weil sie Futter und Energie **nicht zahlen können** – das alles bleibt häufig **unterm Radar**. … Der Landespolitik fehlt die Phantasie, **Impulse zu setzen** und **Fortschritte anzuzetteln** … Ob die FDP mit dieser Kampagne die 5-Prozent-**Hürde knackt**, … ist indes offen.“

An Sätze wie den folgenden wird man sich in Zeiten der Energiewende, also in fürwahr volatilen Zeiten, wohl gewöhnen müssen:

- *„Da braucht man noch gar nicht davon zu reden,* ***dass Sonnen- und Windstrom wegen ihrer Volatilität kein vollwertiger Ersatz sind****."* (FAZ, 10.10.2022, S. 13).

Zitiert worden ist ein österreichischer Leserbriefschreiber, der nicht vergaß, seinem Namen seinen Dr. voranzustellen.
Darf das auch für folgenden Satz angenommen werden?:

- ***„Ich habe immer gesagt, Umfrageergebnisse sind immer sehr volatil****."*

Ihn gab die gegenwärtige niedersächsische Kultusministerin Julia W. Hamburg (Die Grünen), seinerzeit noch Fraktionsvorsitzende, am Wahlabend des 9. Oktober 2022 in der ARD-Tagesschau von sich. Wer kurz vor einem Karrieresprung ins Ministeramt steht, ist es sich schuldig und dem Wahlvolk allemal, das Wort unsicher oder gar die Vokabel schwankend unter allen Umständen zu vermeiden. Das könnte als erstes Zeichen von politischer Volatilität begriffen werden! Vielleicht auch für immer!

Voll

Ob ein Glas halb voll oder halb leer ist, ist ja nicht so ganz einfach zu beantworten. Es kommt eben auf die Perspektive an. Für die Anwendung des Gedankenspiels im übertragenen Sinne gilt das allemal. Im Alltag begegnet man auch der spannenden Frage, ob das eine Glas denn voller sei als das andere. Voll ist also nicht immer voll. Gleich gar nicht in dienstlichen Beurteilungen. Heißt es, der Beurteilte habe *„zur vollen Zufriedenheit"* seines Vorgesetzten gearbeitet, wird darin, jüngst sogar durch Rechtsprechung gestützt, ein versteckter, aber >Insidern< vertrauter Hinweis vermutet, mit der Zufriedenheit sei das nicht so weit her gewesen, die Arbeitsleistung hätte besser sein können. So tummeln sich jetzt in den Beurteilungen Formulierungen wie ***„zur vollsten Zufriedenheit"***, als könne etwas voller sein als voll. Was ist schon eine volle Zufriedenheit, dürfen wir denn auch nörgelnd fragen, solange wir uns nicht vollster Zufriedenheit erfreuen können.
„Voll" ist überhaupt seit einiger Zeit voll im Geschäft. Es ist nicht nur steigerungsfähig geworden, ganz gegen seinen Inhaltskern, das einst nur als Adjektiv verwendbare Wörtchen ist längst, offenbar aus dem Jargon der Jugend kommend, auch als Adverb im Übermaß in Gebrauch – zumeist sinnleer, aber wichtigtuerisch. ***„Voll gut"*** und ***„voll geil"*** werden als Bestätigungs- und zum Teil auch als Belobigungsfloskeln traktiert, ***„voll***

einverstanden" nicht minder, wo vollständig oder uneingeschränkt gemeint sind.[143]
Ob mit ironischem Unterton oder einfach floskelhaft einer Mode folgend, was tut's, die FAZ gab am 22. November 2022 auf Seite T4 einem Beitrag über einen Kaffeevollautomaten (!) von Siemens die Überschrift „***Voll teuer***". Dazu passte, dass am selben Tag auf Seite 27 in einem Leserbrief stand: „*Den Aussagen ... ist* ***voll zuzustimmen***." Der Leser war also des Lobes voll.
Wir sehen, das Wörtchen voll hat Karriere gemacht. Voll gut?

Vorbeischrammen

Einmal abgesehen davon, dass der DUDEN, obwohl er viele Verben listet, denen „*vorbei*" vorangestellt ist, dieses Verb nicht führt – im Sportjournalismus hat „*vorbeischrammen*" bereits seit einiger Zeit Hochkonjunktur. Wann immer ein Sportler oder eine Mannschaft, eine Sportlerin oder ein >Team< natürlich auch, einen Podestplatz oder das Podium oder das Treppchen[144] knapp verpasst hat, ist er oder sie oder es daran „*vorbeigeschrammt*". Wie gut auch, könnte man, das Hauptwort Schramme in der Bedeutung Wunde, Riss, Hautverletzung kennend, frohlocken. Wer holt sich schon gern Schürfwunden und dergleichen Wehtuendes. Am Podest „*vorbeigeschrammt*" heißt also genau genommen, sich nicht irgendwie schwer verletzt zu haben. Wie schön. Wie wohltuend?
Nichts da. „*Vorbeischrammen*" heißt neuerdings sportspezifisch, um eine besondere Ehrung, um eine Medaille, eine Trophäe, möglicherweise auch um einen Geldpreis gekommen zu sein. Ein Malheur also musste verkraftet werden. Manch einer hätte sich dann wohl mit einer kleinen Schramme abgefunden. Alles klar?
Immer noch nicht. Niemand sollte die Sprach(spreng)kraft des Sportjournalismus unterschätzen. An etwas „*vorbeigeschrammt*" zu sein, kann auch bedeuten, seelische Schmerzen vermieden zu haben. Nun also doch! Das lehrt das folgende Beispiel:

· „***USA schrammen an WM-Pleite vorbei***" (ARD, Texttafel100, 1.8.2023).

Wer schrammt nicht gern an einer Pleite vorbei!

---

143 Ganz anders verhält es sich natürlich bei der durchaus begehrten Note „vollbefriedigend" – auch so geschrieben – in juristischen Staatsexamina. Es handelt sich um einen eigenständigen Terminus.
144 Die Wörter haben einen Eintrag unter dem Stichwort „Podium" erhalten.

Leider kommt man an der Feststellung nicht vorbei, Verzeihung, man vermag nicht an ihr *„vorbeizuschrammen"*, dass bei solchem Umgang mit unserer Sprache über ihr bald die Pleitegeier kreisen werden.

Vulnerabel

Das lateinische Wort >*vulnerabilis*<, von dem vulnerabel abgeleitet ist, geht seinerseits auf das Verb >*vulnerare*< zurück, das mit verletzen, verwunden gut übersetzt ist. Folglich wird *„vulnerabel"* für verletzlich, verwundbar verwendet. Aber warum eigentlich? Wem genügen die deutschen Adjektive nicht? Sind sie zu mickrig?
Das zu vermuten, liegt auf der Hand. *„Vulnerabel"* lässt auf Gelehrsamkeit, Bildung, Geist im umfassendsten Sinne schließen, auch wenn diese, wie leider nicht selten, nur vorgetäuscht werden durch Vokabular wie *„vulnerabel"*. Wo die Aufschneider zuhauf sitzen, dürfte längst erkannt worden sein: in den Redaktionen zuvörderst, die bei ARD, ZDF, NDR, MDR ... Texttafelnachrichten produzieren. Hier ein Beispiel:

- ***„Vulnerable Gruppen nicht zu Wiesn"*** (ARD, Texttafel 100, 16.9.2022).

Wieviel Prozent der Leserschaft wollte die Redaktion in ihrer ganzen sprachlichen Bescheidenheit erreichen? 10% könnten zu hoch gegriffen sein? Anders gefragt: Gilt für den öffentlich-rechtlichen Rundfunk nicht ein umfassendes Informationsgebot, das gern auch als >Auftrag< verkündet wird? Wo und wie ist mit dem zitierten Satz diesem Gebot entsprochen worden? Mit *„Gesundheitlich gefährdete Gruppen ..."* wären alle erreicht worden; und angesichts der zu vermittelnden Botschaft war das ein zwingender Auftrag. Mit *„vulnerabel"* ist er protzsüchtig verfehlt, eher wohl missachtet worden.
Müssen wir nicht längst unsere Sprache als *„vulnerabel"* begreifen, attackiert von jenen, die sich erdreisten, ständig mit Wörtern wie *„vulnerabel"* ihr Imponierbedürfnis zu bedienen?

Weltrettung

Neue Sachverhalte verlangen neue Bezeichnungen. In den meisten Fällen handelt es sich dann um reine Fachbegriffe, termini technici, die auch nur in Fachkreisen, dort aber um der Genauigkeit der Aussage willen zwingend, Verwendung finden.
Mit dem Klimawandel, das dürfte längst verdeutlicht worden sein, einem, wie zahlreiche Menschen irrtümlich meinen, völlig neuem, ja

einzigartigem Sachverhalt, sind etliche Wortschöpfungen einhergegangen. Einige sind bereits in diesem Glossar behandelt worden.
Der Klimawandel wird aber nicht als ein Fachdisziplinen zu überlassendes, letztlich naturwissenschaftliches Spezialphänomen begriffen, sondern als eine allgemeine, jeden und jede unmittelbar betreffende und existenziell berührende Herausforderung angesehen. Nicht zuletzt deshalb wohl sind es nicht so sehr Fachtermini, mit denen auf den Klimawandel aufmerksam gemacht wird, sondern neue, zumeist seltsam komponierte Begriffe, die aus Allerweltswörtern gebildet worden sind, vielleicht auch zusammengebastelt. Ein besonders auffallender untere ihnen ist „*Weltrettung*".
Ausgangspunkt ist natürlich die Angst vor der Apokalypse, dem Weltuntergang, der >Extinction<. Wer sich dagegen auflehnt (>*Extinction Rebellion*<!), ohne Wenn und Aber, begreift sich als „*Weltretter*", sein Ziel ist die „*Weltrettung*". Und schon ist ein Begriff in der Welt, der sich wie Wasser nach einem Dammbruch kaum noch aufhalten lässt. Er hat sozusagen seinen Lauf, ob ideologiebasiert mit missionarischem Eifer in Gang gehalten, ob mit leicht ironischem Unterton in Abwehrhaltung, sei dahingestellt. Selbst in seriösen Medien wie der FAZ ist der Begriff dann, nicht mehr gänzlich phrasenfern, vermeintlich ein journalistisches Muss:

- „***Neuer Anlauf zur Weltrettung***" (FAZ, Überschrift, 7.11.2022, S. 15).

Dass hier ziemlich dürftiges sprachliches Anpassungsverhalten (oder doch Ironie?) vorliegt, diese Vermutung, dürfte nicht völlig abwegig sein. Wer will schon Zweifel an den hehren Zielen der, freilich zumeist selbsternannten, Weltretter andeuten. Wer?

Woke – Wokeness – Wokismus

Welch ein Befund: Das an sich sehr zuverlässige WFL von 2004 führt keines der Stichwörter!
Die messerscharfe Folgerung kann deshalb nur lauten: Wir haben es mit ganz neuen Begriffen zu tun, die vor knapp zwanzig Jahren noch nicht einmal als Fremdwörter im Wortschatz der Deutschen registriert wurden. Da heißt es für einen Anglisten, hellwach zu sein, denn er kennt >*woke*< als >past tense>, also als Vergangenheitsform, des englischen Verbs >*to wake*< und >*woken*< als dessen >past participle<, also Partizip Perfekt – einfacher gesagt, als die Stammformen von >*to wake*<, das im Deutschen aufwachen bedeutet.[145]

145 >Wokeness< und >wokism< waren auch dem MS noch völlig unbekannt, sind aber im Englischen heutzutage >in<.

Wiederum messerscharf geschlossen: Die drei Stichwörter müssen etwas mit Wachheit zu tun haben. Und in der Tat, das haben sie. Wer den Klimawandel bekämpft, wer zu den Identitären gezählt werden will, wer sich zu den Genderisten gesellt und so weiter und so fort, der erhebt den Anspruch, „*woke*“ zu sein, der verlangt „*Wokeness*“, der ist vom „*Wokismus*“ beseelt und ihm verpflichtet.
Es ist wieder einmal so wie stets: Eine Ideologie schafft sich ihren eigenen Wortschatz, denn der sichert ihr die Hoheit wenn schon hier nicht über den Stammtischen, so doch in der Politik und in den Medien.
Diese These wurde auf fast ulkige Weise durch einen Beitrag in der FAZ bestätigt, der die gewiss ironisch getönte Überschrift „*Hafermilch – das neue Normal*“ erhalten hatte und in dem folgender Satz stand:

- *„Die Kuhmilchseite beschwert sich über* ***den allseits grassierenden >Wokismus***<.“ (FAZ, Johanna Dürrholz, 30.7.2022, S.1).

Den „*allseits grassierenden >Wokismus<*“!
Wer da nicht mitmacht, ist nicht nur wahrscheinlich, sondern ganz sicher und entsprechend abgestempelt unwoke. Also bleiben Sie woke. Wokeness ist das Gebot der Stunde und so ziemlich die einzige Garantie, irgendwie überleben zu können.

Wumms und Doppelwumms

Jeder und jede wird schon einmal „*wumms*“ ausgerufen haben, nämlich dann, wenn etwas hörbar zu Boden gefallen oder gegen ein Hindernis geknallt war. Es hat „*wumms gemacht*“, heißt es dann. Wumms ist also ein Wörtchen, das lautmalerisch eingesetzt wird? Ja. Ist es! Aber längst nicht mehr nur das. Es ist zum Hauptwort aufgestiegen, sozusagen geadelt durch Olaf Scholz, den Bundeskanzler, höchstderoselbst. „***Mit Wumms***“ sollte auf die Herausforderungen durch den russischen Angriffskrieg gegen die Ukraine geantwortet werden, nämlich mit einem 100 Milliarden Euro betragenden >Sondervermögen< der Bundeswehr, das allerdings genauer betrachtet aus nichts als Schulden bestand - und besteht.
So eindrucksvoll und so harmlos der Ausdruck „*mit Wumms*“ auch im ersten Augenblick wirkte, er wurde bald inflationär eingesetzt und damit um seine sprachliche Harmlosigkeit gebracht. Jeder und jede wollte wohl irgendwie bundeskanzlerhaft wahrgenommen werden. Der Weg zur Floskel, zur Phrase auch war damit beschritten.
Eine Beschleunigung löste dann, wiederum vom Bundeskanzler ausgehend, die Steigerung von „*Wumms*“ zu „***Doppelwumms***“ aus. Er wollte sagen, dass nicht mehr nur gekleckert, sondern fortan geklotzt werde – erneut

mit Euro, die eigentlich nicht da waren. „*Doppelwumms*“ eignete sich bestens, davon abzulenken und stattdessen Habachthaltung zu befördern. Wann immer seitdem irgendwo Finanzmittel oder anderes über das vorgesehene Maß hinaus zum Einsatz kommen sollen, mit dem Modewort „*Doppelwumms*“ wird bedenkenlos entsprechend geast:

- „***Doppelwumms für Inklusion***“ (FAZ, 26.6.2023, S. 23).

Das war aber nur der (vorläufige?) Tiefpunkt. Vorher schon hatte die FAZ nicht von „*Wumms*“ und „*Doppelwumms*“ lassen können, denn am 8. Oktober 2022 hatte sie getitelt: „***Infrastruktur-Wumms ins Grundgesetz***“, ausgerechnet bei dieser Thematik, sowie „***Doppelwumms zwischen Rom und Berlin***“. Das trug ihr, völlig zurecht, die harsche Kritik der Leserbriefschreiberin Mareike Boom aus Königstein im Taunus ein (FAZ, 17.10.2022, S. 5): „*Wenn Olaf Scholz die Sprache infantilisiert und damit zeigt, welch beschränkte Mittel er meint einsetzen zu müssen, um die Menschen zu erreichen, erwarte ich, dass die F.A.Z. das scharf kritisiert, statt das Wort in den allgemeinen Sprachgebrauch einzuführen.*“
Es kam und kommt nicht mehr darauf an, es mit dem an sich ja lustigen neuen Begriff nach ein- oder zweimaliger Verwendung gut sein zu lassen, nein, er wird bis zum Überdruss traktiert, zum Teil sogar, wie die Leserbriefschreiberin richtig angemerkt hat, infantilisiert und damit letzten Endes entwertet. Entlustigt? Mit „*Wumms*“ jedenfalls wird „*Doppelwumms*“ an die Wand gefahren, die Sprachblase zum Platzen gebracht.

(Ein) Zeichen setzen

Unter den sogenannten Gutmenschen, die stets Bestes im Sinne haben, getragen von der Gewissheit natürlich, sich nie zu irren, wahrscheinlich sich nicht einmal irren zu können, ist es ein absolutes Muss, „*ein Zeichen zu setzen*“. Wenigstens das vorerst, wenn denn das erstrebte Gute nicht sofort verwirklicht werden kann. Ein wenig Hilflosigkeit schwingt immer mit, sobald man sich vornimmt, immerhin „*ein Zeichen zu setzen*“. Die Zugehörigkeit der Phrase zu dem, was Kirchentagsdeutsch genannt wird, liegt auf der Hand.
Es sind aber zunehmend die politisch Korrekten, genauer diejenigen, die sich als solche verstehen, die mit dem Ausdruck geradezu hausieren gehen. Es überrascht dann nicht mehr, dass sie in den Medien hinreichend viele Gefolgsleute haben, die nur zu gern ihr Anliegen unterstützen. So, wahrscheinlich nur so, lässt sich erklären, warum beim NDR auf Texttafel 141 am 27. November 2022 zu lesen war, es solle mit der >One Love<-Binde „***ein Zeichen gesetzt***“ werden. Man solidarisiert sich. Was soll auch

dagegen gesagt werden, wenn man ein Zeichen setzt, um jemanden nicht allein zu lassen, der gerade „*ein Zeichen gesetzt*" hat?
Allerdings: Was sich hinter dem „*Zeichen*" verbirgt, bleibt vage, erschöpft sich zumeist in Andeutungen. Und was mit „*setzen*" beabsichtigt ist, gleich gar. Soll etwas durchgesetzt werden? Wenn ja, wie? Und mit welchem Ziel?
Immerhin: Eine veritable Phrase ist in die Welt gesetzt worden. Ob damit mehr angestrebt worden ist und fortlaufend wird, als lediglich „*ein Zeichen zu setzen*", wird sich erst noch erweisen müssen. Die Zeichen stehen jedoch nicht allzu gut für unsere Sprache.

Zeitenwende

Es war Tomas Kafka, Botschafter der Tschechischen Republik in Berlin, der in einem überaus geistreichen Leserbrief, den die FAZ am 1. Juni 2023 auf Seite 9 brachte, darauf aufmerksam machte, dass der Begriff „*Zeitenwende*" zur Phrase heruntergewirtschaftet worden sei. Er schrieb wörtlich: „*Eines der am meisten frequentierten und damit wóhl auch beliebtesten Worte seit dem Ausbruch des russischen Krieges gegen die Ukraine ist der Begriff >Zeitenwende<. Alles, was neu gemacht oder gedacht werden muss, kann seitdem nicht anders heißen. Zeitenwende meint und deckt scheinbar alles.*"
Es war also einem Tschechen zu verdanken, dass er mit großem Feingefühl für die deutsche Sprache – man denke an den hier vorzüglichen Einsatz des Wortes „*scheinbar*" – auf eine sprachliche Erscheinung hingewiesen hat, die wie wenige andere den Beleg liefert, dass selbst zunächst überzeugend sinnvoll eingeführte Begriffe schnell geistlos, aber imponierselig zur Phrasendrescherei missbraucht werden.[146]

Fürwahr, der Begriff „*Zeitenwende*" wurde überzeugend sinnvoll von Bundeskanzler Olaf Scholz in seiner bewegenden Rede in die politische Debatte eingeführt, die er am 27. Februar 2022 in Reaktion auf den russischen Angriffskrieg gegen die Ukraine im Deutschen Bundestag hielt. Er hätte das Ende einer Ära und den Übergang in eine völlig andere, so kaum noch vorstellbare Epoche wahrscheinlich mit keinem anderen Wort prägnanter markieren können. Hätte - wenn man sich in der Politik und vor allem in den Medien sprachlich kontrolliert verhalten hätte. Das allerdings ist eine Erwartung, die nur zu oft enttäuscht wird, weil seitens der Medien, jedoch nicht nur dort, geradezu darauf gelauert wird, auf der Welle scheinbar

[146] Der Name des stilsicher mit der deutschen Sprache umgehenden Botschafters, Tomas Kafka, lässt natürlich an seinen Landsmann Franz Kafka denken, der als Tscheche ein Sprachkünstler des Deutschen war.

wohltönender, auf jeden Fall aber Eindruck machender Begriffe >mitzusurfen>, um diese sodann zum Jargon zu entwerten. Es trifft nämlich zu, was der sprachkritische Journalist Claudius Seidl in einem Aufsatz feststellte: Es herrscht in seinem Gewerbe *„der Drang, sich mit journalistischem Handwerk allein nicht zufriedenzugeben"*. Sprechblasen, Hohlwörter, Floskeln und Phrasen sind unübersehbar Teil dieses Drangs geworden. Erinnern wir uns: Als Oppositionsführer forderte Dr. Helmut Kohl (CDU) Anfang der 80er Jahre des vorigen Jahrhunderts eine *„geistig-moralische Wende"* in der deutsche Politik, offenbar in enger Anlehnung an das Verständnis von Wende als *„einschneidende Veränderung, plötzlicher Wandel in der Richtung eines Geschehens oder einer Entwicklung"*.[147] Dass er als Bundeskanzler dem eigenen Anspruch keineswegs auf ganzer Linie gerecht wurde, sei lediglich angemerkt. Der Begriff *„Wende"* war seitdem in Politik und Medien eingeführt und vertraut. Es lag deshalb auch nahe, die Entwicklung zur deutschen Einheit 1989/1990 und den Zusammenbruch des Sowjetimperiums als *„Wende"* zu kennzeichnen.[148] 2022 dann also *„Zeitenwende"*. Kein Wunder folglich, dass *„Zeitenwende"* zum >Wort des Jahres 2022< gekürt wurde, wie die FAZ am 10.Oktober 2022 auf Seite 9 berichtete.

Und das verpflichtet! Wer ohne *„Zeitenwende"* auskommen wollte, musste sich vorkommen, er sei aus der Zeit gefallen. Doch wer will sich das schon nachsagen lassen? Also ging es munter los und weiter:

- ***„Was noch zur Zeitenwende gehört"***

Das war bereits die Überschrift eines Beitrags von Eckart Lohse in der FAZ vom 15.August 2022 auf Seite 8. Ihr folgte nun anpassungsbereit

- ***„Grenzen der Zeitenwende"***

als Überschrift eines Leitartikels von Reinhard Müller (FAZ, 25.10.2022, S. 1).

Damit hätte man seinen Frieden schließen können, denn der Bezug zu des Bundeskanzlers These, es sei eine *„Zeitenwende in der Geschichte unseres Kontinents"* eingetreten, war schließlich eindeutig gegeben. Doch dann setzte inflationär der großspurige und letzten Endes
hohle Gebrauch von *„Zeitenwende"* ein, wenig erstaunlich zudem im Bereich des Sportjournalismus:

---

[147] DUDEN, Band VI, S. 2865.

[148] Eine schöne Wendung erhielt der Begriff *„Wende"*zusätzlich durch die bissige wie entlarvende Wortschöpfung *„Wendehals"* für alle Anpassungsfähigen, jede Verstrickung in nun zu überwindendes Übel Leugnenden, die ja immer schon insgeheim im geistigen Widerstand überwintert hatten – auf den (Specht)Vogel gleichen Namens, den Wendehals, Bezug nehmend.

- *„Fredi Bobic **sollte eine Zeitenwende beim Hauptstadtclub einleiten** und krempelte ihn um.“* (FAZ, 30.1.2023, S. 23).

Wäre man Bayer, müsste man fragen: Geht's noch?
Wo immer sich Veränderungen abzeichneten oder erstrebt wurden, griff man zum Suffix „-wende“: ***„Zinswende“***, ***„Energiewende“***[149] und ***„Heizwende“*** waren dabei die Favoriten, dicht gefolgt von ***„Mobilitätswende“***, wie dieser Satz belegt:

- *„Während **die Mobilitätswende** in Deutschland zum Kulturkampf verkommt, hat ...“* (FAZ, 2.8.2023, S. 9).

Tatsächlich, auf diese Weise kann ein an sich vortrefflicher Ausdruck *„verkommen“*! Er muss inzwischen für alles herhalten:

- ***„Tschechisch-deutsche Zeitenwende“*** (FAZ, Überschrift, 12.8.2023, S. 4).

Da der Begriff *„Zeitenwende“* seinen Lauf einem schrecklichen Kriege „verdankt“, liegt es nahe zu empfehlen, sprachlich abzurüsten. Es geht auch ohne die *„Zeitenwende“* und die vielen modisch gewordenen anderen Wenden, wenn schon nicht so sehr in der Politik, dann gewiss in der Wirtschaft und im Sport. Und in den Medien!
Das Stichwort *„Zeitenwende“* scheint mir der richtige Ort zu sein, um an einem besonderen Beispiel aufzuzeigen, wie sehr sich der Phrasensumpf ausgebreitet hat, um dessen Trockenlegung es in diesem Buch geht:
*„In den von Dieter Lenzen **angemahnten** Katalog konkreter Maßnahmen der **Zeitenwende** der Wissenschafts- und Forschungs- und Technologiepolitik gehört daher eine **thematisch fokussierte** sowie mittelfristige und materiell **fundierte Strategie im Kontext nationaler und europäischer Interessen**.“* Mehr Sumpf geht wohl nicht. Schreck lass nach!
Zur Aufklärung: Es handelt sich um einen Leserbrief des „PROFESSOR A.D. DR.-ING. DR. H.C. MULT. ECKEHARD SCHNIEDER, BRAUNSCHWEIG“ (genau so, auf den Buchstaben und den Punkt genau so!), den die FAZ am 19. November 2022 auf Seite 7 zur Lektüre anbot. Darf man etwas mehr sprachliche Bescheidenheit *„anmahnen“*?

---

149 Der FAZ-Redakteur Joachim Müller-Jung, erkennbar im Herzen Klimaaktivist, schrieb dann am 4. Februar 2023 auf Seite 11, diese „Energiewende“ werde „durch die Nukleardebatte ausgebremst“. Ob er jemals merken wird, dass er mit hohlen Wörtern, also Phrasen, zu argumentieren vorgibt?

Zielführend

In der Politik deutlich mehr als anderswo werden Ziele verkündet. Deshalb ist nichts wichtiger als die Ausrichtung auf die gesetzten oder auch nur die avisierten Ziele. Alles muss, will es dem gerecht werden, nunmehr „*zielführend*" sein und ist es natürlich in den Augen und in den Worten der Zielfixierten auch. Kritik wird umgehend als „*nicht zielführend*" erledigt. Damit hat sich jede genaue Argumentation erübrigt, das versteht sich. Und somit ist „*zielführend*" nichts anderes als eine billig, meistens sehr billig, einsetzbare Wunderwaffe in der politischen Auseinandersetzung, zur Floskel verkommen, nichts als eine Worthülse darstellend. Sehr viel nichtsagender sind nur sehr wenige Modewörter. Zu diesen nämlich zählt „*zielführend*" ausweislich der Tatsache, dass der DUDEN das Wort nicht führt, weil es seinerzeit, um 1975, noch gar nicht Teil des deutschen Wortschatzes war.
Nun aber haben sich nicht nur die Politiker des Hohlwortes bemächtigt. Im Journalismus ist es längst auch angekommen. Auf solche Wortschöpfungen wartet man dort, wenn man sie nicht selbst vornimmt. Mit zwei Beispielen soll es sein Bewenden haben:

- „***Es war schon früher wenig zielführend**, wenn Klimaaktivisten der >Letzten Generation< sich an Autobahnen festklebten.*" (FAS, Morten Freidel, 6.11.2022, S. 10).
- „***Eine völlige Isolation Russlands ist langfristig nicht zielführend**.*" (FAZ, Gastbeitrag, 12.12.2022, S. 6).

Für die deutsche Sprache sind solche „*Wortkreationen*"[150] alles, nur nicht zielführend, es sei denn ... .

Zoff und zoffen

Ursprünglich aus dem Hebräischen stammend und im Jiddischen bzw. Rotwelschen beheimatet, fand das Hauptwort Zoff über die Jugendsprache in die (hoch)schriftsprachliche Anwendung. „*Zoff*" ist geläufig geworden. Wo Ärger, Streit, Unfrieden, Zank zu beobachten sind, ist immer häufiger von „*Zoff*" die Rede – und das nicht nur in alltäglichen, familiären oder gruppendynamischen Zusammenhängen. Selbst in der seriösen Berichterstattung und Kommentierung (oder der sich mindestens dort selbst einordnenden) wird zum Wort „*Zoff*" gegriffen. Ein bemerkenswertes Beispiel lieferte die FAZ am 12. Oktober 2022 auf Seite 23:

---

[150] Den Begriff „Wortkreationen" glaubte Julia Löhr (FAZ, 1. 8.2023, S. 15) offenbar unter keinen Umständen vermeiden zu sollen. Wortschöpfungen, darum ging es. Zu wenig prunkvoll?

- ***„Zoff in Polens Notenbank*“.**

Das war die Überschrift! Was mit „*Zoff*“ konkret gemeint war, konnte beim bloßen Lesen der Überschrift nicht erschlossen, es konnte allenfalls vermutet werden. Damit soll gesagt sein, dass „*Zoff*“ häufig nicht über den Status einer Worthülse hinauskommt, die eingesetzt wird, weil sie inzwischen Mode geworden ist. „*Zoff*“ ist zu einer Art Sammelbegriff geworden, der Festlegungen vermeiden hilft.
Das gilt dann auch für das ursprünglich gar nicht vorhandene reflexive Verb „***sich zoffen***“, das modesüchtig gebildet worden ist. Einem Satz wie „*Sie haben sich gezofft*“ begegnet man nun vielerorts. Selbst sprachlich anspruchsvoll verfasste Texte warten damit auf. Was aber hat tatsächlich stattgefunden?
Zeichnet sich Streit oder Ärger ab, heißt es schnell, „*sie werden sich hoffentlich nicht zoffen*“.
„***Es droht Zoff***“ ist häufig die Reaktion auf eine Zuspitzung in irgendeiner heftiger werdenden Auseinandersetzung.
Etwas verängstigt frage ich mich nun, ob mir angesichts meiner zum Teil gewiss deftigen Sprachkritik auch „*Zoff*“ ins Haus steht. Ich bin nicht auf Zoff aus, gewiss nicht.

Zufolge

Im Feuilleton der FAZ begegnete der aufmerksame und treue Leser über Jahre hinweg mit Klaus Ungerer einem Autor eigenwilliger, aber aussagestarker Artikel. Vor allem mit der Glosse vermochte er virtuos umzugehen. Ihm verdanken wir eine bissige, gleichwohl treffsicher gesetzte Aussage:

- „***Alles ist nur noch >zufolge<, und die Sprachschande ist da***.“ (FAZ, 25.02.2004, S. 39).

Wer wollte diesem Urteil widersprechen? Es sitzt!
Dennoch: Eine wichtige Frage lässt sich nicht umgehen oder umschiffen, wie man will. Es ist die nach seinen Quellen, aus denen sich sein Urteil speiste. An wen mag er im einzelnen gedacht haben?
Wenn man selbst zu den aufmerksamen und immer noch, trotz allem, treuen FAZ-Lesern gehört, kommt man nicht umhin zu vermuten, dass die FAZ insgesamt und ihr Feuilleton im besonderen diese Quellen bildeten.
Hat ein FAZ-Mitarbeiter seiner Zeitung mitteilen wollen, dass „*Sprachschande*“ dieser Spielart auch ein Produkt der FAZ ist? Hat er alarmieren wollen? Verbot sich eine direkte Ansprache in einer Redaktionskonferenz wegen der Gefahr, mit dem meistens wohlfeil vorgebrachten Vorwurf des

Mobbings bedacht zu werden? Musste er den Weg über einen Beitrag für die FAZ wählen, um vielleicht in der FAZ, bei den Großkopferten dieser Zeitung vor allem, Gehör zu finden? Dies wiederum wäre außerordentlich alarmierend. Lobenswert ist es aber auf jeden Fall.
Ungerers Alarmglocken läuteten im Jahre 2004. Hat er wenigstens bei seiner Zeitung die Resonanz gehabt, die er verdient hat?
Schauen wir in die Ausgaben der FAZ seit seinem geradezu vernichtenden Urteil – noch einemal: „***Sprachschande***“! -, müssen wir, immer Ungerers Ausspruch vor Augen, feststellen, dass auch fast zwei Jahrzehnte später „*Sprachschande*“ wuchert, selbst im Feuilleton.
Aus dem Sportteil, aber ja, zitieren wir zunächst diesen Satz:

- „*So jedenfalls waren die ersten Reaktionen auf einen Bericht der ARD,* **dem zufolge** *mindestens dreißig Spitzenathleten ... sich .... einer Blutwäsche unterzogen haben sollen*“ (FAZ, hhm, 17.01.2008, S. 31).

Klaus Ungerer wird der Satz nicht >schmecken<. Mir gefällt er auch nicht. Er bewegt sich tatsächlich in der Nähe der Sprachschande. Dabei kann man sich Alternativen ohne „*zufolge*“
leicht vorstellen, etwa: „*… einen Bericht der ARD, in dem behauptet wird, mindestens .... hätten sich ... unterzogen*“.
Was dem Sportteil recht ist, das ist dem Wirtschaftsteil der FAZ schon lange billig. In ihm wird Sprachrichtigkeit seit vielen Jahren und flächendeckend zu Discountpreisen verhökert.
Warum also sollte man gerade im Wirtschaftsteil ohne „*zufolge*“ auskommen wollen? Wenn man genau hinschaut, ist „*zufolge*“ dort zum stilistischen Ramsch gediehen. So auch am besagten 17.Januar 2008:

- „***Dem Sprecher zufolge*** *hat es 19 Durchsuchungsbeschlüsse an elf Orten in Deutschland und in Österreich gegeben*“ (FAZ, kön., 17.01.2008, S. 15).

Mindestens zwei Alternativen diesseits der Sprachschande fallen einem spontan ein:
„*Wie ein Sprecher mitteilte, hat es ...*“ oder „*Ein Sprecher teilte mit (erklärte, führte aus, betonte, ...), dass es ....gegeben habe*“.
Ich räume gern ein, dass die zweite Variante ihre Tücken hat, weil der Konjunktiv ins Spiel kommt. Den hält man sich gern vom Leibe!

- „***Medienberichten zufolge*** *beziffert die größte Bankengruppe des Landes...*“ (S. 15).

Auch hier seien zwei Möglichkeiten genannt, das unselige „*zufolge*" zu vermeiden:
„*Die Medien berichten, dass die größte Bankengruppe des Landes ...beziffert.*" und „*Wie die Medien berichten, beziffert ...*".

- „*Der Nachrichtenagentur **Reuters zufolge** soll ein Teil dieser Schulden ...*" (S. 17).

Wie wär's mit „*Die Nachrichtenagentur Reuters berichtet, dass ein Teil...*"?
Das sind, wohlgemerkt, ausschließlich Beispiele aus der Ausgabe der FAZ vom 17.Januar 2008, also aus nur einer Ausgabe. Sie repräsentiert aber den Normalfall. Leider ist das Normale heutzutage nicht mehr normal. Das muss etwas mit dem geringen Rang zu tun haben, der Normen noch eingeräumt wird. Sprachnormen machen da keine Ausnahme, ganz im Gegenteil, sie stehen, was das anbelangt, an der Spitze. Wie wir gesehen haben, ist das der FAZ zufolge leider so. Und es ist bis in die Gegenwart, beinahe absichtsvoll(?), ohne Unterlass fortgesetzt worden:

- „***Ihrer These zufolge***..." (FAZ, Johanna Kuroczik, 2.1.2023, S. 9, also im Feuilleton).

Gemeint war: „*Sie vertreten die These, dass ...*".

- „***Der Regierung zufolge...***" (FAZ, 5.1.2023).

„*Die Regierung verlautbarte, erklärte, betonte, dass ...*", das wären doch wohl Sprachschande vermeidende Alternativen gewesen.
Entlastet es die FAZ, wenn man feststellt, dass auf den berüchtigten Texttafeln unserer öffentlich-rechtlichen Rundfunkanstalten „*zufolge*" längst fröhliche Urständ feiert?
Ein Beispiel aus unmittelbarer zeitlicher Nähe zu den letzten FAZ-Zitaten möge aus Platzgründen als Beleg ausreichen:

- „***Übereinstimmenden Medienberichten zufolge** wechselt ... .*" (ARD, Texttafel 209, 12.1.2023).

Hier war ein Sportredakteur am unheiligen Werk. Das erklärt einiges, entschuldigt aber nichts. Er wollte sagen: „*Medien berichten übereinstimmend, dass ... wechselt*". Unvorstellbar für einen Nachrichten verfassenden Redakteur des Fachgebiets Sport? Zu einfach? Zu wenig aufschneiderisch? „*Sprachschande*", fürwahr. Es ist zum Fremdschämen.

Eine abschließende Frage muss gleichwohl gestellt werden dürfen: Was nun, Herr Ungerer?
Sprachschande ist Sprachschande selbst dann, wenn sie der FAZ attestiert werden muss.
Die Diagnose ist eine vorläufige, wenngleich die Krankheit sich anschickt, einen chronischen Verlauf zu nehmen. An dessen Ende steht meistens der Tod. Muss noch gefragt werden, wessen?

Zukunftsprognosen

Lupenreiner kann eine tautologische Fügung, also eine sprachliche Doppelung, nicht daherkommen. Damit sind dann alle Voraussetzungen erfüllt, eine noch so gut gemeinte Wendung als Phrase einzustufen. Eine Prognose ist eine Vorhersage. Worauf mithin soll sie gerichtet sein, wenn nicht auf die Zukunft? Dieses zwar banale, aber gerade deshalb auch nicht widerlegbare Verständnis ist oft genug ironisiert worden, zum Beispiel mit der beinahe aphoristischen Wendung: *„Prognosen sind unsicher, zumal dann, wenn sie die Zukunft betreffen“*. Diese betreffen sie halt stets. Der werktäglich von der Börse berichtende ARD-Mitarbeiter Markus Gürne variierte die allgemeine Erkenntnis lediglich, als er am 2. Januar 2014 kurz vor der Tagesschau, natürlich ebenfalls ironisch gefärbt, von sich gab: *„Im allgemeinen sind Prognosen schwierig, vor allem wenn sie die Zukunft betreffen“*.
Ja, so ist es. Warum dann aber ständig ***„Zukunftsprognosen“***?
In der Politik dürfte das Phrasenhafte dieser völlig unvernünftigen Wortschöpfung beliebt sein, weil es – irrtümlich, wie so oft! - die Chance eröffnet, einem vermeintlich entsprechend empfänglichen Publikum weiszumachen, wie sehr man doch der Zukunft zugewandt sei, wie bereitwillig und selbstlos man als Politiker nichts anderes im Sinne habe, als eine lebens- und lohnenswerte Zukunft – selbstredend für den Souverän, das Volk, aus der Vergangenheit Lehren ziehend und der Gegenwart keineswegs verhaftet. Zukunft, die, und nur die, ist das, was wirklich zählt. Jedenfalls bei vielen Politikern, mindestens dem Scheine nach, sprachlich entsprechend verpackt.
Die Medienschar, obwohl der Sprache als ihrem Haupthandwerkszeug besonders verpflichtet, ist, wie in ähnlichen Fällen auch, auf den Zug der *„Zukunftsprognose“* bereiwilligst aufgesprungen. Das überrascht nicht.
Wohl aber überrascht (oder doch nicht?), dass mit wissenschaftlichem Anspruch auftretende Rezensenten sich, bar jeder sprachlichen Logik, des unsinnigen Begriffs *„Zukunftsprognosen“* bedienen, wohl meinend, damit Eindruck machen zu können. So geschehen in der FAZ am 21. November 2022 auf Seite 18, also im Wirtschaftsteil. Gewiss, die Lage der Wirtschaft

ist gegenwärtig wenig vielversprechend. Da sind Prognosen, die Besserung verheißen, höchst willkommen. Gleichwohl, müssen es immer gleich „*Zukunftsprognosen*“ sein?

Zurückrudern

Wird eine Idee, ein Vorschlag, eine Position, eine Forderung oder dergleichen aufgegeben oder zurückgenommen, dann ist neuerdings „*zurückgerudert*“ worden. Als gäbe es das Verb zurückrudern im übertragenen, also metaphorischen, bildlichen hochsprachlichen Gebrauch überhaupt. Der DUDEN jedenfalls führt es in seiner langen Liste von Verben mit dem vorangestellten Wort >zurück< nicht. Dennoch ist es inzwischen allgegenwärtig. Was einst umgangssprachlich aufkam, ist mittlerweile durch ständige Verwendung scheinbar geadelt worden. In Wirklichkeit liegt wieder eine Modetorheit vor, der man sich fügt – oder die man begrüßt – , um sich um ein klares Bekenntnis, um das es meistens geht oder gehen sollte, zu drücken. Man kann ja nicht wissen, was einem blühen könnte!
Drei Beispiele mögen ausreichen, diese Vermutung zu unterstützen:

- „*Der palästinensische* ***Präsident Abbas ist nach heftiger Kritik*** *an seiner Holocaust-Äußerung zumindest teilweise* ***zurückgerudert***.“ (ARD, Texttafel105, 17.8.2022).

Was genau hat er getan? Wie hat er sich eingelassen? Welche Position hat er nun eingenommen, nach dem Zurückrudern? Diese Fragen werden nur verschleiert beantwortet, wenn denn überhaupt.

- „*Studienplätze*: ***Uni muss zurückrudern***“. (ARD, Texttafel 144, 27.8.2022).

Wer sich schnell mittels Überschrift informieren will, ist aufgeschmissen. Im folgenden Text hieß es dann, die Uni müsse Studienplatzzusagen „*zurücknehmen*“. Warum also nicht gleich die Überschrift „*Uni muss Studienplatzzusagen zurücknehmen*“; man hätte umgehend gewusst, was mitgeteilt werden sollte.

- „***Ungarn rudert zurück***. *Preisstopp für Lebensmittel aufgehoben.*“ (FAZ, Überschrift, 24.6.2023, S. 20).

Mochte man sich mit der Überschrift „*Ungarn hebt Preisstopp für Lebensmittel auf*“ nicht begnügen? War der Redakteur in das Hohlwort „*zurückrudern*“ so vernarrt, dass ihm die klare und zudem kürzere Überschrift nicht

einfallen wollte? Oder wollte er eine Wertung unterbringen, ohne sie und damit sich irgendwie angreifbar zu machen?
Sprachlich zurückrudern, das wäre überhaupt ein passabler Ausweg aus dem Dilemma, in dem sich offenbar manche Medienleute befinden, die sich zwar dem journalistischen Ethos der unverfälschten Information verpflichtet sehen, aber dennoch der Versuchung immer wieder erliegen, ihre Sprache mit fragwürdigen Mitteln aufzuhübschen.

Nachwort

Dem englischen Autor **George Orwell** (1903 - 1950) verdanken wir den mutmachenden Satz: „*Wenn Freiheit überhaupt etwas bedeutet, dann bedeutet sie das Recht, anderen zu sagen, was sie nicht hören wollen.*“[151]
Ich bin mir ganz sicher, dass eine gar nicht geringe Mehrheit derjenigen, die ich mit diesem Buch gern erreicht hätte, aber gewiss nicht erreicht habe, genau diejenigen ausmacht, die das von mir Ausgeführte ohnehin nicht hätten hören wollen. Ob sie mir auch das Recht auf die Freiheit, die ich mir erlaubt habe, um es ihnen dennoch zu sagen, absprechen würden, bleibe dahingestellt. Ganz auszuschließen ist es wohl nicht.
So hoffe ich denn mindestens ansatzweise wenn schon nicht uneingeschränkte Zustimmung, so doch ein wenig Verständnis für meine sprachkritischen Einlassungen bei jenen gefunden zu haben, die sie tatsächlich dann auch gelesen haben.
Ein Rückblick auf das Glossar mit den vielen Beispielsätzen und meinen nicht zimperlichen Bewertungen verspricht einen allgemeingültigen Einblick in den gegenwärtigen Zustand unserer Sprache in der Politik, in den Medien, in Wissenschaft, Kultur, Wirtschaft und Sport, um nur die wichtigsten in den Blick genommenen Lebensbereiche zu nennen, und einen Ausblick in ihre ungewisse, jedenfalls aber wohl gefährdete Zukunft.
An der allgemeinen Erkenntnis glaube ich nicht vorbeizukommen, dass, um mit **Theodor W. Adorno** zu sprechen, „***Jargon***“ zur „***Kennmarke***“ unserer Gegenwartsprache geworden ist. Er kritisierte bereits in den sechziger Jahren des vorigen Jahrhunderts die übermäßige Verwendung „***marktgängiger Edelsubstantive***“, beklagte auch die „*sakralen Worte*“, deren „*empirische Umgänglichkeit*“ dem Sprecher und dem Hörer „*Leibnähe*“ vortäuschten.[152]
An anderer Stelle spricht er von „***dick aufgetragenen Allgemeinbegriffen***“; „***Zweideutigkeit***“ sei das Medium dieser sprachlichen Haltung.[153]
Den Höhepunkt erreicht seine Sprachkritik in dem Satz: „***Aber das Unwahre überführt sich selbst im Geschwollenen.***“[154]
Fern jeder Absicht, mich auf eine Stufe mit Theodor W. Adorno zu stellen, glaube ich festhalten zu dürfen, dass meine sprachkritischen Beobachtungen und Betrachtungen Adornos Befund, der, absichtsvoll beschränkt, auf der Analyse der geistes- und der sozialwissenschaftlichen Texte seiner Zeit basierte, durchaus bestätigt haben. Es dürfte sogar erkennbar geworden sein, dass inzwischen das „***Geschwollene***“ in alle Lebensbereiche

---

151 Der Satz stand im Nachwort seines Werkes >Animal Farm< in der Ausgabe von 1945. In späteren Ausgaben ist er nicht mehr enthalten.
152 Theodor W. Adorno, a.a.O., S. 9f.
153 Ebenda, S. 14.
154 Ebenda.

hineingewuchert ist, in denen Sprache irgendwie (noch) eine Rolle spielt. Um erneut Adorno zu bemühen: Die Worte seien „*austauschbare Spielmarken*“ geworden, die einzelnen Worte würden „***aufgeladen ... auf Kosten von Satz, Urteil, Gedachtem***“ mit dem Ergebnis, „*Der des Jargons Kundige braucht nicht zu sagen, was er denkt, nicht einmal recht es zu denken:* ***das nimmt der Jargon ihm ab und entwertet den Gedanken.... Dass die Jargonworte, unabhängig vom Kontext wie vom begrifflichen Inhalt, klingen, wie wenn sie ein Höheres sagen, als was sie bedeuten, wäre mit dem Terminus Aura zu bezeichnen.***“[155]

Adorno erlaubt sich dann ein geradezu vernichtendes Urteil: „***In Berufsgruppen, die, wie das so heißt, geistige Arbeit verrichten****, zugleich aber unselbständig und abhängig sind, ist der* ***Jargon Berufskrankheit****. Bei solchen Gruppen tritt zur allgemein gesellschaftlichen eine spezifische Funktion hinzu.* ***Ihre Bildung und ihr Bewusstsein hinken vielfach hinter jenem Geist her, mit dem sie nach gesellschaftlicher Arbeitsteilung befasst sind. Durch den Jargon möchten sie*** *den Abstand ausgleichen, ebenso* ***als Teilnehmer piekfeiner Kultur sich empfehlen*** *– ihnen klingen noch die Ladenhüter modern – wie als Individuen eigenen Wesens.*“[156] Der Jargon sei „***das Symptom fortschreitender Halbbildung***“; er gestatte, sich „*vor ihresgleichen und sich selber als inwendige Elite*“ zu gerieren.[157] Für Adorno läuft das auf „***kollektiven Narzissmus***“ hinaus.[158]

Noch einmal in aller Bescheidenheit: Haben die von mir zitierten Sätze und meine sprachkritischen Anmerkungen etwas anderes zutage gefördert? Ist in Wahrheit nicht vielmehr noch eine erschreckende Steigerung dessen, was Adorno im Begriff „*Jargon*“ zusammengefasst hat, zu beklagen? Haben die vorgestellten Sätze nicht ebenso erschreckend belegt, dass tatsächlich von einer „***fortschreitenden Halbbildung***“ in vielen Lebensbereichen angesichts der dort praktizierten Sprache die Rede sein muss? Einer Halbbildung, die in die Blähsprache, das Blasendeutsch, in Hohlwörter, Trugwörter, Worthülsen, also in Floskeln und Phrasen, flüchtet, in ein So-tun-als-ob? In eine „***semantische Entleerung***“?[159]

Ein Meister der englischen Sprache war der bereits zu Wort gekommene irische Satiriker **Oscar Wilde** (1854 - 1900). Er formulierte so messerscharf punktgenau, dass selbst Übertragungen ins Deutsche seinen Aussagen nur wenig oder gar nichts von ihrem Glanz nehmen können. Die vom Publizisten Wolfgang Herles so bezeichneten „*Intellektuellendarsteller, Schaumschläger, Patentschwätzer*“[160] und „*Worthülsenproduzenten*“[161],

155 Ebenda, S. 11.
156 Ebenda, S. 18.
157 Ebenda, S. 19.
158 Ebenda, S. 20.
159 Thomas Thiel im Feuilleton der FAZ, 27. 7. 2023.
160 Wolfgang Herles, a.a.O., S. 56.
161 Ebenda, S. 54.

die im Glossar vielerorts ihren Auftritt feiern durften, wusste Wilde bereits vor mehr als 100 Jahren, irgendwie hellseherisch, doch gewiss ganz im Einklang mit Herles, mit einer sprachlich unüberbietbaren Empfehlung anzusprechen, die nun noch einmal zitiert sei: *„Gesegnet seien jene, die nichts zu sagen haben und dennoch den Mund halten.“* Dennoch! Aber wer unter ihnen fühlt sich durch einen solchen Ratschlag schon angesprochen? Werden sie nicht pikiert empfinden, auch Ratschläge seien Schläge? Und wie erst werden sie auf das ebenfalls bereits erwähnte vernichtende Urteil reagieren, das der österreichische Schauspieler, Kabarettist und Rezitator **Helmut Qualtinger** (1928 - 1986) fällte: *„Es gibt kaum etwas Schöneres als das Schweigen eines Dummkopfs“*.[162] Werden sie nicht geltend machen (dürfen), dass Halbbildung immerhin ja doch meilenweit von Dummköpfigkeit entfernt sei? Warum dann also schweigen? Warum also Floskeln und Phrasen unbedingt vermeiden auf dem *„medialen Rummelplatz“*?[163] Fühlt man sich nicht, vor allem dann, wenn man Sportjournalist oder -funktionär ist, dem olympischen Geist verpflichtet, entscheidend sei es, überhaupt dabei zu sein?

Ist nicht bestätigt worden, was der einstige Stuttgarter Oberbürgermeister **Manfred Rommel**, eine furchtlose und selbstkritische, auch durch sprachliche Gewandtheit ausgewiesene Ausnahme unter unseren Politikern, so festgestellt hat: *„Um so richtig dumm daherreden zu können, muss einer schon akademisch gebildet sein“*.[164] Haben nicht die meisten der von mir vorgestellten Beispiele diesen akademischen Hintergrund, auf dem viele meinen sich selbstgewiss rhetorisch tummeln zu dürfen ohne Rücksicht darauf, dass sie Gedankenarmut nur zu oft durch aufbauschende oder vielsagend-nichtssagende Wortwahl übertünchen, Anglizismen noch dazu häufig als Mittel der Camouflage einsetzend? Sie sollten an eine zeitlose Weisheit des großen chinesischen Denkers **Konfuzius** (551 – 478 v. Chr.) erinnert werden, der vor allem als Staats- und Sittenlehrer auftrat und mahnte: *„Wer Geist hat, hat sicher auch das rechte Wort, aber wer Worte hat, hat darum noch nicht notwendig Geist.“*[165]

Es ist wohl leider so, wie es der brillante polnische Aphoristiker **Stanislaw Jerzy Lec** (1909 – 1966) in satirischer Meisterschaft auf den Punkt gebracht hat: ***„Am Anfang war das Wort – am Ende die Phrase“***. Zahlreiche seiner Aphorismen sind als *„unfrisierte Gedanken“* in deutschen Ausgaben

---

162 Dieser immer wieder zitierte Satz ist sozusagen Allgemeingut geworden. Die originäre Quelle kann von mir nicht angegeben werden.

163 Wolfgang Herles, a.a.O., S. 71.

164 Auch bei diesem Zitat vermag ich die genaue Quelle nicht anzugeben.

165 Diese Aussage des Konfuzius ist in vielen gängigen Zitatenhandbüchern verzeichnet. Zu erinnern ist in diesem Zusammenhang, dass bereits im Buche Kohelet des Alten Testaments, also ziemlich zeitgleich mit Konfuzius, der bemerkenswerte erhellende Satz steht: *„Der Ungebildete macht viele Worte“*!

publiziert worden, so zum Beispiel „*Neue unfrisierte Gedanken*".[166] Konnte ein Attribut treffender sein als „*unfrisiert*", also unaufgemotzt, unaufgeblasen? Drei Aphorismen seien zitiert, weil sie direkt zum Thema dieses Buches passen:

- „*Manche mögen das Pathos so sehr, dass ihnen der Text gleichgültig ist.*" (Seite 11).
- „*Es gibt große Worte, die so leer sind, dass man darin ganze Völker gefangen halten kann.*" (Seite 33) und
- „*Ihr werdet sie an ihren Worten erkennen, die sie verschweigen wollten.*" (Seite 53).

Uns droht allerdings, dass wir am Ende des Phrasendrusches noch längst nicht angekommen sind. Die Phrasendrescher haben wohl, so bitter das ist, noch eine Weile die Zukunft vor sich, wenn nicht die Zukunft überhaupt. Dafür spricht bereits, dass Sprachlehre inklusive der systematischen Wortschatzübungen, vom regelvermittelnden Grammatikunterricht ganz zu schweigen, im kompetenzorientierten Unterricht – ausgerechnet dort! – ausgedient hat. Sie ist mega out! Das ist hier, mit Verlaub, keine selbst produzierte Phrase, nur Anlehnung an den üblich gewordenen Sprachgebrauch. Es ist ja leider so, wie es der geistreiche, durchaus auch umstrittene, weil im Kern seines Denkens konservative und damit von vornherein bestimmten Kreisen suspekte bedeutende – ja, denn die Bedeutung, mindestens die, kann ihm nicht abgesprochen werden - Soziologe **Hans Freyer** formulierte, als er auf frühere Zeiten zurückblickte, auf tempi passati also: Im Rahmen der höfischen Kultur, der Kultur bei Hofe, habe man sich angewöhnt, „*sich in seinen Bewegungen eine bestimmte Zucht und* ***in seiner Sprache gewisse Formen aufzuerlegen***".[167]
„*Sich ...aufzuerlegen*"! Was ja nichts anderes heißen kann, als Selbstdisziplin zu üben. Man nannte das nicht von ungefähr deshalb auch „*höflich*"! „*Gewisse Formen*" – denen man sich fügte, die man respektierte, frei von der unsäglichen gegenwärtigen Formlosigkeit auf vielen Gebieten, nicht zuletzt dem der Sprache, wo Gleichgültigkeit in der doppelten Wortbedeutung und Schnoddrigkeit gegenüber Regeln auf eine bestimmte Weise nachgerade gepflegt werden, kultiviert werden, weil zum Kult erhoben, der es angeblich gestattet, sich jenseits von Normen jedweder Art zu bewegen. Freyer betonte, jene „*bestimmte Zucht*" und jene „*gewisse Formen*" in der Sprache seien Teil des Zivilisationsprozesses gewesen, Ausdruck der

---

[166] Die deutsche Ausgabe in der Übersetzung von Karl Dedecius erschien im Carl Hanser Verlag, Hamburg. Von mir wurde die 10. Auflage von 1981 benutzt.

[167] Hans Freyer, Theorie des gegenwärtigen Zeitalters, Deutsche Verlags-Anstalt, Stuttgart, 1. Auflage 1955, hier 17.-19. Tausend, 1967, S. 55.

„Zivilisierbarkeit“ des Menschen. Dieser Gedanke dürfte auch unkommentiert zum Nachdenken hinreichend herausfordern.
Von vielen wird die Zuchtlosigkeit gerade auch in der Sprache sogar als Bestandteil, wenn nicht überhaupt als Kern ihrer Identität begriffen, gefesselt von der Zugkraft, die der neudeutsche, phrasentypische Begriff *„Identitätspolitik“* auf sie ausübt. Viele verkürzen ihn absichtsvoll und raffiniert, indem sie ihn in den Dienst ihrer eigenen Befindlichkeit nehmen und geltend machen, einen unbegrenzten Anspruch auf *„Authentizität“* zu haben. Was auf irgendeine Weise auch nur den Verdacht auslöst, geeignet zu sein, dass jemand sich nicht mehr uneingeschränkt *„authentisch“* geben kann (oder darf), wird vorbehaltlos als Übel eingestuft, der Ruf nach Leistungsstandards gleich gar.[168]. Die einstige Bundesministerin **Renate Schmidt** (SPD) hat dazu wahrscheinlich den unanfechtbaren Schlusspunkt gesetzt: *„Ausgeprägte Identitätspolitik ist gefährlich für den gesellschaftlichen Zusammenhalt.“*[169] Der nämlich lebt entscheidend von der geistigen Auseinandersetzung mittels unzweideutiger, von allen Teilnehmern unmittelbar begreifbarer Sprache – also ohne den Umweg über die Frage, was denn wohl tatsächlich gemeint sei, was einem da wortreich modernistisch zugemutet worden ist.[170]
Beim Rückblick auf das Glossar kommt man an der Erkenntnis nicht vorbei, dass häufig zu *„Leerformeln, die praktisch jede beliebige Deutung zulassen,“*[171] Zuflucht genommen wird, zur *„Leerheit“* von *„an klangvollen Worten wahrhaftig nicht armen Ausführungen“*, vorzugsweise durch *„prätentiöse“*, also aufs Angeberische zielende *„Ignorant“*(en).[172]
Ein FAZ-Mitarbeiter, Johannes Winterhagen, beklagte in einem etwas anderen Zusammenhang *„organisierte Desinformation“*[173]. Auf viele der im Glossar vorgestellten Sätze dürfte das Urteil übertragbar sein. In einer Glosse von Kai Spanke, die im Feuilleton der FAZ am 3. Juli 2023 auf Seite 9 erschien, also zu einem Zeitpunkt, als dieses Buch so gut wie abgeschlossen war, war entsprechend davon die Rede, es liege *„eine gängige Strategie“* vor, *„mit Fremdwörtern ... einen Differenzierungszuwachs auf Kosten der Klarheit zu fingieren.“*
Zu fingieren! Ist in den Anmerkungen zu den meisten Lemmata von mir etwas anderes festgestellt worden? Man nehme die wuchernde

[168] Hingewiesen sei hier auf den Leserbrief von Prof. Dr. Silvio Vietta, Heidelberg, mit der Überschrift: „Mehr Leistung statt Identität“ in FAZ, 19.11.2022, S. 7.
[169] Ich vermag den genauen Fundort nicht mehr anzugeben, versichere aber, dass ich wortgetreu zitiert habe.
[170] Der schon mehrfach herangezogenen Publizist Dieter E. Zimmer hat treffsicher einem seiner fachkundigen sprachkritischen Bücher den Titel *„Deutsch und anders – die Sprache im Modernisierungsfieber“* gegeben. Es erschien als rororo Sachbuch 60525 im Rowohlt Verlag, Hamburg, 1998.
[171] Ernst Topitsch, a.a.O. , S. 158.
[172] Ebenda. S. 64.
[173] FAZ, 25.6.2023.

Verwendung von >*Resilienz*< *„als Imponierinstrument“*. Ob Spanke an seine FAZ gedacht hat? Eher nicht. Hätte er, es wäre ihm wohl die folgende Überschrift nicht entgangen: *„Resilienz auf der Agenda“*.[174]. Protz pur, kann man da nur reagieren. Sozusagen der Balken im eigenen, nämlich dem FAZ-Hause, der gern übersehen wird, wenn man auf Splitter bei anderen fixiert ist?

Der im FAZ-Feuilleton noch etwas höher angesiedelte Patrick Bahners kritisierte kurz vor Spanke, nämlich am 28. Juni 2023 auf Seite N3, also in der wöchentlichen Beilage *„Aus Natur und Wissenschaft“*, *„kryptische Begriffsimporte“*.[175] Anzumerken ist allerdings, dass Patrick Bahners selbst zu den Importeuren zu zählen ist, wie die von ihm gelieferten prunkvollen, auf Distinktion(!) ausgerichteten Sätze belegen. Frage: Kommt man auf diese Weise in begründeter sprachkritischer Absicht, die ja gar nicht bestritten werden soll, auch nur einen Schritt weiter? Es war die FAZ, die vor etwas mehr als zehn Jahren zum Erstaunen mancher ihrer leidgeprüften Leser eine sprachkritische Kolumne einrichtete, die ihr Redakteur Edo Reents nutzen sollte, *„Eselineien“* der Gendersprache - Reents fiel die herzerfrischende Wortschöpfung *„Kinderinnen“* als Parallele zu dem in Mode gekommenen Blödsinn *„Mitgliederinnen“* ein - und ähnlichen Unfug als eben das, sprachlichen Unfug, zu überführen. Die Kolumne starb bald einen armseligen Tod. Warum nur? Der Stoff dürfte nicht ausgegangen sein. War Reents vielleicht zu oft bei seiner eigenen Zeitung fündig geworden? Wäre bei Fortsetzung zu viel als Mobbing empfundenes und stereotyp beklagtes Oberlehrergebaren in alle Teilredaktionen hineingetragen worden? Fragen wird man doch dürfen, oder?

In einem seiner mutigen, inhaltlich und sprachlich ausgezeichneten Leitartikel, dem vom 16. November 2022 auf Seite 1, hat der FAZ-Redakteur Philip Eppelsheim herausgearbeitet, dass besonders auf den Gebieten Sprache, Identität und Klima eine Minderheit der Gesellschaft ihre radikalen Ansichten aufdrücke. Seine Lehre aus dem Befund ist in der Überschrift meisterhaft zusammengefasst worden: ***„Stay woke, alter weißer Mann“***.

Genau daran habe ich mich halten wollen, die *„zeitgeistgesteuerte Aushöhlung“*[176] unserer Sprache nicht (an)klaglos hinnehmend. Wachsamkeit ist angesagt, mehr denn je!

---

174 FAZ, 9.4.2022, S. 25.

175 Auf das Stichwort >Ressource< im Glossar sei verwiesen.

176 Diese Wortwahl verdanke ich einem FAZ-Leserbrief, der nach Redaktionsschluss, nämlich am 14.9.2023, ins Haus kam, gleichwohl gerade noch rechtzeitig, um in dieses Nachwort eingearbeitet zu werden.